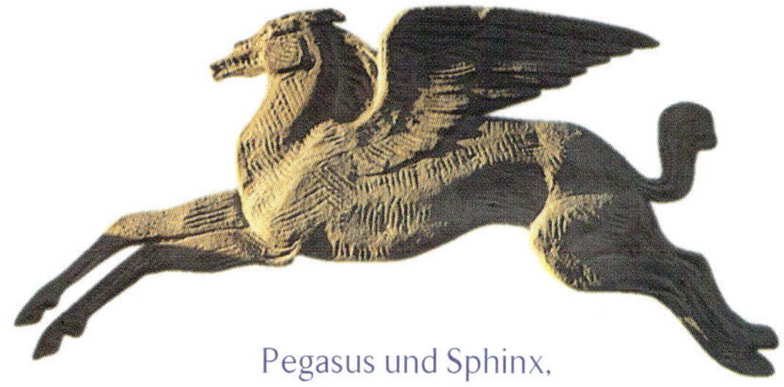

Pegasus und Sphinx,
Höhenflug der Fantasie
und Weltenrätsel:
Chiffren einer einzig-
artigen Kunstepoche.

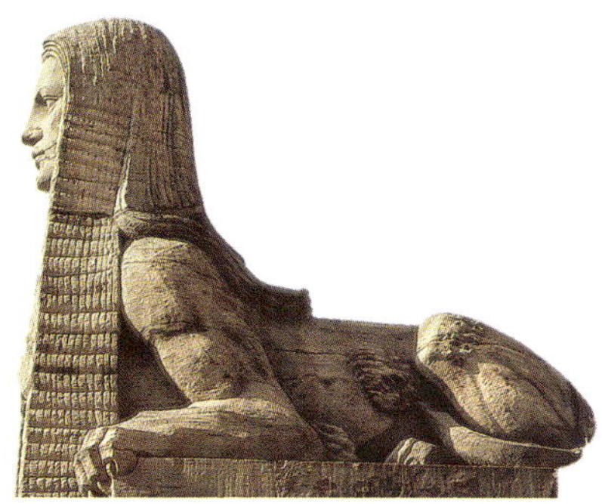

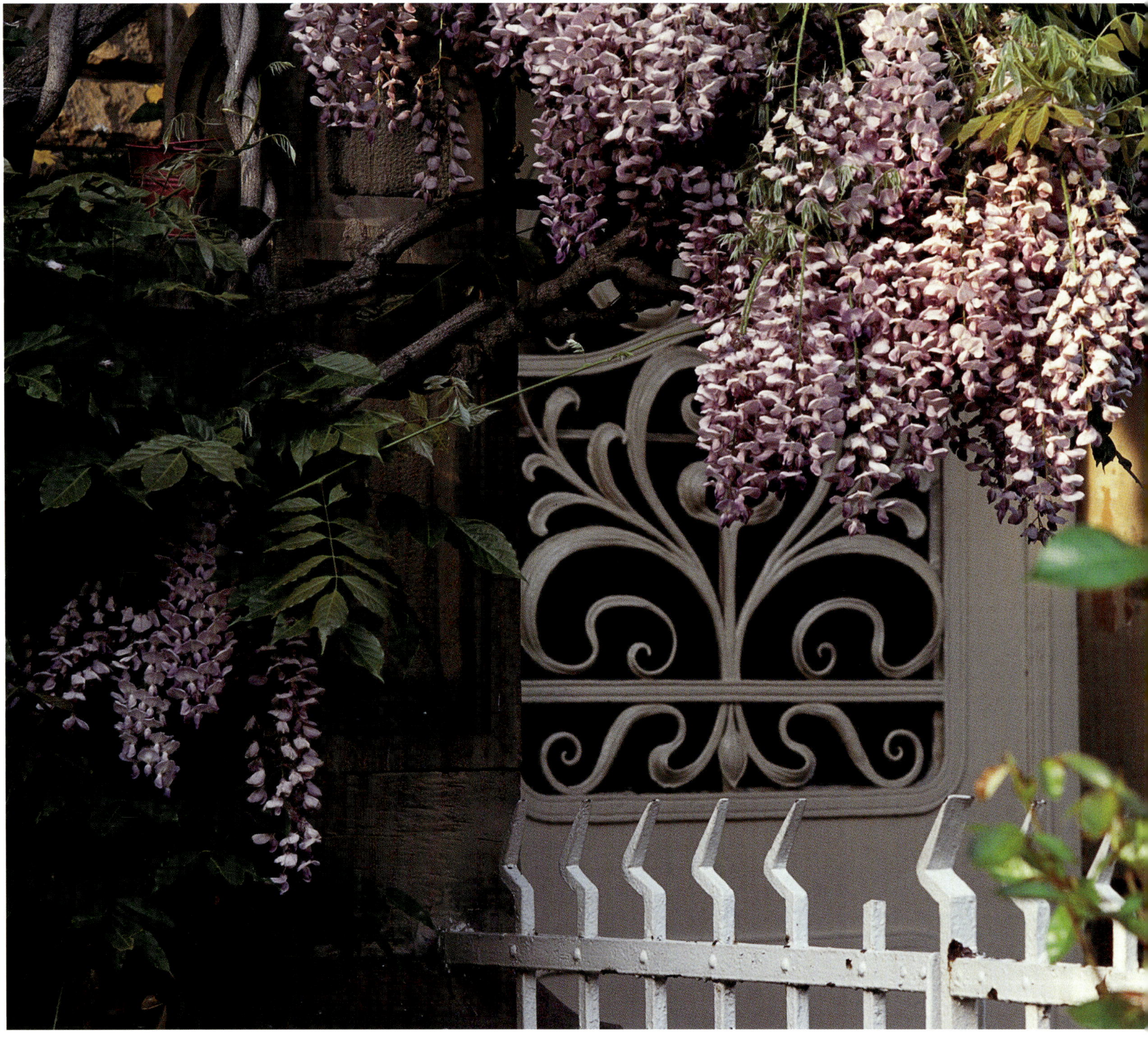

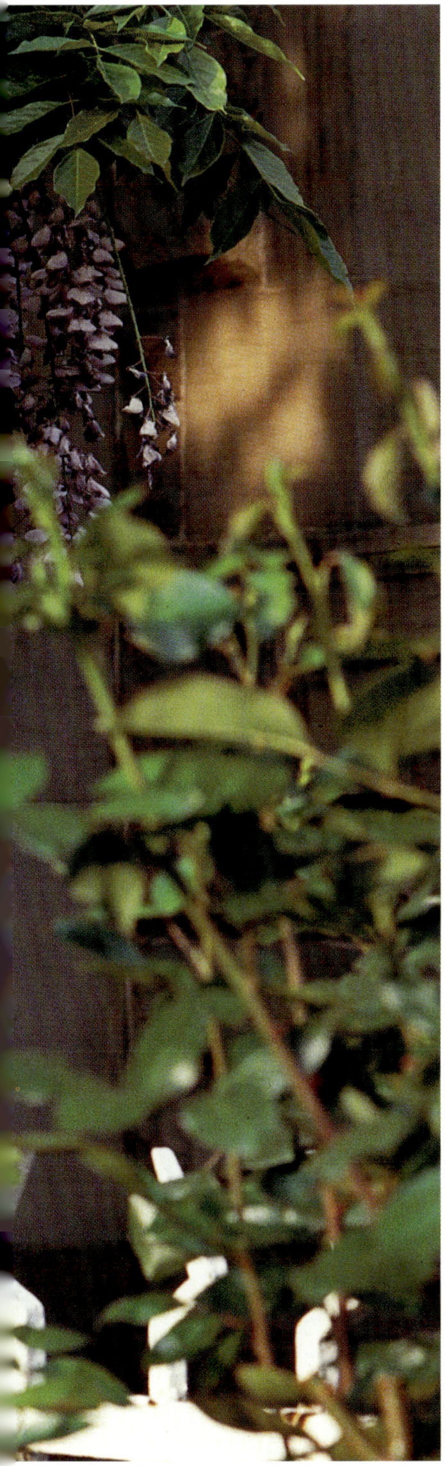

Monika Bachmayer • Robert Dreikluft

# Jugendstil in Karlsruhe

G. Braun

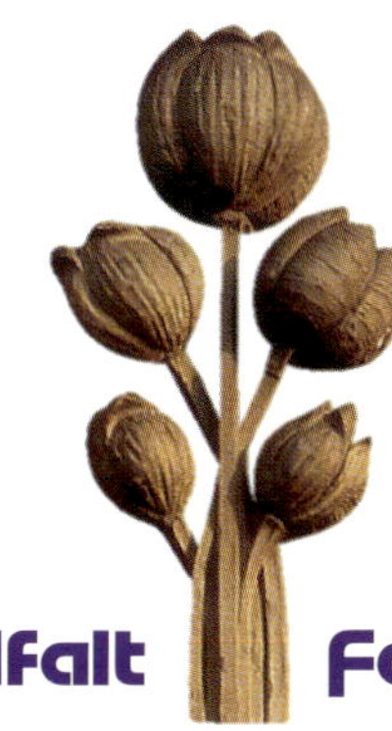

Formen • Vielfalt Fantasien

Titelbild
Mädchen über dem Eingang der Klauprechtstraße 47, erbaut 1908 von Leopold Walther.
Mohnkapsel. Ausschnitt aus einem Relief in der Melanchthonstraße 3 (Abb. 74).

Rückseite
Faunwesen über dem Eingang der Südendstraße 10, erbaut 1901 von Hermann Walder.

1
Pegasus über dem Portal an der Nordfassade der Kaiserallee 87, erbaut 1905 von Emil Schweickhardt.

2
Sphinx in der Sophienstraße136, erbaut 1904 von Christian Rothfuß jun.

3
Blühende Fülle, ob der Natur- oder der Kunstformen. Eingang der Sophienstraße 164, erbaut 1902 von Ludwig Benzinger.

4
Mit ernster Miene. Maske in der Geibelstraße, erbaut 1904 von Theodor Kempermann.

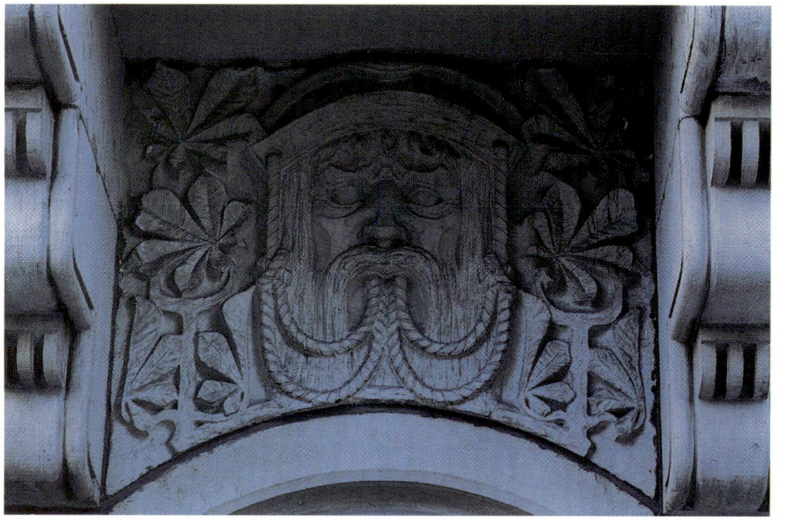


ISBN 3-7650-8247-3

G.BRAUN BUCHVERLAG
Karl-Friedrich-Straße 14–18
76133 Karlsruhe
Internet: www.gbraun.de

Fotografie und Gestaltung:
Robert Dreikluft

Wissenschaftliche Mitarbeit:
Waltraud Stieghorst

Lithos: Specht-Reprotechnik, Karlsruhe

Druck: Karl Weinbrenner & Söhne GmbH & Co Druckerei und Verlag

Wir danken der Badischen Beamtenbank eG (vormals Badische Beamtenbank) für ihre großzügige Unterstützung.

BB Bank

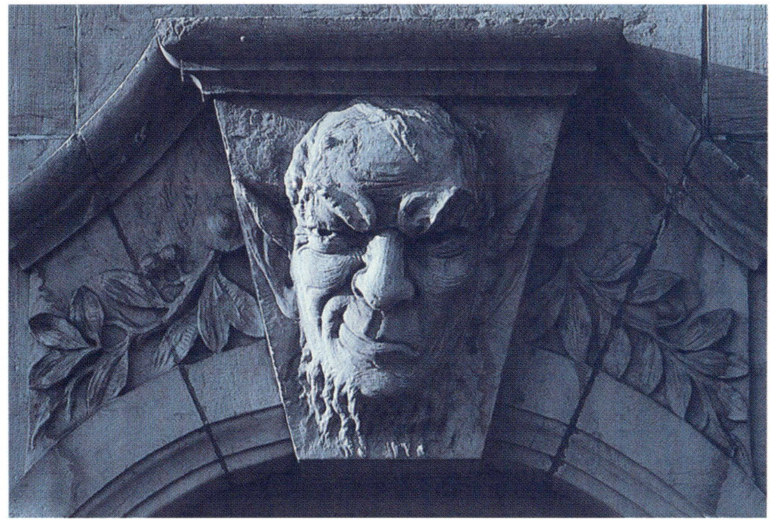

5
Mit schiefem Grinsen. Faun in der Sommerstraße 6, erbaut 1904 von Karl Kreutz.

# Inhalt

# Bilderwelten
## Eine Einführung

Um 1900 setzte sich in ganz Europa eine tiefgreifende Erneuerung von Kunst und Leben durch, die mit einem völlig neuen Kunststil einherging, der auch in der badischen Metropole äußerst liebenswerte und phantasievolle Spuren hinterlassen hat. Obwohl der Jugendstil die Idee der Einheit aller Künste und der engen Verbindung von Kunst und Leben propagierte wie keine Kunstrichtung nach ihm mehr, haben wir darauf verzichtet, Karlsruher Jugendstil als „Gesamtkunstwerk" mit den verschiedensten Sparten, mit Innenräumen, Kunsthandwerk, Malerei und Grafik etwa, vorzustellen. Uns ging es darum zu zeigen, was jeder Einzelne in den Straßen der Stadt entdecken kann.

Fast ein Jahrzehnt war Robert Dreikluft mit der Kamera und offenen Augen in der Stadt unterwegs, um das Bildmaterial für den vorliegenden Band zusammenzutragen. Zunächst einmal galt es herauszufinden, wo sich interessante Objekte befinden, existiert doch keine Liste der Häuser um und nach 1900. Außerdem sieht sich der Architekturfotograf neben den ganz normalen Fragen von Licht- und Wetterverhältnissen vor eine Fülle weiterer Schwierigkeiten gestellt. Da sind einmal die engen Straßen, die keine Gesamtaufnahmen von Fassaden erlauben oder interessante Dekorationen, die unerreichbar hoch oben über den Köpfen angebracht sind. Dicht belaubte Bäume verstellen den Blick, ganze Gebäudeteile liegen ständig im Schatten, oder kleine Kinder sorgen mit ihrem Nachmittagsschlaf für hässlich heruntergelassene Rollläden, wenn das Licht gerade am günstigsten wäre. Und so hat fast jedes der Bilder, die sich jetzt so selbstverständlich und gelungen präsentieren, eine eigene kleine Geschichte.

Da ist der grinsende Faun, der nur in der Frühe zwischen 5 Uhr 30 und 5 Uhr 40 an wenigen Tagen im Juni Morgensonne bekommt. Dies muss man wissen und es darf nicht regnen, denn sonst heißt es ein ganzes Jahr warten. Oder die Probleme mit all jenen hoch oben angebrachten Skulpturen, die nur auf den Film zu bannen sind, wenn ein freundlicher Kranführer den früheren Extremkletterer in luftige Höhe hinaufsteigen lässt. Da gilt es etwa eine alte Dame zu bewundern, die dem Fremden bereitwillig ihr Wohnzimmer zur Verfügung stellt, damit das Haus gegenüber verzerrungsfrei aufgenommen werden kann. Dank sei an dieser Stelle all jenen gesagt, die dazu beigetragen haben, dass der Reichtum der Karlsruher Jugendstil-Architektur erstmals so umfassend optimal fotografisch vorgestellt werden kann.

Die originelle Themenvielfalt der Bilder ließ eine Gliederung des Bandes nach inhaltlichen Motiven sinnvoll erscheinen. Vorangestellt wird ein kurzer Abriss der stadtgeschichtlichen Entwicklung, da der Neubau ganzer Viertel erst den nötigen Raum für die Entfaltung des neuen Stils bot. Dessen innere und formale Gesetzmäßigkeiten können aber nur deutlich werden, wenn auch die vorausgegangene Kunstepoche des Historismus in die Schilderung mit einbezogen wird. Es schließt sich die Darlegung der neuen, im engeren Sinn architektonischen Gestaltungskriterien und ihrer Besonderheiten an. Geleitet vom Vergnügen am Schauen gilt im Folgenden die Aufmerksamkeit vor allem dem Detail und den Geschichten, die die einzelnen Werke erzählen oder die sich dazu berichten lassen. Da der Jugendstil ganz wesentlich aus der Auseinandersetzung mit Naturformen entstanden ist, wird „Florales" in all seinen Varianten ausgebreitet und nach seiner formalen, aber auch inhaltlich-symbolischen Bedeutung befragt. „Frauen und Jungfrauen", sanfte Mädchengesichter mit fließenden Haaren, sind so etwas wie ein Leitmotiv des Jugendstils und damit ein ausführliches Kapitel wert. Es versteht sich von selbst, dass die „Männer" angesichts dieser Tatsache nicht vernachlässigt werden dürfen, und dass der Bericht über die „Paare" so kurz gerät, sollte nicht zu falschen Schlüssen verleiten. Was die Fauna angeht, die die Karlsruher Häuser in erstaunlich bunter Mischung und Vielfalt bevölkert, so waren die „Wasserwelten" ein bevorzugtes Thema der Zeit, das Reich der Fantasie- und Fabelwesen setzt eigene Akzente dazu. Da der Jugendstil wesentlich auch ein Dekorationsstil ist, gilt der vielfältigen Ornamentik eine eigene umfangreiche Betrachtung.

Herzlicher Dank gebührt an dieser Stelle Frau Waltraud Stieghorst, die in akribischer Arbeit die Faktengrundlage für die im Anhang zusammengestellten Künstlerbiographien und die Beschreibungen der einzelnen Häuser zusammen-

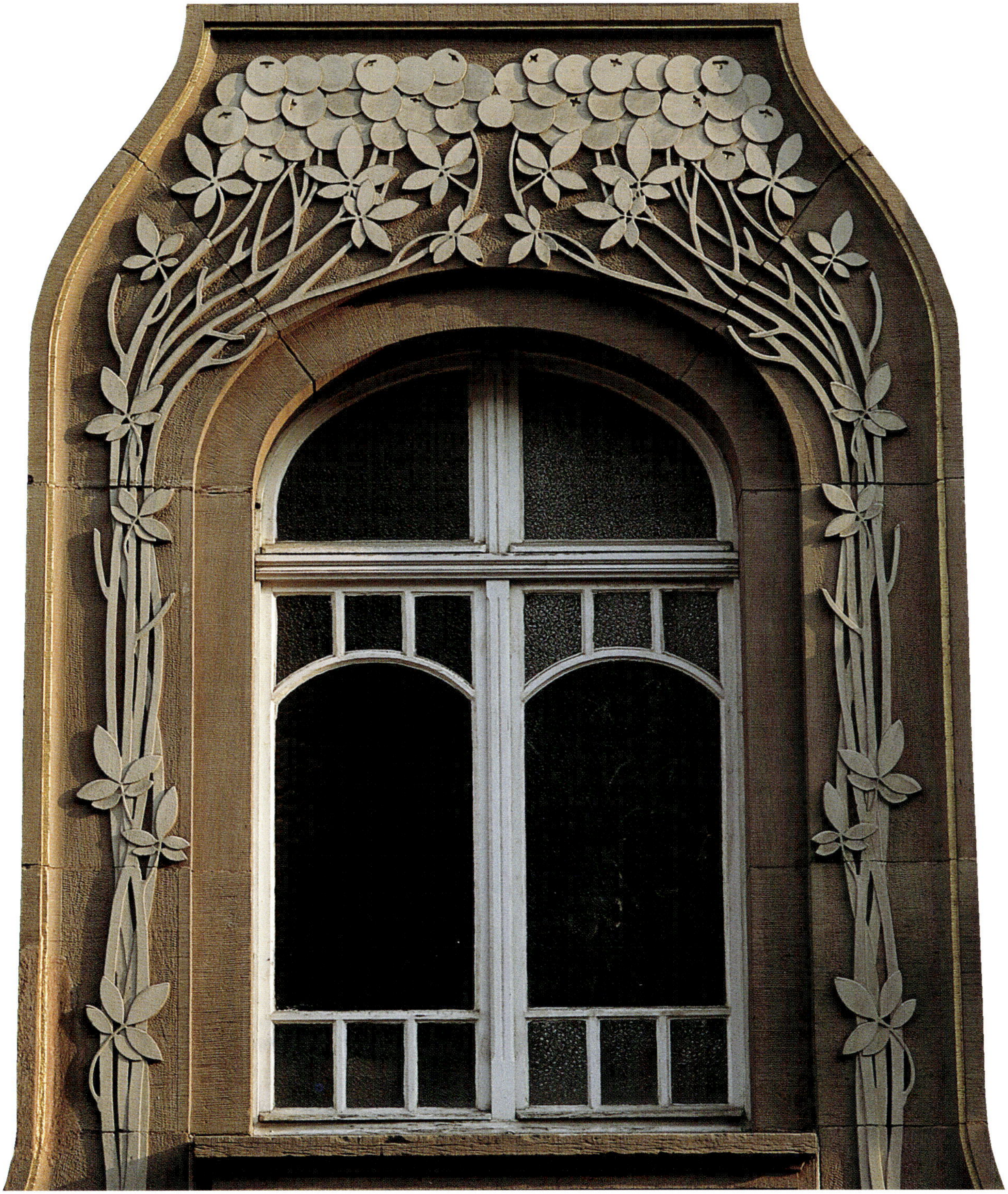

6
Blumen und Pflanzen gehörten zu den unerschöpflich variierten Ornamentmotiven des Jugendstils. Ludwig-Wilhelm-Straße 20, erbaut um 1905 von Max Siebrand.

getragen hat. Ihre Tätigkeit wäre nicht so erfolgreich verlaufen, hätte sie nicht die bereitwillige Hilfe von zahlreichen Personen und Institutionen bekommen. Für Auskünfte, Unterlagen und Hinweise geht ein besonderer Dank an Frau Dr. Ulrike Plate und ihre Kollegen vom Landesdenkmalamt Baden-Württemberg, Außenstelle Karlsruhe, an Herrn Dr. Gerhard Kabierske vom Südwestdeutschen Archiv für Architektur und Ingenieurbau an der Universität Karlsruhe sowie an Herrn Dipl.-Ing. Peter Mauritz und seine Mitarbeiter vom Bauordnungsamt der Stadt Karlsruhe. Für die stets freundliche Hilfsbereitschaft danken wir den Mitarbeitern des Stadtarchivs Karlsruhe, des Badischen Generallandesarchivs Karlsruhe, des Kirchenbuchamtes des evangelischen Kirchengemeindeamts Karlsruhe (Stephanienstraße 98), des Kirchenbuchamtes der katholischen Gesamtkirchengemeinde (Ständehausstraße 4), der Badischen Landesbibliothek und der Universitätsbibliothek Karlsruhe. Unser besonderer Dank gilt der Badischen Beamtenbank, die durch Ihre großzügige Unterstützung das Erscheinen dieses Bandes ermöglicht hat.

# Stadt im Wandel
## Das neue Karlsruhe

Vom barocken Fürstenwillen des Markgrafen Karl Friedrich von Baden-Durlach in den oberrheinischen Sand und mitten in die Wildnis des Hardtwalds gesetzt, war Karlsruhe seit seiner Gründung 1715 langsam aber stetig gewachsen. Allmählich wurde der berühmte Fächergrundriss – die mit ihren neun Radialstraßen und 23 Alleen auf das fürstliche Schloss zentrierte Stadtgestalt – mit Häusern und Leben gefüllt. Von Beginn an schnitt die Lange Straße als bis heute bestimmende West-Ost-Achse quer durch das Strahlenbild, das eineinhalb Jahrhunderte bestimmend blieb. Erst im 19. Jahrhundert begannen sich, verstärkt nach 1870, neue Tendenzen durchzusetzen. Teilweise war die Entwicklung sprunghaft, ja für hiesige, eher moderate Verhältnisse nahezu dramatisch – Gegensätze eingeschlossen.
„Als ich, vor etwas mehr als zehn Jahren, zum ersten Male in Karlsruhe, eines schönen Herbstmorgens aus meinem gemüthlichen Gasthof auf die Straße trat, freute ich mich über das so überaus anheimelnde Straßenbild, welches sich mir darbot. Eine mäßig breite Straße mit altem Pflaster, zweistöckige alte Häuser mit rothen Dächern, die Reihe mitunter unterbrochen durch ein höheres Haus, dessen Brandgiebel in den Wetterfarben malerische Abwechslung zeigte, kleine Fenster mit Sprossenteilung, bewohnte Dachstöcke mit Blumenbrettern, auf der Straße ruhiges Wesen, kein Hasten, keine Eile, kurz ganz der Eindruck eines behäbigen, mit sich selbst zufriedenen, gemütlichen alten Städtchens.
Die Straße war nicht lang, ich erreichte ihr Ende an der Kaiserstraße [die ehemalige Lange Straße, 1879 zu Ehren Kaiser Wilhelm I. umbenannt]. Ein grundverschiedenes Bild! Eine endlos lange, breite, gerade Straße, fünf, sechs Stock hohe prächtige Häuser, Riesenschaufenster mit all den modernen Ausstattungsstücken dahinter, auf der Straße eine eilige lebhafte Menge, lebhafter Wagenverkehr, vollständig das Aussehen und Getriebe der Großstadt. Die alte Zeit und die neue Zeit, die alte Stadt und das neue Karlsruhe, sie liegen dicht beieinander".
Jener namentlich nicht bekannte Reisende, dem wir die Schilderung der Stadt aus der Zeit kurz nach 1900 verdanken, war wegen aktueller, moderner Neubauten nach Karlsruhe gekommen. Den positiven Eindrücken des Anonymus möge die Äußerung eines später international und weltweit berühmten Mannes hinzugefügt werden. Kein Geringerer als Le Corbusier schrieb am 8. April 1910 in einem Brief an seine Eltern über die Architektur und die Architekten der Fächerstadt:
„Die Stadt scheint trostlos [gemeint war die historistische Architektur der Gründerzeit], wenn es nicht die Jungen gäbe, die anfangen, etwas zu tun. Ich habe mir nicht ein solches Hin- und Herrennen vorgestellt, um die Sachen zu entdecken! Ich habe inzwischen die neue Lutherkirche von Curjel und Moser gesehen und ließ mir das Innere zeigen, das sehr, sehr schön ist. Es ist wirklich eine schöne Sache. Dann habe ich eine einheitliche, sehr schöne Straße (Baischstraße) eines anderen Architekten gesehen: Billing, die viel Zauber hat. Und dann ein Stadtviertel, von dem mir einiges sehr gefallen hat."
Ein Jahrzehnt liegt zwischen den beiden Äußerungen. Während dieser Zeit veränderte eine Aufbruchsstimmung ohnegleichen die in den Jahrzehnten zuvor zwar rasch und zielstrebig gewachsene, aber doch immer noch recht behäbige Residenzstadt. Jetzt ist der Puls moderner Zeiten zu spüren, die großen Zentren des neuen Stils, des „Jugendstils", wie er in Deutschland genannt wird, sind für einige Zeit ganz nah: München, Darmstadt, Dresden, Berlin, Wien, die Kontakte gehen hin und her, es ist ein Geben und Nehmen. Bei allen überregionalen Verbindungen aber ging man doch einen „regionalen Sonderweg". Ein unverwechselbares Stadtgesicht entstand, das, mit Narben zwar, aber nicht entstellt, bis heute die Zerstörungen zweier Weltkriege und der Nachkriegszeit überstanden hat.
Karlsruhe muss um die Jahrhundertwende eine riesige Baustelle gewesen sein, stiegen die Einwohnerzahlen seit der Gründung des Deutschen Kaiserreiches doch kontinuierlich von lediglich 36 582 – mit besonderer Beschleunigung um und nach 1900 – auf die stolze Höhe von 148 635 im Jahr 1915. Nach 1871 verlief die Entwicklung wie in

anderen deutschen Städten: Karlsruhes Industriepotenzial vergrößerte sich stetig, der Wohlstand mehrte sich und eine lebhafte Baukonjunktur setzte ein. Neue Stadtviertel wuchsen empor. Bereits vor 1870 war schon die heutige Südstadt, das von den Zeitgenossen damals viel bewunderte „Augartenviertel" neu entstanden, wo auf engem Raum vor allem Bürger der unteren und auch mittleren Einkommensstufen lebten, während die lockere Bauweise im Nordwesten, zwischen Stephanien- und Moltkestraße, vor allem die Wohlhabenden anzog; eine sozio-ökonomische Differenzierung, die sich im Wesentlichen bis heute erhalten hat.

War Karlsruhe bis zur Mitte des 19. Jahrhunderts eine streng geplante, am barocken Grundriss orientierte Stadt, so wurde mit der Anlage der Süd-, Südwest- und Nordweststadt, die ursprüngliche

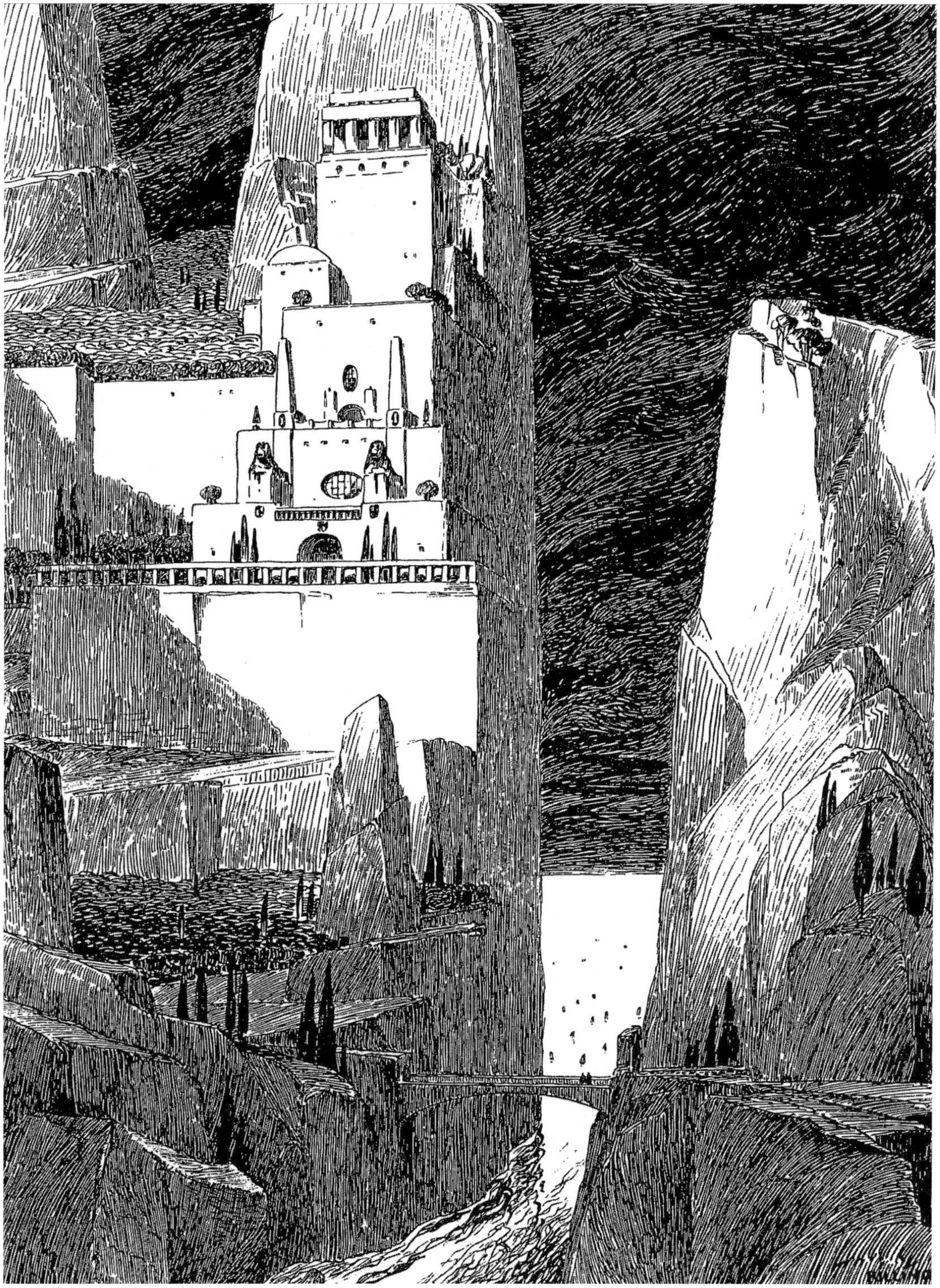

7
Hermann Billing war einer der profiliertesten Architekten, die modernes Bauen in Karlsruhe durchzusetzen verstanden. Die fantastische Architekturskizze, 1904 erschienen, zeigt in der Monumentalität und Klarheit der Formensprache, im Verhältnis von Natur, Landschaft und Architektur eine völlig neue Auffassung. SAAI.

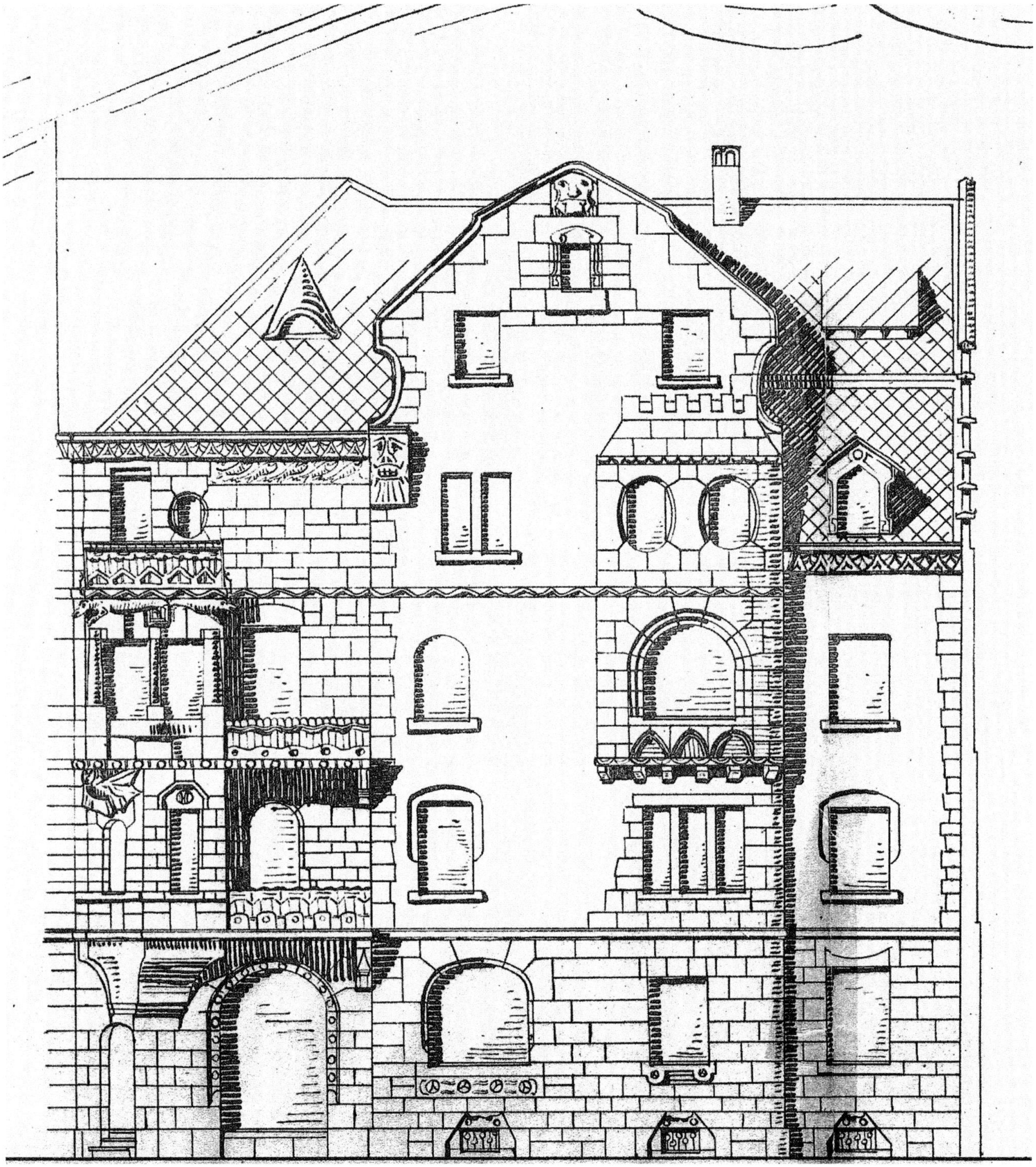

8
Karl Kreutz prägte mit seiner skurrilen Fantasie und seinem enormen Bauvolumen ganze Straßenzüge, vor allem in der Oststadt, aber auch in anderen Vierteln. Südansicht der Gymnasiumstraße 6 a in Durlach. Aufriss vom Mai 1905, BOA.

Fächergestalt endgültig zugunsten einer rechtwinkligen Anlage der Straßenzüge verlassen. Und weitere Viertel kamen dazu: die Oststadt, die Weststadt südlich der Kaiserallee und als ein nobles Villenviertel der „neue" Hardtwaldstadtteil, der vor allem von den bekanntesten Architekten der Stadt, von Hermann Billing und der Bürogemeinschaft Curjel & Moser nachhaltig geprägt wurde (Abb. 35). Nicht nur private Bauherren, auch der Staat drängte mit repräsentativen Großprojekten, wie etwa der Kunstgewerbeschule und dem Generallandesarchiv, in den neuen Außenbezirk – sehr zum Unmut der Öffentlichkeit, die den Villencharakter durch die Größe und die monumentalen Fassaden der Behördenbauten gefährdet sah. Ein weiteres Problem für ein geschlossenes Erscheinungsbild waren die Gleise der Bahn, die entlang der heutigen Hildapromenade und der Riefstahlstraße mitten durch das Viertel zur damaligen Bahnstation am heutigen Staatstheater verliefen.

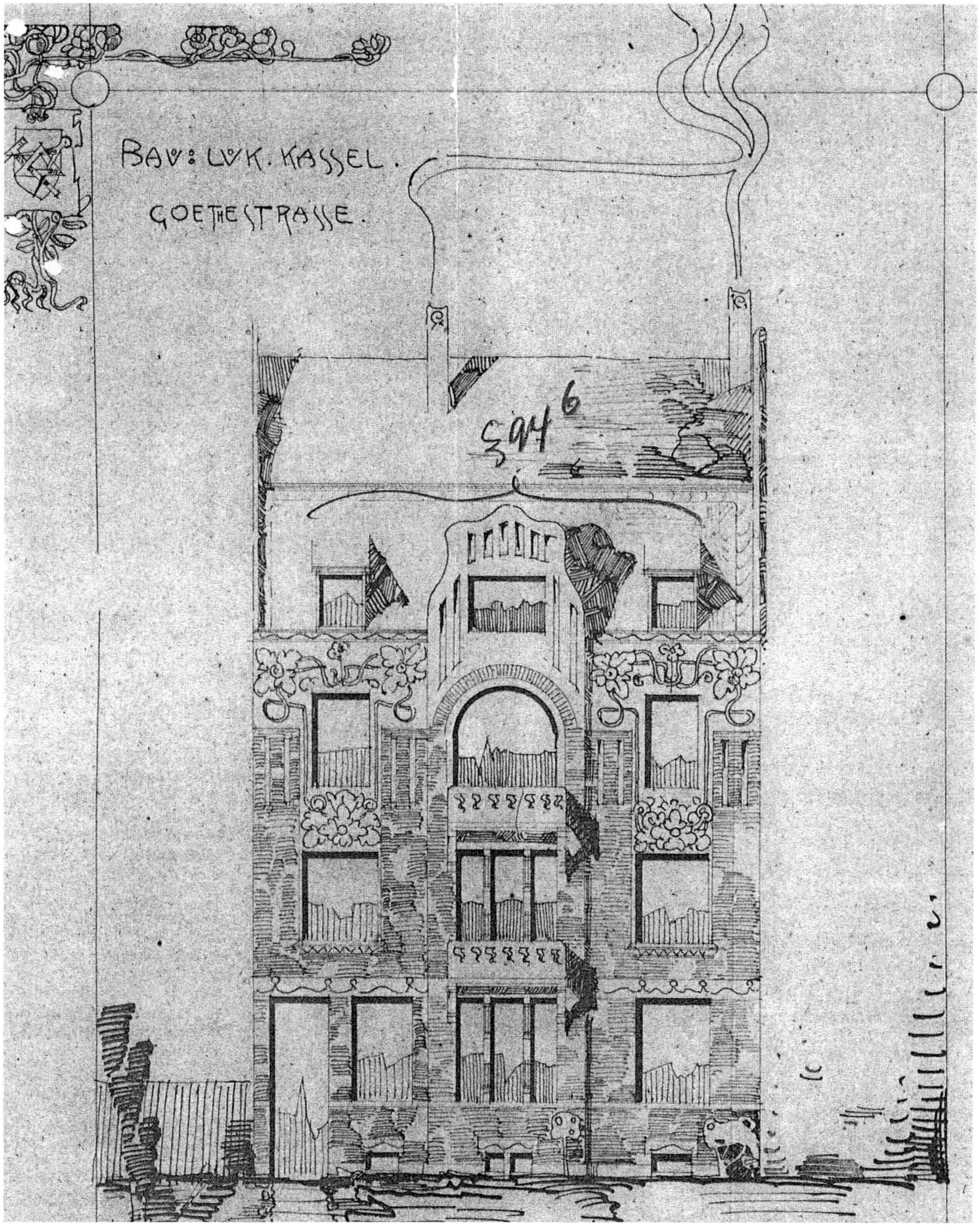


9
Franz Wolff gehörte zu den markanten und profilierten Architekten, denen zum Teil recht ausgefallene Entwürfe zu verdanken sind. Südansicht der Goethestraße 30, Aufriss vom Juli 1900, BOA.

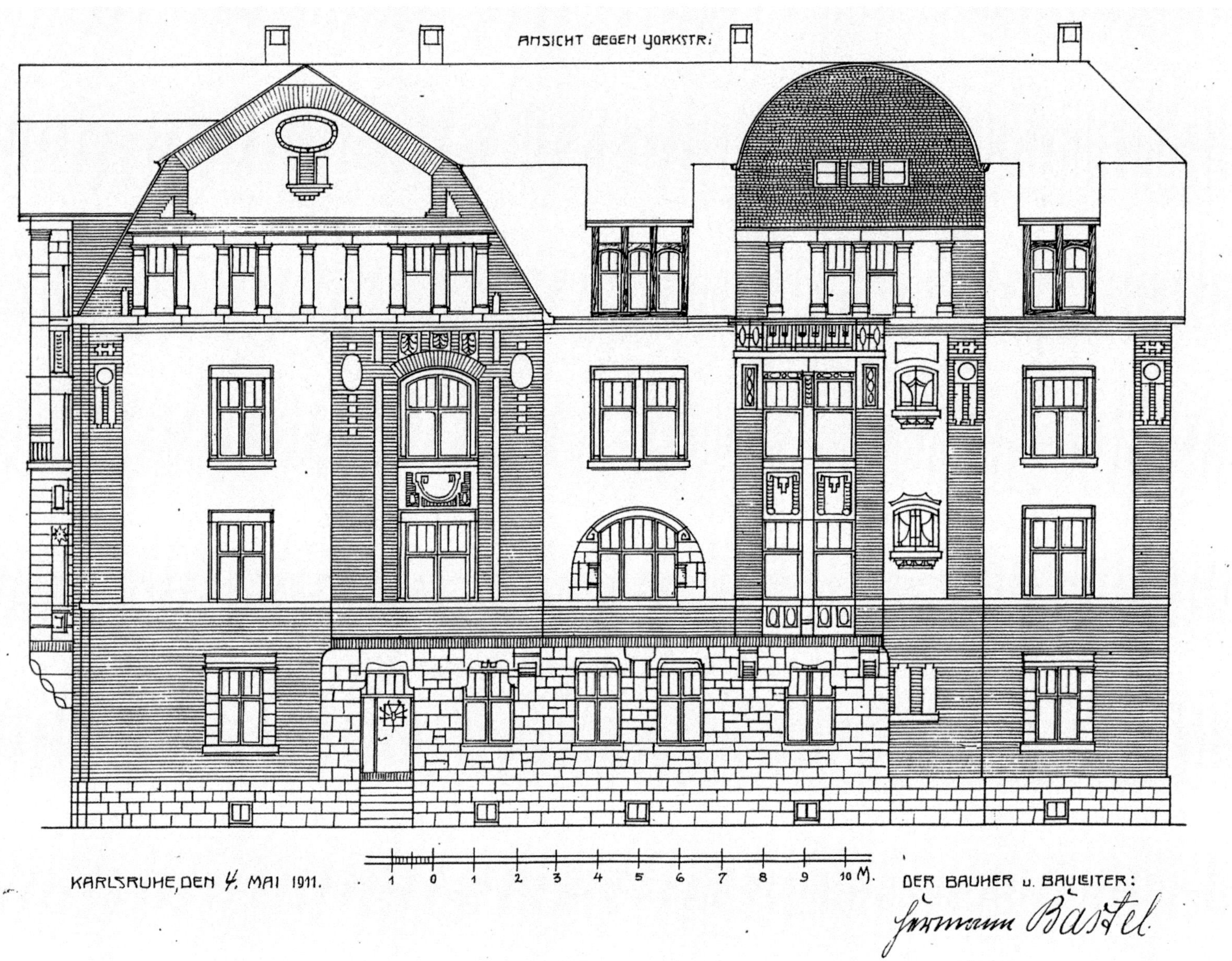


10
Einer der schönsten noch erhaltenen Bauten des späten Jugendstils stammt von Hermann Bastel. Ostansicht der Yorckstraße 49, Aufriss vom Mai 1911, BOA.

11
Es legt ein Huhn ein Ei, und manchmal deren zwei. Ob es das Ei des Kolumbus war? Humorvolle Illustration einer Festschrift der Karlsruher Künstlerschaft, 1900.

Mit der Entscheidung, den Bahnhof (Abb. 154, 174) an seinen heutigen Standort südlich des Zoologischen Stadtgartens zu verlegen, wurde nach langem Hin und Her endlich eines der wichtigsten Hemmnisse für die Entwicklung der Stadt in ihren Kernbereichen beseitigt. Die die Viertel trennenden Bahneinrichtungen verschwanden und an ihrer Stelle entstanden Straßenzüge, deren sanft geschwungene Kurven heute noch den ehemaligen Verlauf der Bahnlinien erkennen lassen; so auch in der Südweststadt an der jetzigen Mathy- und Jollystraße.

Dieser Stadtteil, zunächst vor allem inmitten von Feldern und Gärten für Industrieansiedlungen genutzt, wuchs seit 1870 rasch und beherbergte „Gewerbetreibende, Fabrikarbeiter, Gelehrte und Künstler in buntem Durcheinander". Entsprechend schwankte auch die Bebauung zwischen gehobenen Ansprüchen, etwa mit den Fabrikantenvillen an der Kriegsstraße nach Norden zu (Abb. 95, 110), und einfacheren Häusern im Süden. Offene und geschlossene Bauweise wechselte sich ab, was auch heute noch den Reiz der Südweststadt mit ihrer recht gut erhaltenen alten Bausubstanz ausmacht. Sie ist im Wesentlichen ein „wilhelminisch" geprägtes Viertel mit vereinzelten Jugendstilbauten (Abb. 58, 168).

Der historischen Bausubstanz verdankt auch die Weststadt ihren besonderen Charme. Die Besiedelung des Gebietes begann in den 70er Jahren des vorletzten Jahrhunderts. 1876 wurde dort das erste städtische Gaswerk errichtet. In den Jahrzehnten darauf wurde der Bereich zwischen der heutigen Reinhold-Frank-Straße und der heutigen Yorckstraße (Abb. 10, 21, 32, 125, 130) vor allem mit Bierkellern bestückt, woraus sich die repräsentativen Bauten der Brauereien Sinner und Moninger erklären.

Das Areal wurde im Norden durch die heutige Kaiserallee (Abb. 179) und im Süden durch den offenen Landgraben begrenzt, der Abwasser und Abfälle westwärts zum Rhein transportierte. Merkwürdigerweise entstanden dort die ersten Häuser der Weststadt – möglicherweise ist der Baugrund wegen der Geruchsbelästigung billig gewesen. Um die Jahrhundertwende wurde der Kanal bis nach Mühlburg verdolt und überbaut. Heute liegt der Mittelstreifen der Sophienstraße, eine der architektonisch abwechslungsreichsten Straßen der Stadt, genau über dem Gewölbe des Landgrabens, der als ein damals nur mit Paris vergleichbarer, höchst fortschrittlicher Abwassertunnel heute unter Denkmalschutz steht.

Nach 1900 kam es zu einem regelrechten Bauboom. Es entstand ein gemischtes Quartier mit mittelständischen Mietshäusern und Handwerksbetrieben, zu dessen Zentrum die ehemalige Schützenwiese, der heutige Gutenbergplatz, wurde. Auf dem Gelände entstanden an der Kaiserallee zunächst die Gutenbergschule und jenseits der Sophienstraße das Lessingymnasium. Um den Platz selbst nicht „als Ödung" zu belassen, entschloss man sich, ihn als Marktplatz anzulegen, mit doppelten Lindenreihen zu bepflanzen und entlang der heutigen Gutenbergstraße und der Nelkenstraße mit repräsentativen Stadthäusern zu bebauen (Abb. 64, 88, 124, 199). Außerdem wurde 1908 im nördlichen Drittel des Platzes ein großer, reich geschmückter Brunnen errichtet. Den Spitznamen „Krautkopfbrunnen" erhielt er von der Kohl-Skulptur, die hoch oben auf neun Spangen thront. Das Brunnenbecken selbst wird von einem fröhlichen Puttenreigen umtanzt (Abb. 193).

Karlsruhe dehnte sich also nach Süden und Westen (bis nach Mühlburg und schließlich bis zum 1901 endlich in Betrieb genommenen Rheinhafen) sowie in nordwestlicher Richtung aus. Direkt nach Norden und nach Osten hin schränkte großherzoglicher Domänenbesitz die Wachstumsmöglichkeiten ein, vor dem Durlacher Tor behinderte zusätzlich noch das weitgehend sumpfige Gelände die Erweiterung. Alte Stadtpläne, wie sie etwa in dem Bändchen „Auf dem Weg zur Großstadt. Karlsruhe in Plänen, Karten und Bildern. 1834–1915" abgedruckt sind, geben ein anschauliches Bild der Bebauung. Nach Osten zu lagen außer einigen Industrieanlagen weit verstreut mehrere Großeinrichtungen auf Karlsruher Gemarkung: das Kammergut Gottesaue, damals als Kaserne genutzt, seit 1874 der neue Friedhof, seit 1886 das zweite Gaswerk und seit 1887 der neue Schlachthof. Erst mit der Errichtung der Bernharduskirche ab 1896 begann sich in größerem Umfang eine Wohnbebauung zu entwickeln. Ein stark gemischtes Viertel entstand: nahe der Technischen Hochschule die vornehme Parkstraße mit ihren großbürgerlichen Villen (Abb. 65, 149, 150, 167) und die Lutherkirche (Abb. 40) mit repräsentativen Mietshäusern (Abb. 20, 33, 53, 74, 146) in ihrer direkten Umgebung auf der einen und schlichten „Zinshäusern" auf der anderen Seite, die gleichwohl den formalen Zeitgeist anschaulich zur Geltung bringen. Den Charakter als „Kleine-Leute-Viertel" hat das Quartier in seinen Kernbereichen bis heute behalten.

Seit 1881 verkehrte vom Durlacher Tor über die Durlacher Allee nach Durlach eine Dampfbahn. Wenn auch im Schatten der sich stürmischer entwickelnden „Tochterstadt", nahm die alte, ehemalige Residenzstadt doch auch an der allgemeinen Entwicklung teil, und so finden sich hier einige der interessantesten Bauten aus der Zeit um und nach 1900.

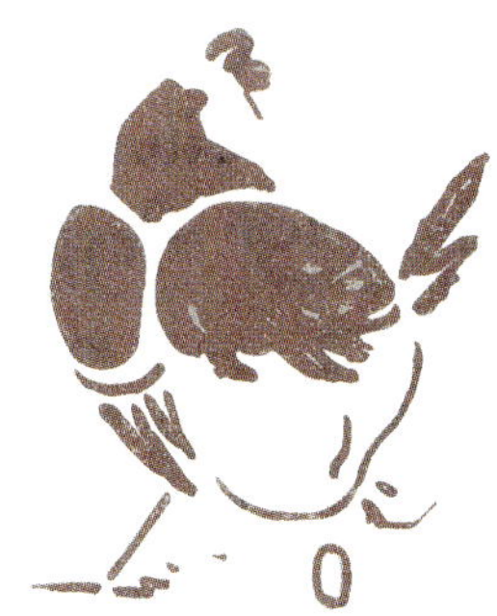

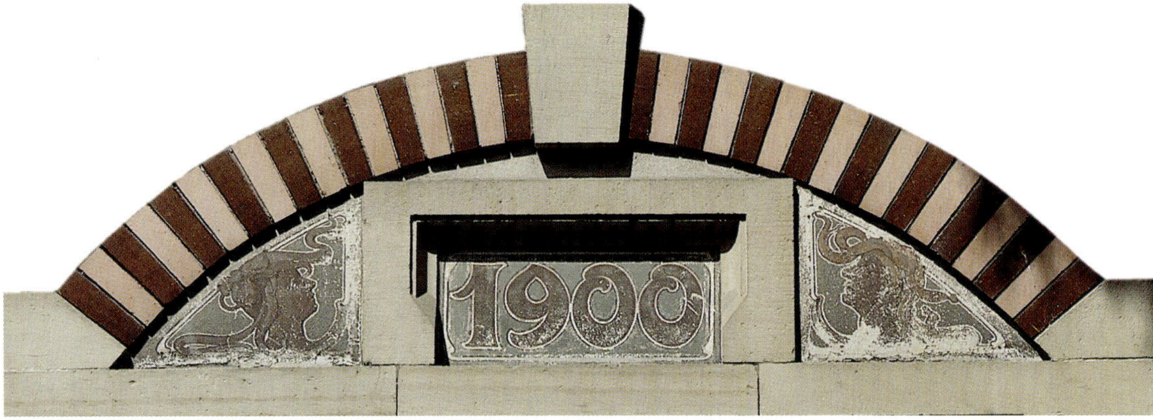


12
Ein Haus grüßt stolz mit der Jahreszahl eines neuen Saeculums am Haupteingang. Roonstraße 14, erbaut 1900 von Ferdinand Baser.

# Das Gestern im Heute

## Historismus und Jugendstil

Die Manifestationen des Jugendstils sind stilpluralistisch, wie es auch der Vielgestaltigkeit der sich etablierenden neuen Gesellschaft um 1900 entsprach. Wie jede weitreichende und einflussreiche Kunstströmung verzweigt sich auch der Jugendstil in eine Fülle regionaler und individueller Formensprachen und Bedeutungsinhalte. Bei aller objektiven wie subjektiven Verschiedenheit besitzt er dennoch einen gemeinsamen Nenner in der ebenso vehementen Ablehnung der erstarrten Kunst- und Lebensformen der Gründerjahre. Polemisiert wurde gegen den Verfall der Handwerkskunst und die industriell gefertigte Massenware ebenso wie gegen die historistische Stilvielfalt mit ihren pathetischen Leerformeln. Folgerichtig lösten an den Fassaden der Häuser jetzt mehr oder minder revolutionär gestaltete Formen die pompösen Stilzitate bürgerlichen Repräsentationswillens der unmittelbaren Vergangenheit ab. Solange sich jedoch die Künstler der neuen Bewegung mit den Gründungen ihrer Secessionen, also mit dem Austritt aus den in alten Formen erstarrten Künstlergemeinschaften, beschäftigten und sich nur in bestimmten Zirkeln bewegten,

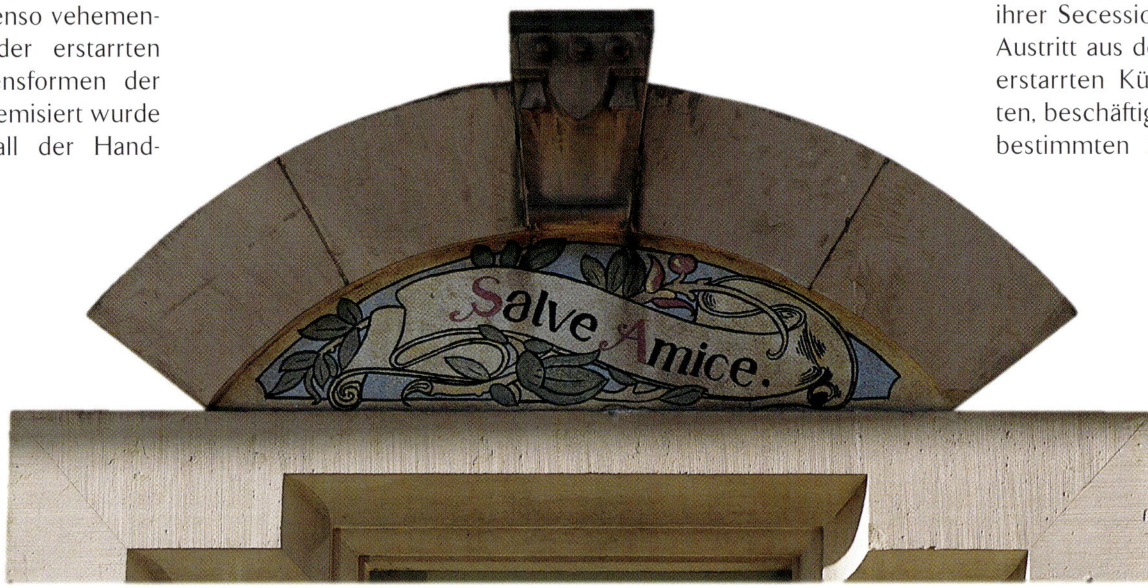


13
Ein Haus grüßt seine Freunde mit lateinischem Willkommen. Klauprechtstraße 29, erbaut 1899 von Theodor Bless.

14
Ein Haus grüßt dekorativ mit stilvollen Schwänen über dem Südosteingang. Beiertheimer Allee 16, erbaut 1902 von Johannes Schroth.

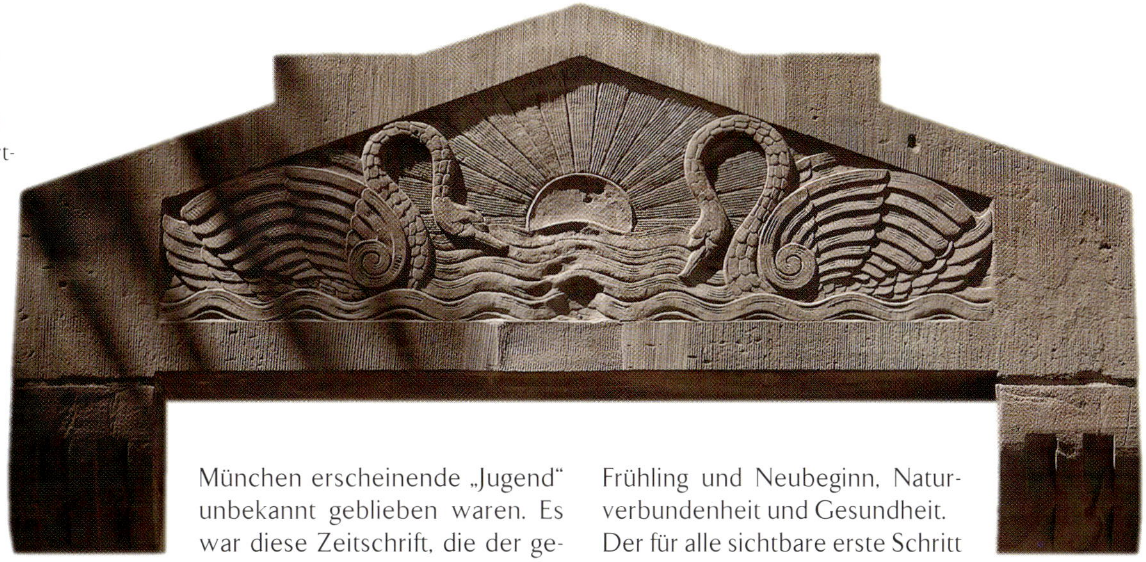

blieb der neue Stil die Ausdrucksform einiger weniger, propagiert nur in elitären Zeitschriften wie „Pan“ und „Ver Sacrum“.
Erst als sich die Architekten seiner annahmen und in ihren Bauten sichtbare Zeichen setzten, wurde die bis dahin unbekannte Formenwelt von weiten Teilen der Bevölkerung wahrgenommen. Auch diejenigen wurden damit konfrontiert, denen selbst so populäre Blätter wie die seit 1896 in München erscheinende „Jugend“ unbekannt geblieben waren. Es war diese Zeitschrift, die der gesamten Bewegung in Deutschland ihren Namen gegeben hat. Obwohl sie noch bis in das Jahr 1940 unter dieser Flagge erschien, sind ihre bunten und plakativen Titelblätter so etwas wie das Signum der Epoche geworden. Allein ihr Name weckt schon Vorstellungen von Schwung und Frische, Frühling und Neubeginn, Naturverbundenheit und Gesundheit.
Der für alle sichtbare erste Schritt nach außen war in Deutschland der Bau des Photo-Ateliers Elvira in München, errichtet 1898 von dem jungen „Designer“ August Endell. Ein riesiges, buntes, drachenartiges und gleichzeitig pflanzlich-organisch durchgeformtes Gebilde aus Stuck überzog die ganze, sonst völlig ungegliederte Fassade. Damit war zum ersten Mal und öffentlich sichtbar der gründerzeitlichen Stilmischung, die sich je nach Anspruch und Absicht der Neurenaissance, des Neubarock, der Neugotik oder Neuromanik bediente, etwas anderes entgegengesetzt; etwas radikal Neues, das dem Studium der Natur, insbesondere der Pflanzenwelt und deren Umsetzung zu den dynamisch-kraftvollen Rhythmen freier Formen seine entscheiden-

15
Ein Haus grüßt mystisch mit Maske über der Eingangstür. Uhlandstraße 38, erbaut 1905 von Adolf Hirth.

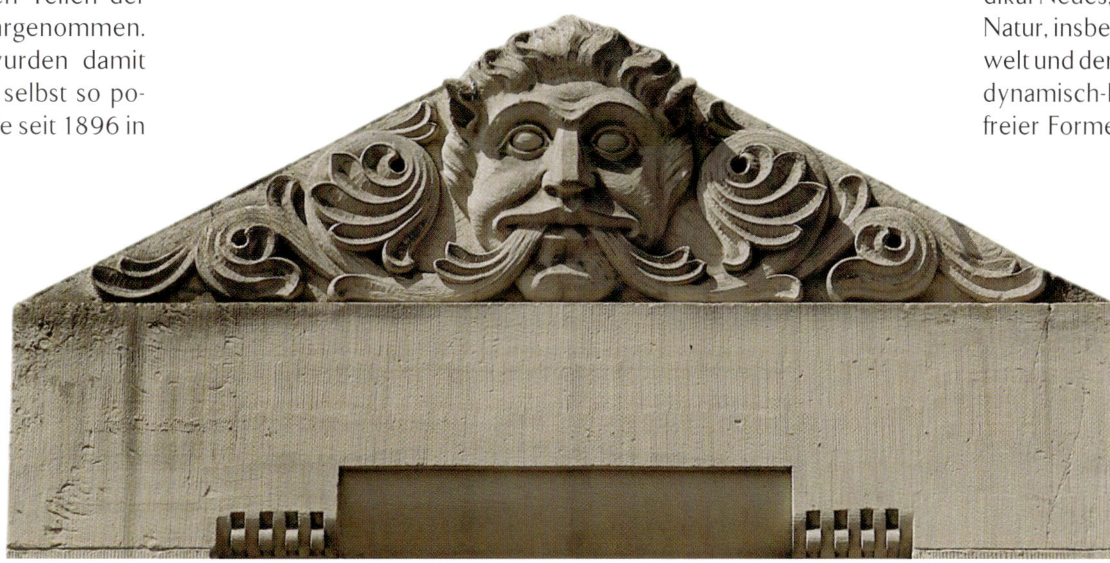

den Anregungen verdankte. Wie provozierend das Kunstwerk auch Jahrzehnte später noch wirkte, zeigt sich darin, dass es die Nationalsozialisten 1933 kurzerhand abschlagen ließen.
Was aber bedeutet Jugendstil in der Architektur über das Applizieren eines riesigen Ornamentes auf eine glatte Fläche hinaus? Ist er nicht eigentlich als genuiner Dekorationsstil lediglich auf die Fläche beschränkt und somit kein tektonischer Stil? Gehört er nicht, inspiriert von der Flächenkunst Japans, orientiert an einem neuen Verständnis organischer Naturformen und visualisiert als ein reformerisch-freies Lebensgefühl ausschließlich zu den angewandten Künsten? Ist es nicht so, dass er zwar jeden Zweig des Kunsthandwerks und außerdem Malerei und Grafik umfasst, aber vom Wesen her nicht dafür geeignet ist, eigenständige Raumkörper und Baukonstruktionen hervorzubringen?
All dies sind Fragen, die in Kunstkritik und Wissenschaft immer wieder gestellt wurden und denen entgegenzuhalten ist, dass es durchaus gemeinsame Gestaltungskriterien gibt, die den Jugendstil für alle Kunstgattungen als einen eigenen Stil bestimmen. Das Stichwort dazu heißt „ornamental-organisch“, Ornament und Organismus, die als ästhetische Prinzipien in den verschiedensten Variationen und auch in Kombinationen mit älteren Stilformen den neuen Stil im Detail wie auch als Gesamtkunstwerk bestimmen. Um es mit den Worten der Kunstwissenschaftlerin Stefanie Lieb zu sagen:
„Neu an der Jugendstilarchitektur gegenüber dem Historismus war die Dekorationsform, das stilisierte, von Naturformen abgeleitete Ornament, das geschwungene, fließende Linien ausbildete, und das geometrisierende Ornament, das mit kleinen geometrischen Formen Akzente setzte. Diese neue Ornamentik wurde jedoch nicht nur als Flächenschmuck verstanden, sondern als ästhetisches Prinzip, das das gesamte Bauwerk bestimmen sollte. Demzufolge war das Bauwerk des Jugendstils ein Organismus, bei dem die Funktion der Bauglieder durch ‚organische Analogien‘ zur Anschauung gebracht wurden.“
Was erwartet nun den heutigen Besucher in den Karlsruher Straßen, wenn er sich auf baukünstlerische Spurensuche begibt? Fündig wird der Jugendstilfreund vor allem in den damals noch jungen Vierteln des Westens, Nordwestens und Ostens, aber auch im Südwesten und selbstverständlich in der Innenstadt, wo einige der bekanntesten Bauwerke des neuen Stils stehen, des Stils, der während seiner kurzen Blütezeit von etwa 1895 bis 1914 in nahezu allen europäischen Ländern ein Rolle spielte. In Frankreich heißt er „Art nouveau“, in Belgien „Style 1900“, in Holland „Nieuwe Kunst“, in Großbritannien „Modern style“, in Österreich auch „Secessionsstil“, in Italien „Stile floreale“ und in Spanien meist „Stile Modernista“. Alle diese Bezeichnungen verweisen auf etwas Neues, Junges, Andersartiges. Wie aus zahlreichen Äußerungen hervorgeht, betrachteten die Künstler des Jugendstils ihre Schöpfungen in der Tat als etwas nie Dagewesenes, als einen endgültigen Bruch mit der Vergan-

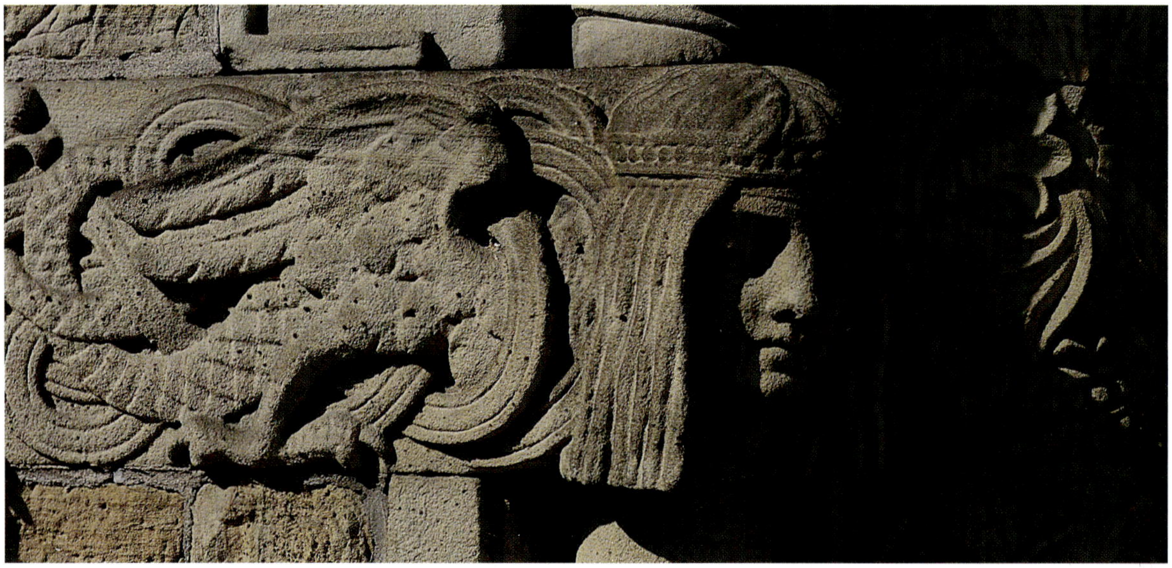

16
Weshalb wurde dem herbschönen Mädchenkopf am romanisch inspirierten Eingang zur Kornblumenstraße 9 (1901 von Franz Wolff erbaut) ein Harpyienleib gegeben? Oder handelt es sich lediglich um einen Krallen bewehrten Flügel?

genheit. Ob und wie das, speziell für unsere Region, gelang bzw. überhaupt gelingen sollte, wird zu prüfen sein.

Zum besseren Verständnis des Verhältnisses von Historismus und Jugendstil im – für den flüchtigen Blick weitgehend homogen wirkenden – Karlsruher Stadtbild aus der Zeit um 1900 kann eine hen wurden hauptsächlich die Kunstströmungen der eigenen deutschen Vergangenheit, von der Romanik über Gotik und Renaissance bis hin zu Barock und Rokoko.

Die Renaissance galt als besonders geeignet für bürgerliches Bauen. Repräsentiert wurde diese Richtung von Professor Joseph verschiedensten Steinarten und Putzflächen, wozu sich mitunter noch Bemalung gesellt, geben den einfachen Renaissancegliederungen genug Leben, um sie anziehend erscheinen zu lassen."

Sowohl die genannten Materialien wie die beschriebene Farbigkeit sind Nachklänge einer Gestaltungsweise, die bereits Jahrzehn-

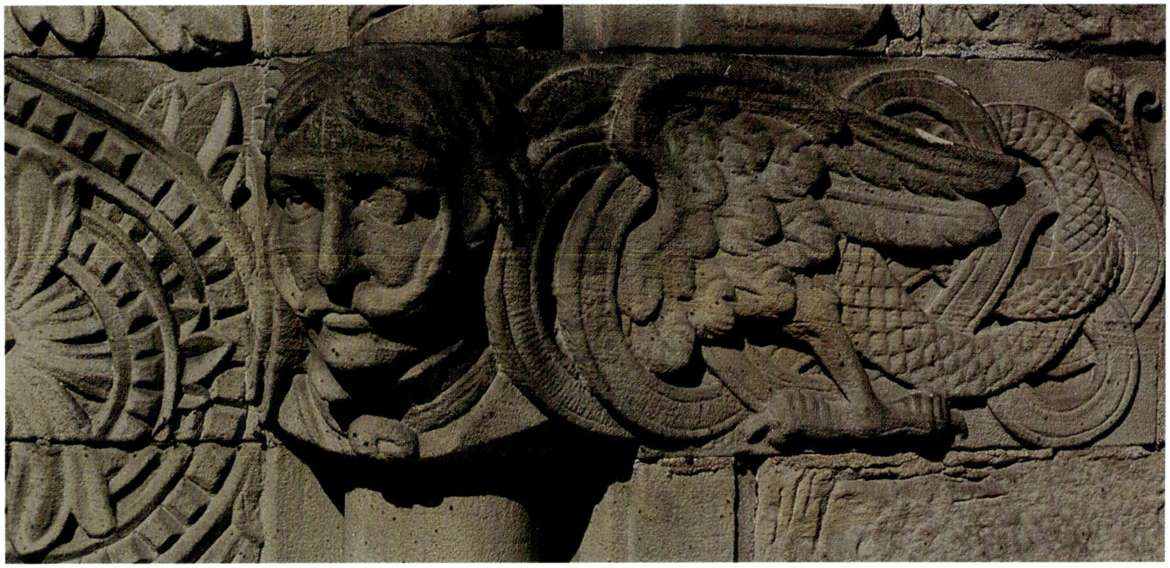

17
Der Männerkopf gegenüber imponiert mit hochgezwirbeltem Schnurrbart, Monokel und bürgerlichem Kragen. Auch ihm ist ein Krallen bewehrter Flügel gegeben. Lassen sich die beiden Skulpturen zusammen etwa als eine Darstellung des „Ehehimmels" interpretieren, den Hausherr und Hausfrau mit Klauen zu verteidigen bereit wären? Dazu würde der Kettenhund (Abb. 128) passen, der den äußeren Eingang verteidigt und bewacht.

Beschäftigung mit den letzten Jahrzehnten des 19. Jahrhunderts Substanzielles beitragen. Immer mehr kristallisierte sich heraus, dass die vom Karlsruher Architekten Heinrich Hübsch 1828 so eindringlich gestellte Frage „In welchem Style sollen wir bauen?" nicht mit einem einzelnen, allgemein gültigen Stil zu beantworten war. Vor allem an der Technischen Hochschule Karlsruhe wurde die assoziativ-repräsentative Aussagekraft aller verfügbaren historischen Stile immer mehr akzeptiert. Als vorbildlich angesehen Durm, der über lange Jahre das Geschehen beeinflusste, ja beinahe diktatorisch bestimmte. Vor allem die einfacheren, im Stil der Neorenaissance errichteten Wohnhäuser wurden gerühmt:

„Ihre Stilformen zeigen meist klassische Grundlagen mit neuzeitlichen Zuthaten. Hier in Karlsruhe wirkt diese Bauweise nicht eintönig, da die Farbe abwechslungsreich und belebend wirkt. Wir sind hier im Lande des rothen und weißen Sandsteins, auch Backsteine in allen Färbungen sind leicht zu haben. Die Zusammenstellung der te zuvor Heinrich Hübsch eingeführt hatte und die, Jugendstilgedanken und -formen integrierend, heute noch das Bild der Stadt in ihren älteren Teilen mit prägen. Romanik und Gotik erschienen um die Jahrhundertmitte in ihrem „trutzigen Burgencharakter" zwar auch für Wohnhausbauten passend, wurden aber als christliche Stile besonders gern für die Errichtung von Kirchen verwendet. Durms Erzrivale, Professor Carl Schäfer, propagierte seit 1894 ausschließlich die Neogotik, die, da noch „deutscher und bürgerlicher" als die Renaissance, für nahezu jede Bauaufgabe geeignet schien, für Wohn- ebenso wie für Kirchenbauten. Mittelalterlicher Burgenbau dagegen regte die Industriearchitektur an; Barock und Rokoko waren gleichzeitig geeignet für private wie öffentliche Repräsentationszwecke, da von den feudalen Herrschern höfischer Glanz für die eigenen bürgerlichen Zwecke geborgt werden konnte. Die ländliche und heimatlich-regional legitimierte Variante im Reigen der Stile war der „reizvolle und belebende Fachwerkbau". Mit der neuerlichen Verwendung kühler neoklassizistischer Elemente führte der Weg dann allmählich zum modernen, funktionalistischen Bauen des frühen 20. Jahrhunderts.

Da die Bedürfnisse, die man mit den einzelnen historischen Stilen verband, nach wie vor weiter bestanden, wurden sie auch mit den neuen Formen des Jugendstils verbunden. Sämtliche dieser traditionellen Gestaltungsideen haben also formal wie inhaltlich den Jugendstil in Karlsruhe beeinflusst. So lassen sich an einem Gebäude gleichzeitig die verschiedensten Stilanklänge finden, wobei es sich dennoch um einen Jugendstilbau durch und durch handeln kann. Wie sich dies im Einzelnen verhält, wird noch zu zeigen sein.

Die Zeit des großen Wachstums der Gründerjahre hinterließ in Karlsruhe, wie in anderen Städten auch, zum Teil recht gleichförmige, eng bebaute Straßenfluchten mit dem abschätzig beurteilten üblichen Aufputz wilhelminischer Fassadengliederung. Dennoch wissen wir heute den Reichtum dieser Einzelformen zu schätzen, mögen sie auch in vielen Fällen dem Baukörper lediglich ohne innere Verbindung hinzugefügt worden sein. Wir freuen uns an den Erkern, Giebeln und Türmchen, an Balustraden und Säulen, an Muschelwerk, Wappenkartuschen, Reliefs und was dergleichen Zierrat mehr ist – selbst wenn es sich, was gerade bei

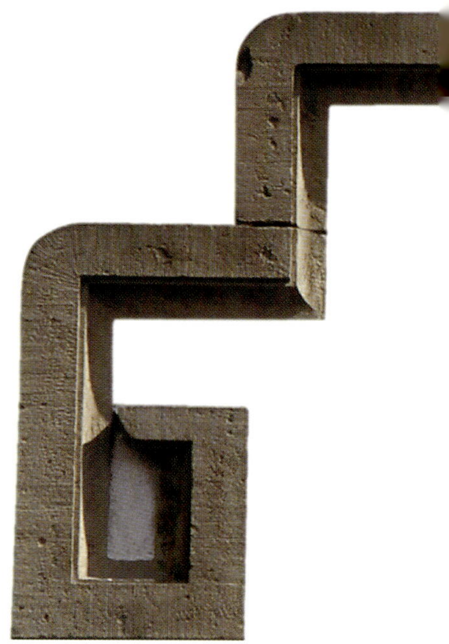

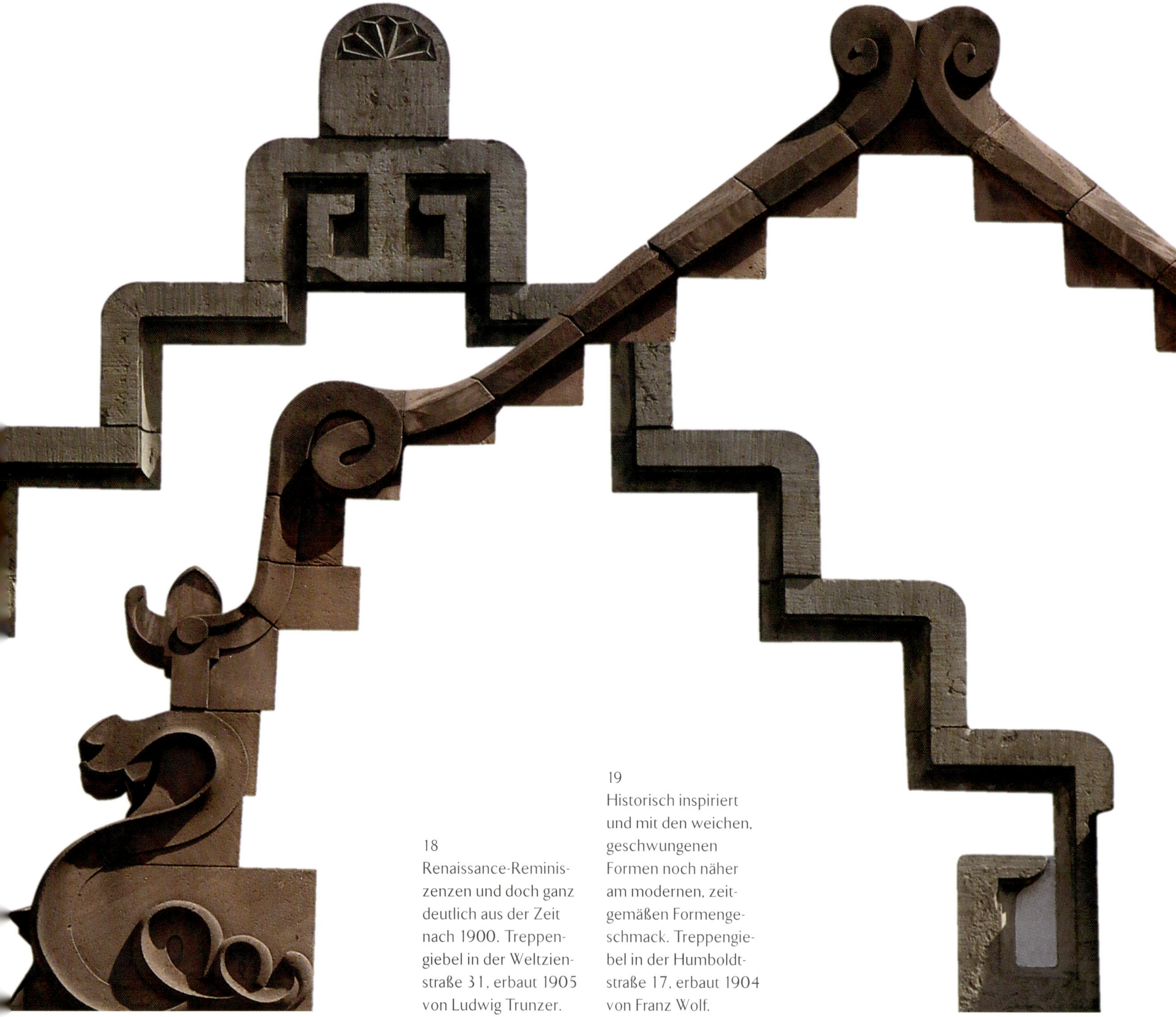

18
Renaissance-Reminiszenzen und doch ganz deutlich aus der Zeit nach 1900. Treppengiebel in der Weltzienstraße 31, erbaut 1905 von Ludwig Trunzer.

19
Historisch inspiriert und mit den weichen, geschwungenen Formen noch näher am modernen, zeitgemäßen Formengeschmack. Treppengiebel in der Humboldtstraße 17, erbaut 1904 von Franz Wolf.

hastig hingestellter Spekulationsarchitektur häufig vorkam, um vorfabrizierte, in Serie hergestellte Dekorationen handelt, die in gleicher Gestalt an verschiedenen Häusern auftauchen. Das Verfahren war im Übrigen auch dem Jugendstil nicht fremd.

Auf der Suche nach den eigentlichen Anfängen des Jugendstils in Karlsruhe gerät die zweite wichtige Ost-West-Verbindung der Stadt ins Blickfeld. Nach 1800 als Umgehung für die durchmarschierenden Truppen der Napoleonischen Ära gebaut, war die Kriegsstraße um 1900 so etwas wie ein Kompendium von knapp 100 Jahren formaler wie sozialer Stadtentwicklung. Von Ost nach West gesehen finden wir in verdichteter Zeilenbauweise zunächst die Wohnstätten der ärmeren Bevölkerung, dann die in Grün gebetteten Villen und Halbvillen (Doppelhäuser) des gut situierten Bürgertums aus der Gründerzeit, bis mit sich selbstbewusst präsentierenden Bauten wie etwa der Brauerei Moninger der Übergang zu den eigentlichen Industrievierteln vollzogen wurde. Gleichzeitig aber ist der Straßenzug auch so etwas wie ein „Bilderbuch" des sich allmählich wandelnden Formenrepertoires bis in die Gegenwart hinein.

Der Jugendstil machte sich hier – zum ersten Mal in Karlsruhe – am Wohnhaus des Fabrikanten Karl Gössel bemerkbar. Errichtet wurde es 1896–97 von der Architektengemeinschaft Curjel & Moser. Neben noch sehr konventionellen stehen dabei ganz neue, eigenständige Ornamente und Gestaltungsprinzipien. Besonders modern mutet innerhalb des aus mehreren Gebäuden bestehenden Komplexes die Dachzone des Hauses Nummer 97 a (Abb. 110) an. Das im ersten Entwurf noch vorgesehene traditionelle Dreieck des Giebels ist aufgelöst in einen bewegt fließenden Umriss mit dem zentralen, weich durchmodellierten Relief des biblischen Sündenfalls. Zurückhaltend in der Tiefe, dennoch mehrfach räumlich geschichtet und in sich bewegt, wird die neue Formenwelt des Jugendstils sichtbar, besonders deutlich auch in dem schwingenden, stilisierten Wellenband und den gleitenden Fischen. Auch der Adler, heraldisch-hergebrachtes Motiv par excellence, wird zum Ornament verwandelt. Das Zukunftsweisende insgesamt aber ist, dass unter dem beziehungsreichen Motto „Kunst bringt Gunst" jetzt die Einzelform an Selbstständigkeit verliert und statt dessen organisch übergreifende Zusammenhänge wirksam werden.

Rasch fanden die neuen Gestaltungsgedanken Eingang in die verschiedensten Bereiche, und 1905 wurde der Jugendstil in Karlsruhe mit den folgenden Worten enthusiastisch begrüßt:

„Die letzten fünf, sechs Jahre haben eine Reihe architektonischer Schöpfungen hervorgebracht, die in ihrer sprudelnden Fülle von persönlichem Gehalt und fantasievoller Formen-Freude die äußere Physiognomie der Stadt völlig umgestaltet und einen

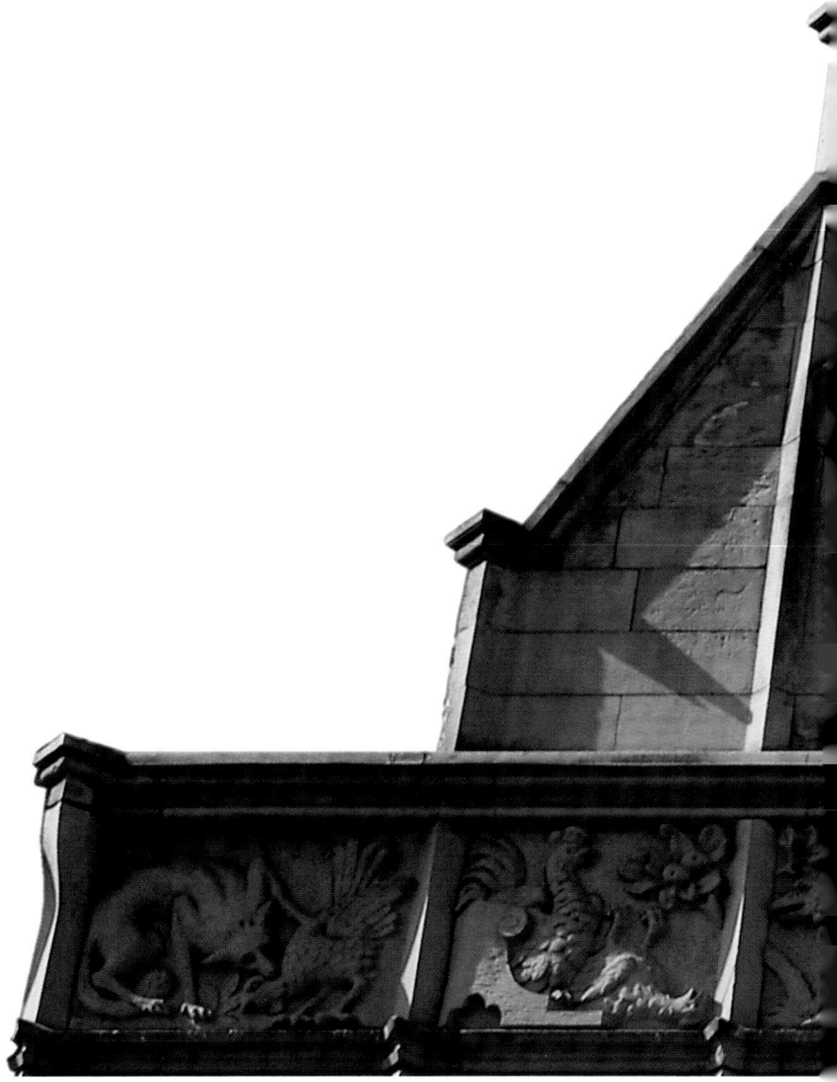

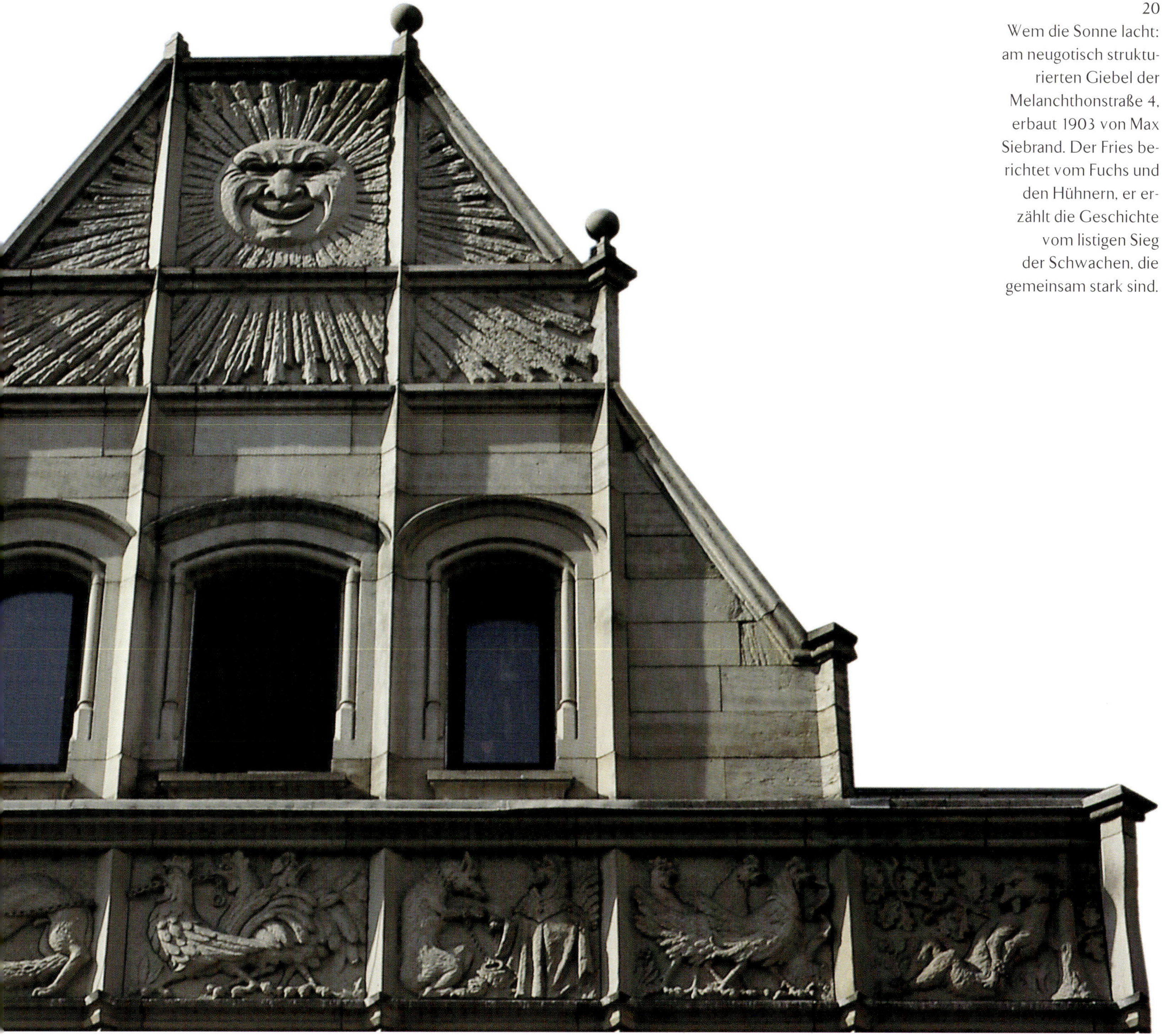

20
Wem die Sonne lacht: am neugotisch strukturierten Giebel der Melanchthonstraße 4, erbaut 1903 von Max Siebrand. Der Fries berichtet vom Fuchs und den Hühnern, er erzählt die Geschichte vom listigen Sieg der Schwachen, die gemeinsam stark sind.

21
Stilvoll und streng ist der Westgiebel der Yorckstraße 49, erbaut 1911 von Hermann Bastel. Im klar proportionierten Wechsel von gelb-rotem Ziegel, gelbem Sandstein, weißem Putz und hellem Balkenwerk und außerdem mit zarter Bemalung ist das Gebäude eines der schönsten des neuen Stils in der Stadt.

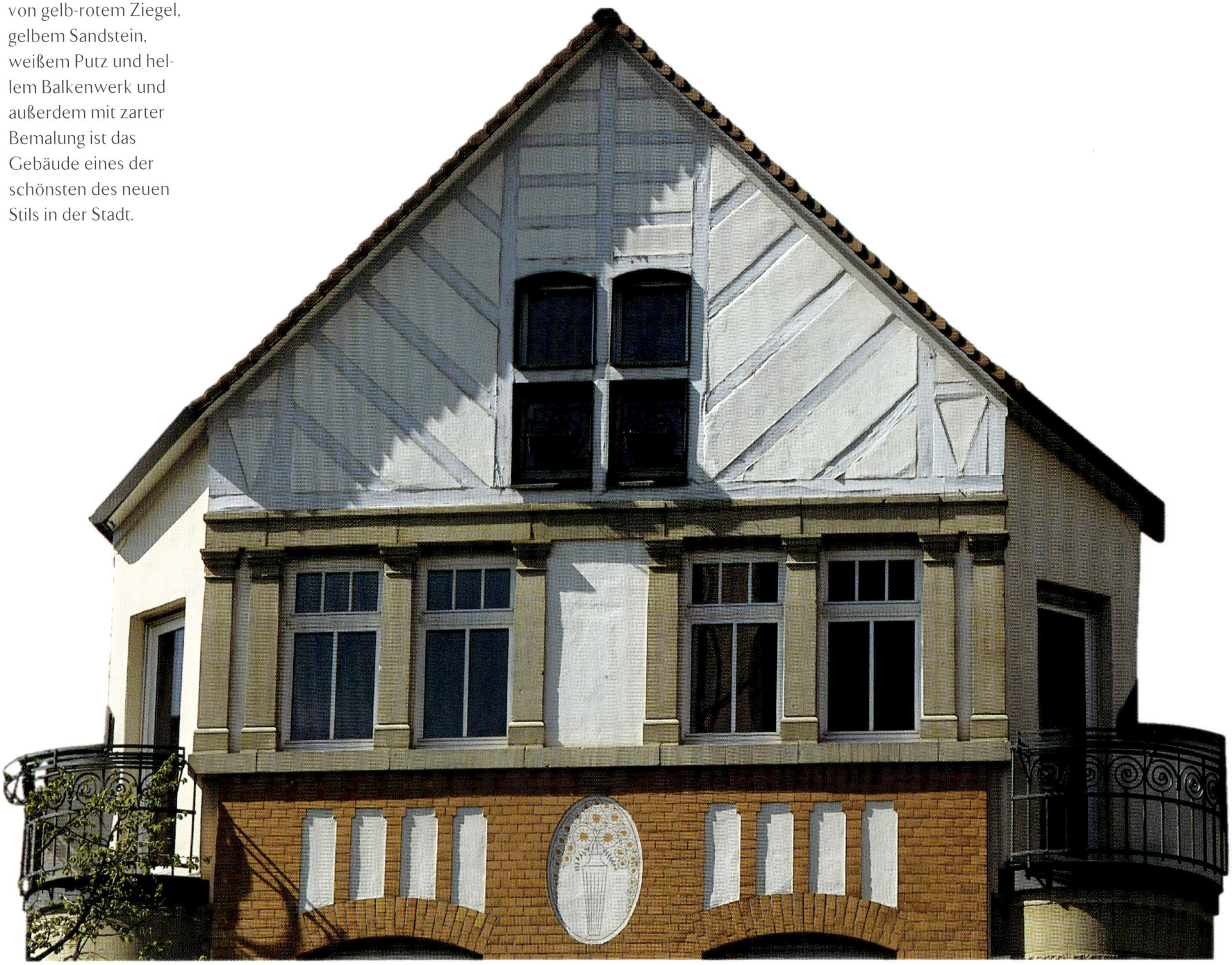

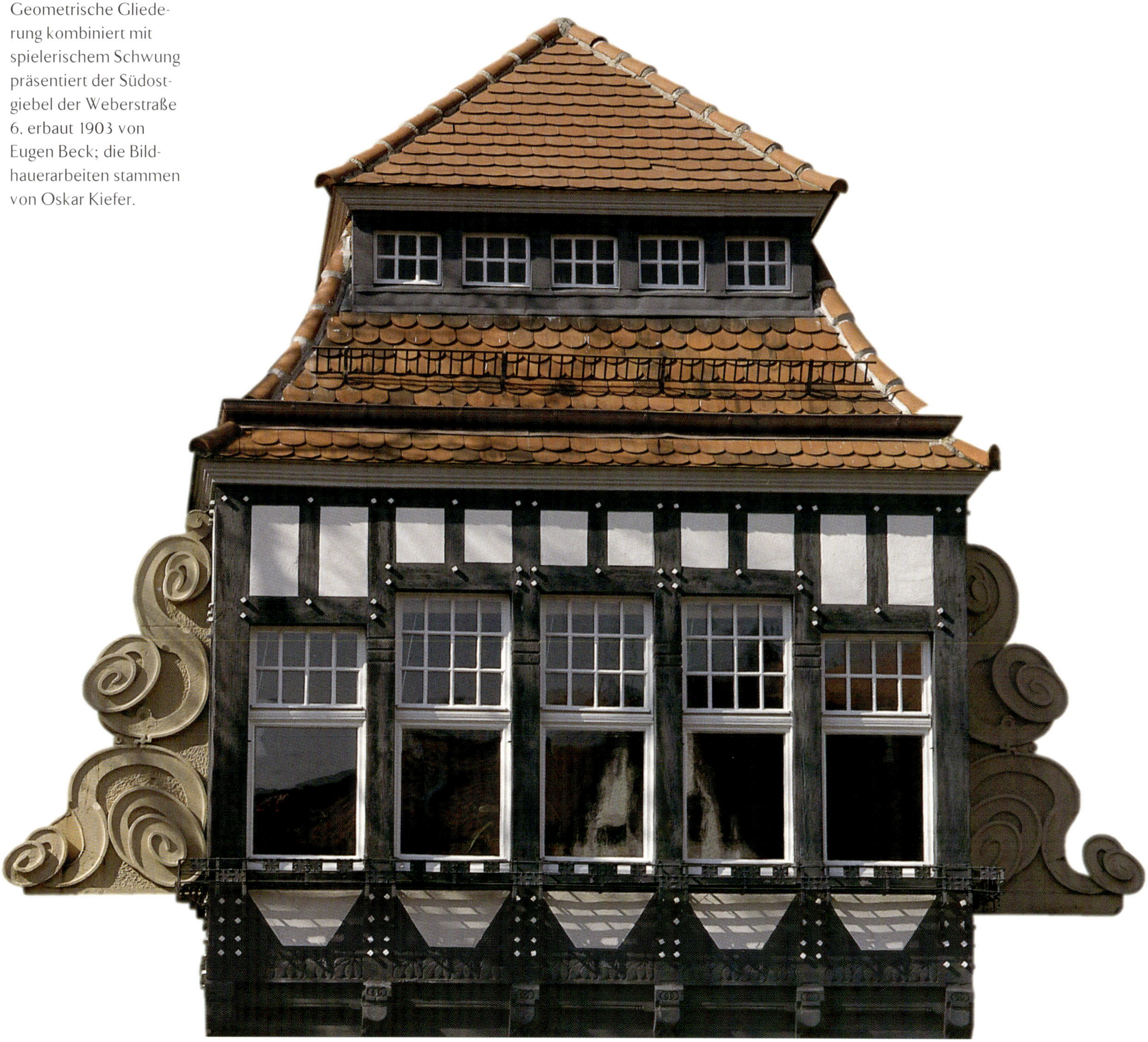

22
Geometrische Gliederung kombiniert mit spielerischem Schwung präsentiert der Südostgiebel der Weberstraße 6, erbaut 1903 von Eugen Beck; die Bildhauerarbeiten stammen von Oskar Kiefer.

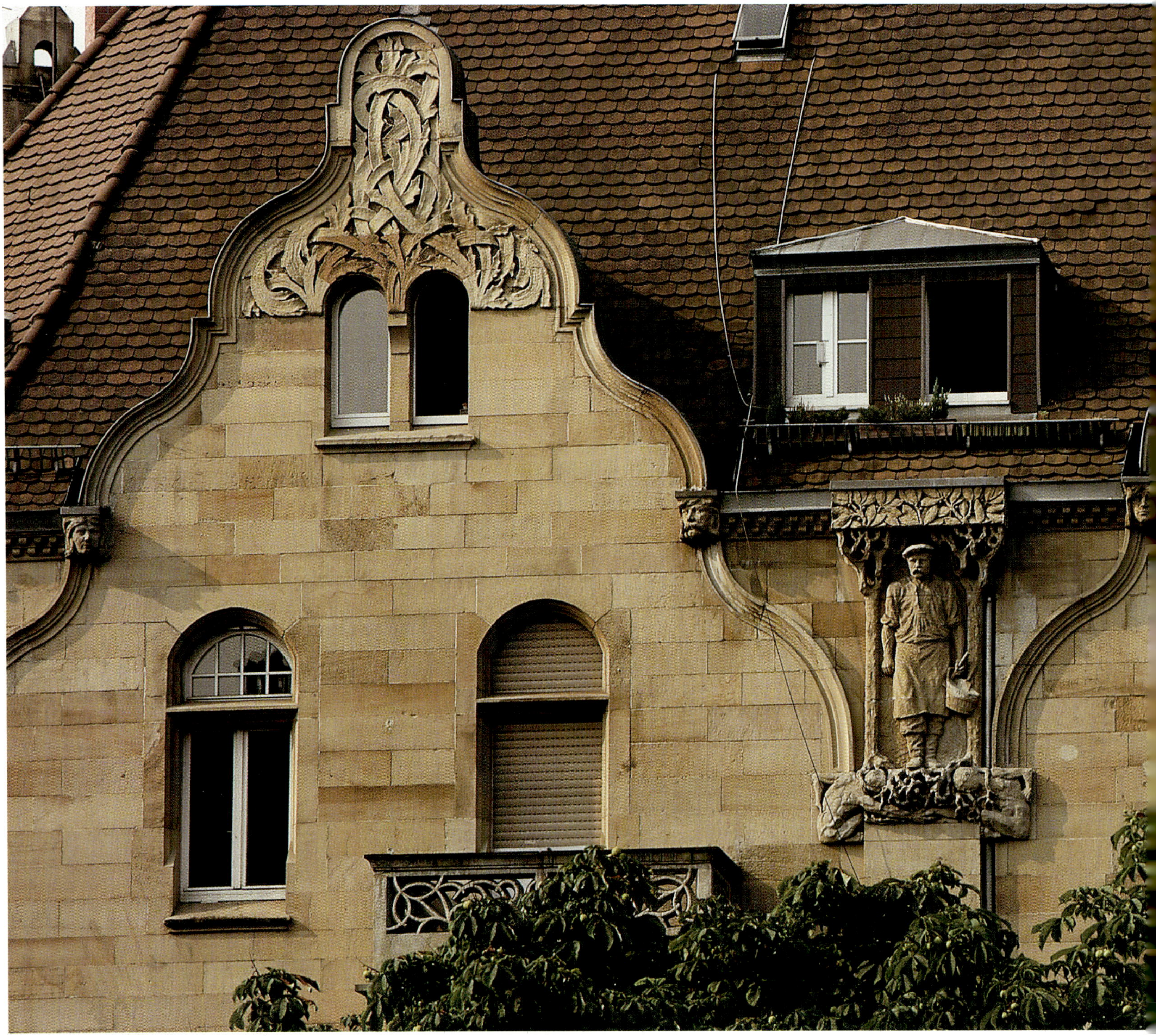

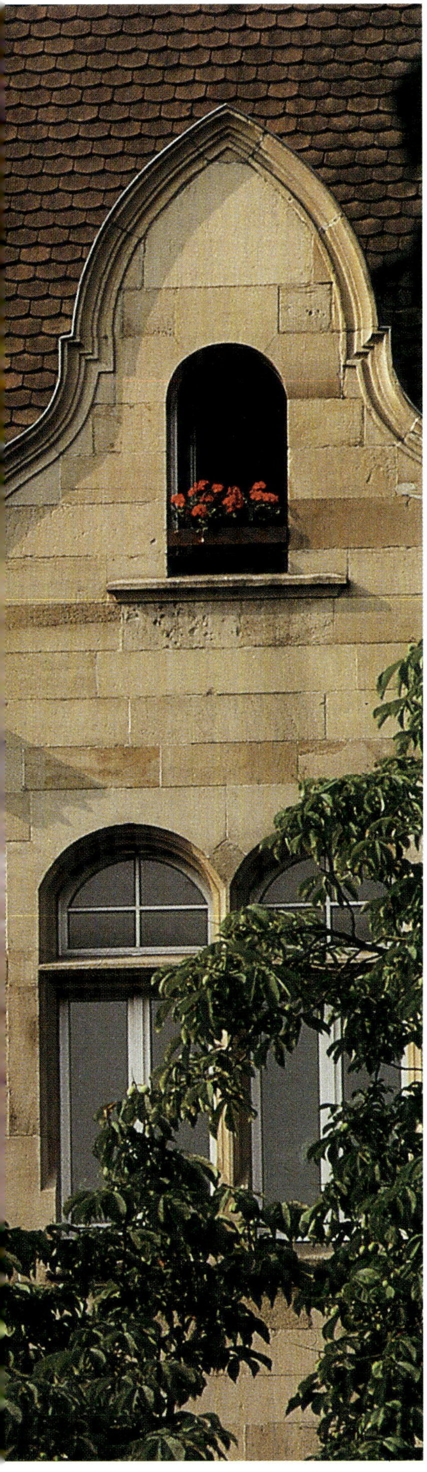

23
Barock inspirierte Giebelformen mit floralen Jugendstilornamenten und gotischem Einschlag an der Nordfassade der Leopoldstraße 2, erbaut 1899–1900 von Curjel & Moser. Die Bildhauerarbeiten stammen von Oskar Kiefer.

ungewohnt originellen und künstlerisch interessanten Zug hineingebracht haben."
Die heute bekanntesten Vertreter der neuen Richtung sind Hermann Billing und die bereits genannten, von 1888 bis 1915 in einem gemeinsamen Büro tätigen Schweizer Robert Curjel und Karl Moser. Die beiden Architekten verstanden es sehr geschickt, die Wünsche der unterschiedlichsten Auftraggeber zu befriedigen, indem sie alle Stilvariationen von der Neurenaissance über Neuromanik, Neugotik bis zum Neuklassizismus virtuos durchzuspielen, sie aber immer wieder kreativ mit der neuen Formenwelt zu verbinden verstanden. Sie bekamen daher Aufträge aus allen Sparten. Kirchen, Privat- und Geschäftshäuser, aber auch öffentliche Gebäude gehörten dazu. Gerade ihr Werk zeigt bei aller Modernität aber, wie sehr der Jugendstil – allen programmatischen Äußerungen zum Trotz – aus den bis dahin üblichen historistischen Formelementen herauswuchs (Abb. 39). Am deutlichsten wird dies an der evangelischen Lutherkirche, die sich zwar vordergründig im neuromanischen Gewand präsentiert, aber dennoch mit ihrer malerisch geschlossenen Gruppierung, ihrer Monumentalität und ihrer einheitlich plastisch durchmodellierten Außenhaut ein Jugendstilbau durch und durch ist (40). Das gilt, auch wenn die Modernität in den „geschwungenen" Linien, den Asymmetrien und in den spezifischen Details der ersten Entwürfe noch prägnanter zum Ausdruck kam als am ausgeführten Bau selbst. Insgesamt hebt ein Zeitgenosse hervor, dass sich die „Moderne" bei den beiden Architekten in durchaus maßvollen,

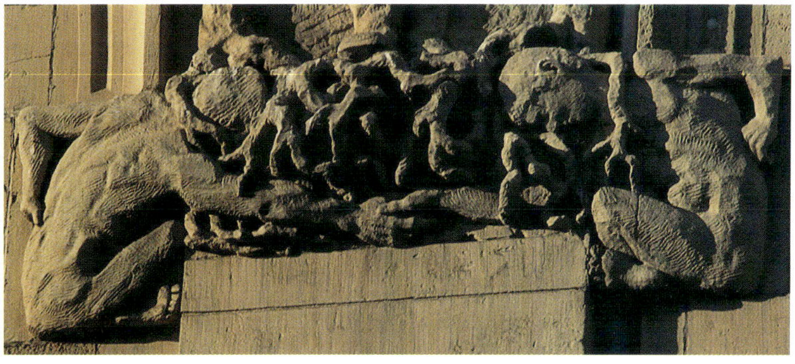

24
Aus der Eintracht von Mann und Frau, aus den guten Geistern des Hauses wächst der schützende Baldachin, in dem sich der Hausherr als Maurermeister mit Kelle und Eimer präsentiert. Nordfassade der Leopoldstraße 2, erbaut 1899–1900 von Curjel & Moser. Die Bildhauerarbeiten sind von Oskar Kiefer.

einzigartigen und dabei anziehenden Formen äußert.
In dieser Bemerkung schwingt aber gleichzeitig auch eine gewisse Kritik am Jugendstil mit, die sich auf dessen verschwenderischen Linienreichtum und die Überfülle an Ornamentalem bezieht, eine Kritik, die sich in nüchterner denkenden Zeiten dann bis zu der berühmten Äußerung von Adolf Loos „Ornament ist Verbrechen" steigerte. Wenn auch der Jugendstil heute wieder nahezu uneingeschränkte Wertschätzung genießt, so sind doch sicherlich seine strengeren Formen und Ausprägungen von größerem und ganz besonderem Reiz. Hierin mag ein Grund liegen, weshalb die Bauten von Hermann Billing fast durchgehend ungeteilte Anerkennung fanden. Alles Spielerische und Verspielte war seine Sache nicht. Professor Karl Widmer, scharfzüngiger Kritiker und ausgewiesener Kunstkenner der Jahrhundertwende, hat die Arbeiten des Architekten ausführlich und einfühlsam gewürdigt:
„Seine Formen-Schöpfung basiert auf einer freien und selbständigen Weiterentwicklung der historischen, namentlich der nationalen Bau-Stile. Er beherrscht und pflegt sie alle und beschränkt sich nicht auf den einen oder anderen. Doch ist er auch kein Eklektiker, der mit der Kombination heterogener Stil-Elemente ein geistreich paradoxes Spiel treibt. Er bleibt in der Durchbildung des Stiles, den er zu Grunde gelegt hat, immer einheitlich und konsequent: schon darin liegt ein Faktor der Monumentalität seiner Arbeiten. Und er ist immer persönlich. Er mag von der malerisch gruppierenden Bau-Weise des Mittelalters und der deutschen Renaissance oder von der strengeren Kompositions-Weise italienischer und klassizistischer Vorbilder ausgehen: dieselbe wuchtige Kraft und Konzentration der Wirkung bleibt ihm in jeder Formen-Sprache eigen, denn sie ist eine spezielle Seite seiner künstlerischen Persönlichkeit."
Selbst Billing also, der weit über Baden hinaus als ein wichtiger Mann des neuen Bauens galt (Abb. 29), konnte und wollte auf verändernde Integration und Weiterentwicklung historischer Stilformen nicht verzichten (Abb. 38). Handelt es sich also bei den Karlsruher Bauten wirklich vor allem um Gründerstilbauten mit „aufgeklebtem" Jugendstildekor (s. Lieb S. 12)? Auf einen Teil der Gebäude trifft diese Feststellung

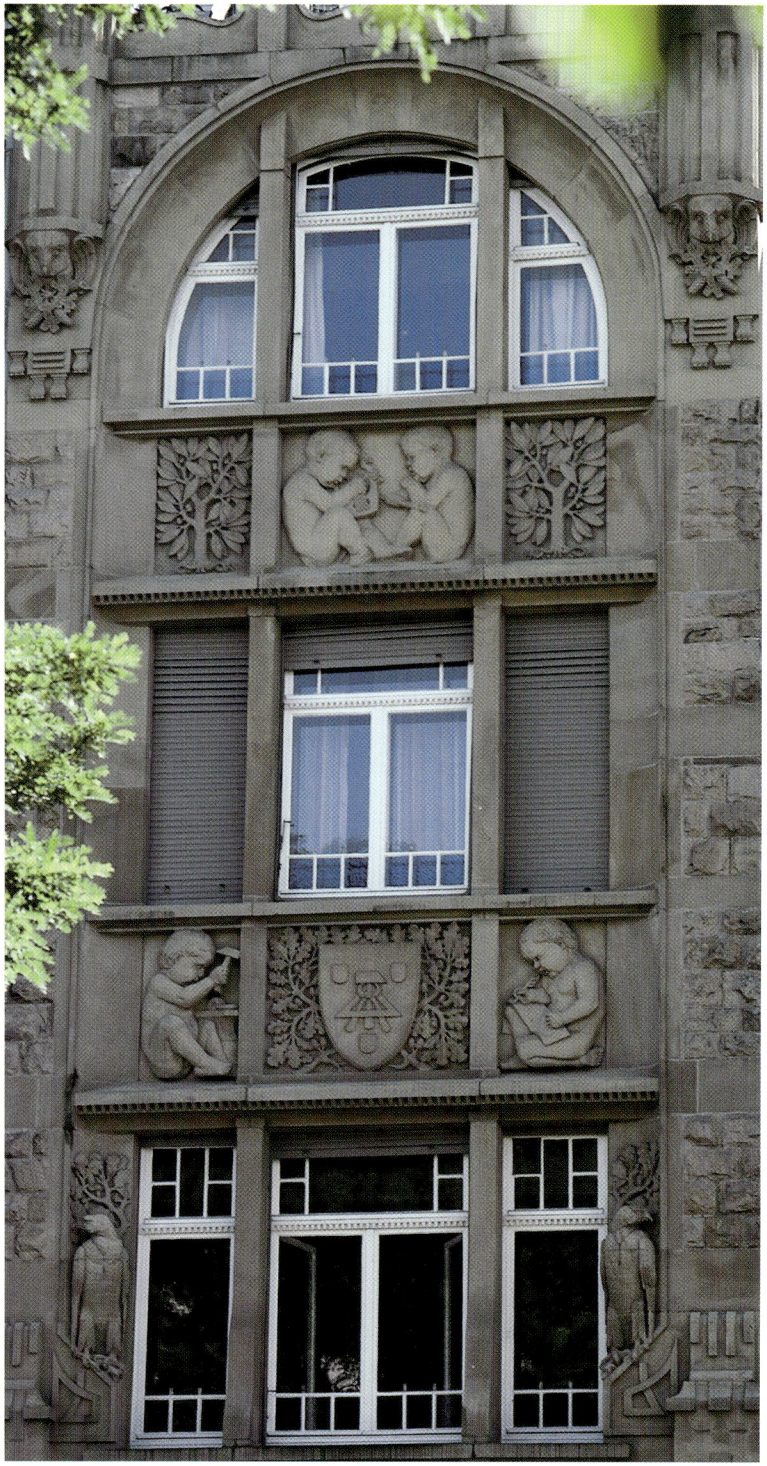

25
Die durch eine große, übergreifende Rundbogenform gegliederte Fassade der Sophienstraße 117, erbaut um 1900, ist mit Adlern, Eichen- und Lorbeerblättern, geflügelten Maskarons und vor allem Putten geschmückt, die Musik, Handwerks- und Dichtkunst symbolisieren; ein Lob der Künste mit nationalem Einschlag?

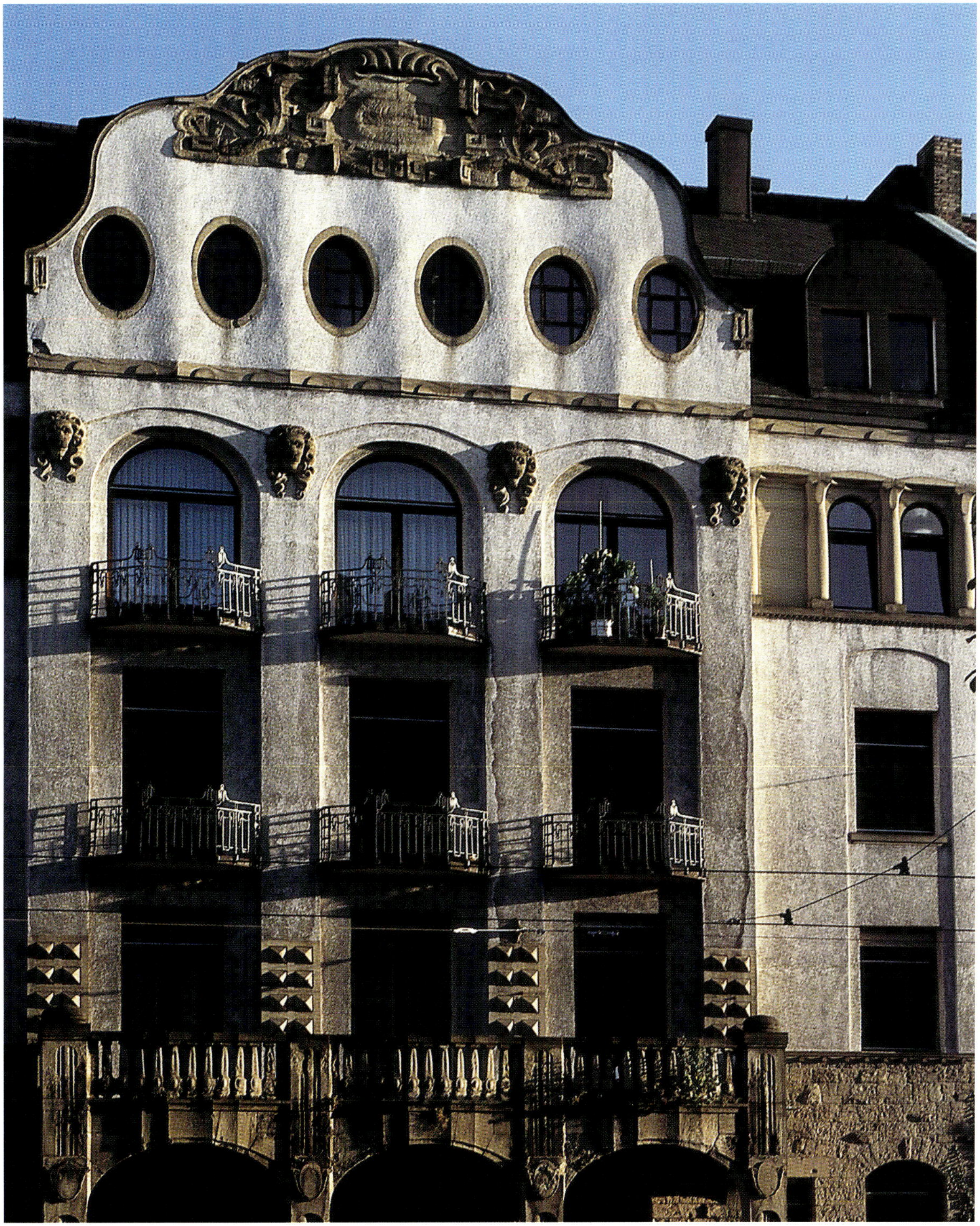

sicherlich zu, ohne dass ihnen deshalb ästhetischer Reiz abgesprochen werden müsste. Eine Vielzahl von Auftraggebern und Architekten begnügte sich tatsächlich damit, gewissermaßen nur „Markenzeichen", d. h. typische Details des Jugendstils zu übernehmen, ohne dass dabei die Struktur der Häuser eine entsprechende Änderung erfahren hätte. Darüber hinaus aber wird eine Beschäftigung mit einer Vielzahl von Bauten, alle zwischen 1897 und 1914 entstanden, und weiteren, die Stadt prägenden Architekten differenziertere Antworten erbringen.
Es sei aber noch kurz eine Brücke zu den damals kommenden Zeiten geschlagen. Den Jugendstil als Bindeglied zwischen Historismus und modernem Funktionalismus verstehen zu lernen, ermöglicht es, ihn nicht mehr lediglich als isoliertes Sonder-Phänomen zu werten, sondern ihm seinen zukunftsweisenden Platz in der Geschichte zu geben.

26
Mit ihrer großräumig übergreifenden Gliederung, der sensibel abgestuften Plastizität und den sorgfältig behandelten Details ist die Haid-und-Neu-Straße 8, erbaut 1904–06 von Franz Wolf, eines der schönsten erhaltenen Jugendstilgebäude der Stadt.

27
Keramik-Kapitelle aus der Majolika-Manufaktur Karlsruhe an der Nordostfassade des Gasthauses „Zum Krokodil“ in der Waldstraße 63.

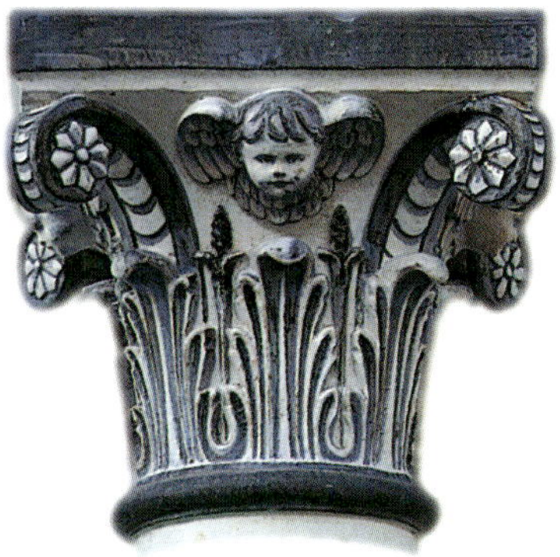

So ist es denn regional von besonderem Interesse, dass, basierend auf Gestaltungskriterien des Jugendstils, erneut die Wiederaufnahme eines historischen Stils zum Katalysator der weiteren Entwicklung wurde. Nun kamen neoklassizistische Tendenzen zum Tragen, wie sie beim 1914 errichteten Warenhaus Knopf (heute Karstadt) oder 1915 bei dem Bau der Stadthalle durch Curjel & Moser sichtbar wurden. Eines der schönsten noch erhaltenen Beispiele ist das Gasthaus „Zum Krokodil“ (Abb. 28). Zu seiner Beliebtheit trug und trägt nicht zuletzt die liebenswürdige Architektur bei.
Dem Betrachter, der sich über die Türme der Münchner Frauenkirche an einer Karlsruher Fassade wundert, sei erzählt, dass das Bier, das hier um 1900 ausgeschenkt wurde, aus der bayerischen Landeshauptstadt stammte.
Klare Übersicht und Ordnung, Sparsamkeit im Detail sowie die nur angedeutete Nachahmung antiker Dekorationsweisen sind die augenscheinlichen Merkmale dieser Bewegung. Unter ihrem Einfluss wurde, um die Jahrhundertwende beginnend, die bis dahin übliche Isolation der Einzelarchitekturen zugunsten städtebaulicher Kriterien aufgegeben: Plätze entstehen, Bauten werden – zum Teil sehr subtil – aufeinander bezogen, ein lebendiges Beziehungsgeflecht entsteht. Eines der gelungensten Beispiele hierfür ist die Gestaltung des Bahnhofsplatzes durch Wilhelm Vittali. Das Bahnhofsgebäude selbst ist noch

ganz den Kriterien des strengen Jugendstils verhaftet, während die gesamte Anlage in eine Zukunft weist, in der man sich in Karlsruhe mit der berühmten Dammerstock-Siedlung von Walter Gropius an die Spitze der fortschrittlichen Entwicklung setzen sollte.

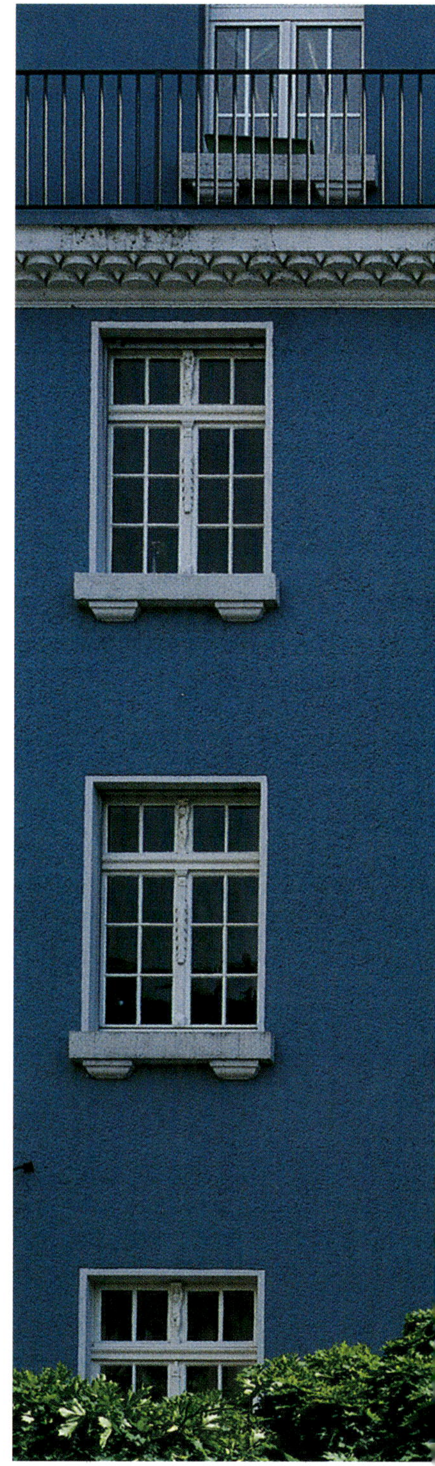

28
Das Gasthaus „Zum Krokodil“ in der Waldstraße 63, Ecke Blumenstraße, wurde 1914–15 von Pfeifer und Großmann umgebaut und modernisiert. Die streng gegliederte neo-klassizistisch anmutende Fassade mit den Keramikbildern aus der Majolika-Manufaktur lässt deutlich spüren, dass der eigentliche Jugendstil um diese Zeit vorbei ist. Das „Krokodil“ war schon vor einem Jahrhundert ein beliebter Treffpunkt vieler Karlsruher und ist es bis heute geblieben.

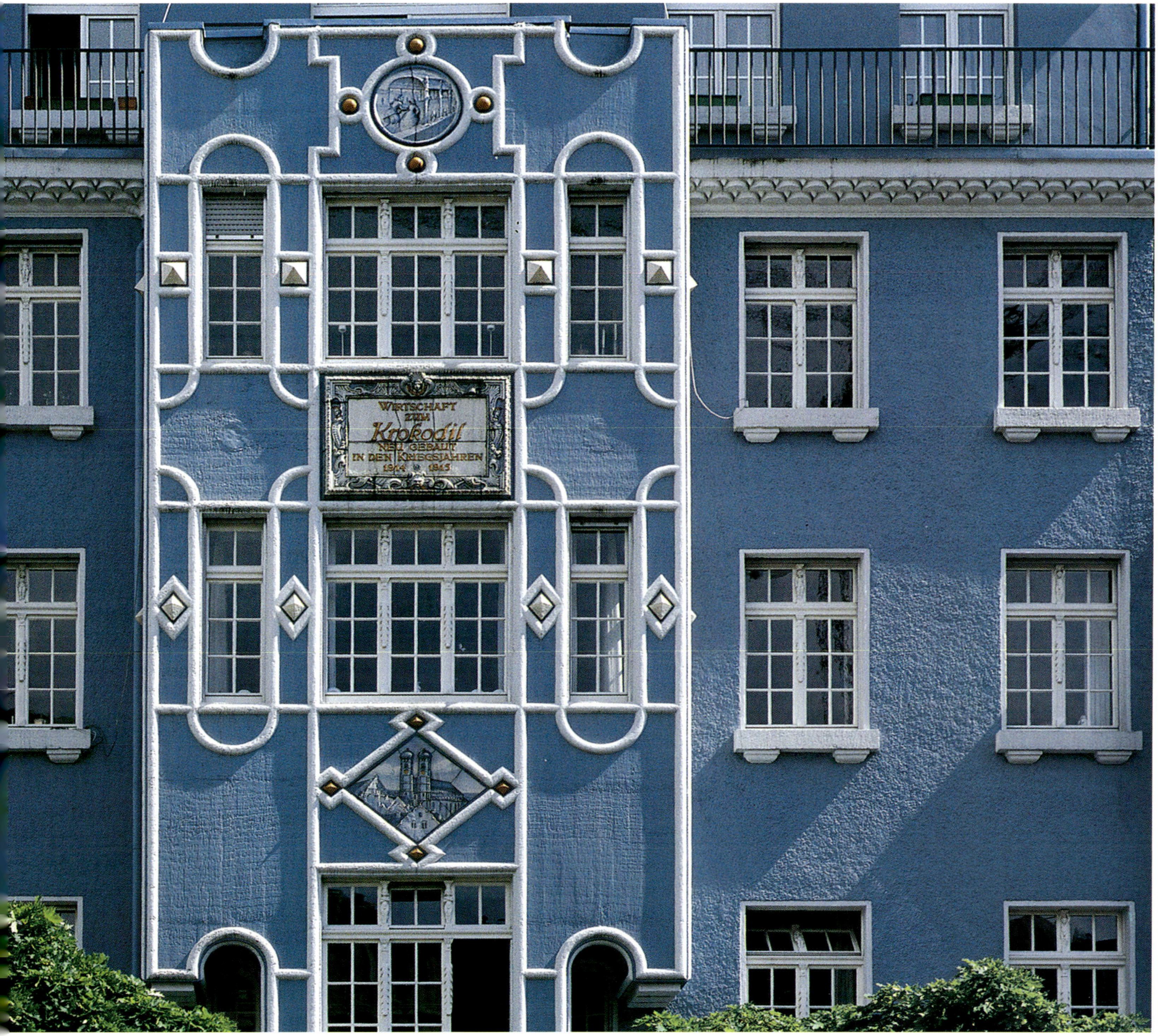
WIRTSCHAFT
ZUM
Krokodil
NEU GEBAUT
IN DEN KRIEGSJAHREN
1914 1915

# Die Klasse der Masse
## Aufbruch in die Moderne

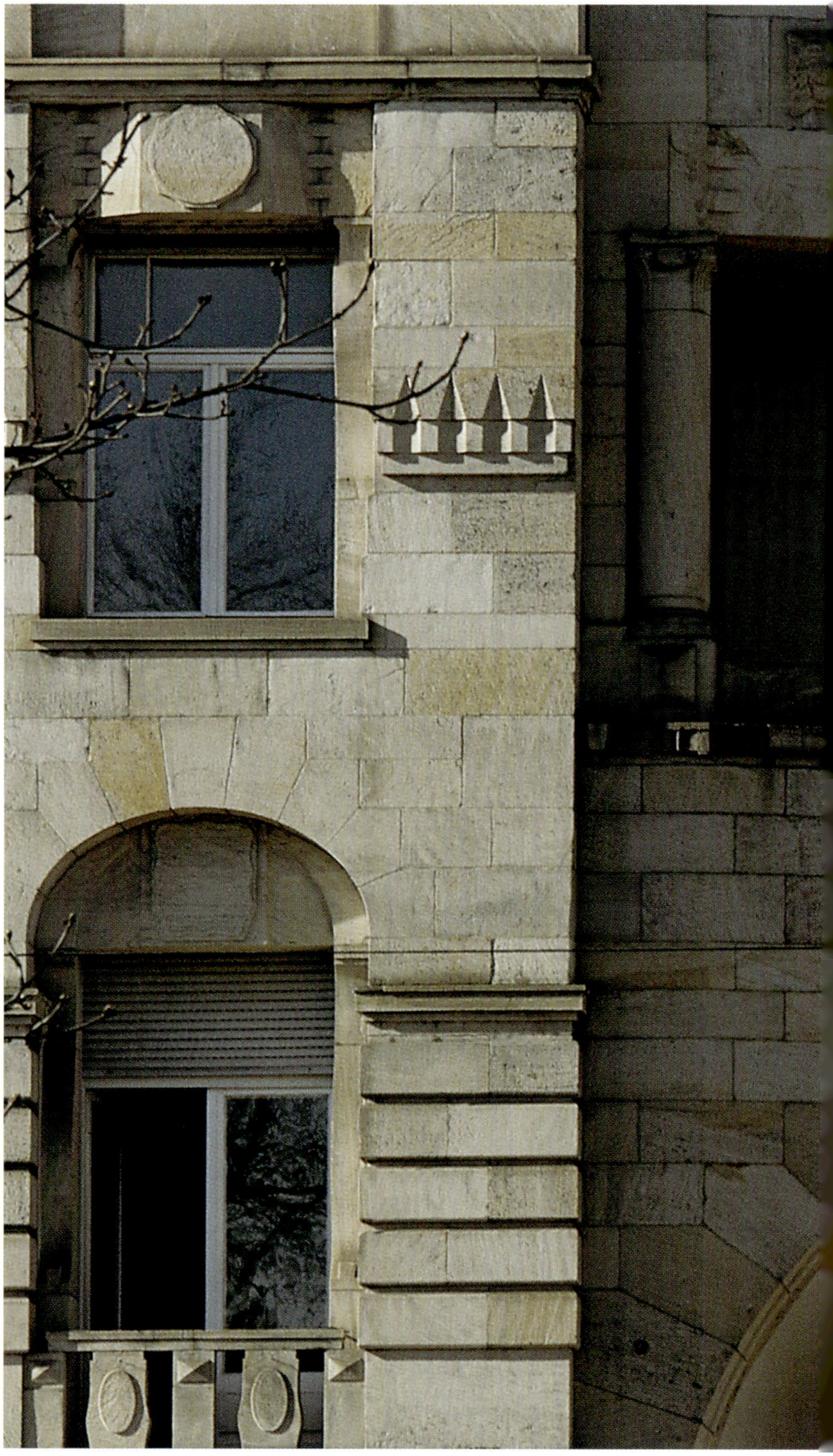

29
Trotz veränderten Wiederaufbaus nach dem Krieg vermittelt die Fassade nach wie vor einen guten Gesamteindruck der Aufsehen erregenden Planung Hermann Billings. Mit ihrer für die damalige Zeit sensationellen, kräftigen Farbigkeit und einer nackten Frauenfigur im Giebel, ganz in Gold, sorgte sie für heftige Kontroversen. Stephanienstraße 94, erbaut 1902–03.

Wir sind es heute gewöhnt, dass in der Regel akademisch ausgebildete Architekten unsere Häuser planen und bauen. Bis in die achtziger Jahre des 19. Jahrhunderts hinein aber stammten Entwurf und Ausführung einfacher und mittlerer Wohnhausbauten meist von handwerklichen „Planfertigern". Das waren, bezogen auf Karlsruher Verhältnisse, an der „Unteren Abtheilung" der Bauschule ausgebildete Maurer- und Zimmermeister. Sie waren durch die anspruchsvollen Stilwünsche meist überfordert, da zu deren Verwirklichung neben technischen auch kunsthistorische Kenntnisse nötig waren. So wurde im Jahr 1869 die „Untere Bauabteilung" geschlossen und seither ein Architekturstudium von acht Semestern vorgeschrieben. Zugelassen wurde nur, wer das Gymnasium absolviert hatte. Von da an bestimmten fast ausschließlich akademisch gebildete Architekten das Geschehen.
Allerdings konnten von vielen der in Karlsruhe architektonisch Tätigen die Ausbildungsgänge bisher nicht ermittelt werden (S. 160 ff.). Allgemein aber gilt, dass die Jugendstilkünstler sehr vielseitig tätig waren. Sie waren häufig nicht ausschließlich Archi-

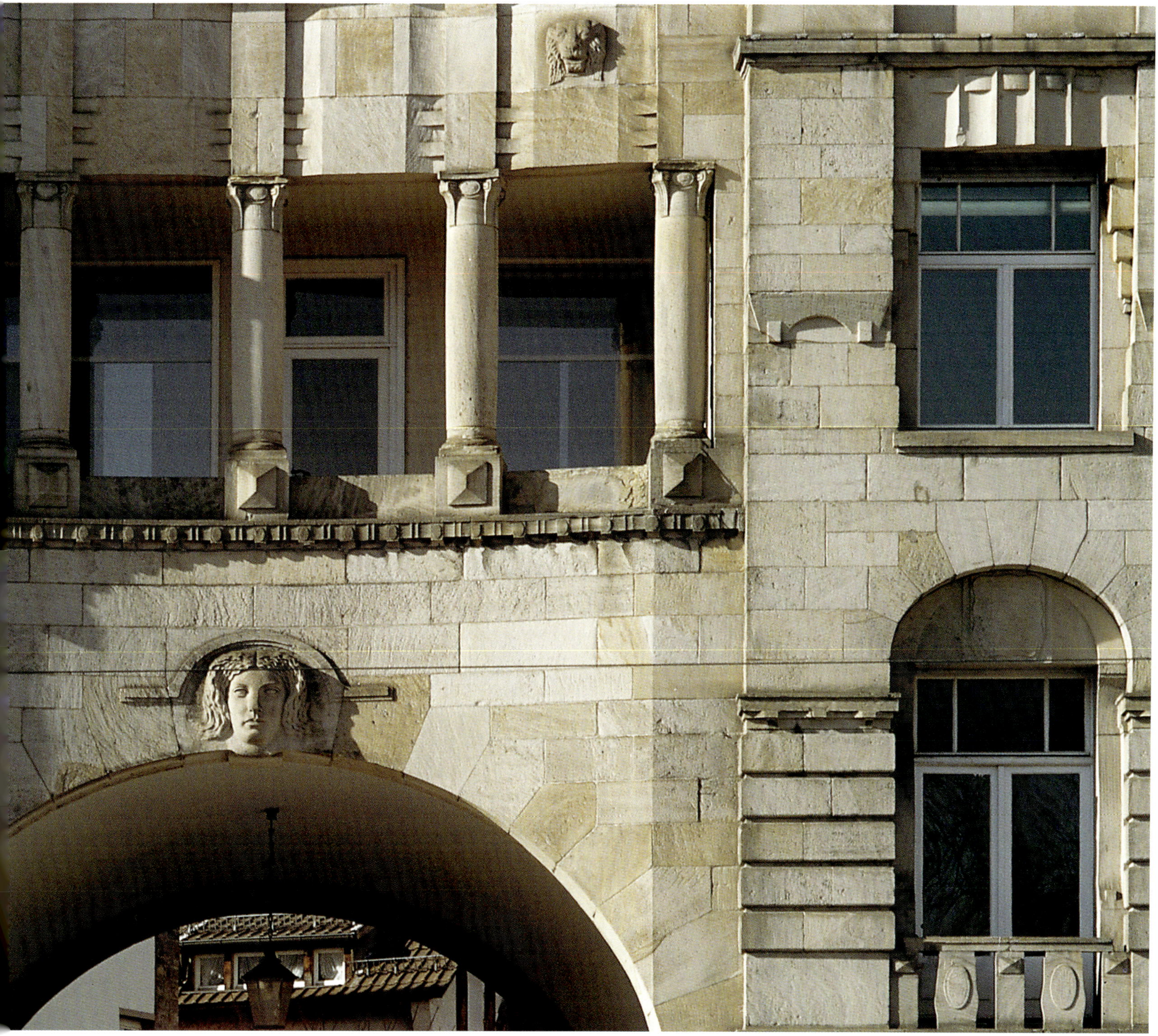

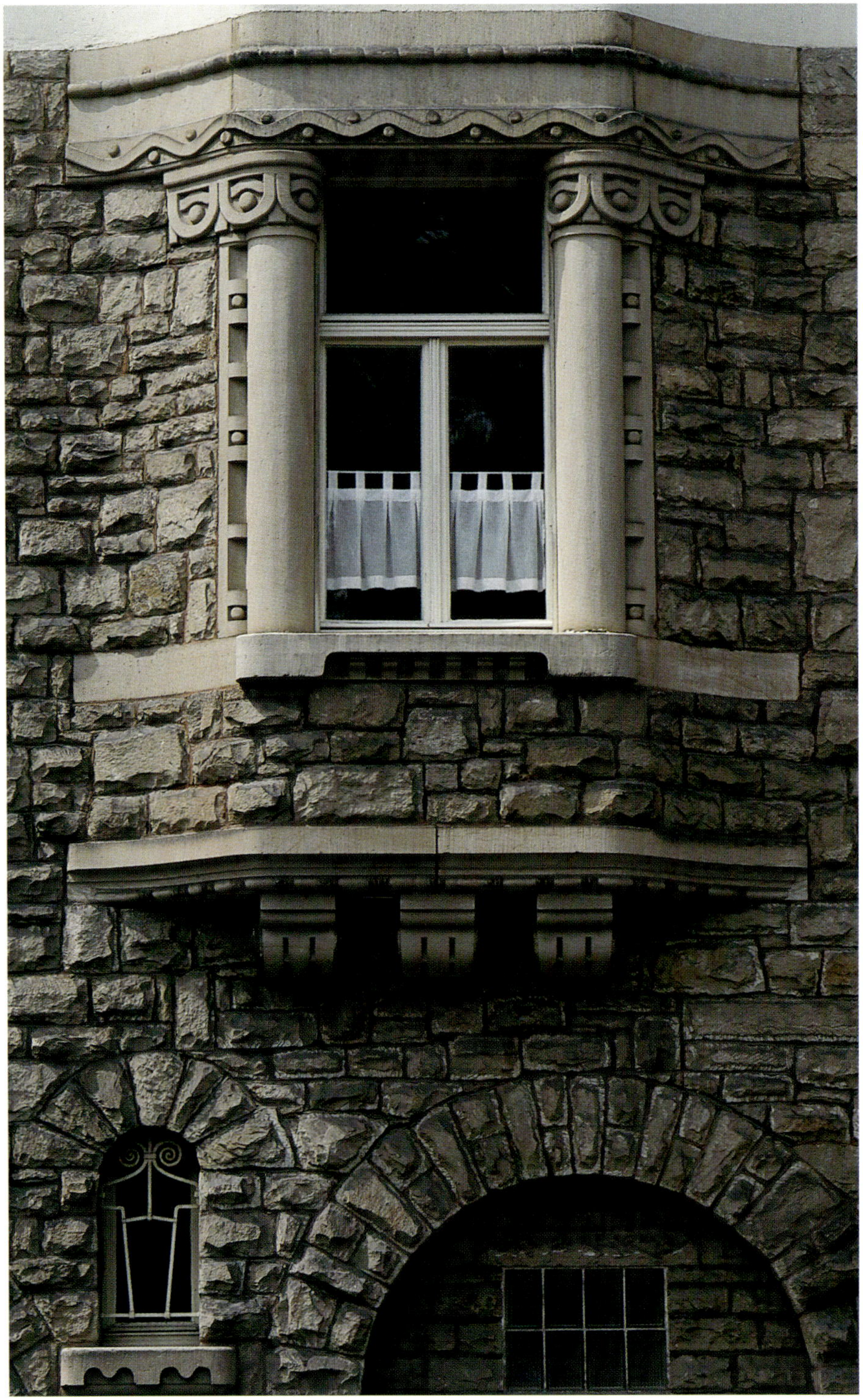

30
Die Fassadenhaut wird plastisch modellierbar, der Erker schwingt organisch aus ihr heraus. Grob behauenes Bossenmauerwerk im Kontrast zu sorgfältig bearbeiteten Architekturgliedern und Ornamenten ist ein besonders wirkungsvolles Gestaltungsmittel Hermann Billings. Ostfassade der Baischstraße 3, erbaut 1900–03.

tekten, sondern gleichzeitig auch noch Kunsthandwerker, Textilentwerfer, Grafiker, Maler und vieles anderes mehr. Dies entsprach dem angestrebten Ziel des „Gesamtkunstwerkes".

Während zu bekannten Namen wie Hermann Billing und Curjel & Moser detaillierte und fundierte Forschungsergebnisse vorliegen, ist über eine Vielzahl von Karlsruher Architekten, Baugeschäften, „Planfertigern" und Bürogemeinschaften so gut wie nichts oder nur sehr wenig bekannt. Auch wir konnten diese Lücken nicht schließen, den Kenntnisstand aber doch um einiges verbessern. Wenn es auch in vielen Fällen nicht einmal gelungen ist, die Geburts- und Sterbedaten zu ermitteln, so konnte doch an Hand der Adressbücher festgestellt werden, wie lange die einzelnen Personen in Karlsruhe tätig waren, und wo sie wohnten.

Dabei fällt auf, dass mehrere Architekten sich ein eigenes Haus bauten, es einige Jahre bewohnten, dann verkauften und mit einem neuen Gebäude von vorne begannen. Es lässt sich nur darüber spekulieren, aber möglicherweise war einer der Gründe dafür, dass beim eigenen Wohnhaus kein Bauherr in die künstlerische Konzeption hineinreden oder dekorative Vorlieben bestimmen konnte. Über die sozio-ökonomische Seite von Bauen und Verkaufen lassen sich für die damaligen Verhältnisse zur Zeit keine verlässlichen Angaben machen.

Es gibt aber eine Reihe von Baumeistern, die entweder qualitativ oder durch die hohe Zahl der von ihnen errichteten Gebäude besonders hervortraten. Allerdings können sie alle nicht an Ruf und Bedeutung von Hermann Billing und Curjel & Moser heranreichen. Dennoch sind gerade ihnen besonders reizvolle oder bemerkenswerte Schöpfungen zu danken. Zu nennen sind hier in erster Linie Karl Kreutz, Ludwig Trunzer und Franz Wolff, die alle drei über eine besonders fruchtbare Fantasie und eigenwillige Formensprachen verfügten. Die sehr individuellen Elemente, die die Fassaden der drei Architekten jeweils unverwechselbar machen, gehören ausdrücklich zu den Zielen der neuen künstlerischen Bewegung nach 1900.

Viele öffentliche Bauten wie Schulen, Institute und Behörden wurden auch noch nach 1900 wie eh und je mit formalen Zitaten vergangener Stile geschmückt. Da die öffentliche Baukunst auf „legitimierende" historistische Stilrückgriffe nicht verzichten wollte, ist der Jugendstil am klarsten an Privatbauten zu erkennen. Hier gab es eine Reihe relativ junger, neuer Bauaufgaben, die sich für zukunftsweisende Ideen anboten, da sie in keiner längeren formalen Tradition standen. Dazu gehörten – für uns heute selbstverständlich und aus dem täglichen Leben nicht wegzudenken – mehrgeschossige Mietshäuser, Banken, andere Geschäfts- und vor allem Warenhäuser, die sich als „großkapitalistische Detailhandelspaläste" erst kurz vor 1900 entwickelten.

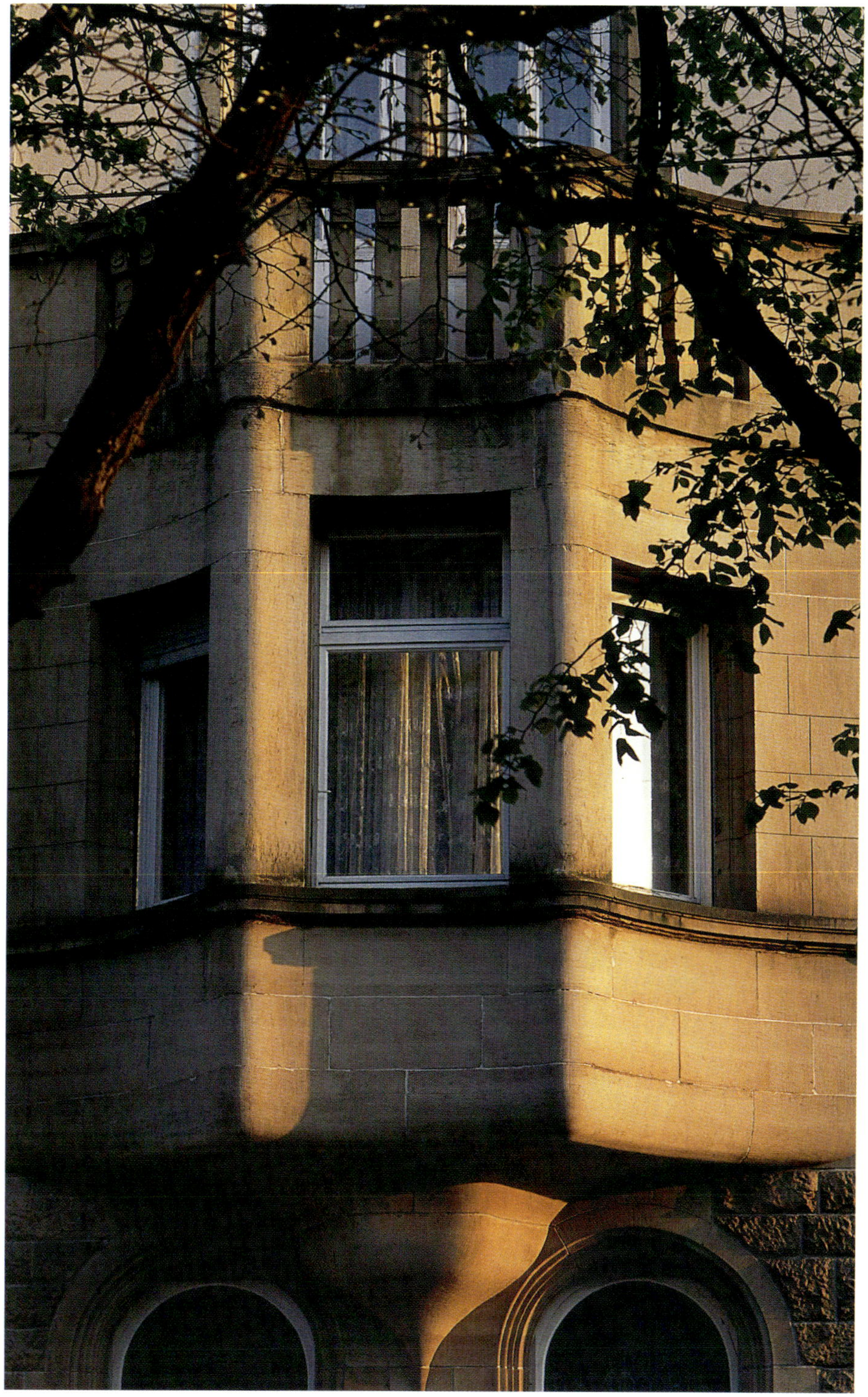

31
Möglicherweise angeregt von Hermann Billing lässt Ludwig Trunzer einen eleganten Erker aus der sonst eher schlichten Fassade herauswachsen. Kriegsstraße 175, erbaut 1904.

32
Sein eigenes Wohnhaus hat Hermann Bastel besonders sorgfältig in den klar rhythmisierten Formen des geometrischen Jugendstils gestaltet. Fenstergruppe der Ostfassade der Yorckstraße 49, erbaut 1911.

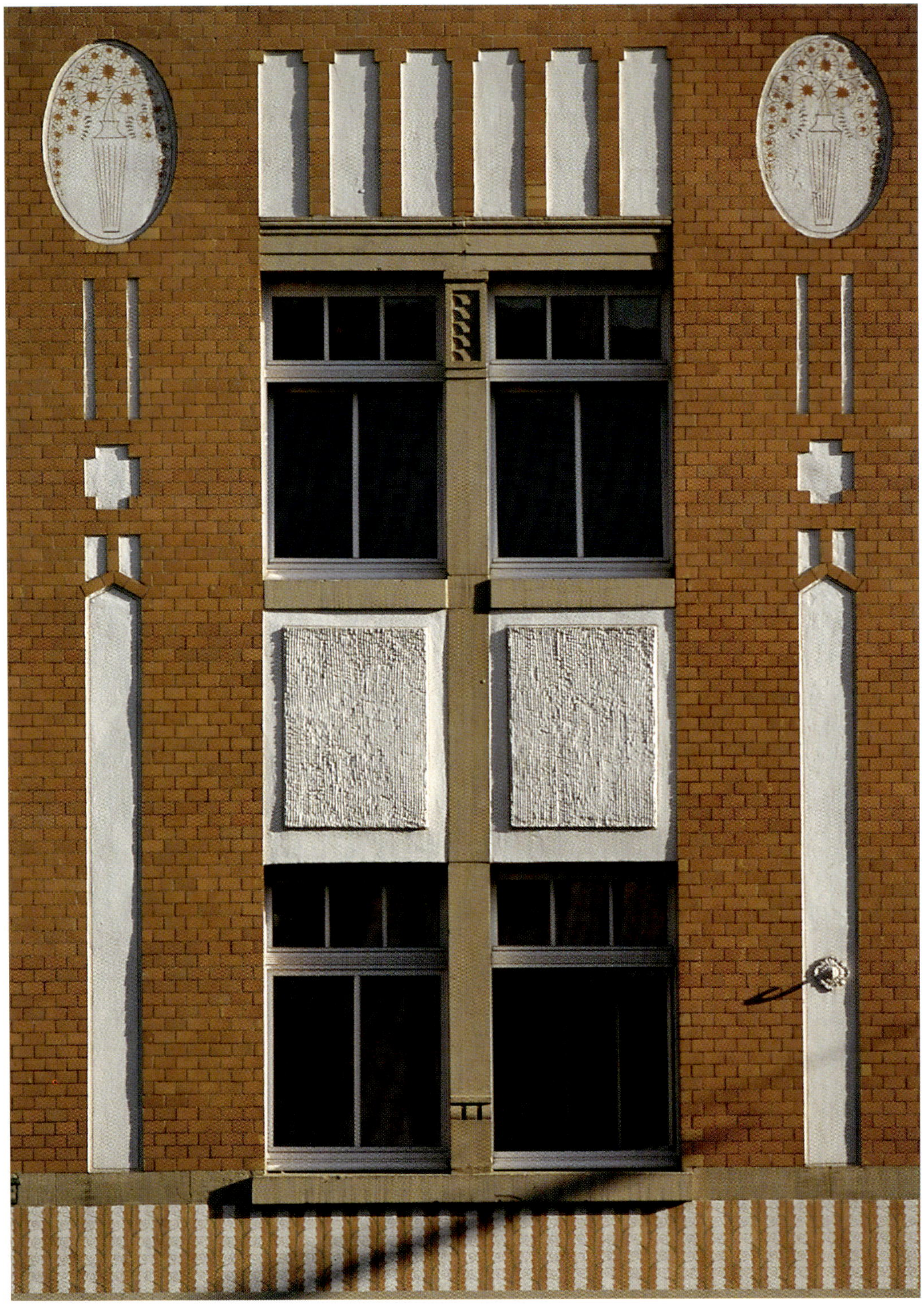

33
Eine vornehm-strenge Ornamentik und eine differenzierte Raumschichtung machen die Qualität des Hauses in der Melanchthonstraße 2 aus. Erbaut 1902–03 von Curjel & Moser.

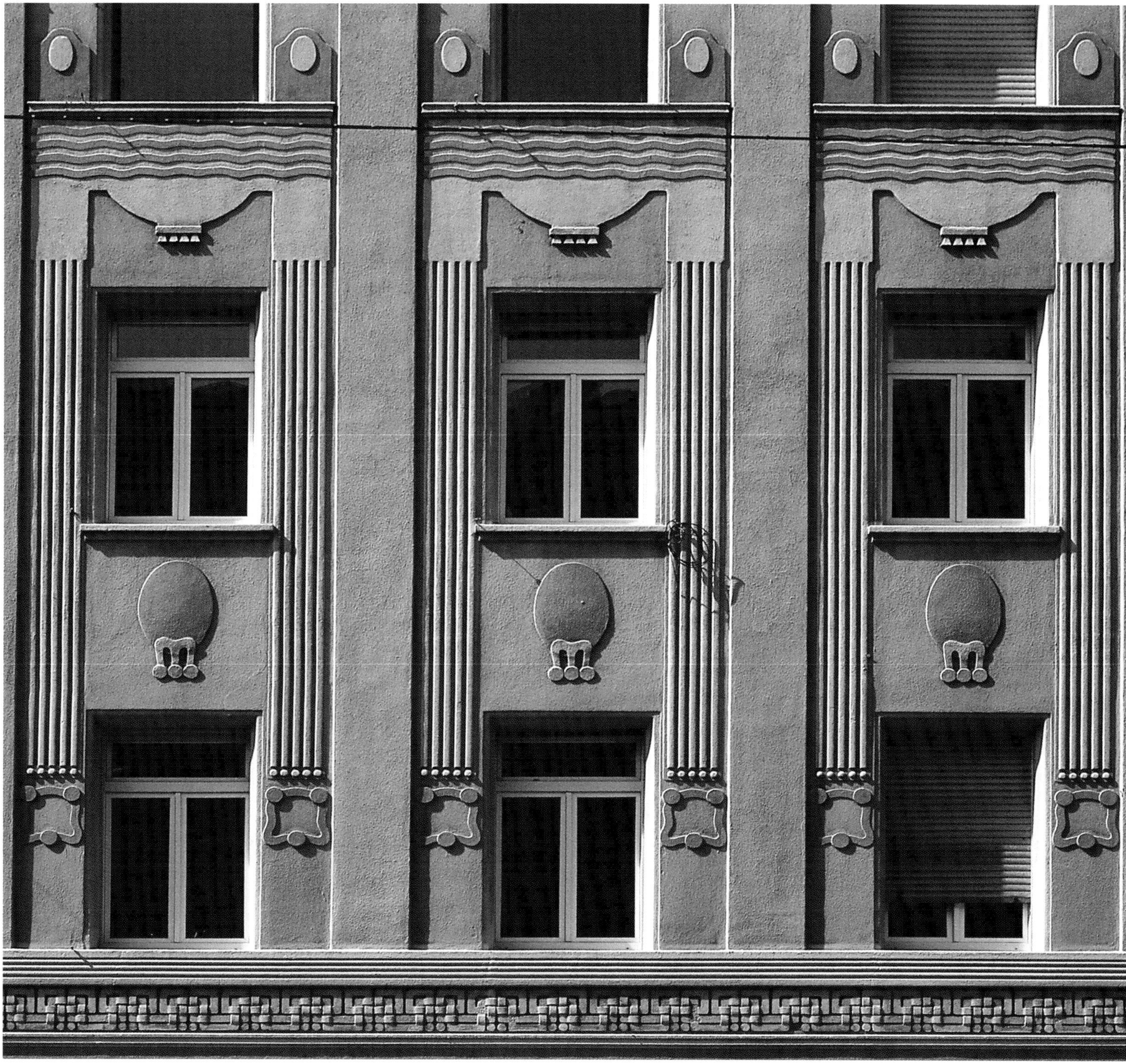

Jeder der verschiedenen Bautypen wurde von bestimmten Gruppen von Bauherren bevorzugt. Handwerk muss damals wirklich einen goldenen Boden gehabt haben, denn Mietshäuser wurden fast ausschließlich von Handwerksmeistern als Bauherren errichtet. Die meisten kamen aus der Baubranche, waren Maurer, Zimmerer, Schreiner, Tüncher, Blechner, Schlosser, Steinhauer oder Inhaber von Baugeschäften. Für gehobene Ansprüche sind ein Kunstmaler, ein Redakteur, zwei Ärzte oder ein wohlhabender „Rentier" die eher seltenen Ausnahmen. Wurde ein kombiniertes Wohn- und Geschäftshaus gebaut, war in der Regel der Geschäftsinhaber der Auftraggeber, ob es sich nun um Weinhändler, Milchhändler, Küfer oder einen Bäckermeister handelte. Dasselbe gilt auch für die reinen Geschäftshäuser, deren Auftraggeber meistens Bankiers oder Fabrikanten waren.

Während die „Stadtvilla", das in einem Garten freistehende Familienhaus, schon seit der ersten Hälfte des Jahrhunderts immer mehr in den Mittelpunkt des Interesses der Wohnkultur rückte, hatte sich der Bau von „Mietskasernen" – meist in geschlossener Blockbebauung – erst parallel zum explo-

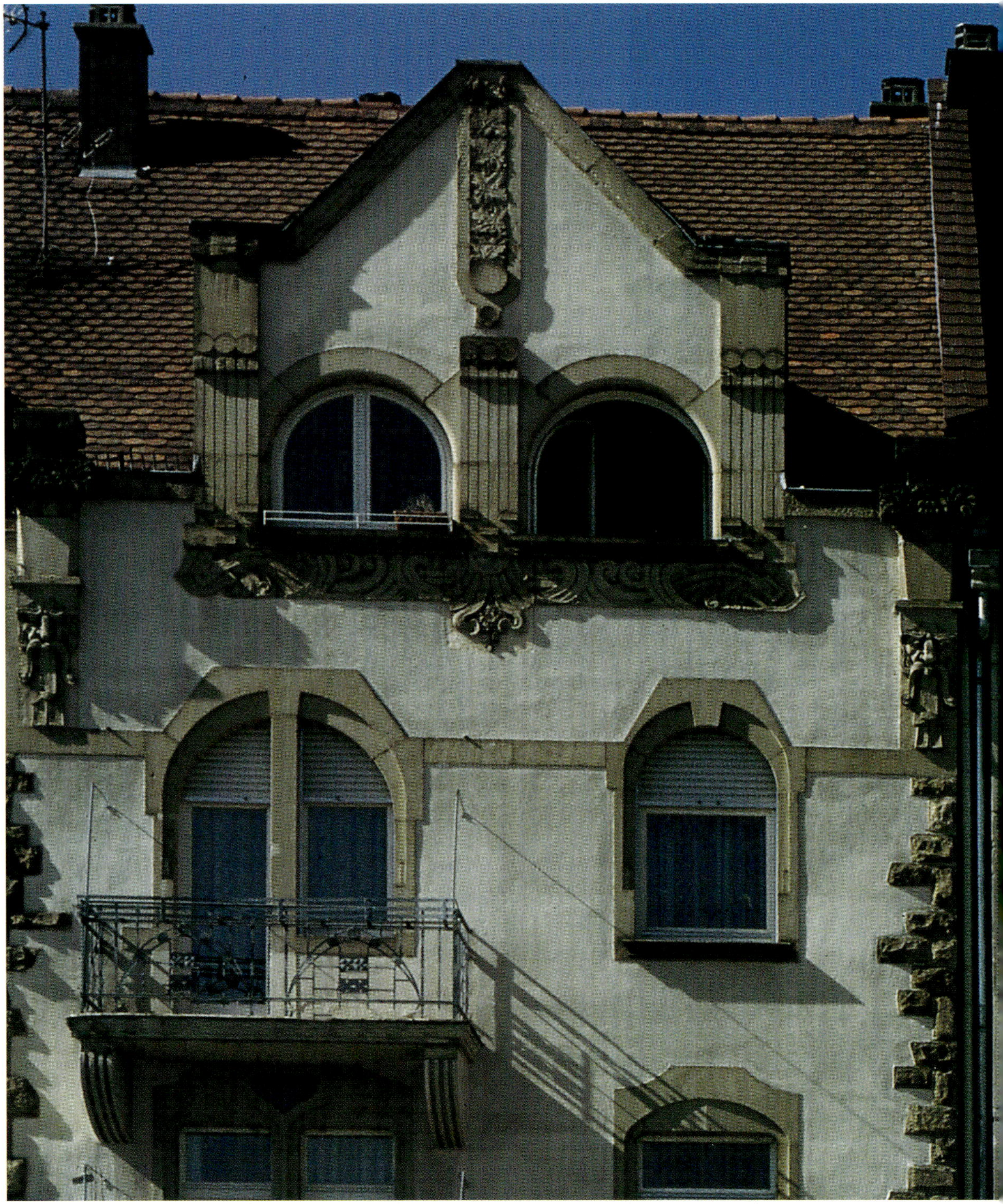

34
Mit sparsamen Mitteln, aber äußerst unkonventionell im Detail gestaltete Karl Kreutz 1904 die Fassaden der Sommerstraße 12 und 14.

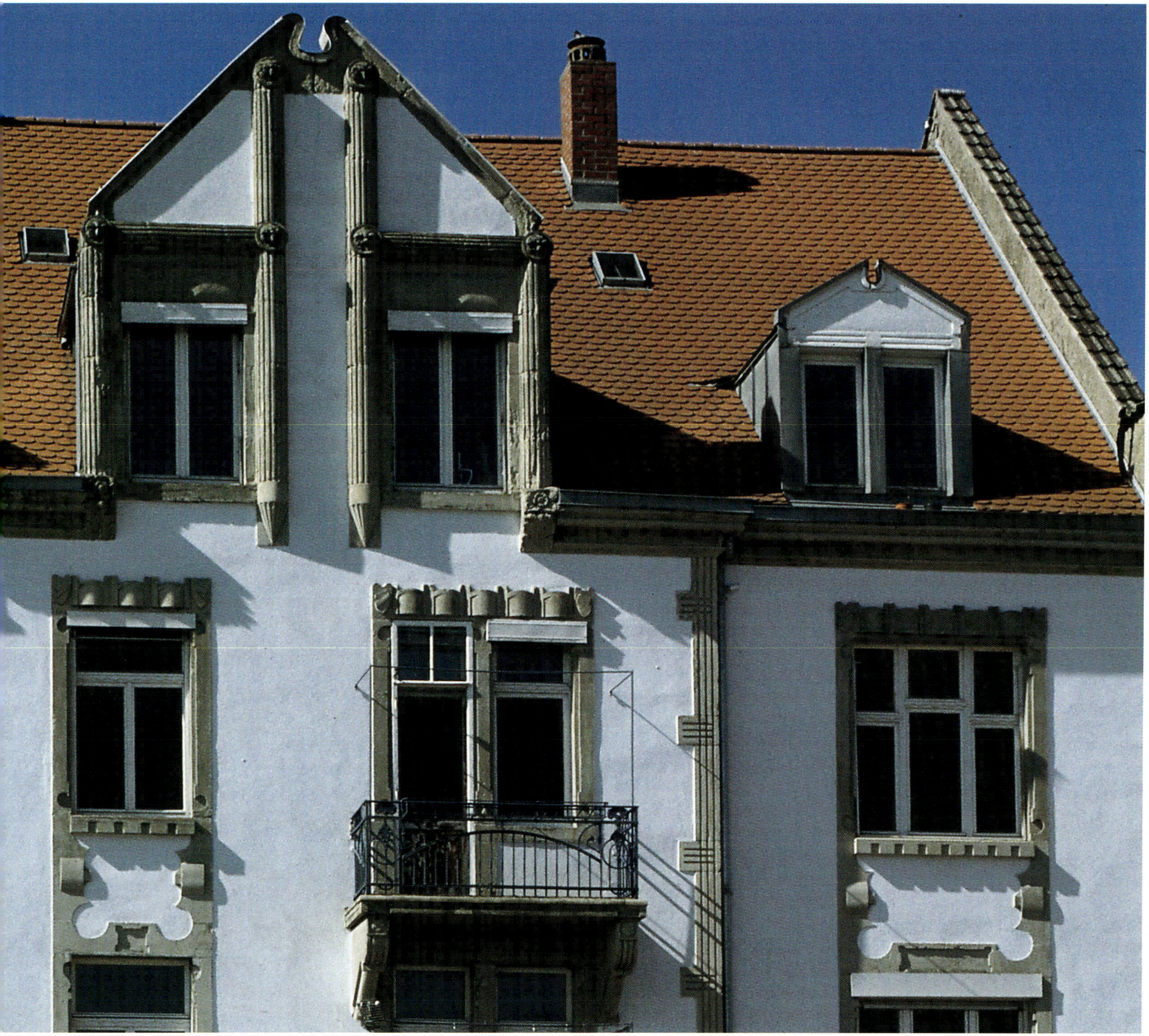

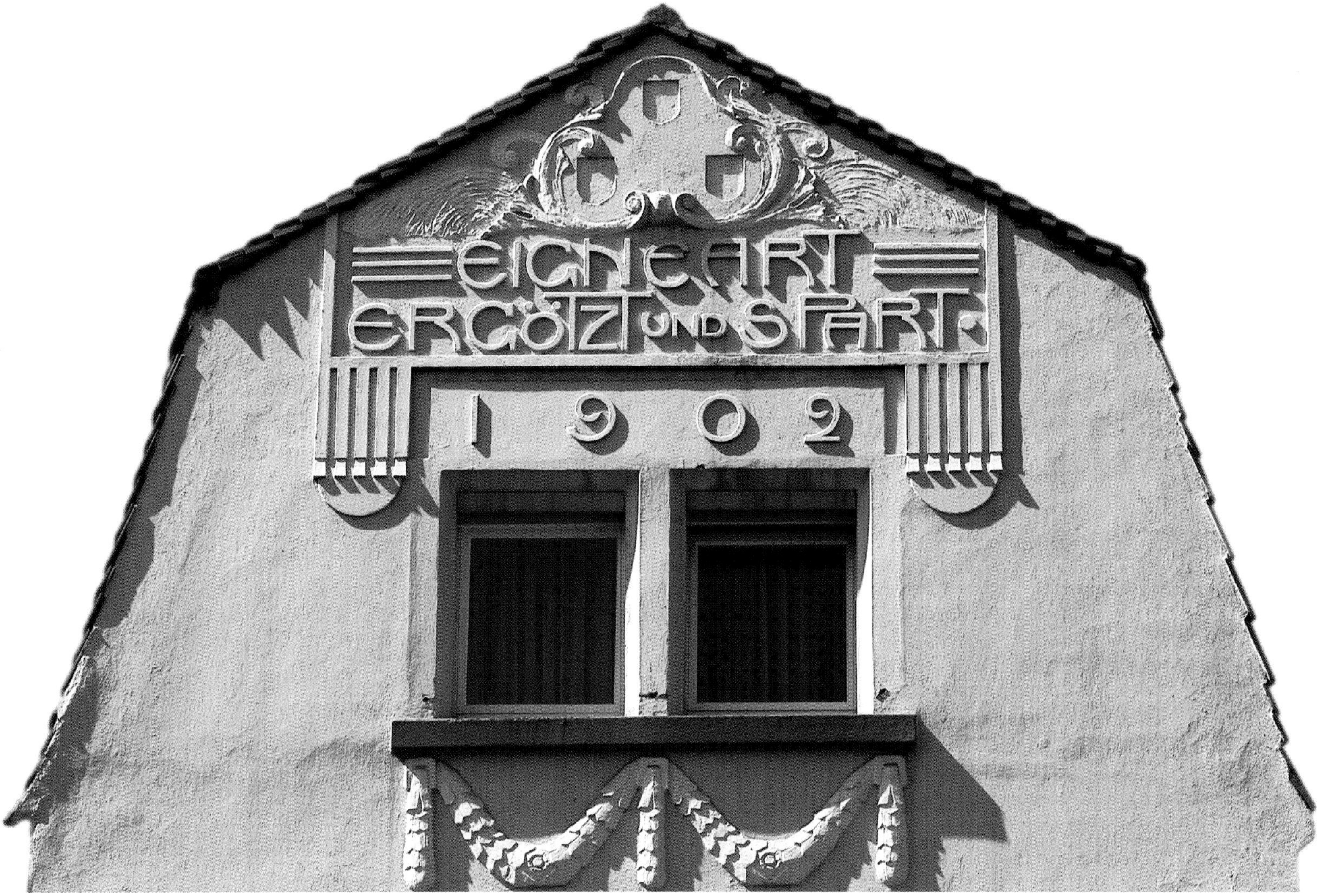


35
„Eigne Art ergötzt und spart". Die Zeit der Sinnsprüche an Hausfassaden war 1902 eigentlich schon passé, aber wer könnte sich dem heiteren Charme dieses Hauses entziehen? Giebel in der Wendtstraße 10.

sionsartigen Wachstum der Städte entwickelt. Gleichzeitig verlangten „öffentlicher Handel und Wandel" nach frischen Gestaltungsideen. Kombiniertes Wohn- und Geschäftshaus in einem, erfuhr die von Hermann Billing erbaute Hofapotheke in der Kaiserstraße durch Karl Widmer eine ebenso aufschlussreiche wie enthusiastische Würdigung:

„Die Übereinstimmung seiner Formen-Empfindung mit gewissen modernen Grundsätzen allgemeiner Geltung, so namentlich die Vorliebe für einfache Mittel, Konzentrierung des Schmuckes und Wahrung großer, ruhiger Flächen, seine ganz ausgeprägte Gabe für eine flotte und urwüchsige Material-Behandlung und wuchtige Massen-Wirkung geben

36
Der Hausgiebel als eine einzige ornamentale Skulptur; ist ein schönes Beispiel für die gestalterische Fantasie von Karl Kreutz. Sommerstraße 8, erbaut 1904.

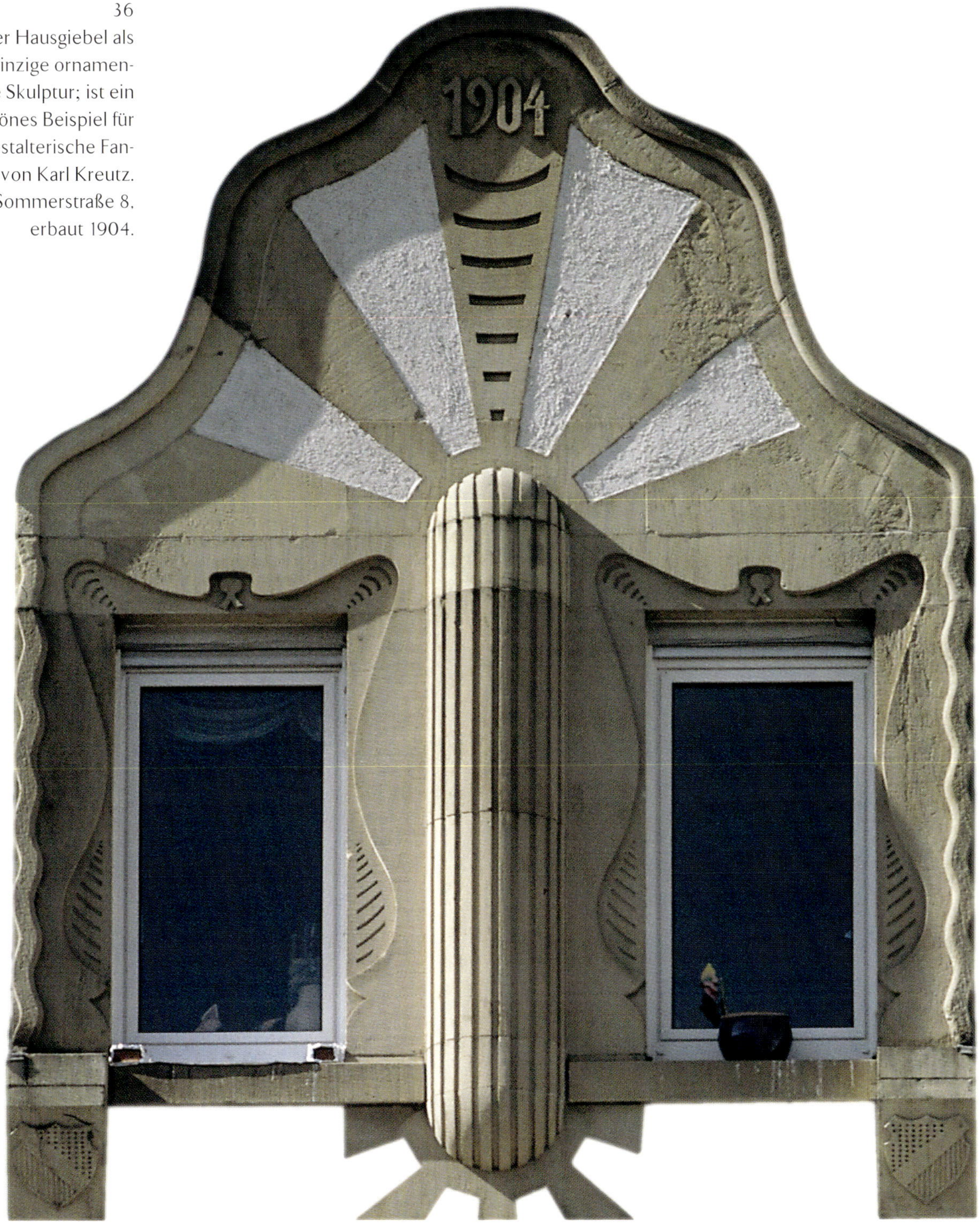

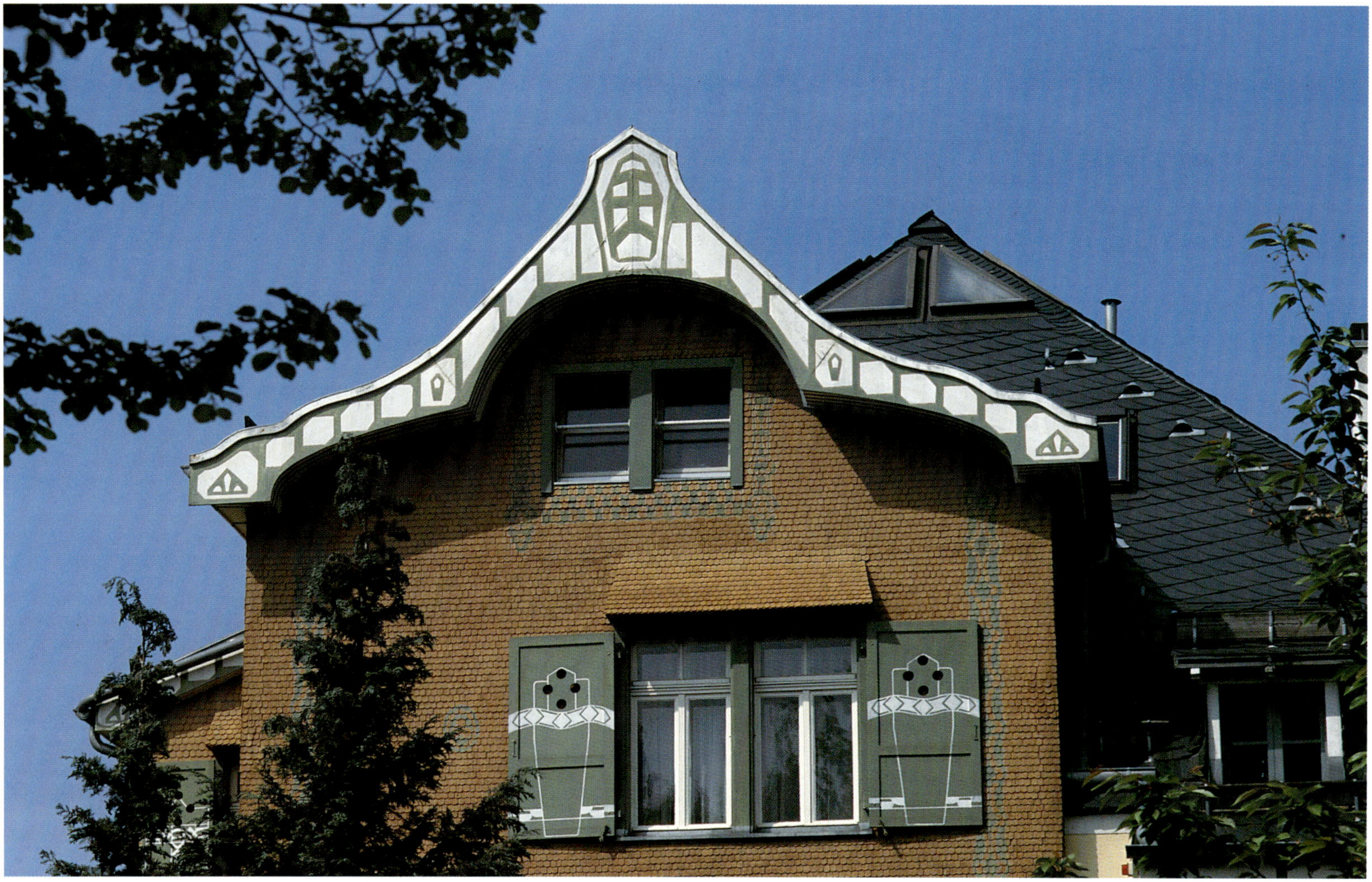

seinen Fassaden jenen Karakter einer im höchsten Maße persönlichen Frische und Monumentalität, die ihm keiner nachmacht und die bei ihm ganz ursprünglich und individuell auftritt."
Während Einfachheit, Konzentration, Ruhe, Modernität und Monumentalität die äußere Erscheinung bestimmten, sollte gleichzeitig – und das war neu – die innere Organisation und Funktion eines Gebäudes in seiner Außenhaut

37
Aus Elementen des bodenständigen „Heimatstiles" zusammen mit der Formensprache des Jugendstils weiterentwickelt: Giebel an der Ostfassade der Baischstraße 5, erbaut 1900–03 von Hermann Billing.

aufscheinen. Daraus ergab sich die Auflösung der bis dahin üblichen Geschossunterteilungen und damit ein völlig neues Erscheinungsbild. Diese Zusammenhänge waren den Zeitgenossen durchaus bewusst, wie aus einigen Sätzen über das ehemalige Bankhaus Veit Homburger in der Karlstraße deutlich wird (Abb. 39, 54, 103):
„Der Unterschied des Wohn- und Geschäftshauses kündet sich

wohl in nichts so klar an, wie im Problem der Fensterbehandlung. Das Fenster spricht als Faktor der Fassadenwirkung wie der inneren Raumstimmung ein gewichtiges Wort. So verlangt das Gebot der Wohnlichkeit, vom praktischen wie vom ästhetischen Gesichtspunkt aus möglichst geschlossene Fensterflächen. Die praktischen Bedürfnisse des Geschäftshauses fordern im Gegensatz dazu die weitgehendste Öffnung der Mauerfläche: Schaffung weiter Schaufenster, heller Bureauräume. So löst sich schließlich die ganze Straßenwand auf in ein System von Pfeilern, zwischen denen gewaltige Glasscheiben ausgespannt sind. Die ganze Fassade verwandelt sich in ein riesiges, stein- oder eisenumrahmtes Fenster. Curjel & Moser waren die ersten, die diesen, im Konstruktionsprinzip mit der Gotik übereinstimmenden Typus zuerst bei uns eingeführt haben". Und es außerdem noch mit romanischen Elementen und akzentuierenden Jugendstilornamenten zu verbinden verstanden. Insgesamt be-

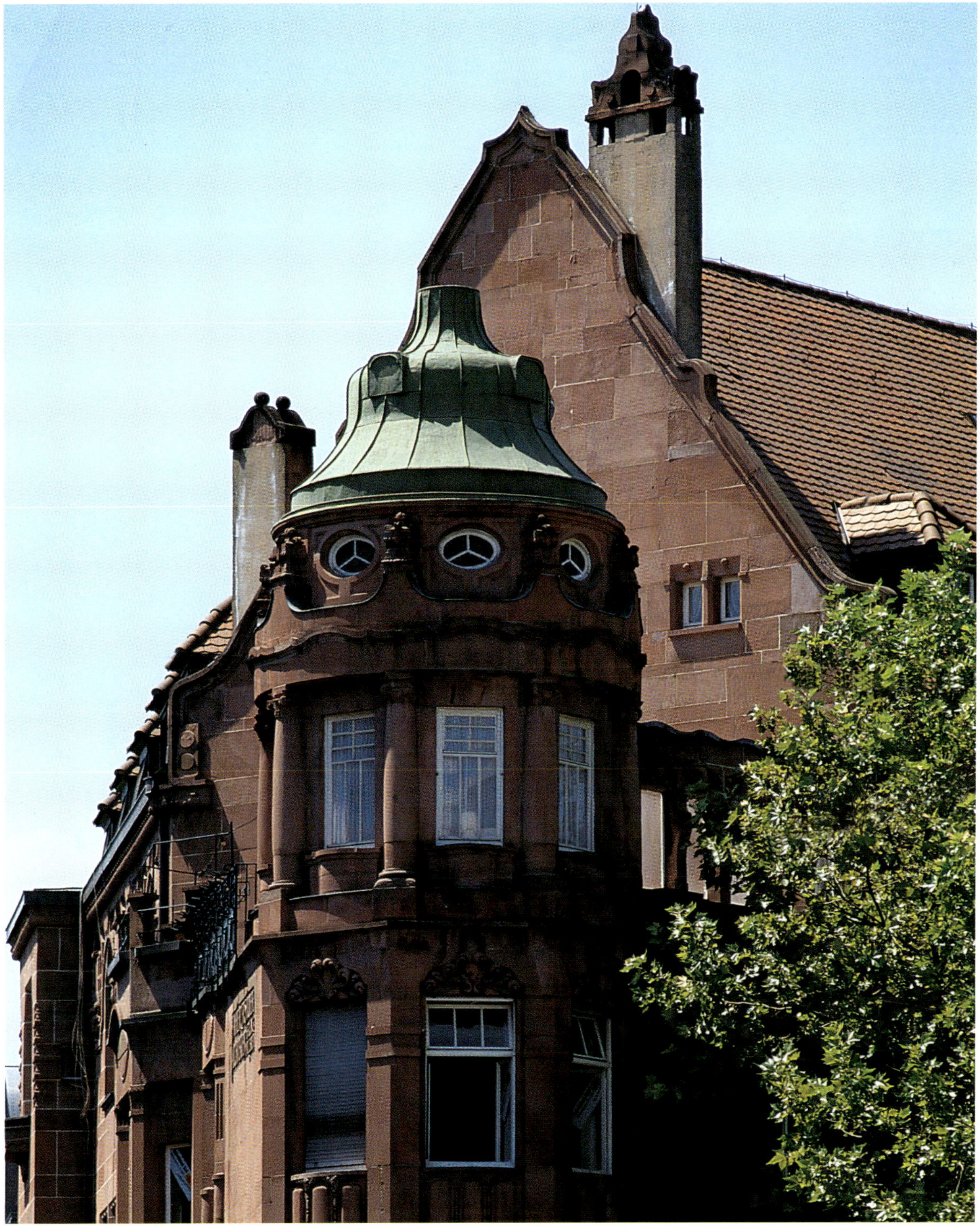

38
„Ein Bauwerk, wie die Ströwesche Hof-Apotheke sucht in der packenden Größe und Kraft seiner Total-Wirkung seinesgleichen in der ganzen modernen Privat-Baukunst Deutschlands". Kaiserstraße 201, erbaut 1900–01 von Hermann Billing.

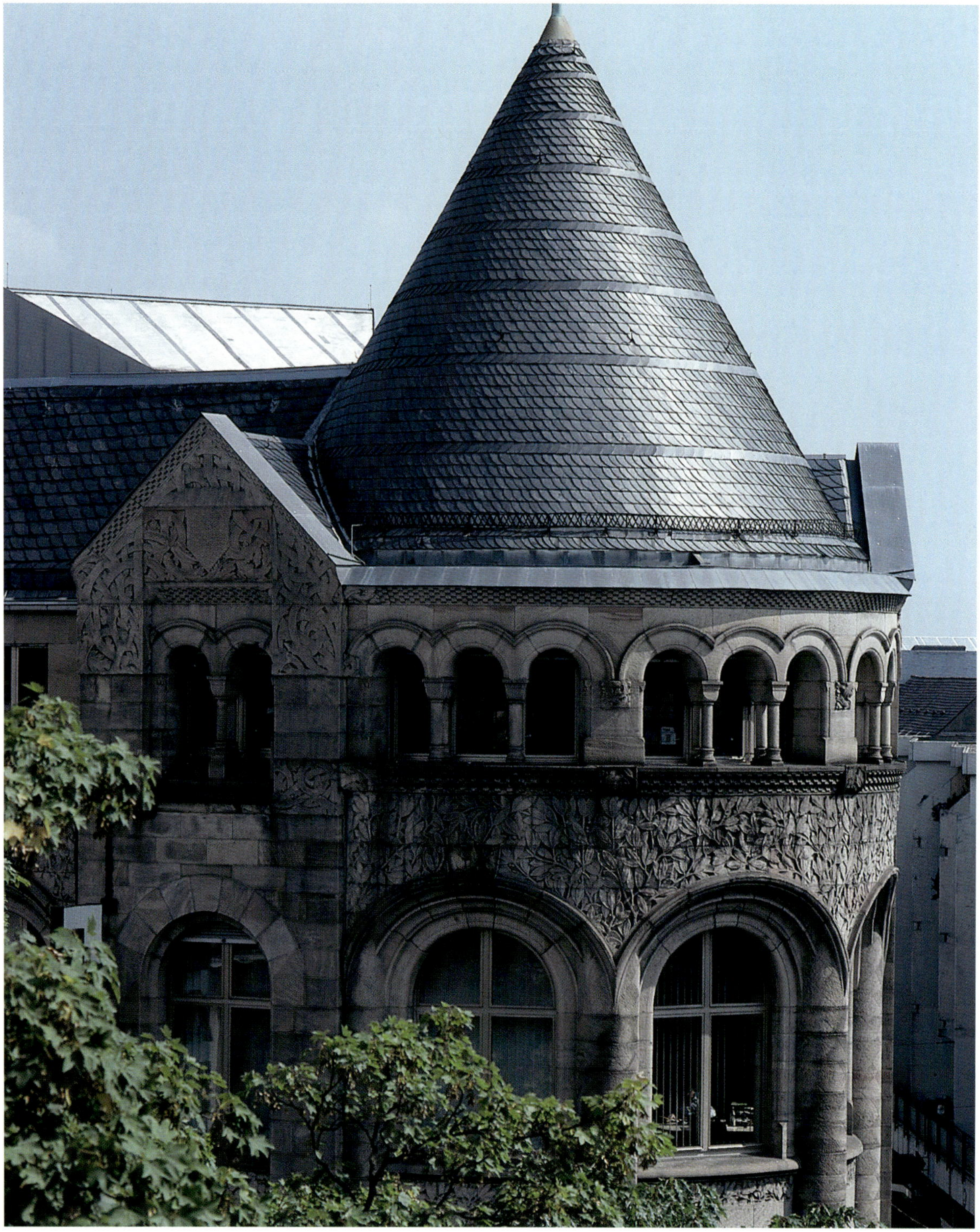

stimmten ungewohnte Proportionen und asymmetrische Gliederungen sowie ein spannungsreiches Nebeneinander von glatten und reliefierten Flächen, von Offenheit und Geschlossenheit, die Wirkung – Gestaltungsprinzipien, die nicht nur an dem Bankgebäude, sondern bei einer Vielzahl von Jugendstilbauten zu finden sind. Auch bei eher einfachen Mietshäusern wie etwa in der Sommerstraße (Abb. 34) ist es dem Architekten Karl Kreutz gelungen, diese Grundgedanken mit unkonventionellen Mitteln wie einer linearen und trotzdem plastischen Ornamentik, ohne Sockel aufgesetzten, „hängenden" Gliederungselementen und einem unvermutet eingekerbten Dreiecksgiebel locker in einen individuellen Gesamteindruck umzusetzen (Abb. 34). Eine besonders ansprechende Lösung ist dem Architekten Franz Wolff bei einem anspruchsvollen Mietshaus in der Haid-und-Neu-Straße geglückt, das zu den reinen Jugendstilhäusern der Stadt gehört (Abb. 26). Mit eher strenger, kantig-linearer Ornamentik und klar überschaubarer Gliederung haben Hermann Bastel in der Yorckstraße (Abb. 10,

39
„Ein Bankhaus mit frühmittelalterlichen Aufbaumotiven in modernem Gewande." Eckturm des ehemaligen Bankhauses Homburger an der Karlstraße 9–11, erbaut 1901 von Curjel & Moser.

21, 32) und Curjel & Moser in der Melanchthonstraße (Abb. 33) zwei seinerzeit sehr moderne Akzente im Stadtbild geschaffen. Neue Baustoffe wurden dagegen kaum verwendet. Nach wie vor war gelber und roter, gelegentlich auch grünlicher Sandstein unentbehrlich, der aus der näheren und weiteren Umgebung unschwer zu beschaffen war. Als gut und leicht zu bearbeitender Stein bot er sich für eine weiche Durchmodellierung der Fassaden, für Reliefs, Skulpturen und ornamentale Details an. Reine Natursteinfassaden wie an der hoch gelobten und viel beachteten Stephanienstraße (Abb. 29) oder bei der Lutherkirche sind eher selten, während eine Kombination mit kontrastierenden, verputzten Flächen häufig zu finden ist. Stark vertreten sind daneben Tür- und Fensterumrahmungen aus Haustein in Verbindung mit Klinkern in verschiedensten Tönungen, wobei ein kräftiges, beinahe orangefarbenes Rot und ein warmes Gelb besonders oft vorkommen. Kunststein spielte vermutlich so gut wie keine Rolle, und auch Eisen fand weniger im konstruktiven als vor allem im dekorativen Bereich Verwendung. Schmiedeeisen, das eine vielseitige Formenfülle erlaubt, wurde an vielen Häusern für unterschiedlichsten Zierrat benutzt. Holz ist gelegentlich als Fachwerk zu finden.

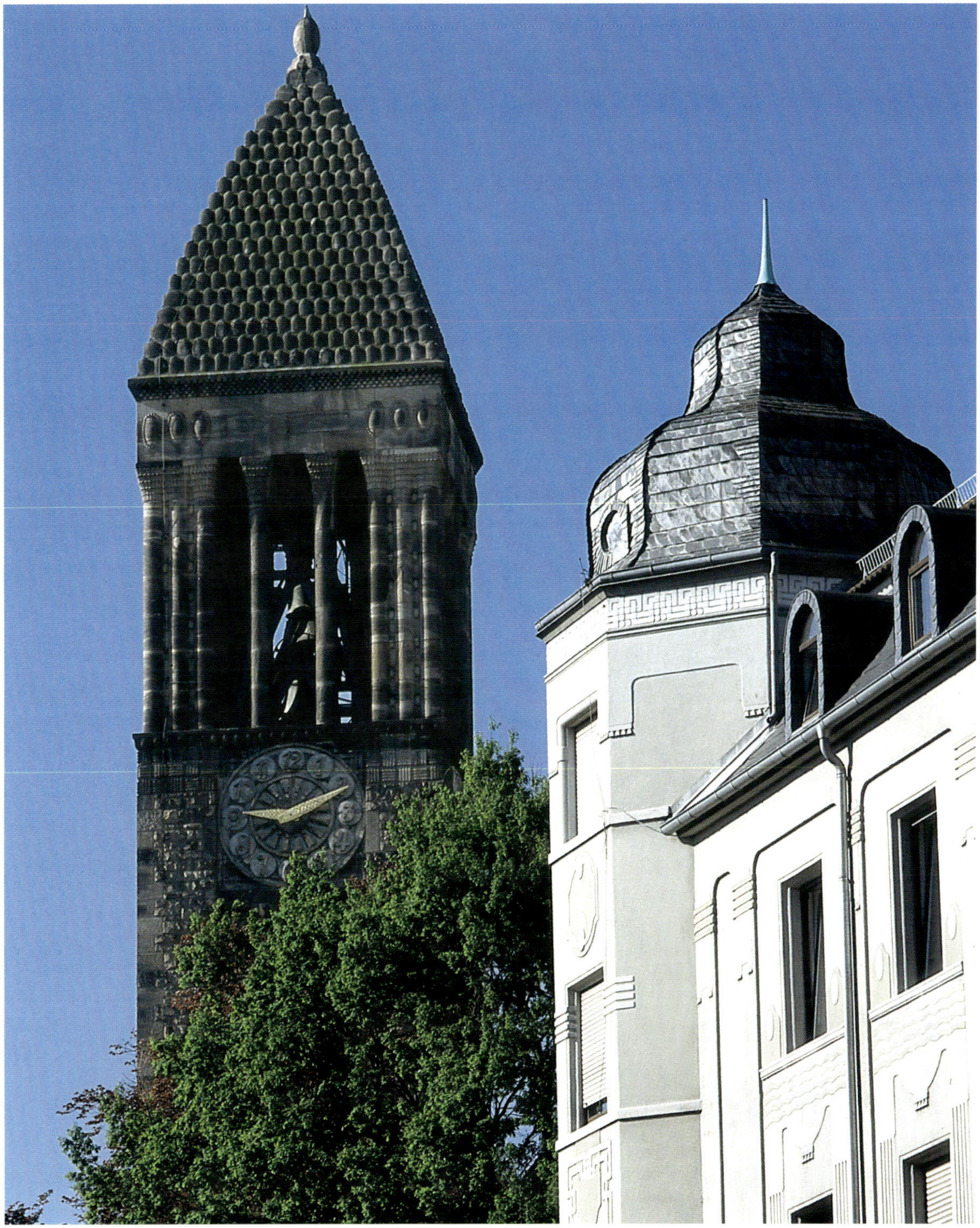

40
Turm der Lutherkirche von Norden, erbaut 1905–07 von Curjel & Moser.

Bäumen, Blättern, Blumen und Blüten kam im Jugendstil eine besondere Bedeutung zu. Pflanzen, zugleich wuchernd und gebändigt, eroberten jetzt in freier schöpferischer Variation alle Kunstgattungen, ob Malerei, Grafik, Plastik, Kunsthandwerk, oder eben auch die Fassaden der Gebäude. Anregungen für die Flora des Jugendstils kamen zum Teil aus der Neugotik, deren dekoratives Ast- und Blattwerk selbstverständliche Anknüpfungsmöglichkeiten bot, zum Teil auch aus den Naturwissenschaften. Hier spielten die 1904 erschienenen „Kunst-Formen der Natur" des Berliner Zoologieprofessors Ernst Haeckel eine besondere Rolle. Die in dem Band gezeigten, bis dahin nie gesehenen Bilder von Meeresflora und -fauna lösten eine

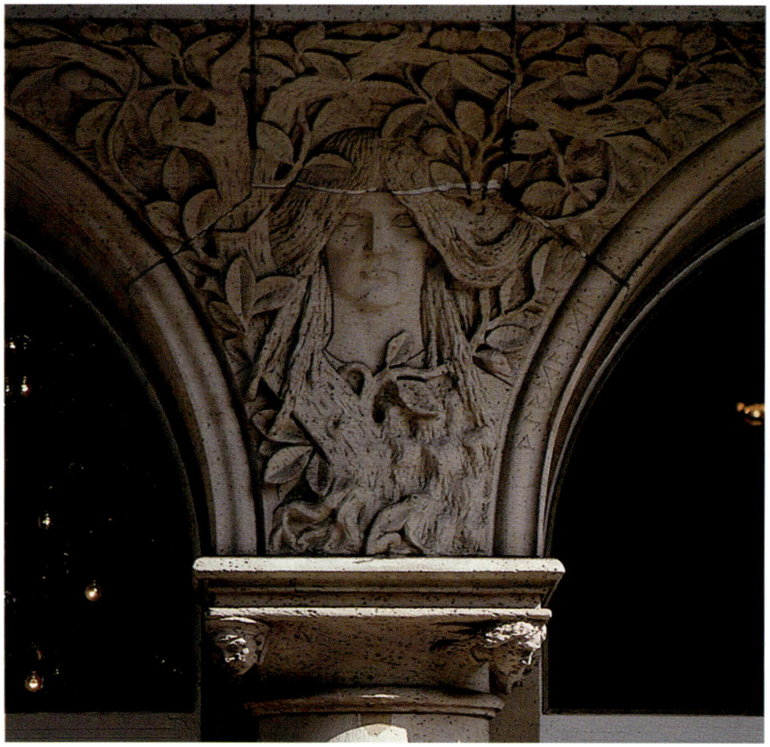

Welle enthusiastischer Begeisterung aus. Ihre Faszination hat sich, wie ein 1998 in hoher Auflage erschienener Nachdruck beweist, bis heute unvermindert erhalten. Der Forscher hat die Absicht seines Werkes selbst erläutert:
„Der Hauptzweck meiner ‚Kunstformen der Natur' war ein ästhetischer, ich wollte weiteren gebildeten Kreisen den Zugang zu den wunderbaren Schätzen der Schönheit öffnen, die in den Tiefen des Meeres verborgen oder wegen ihrer geringen Größe nur im Mikroskop erkennbar sind. Damit verknüpfe ich aber zugleich den wissenschaftlichen Zweck, den Einblick in den Wunderbau der eigentümlichen Organisation dieser Formen zu erschließen." Der „Wunderbau der eigentümlichen Organisation" beschreibt

41
Das Antlitz inmitten von Mädchenhaar und Pflanzenwerk ist nicht das Gesicht von „Dornröschen", sondern die Prinzessin aus dem „Froschkönig" – der winzige Frosch, auf dem Kapitellrand beweist es. Relief am Westeingang des ehemaligen Restaurants „Zum Moninger" Ecke Karlstraße – Kaiserstraße, erbaut 1900–01 von Walder & Rauschenberg. Die Bildhauerarbeit stammt von Fidel und Hermann Binz.

42
Für den Hausbesitzer, den Weinhändler Adolf Steiner, wäre möglicherweise Weinlaub statt des Früchte tragenden Pflanzenwerks passender gewesen, formal aber ist das Relief hochmodern. Sophienstraße 87, erbaut 1904 von Theodor Kempermann.

# Wachsen und Blühen
## Die Verwandlungen von Naturformen

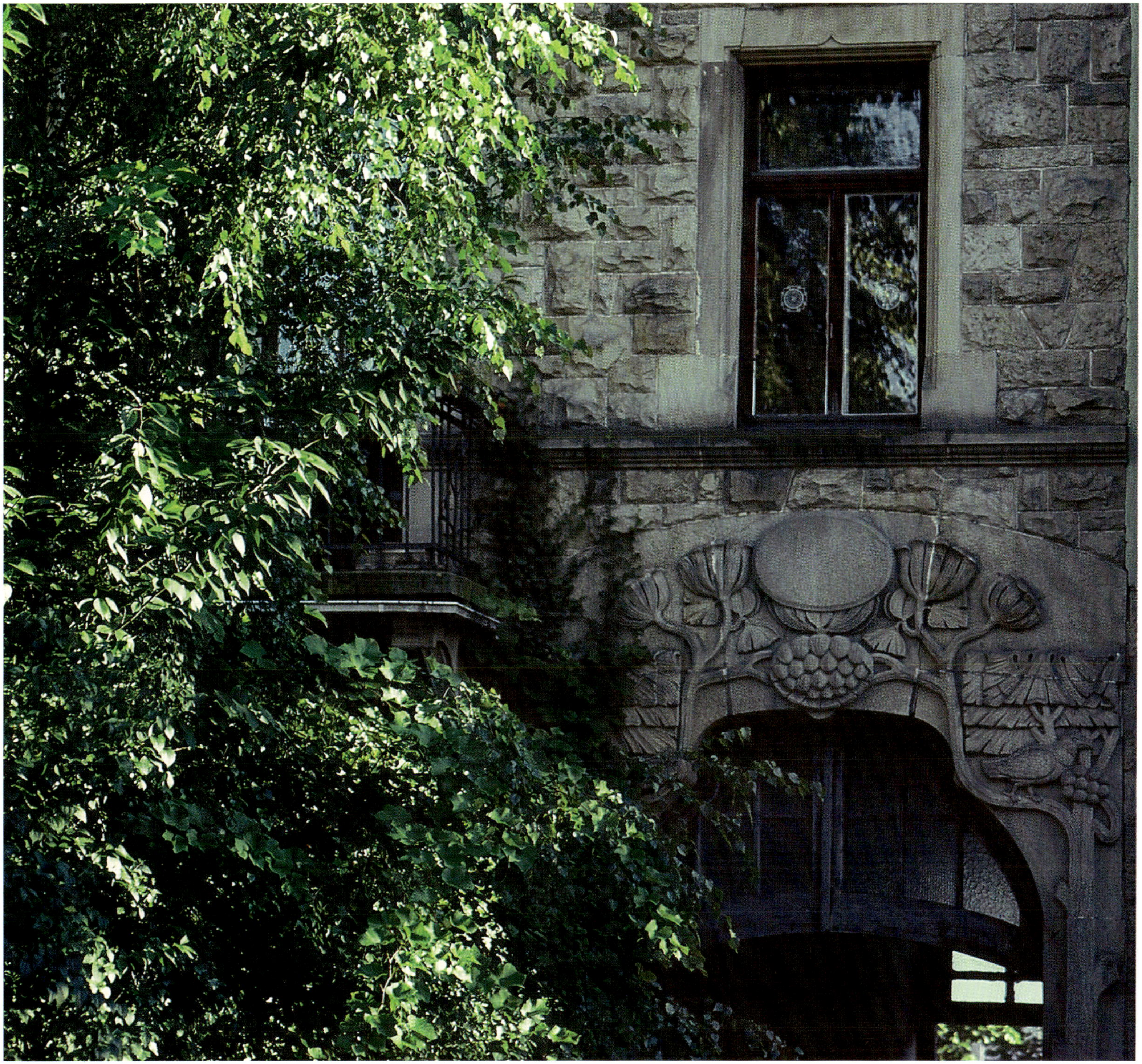

43
Zarte Efeuranken, Sinnbild treuen Gedenkens, schmücken das Haus in der Klauprechtstraße 39, erbaut 1903 von Walther Leopold.

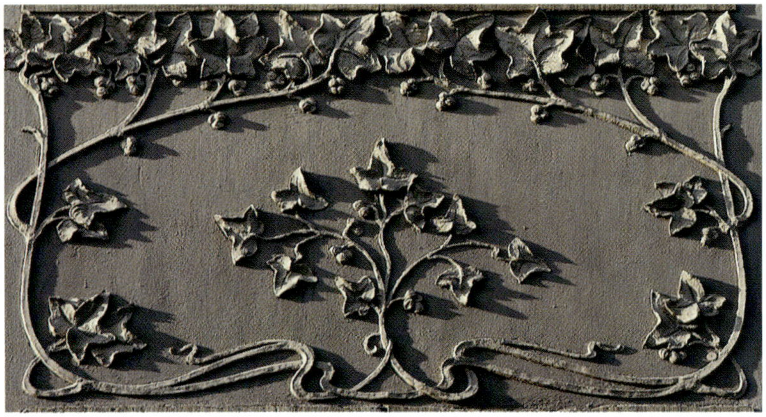

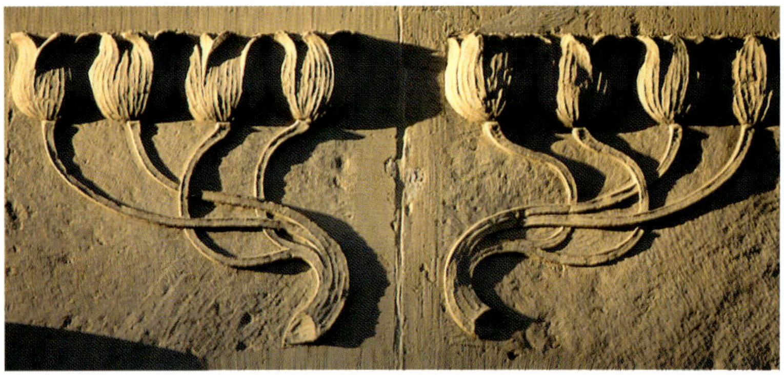

44
„Schöner als Salomonis Seide" sind die Tulpen, und so genügt dieses formvollendete Ornament für den Schmuck einer ganzen Fassade. Geibelstraße 8, erbaut 1903 von Theodor Kempermann.

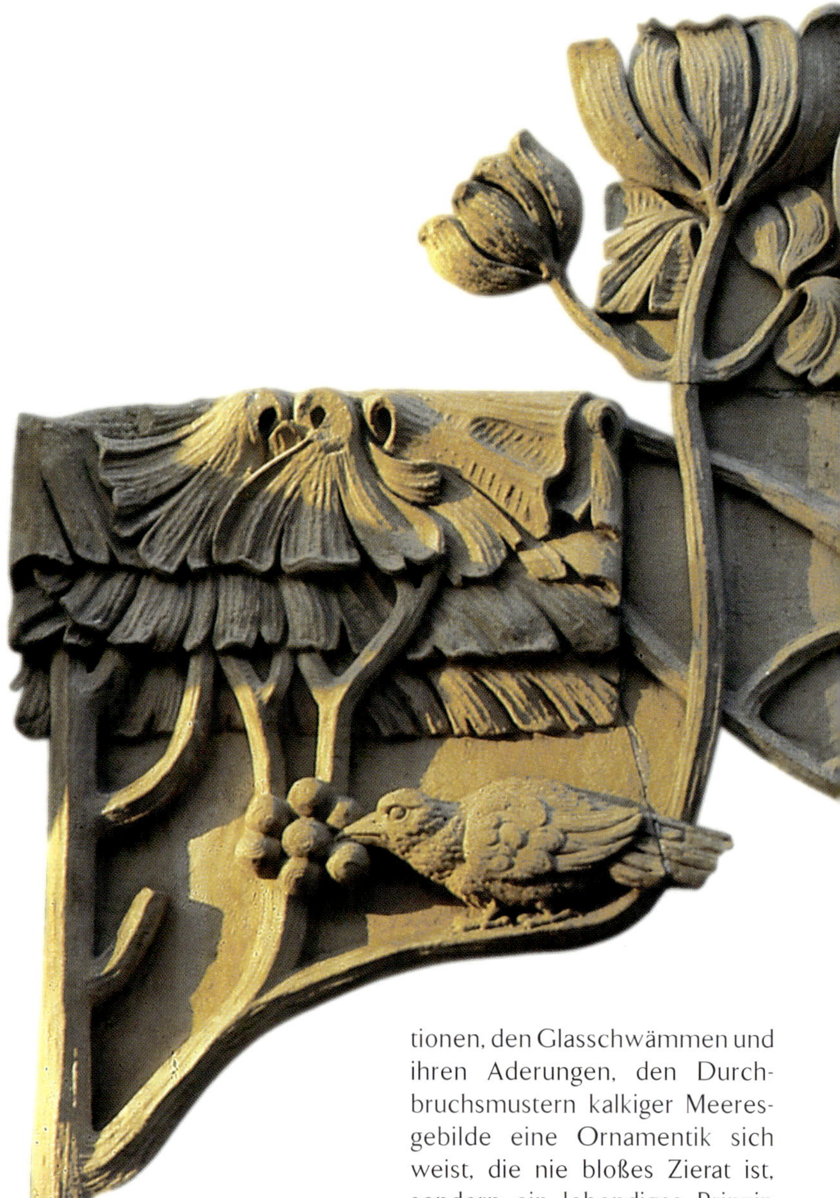

wie „in der Bildung der animalischen Geschöpfe die Zweckorgane meist gleichzeitig schmuckhaft wirken, wie in den Gängen der Muscheln und Schnecken, bei den Korallenstämmen, den Kristallisationen, den Glasschwämmen und ihren Aderungen, den Durchbruchsmustern kalkiger Meeresgebilde eine Ornamentik sich weist, die nie bloßes Zierat ist, sondern ein lebendiges Prinzip zum Ausdruck bringt, eine Funktion, einen bedeutungsvollen Prozess." Das Ornament ist also Ausdruck einer Ordnung organischer Strukturen, die bei aller Unregelmäßigkeit von vollendeter Symmetrie sind und von Haeckel in

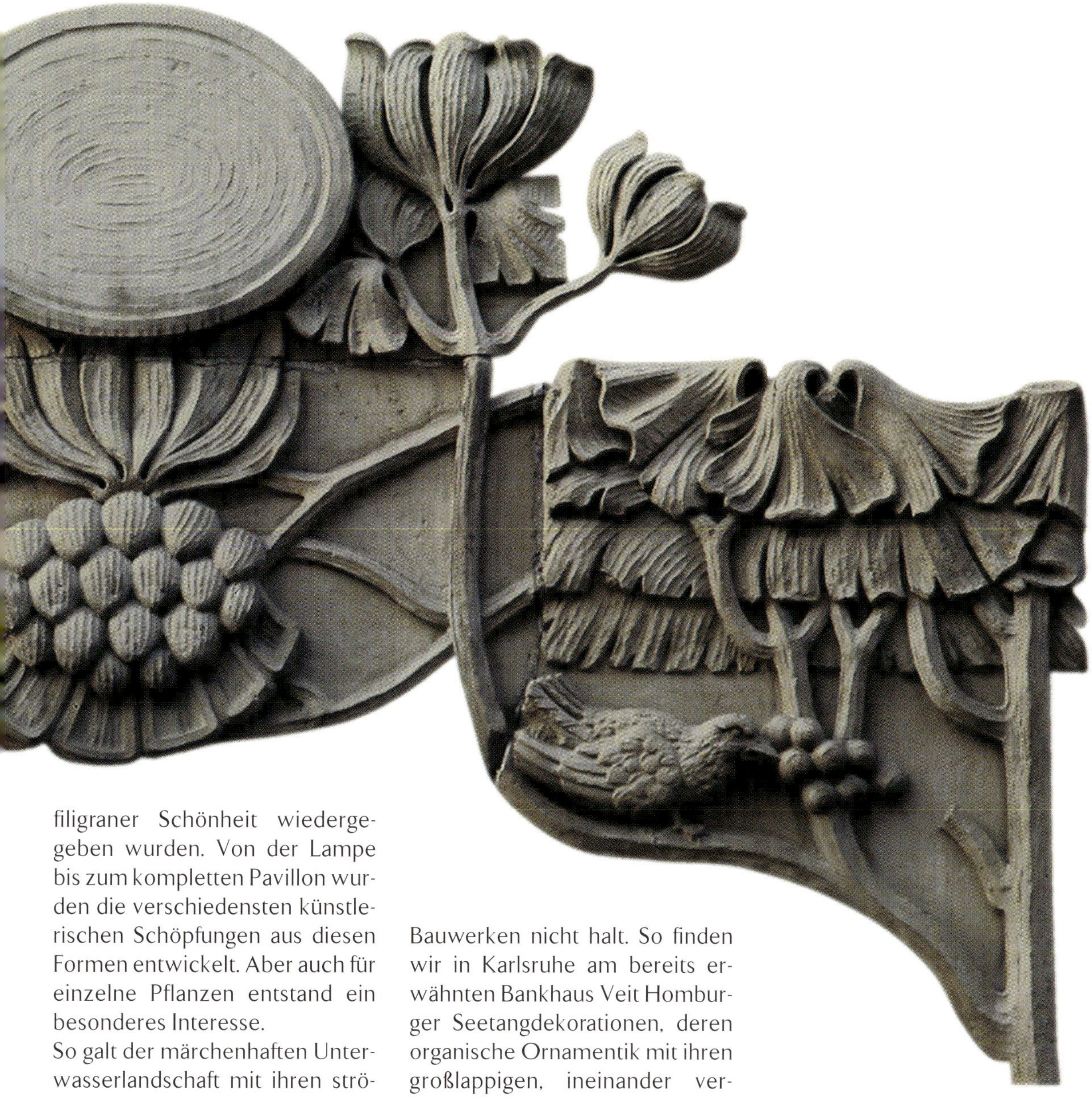

45
Dekorativ und gleichzeitig monumental ist das Relief mit den Früchte pickenden Vögeln über dem Hauseingang. Lachnerstraße 19, erbaut 1904–05 von Karl Kreutz.

filigraner Schönheit wiedergegeben wurden. Von der Lampe bis zum kompletten Pavillon wurden die verschiedensten künstlerischen Schöpfungen aus diesen Formen entwickelt. Aber auch für einzelne Pflanzen entstand ein besonderes Interesse.

So galt der märchenhaften Unterwasserlandschaft mit ihren strömenden, fließenden, ziehenden Algen und Tangen immer wieder die künstlerische Aufmerksamkeit. Das führte zu einem poetischen Symbolismus in Dichtung, Zeichnung und Druckgrafik, machte aber auch vor repräsentativen Bauwerken nicht halt. So finden wir in Karlsruhe am bereits erwähnten Bankhaus Veit Homburger Seetangdekorationen, deren organische Ornamentik mit ihren großlappigen, ineinander verflochtenen „Blättern" reiner Jugendstil sind (Abb. 103). Unversehens verwandeln sich die Pflanzen zu Wellen, auf denen das „Unternehmerschiff" mit geblähten Segeln stolz dahin gleitet und mit günstigen Winden in eine hoffnungsvolle Zukunft segelt. Dies ist eine traditionelle Allegorie inmitten einer fantastischen neuen Formenwelt. Die üppige Pflanzenwelt der Steinmetzarbeiten an der Außenhaut und am Eingangstor ist stilisiert, gegliedert und komponiert wiedergegeben. Bei allem erkennbaren Naturalismus des üppigen Laubwerks kann es aber auch als abstraktes Ornament gesehen werden, dessen einzelne Flächen sich der Monumentalität des Gebäudes unterordnen. Motive und künstlerische Gestaltung gehören zur Avantgarde, während daneben ältere Bildinhalte anklingen, deren Sinn sich dem gebildeten Bürgertum damals mühelos erschloss.

Das Bankhaus, direkt bei dem von Josef Durm erbauten Prinz-Max-Palais, einem Musterbeispiel historistischer Baukunst in Karlsruhe, gelegen, ist einer der herausragenden Karlsruher Repräsentationsbauten im Stile der neuen Bewegung. Im unmittelbaren Gegenüber der beiden Gebäude lässt sich die ganze geistige und formale Spannbreite zweier direkt aufeinander folgender Epochen ablesen. Am gleichfalls benachbarten, 1901 errichteten Bau des „Moninger" wird dieses Spannungsfeld in den einzelnen Reliefs noch einmal deutlich Das Bildprogramm des massigen Eckhau-

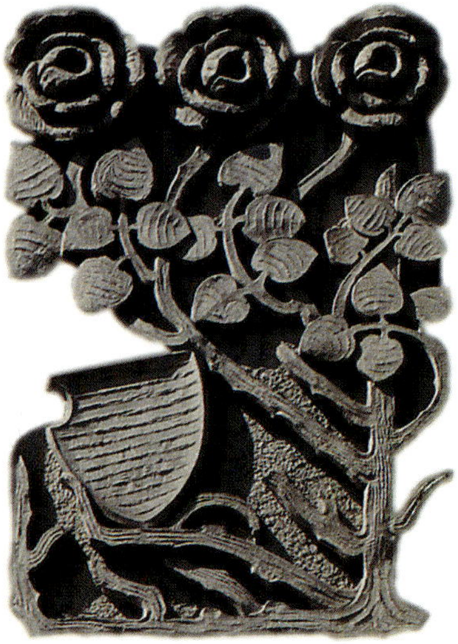

46
Im Zeichen der Rosen. Es gibt zwei Reliefs dieser Art an der sparsam dekorierten Fassade der Seubertstraße 6, erbaut 1903–04 von Max Siebrand.

ses steht ganz in der althergebrachten romantischen Erzähltradition. Formal waren dagegen mit der Umsetzung zwei eher fortschrittliche Künstler, Hermann Binz und Fridolin Dietsche, beauftragt. Beide Bildhauer arbeiteten häufig und gern mit den führenden Jugendstilarchitekten der Stadt zusammen. Eines der Reliefs am „Moninger" zeigt inmitten belaubten Geästs ein träumerisches Mädchengesicht, das durch einen winzigen Frosch als „Froschkönigin" erklärt wird (Abb. 41). Der Frosch ist so klein, dass man ihn von der Straße aus kaum erkennen kann. War er als „Alibi" nötig, damit die Darstellung einen inhaltlichen Sinn bekam und nicht lediglich freies Formenspiel war, wozu man den Mut noch nicht aufbrachte?

1904 zeigt sich die Situation bereits ganz anders. In die grob behauenen Bossenquader der Sophienstraße 87 ist über dem Eingang ein Relief eingefügt, dessen symmetrisch geordnetes Pflanzenwerk keine botanische Zuordnung zulässt (Abb. 42). Es sind „vegetabilische" Blatt-, Frucht- und Blütenformen, die allein aus dem künstlerischen Gestaltungswillen entstanden sind. Gesucht wurde nicht ein Abbild der Natur, sondern über die Abstraktion der Ausdruck von etwas Immateriellem in dekorativer Gestalt. Der kräftige Wuchs der Pflanzen, die prallen Früchte, an denen Vögel picken, vermitteln den Eindruck von Bewegung und gutem Gedeihen. Was könnte zur Begrüßung über dem Eingang eines Hauses geeigneter sein? Die Zeitgenossen dachten offenbar ähnlich, denn das Relief findet sich in etwas abgewandelter Form an einem weiteren Haus in der Oststadt (Abb. 45). Wie es zu solchen gelegentlichen Doppelungen kam, ist bisher nicht geklärt.

Der dekorative Schmuck eines Gebäudes entstand in der Regel in der Zusammenarbeit von Architekten mit Bildhauern oder Steinmetzen. Wem dabei die führende Rolle zukam, ist für einige Bauwerke bekannt, in vielen Fällen wissen wir es nicht. Wenn es der Architekt war, hat er solch ein Relief vielleicht aus einem Musterbuch bestellt und in seine Planung mit einbezogen? Ein derartiges Vorlagenwerk ist allerdings bisher nicht bekannt, sehen wir von den Baukeramik-Katalogen der Großherzoglichen Majolika-Manufaktur Karlsruhe einmal ab. Vielleicht ist aber auch der Bauherr zu ei-

47
Hinter einem Apfelbaum, unter dem zwei Mohnpflanzen an den Schlaf der vergangenen Nacht erinnern, geht die Sonne auf: gute Wünsche für einen fruchtbringenden Tag. Relief im ersten Obergeschoss der Sommerstraße 8, erbaut 1904 von Karl Kreutz.

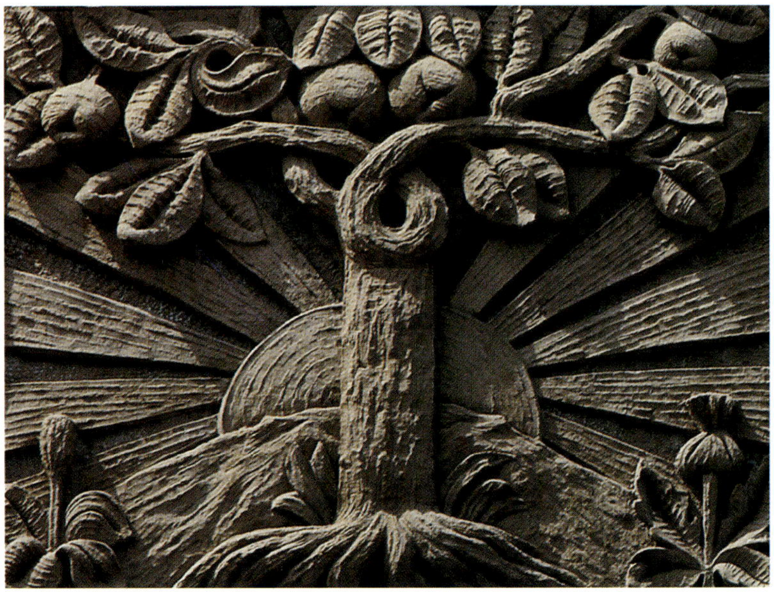

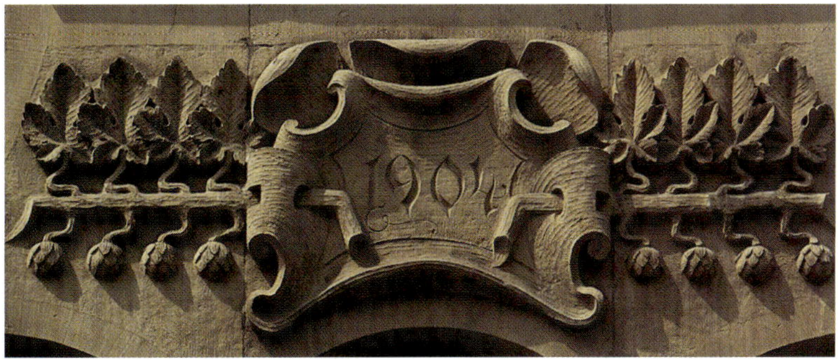


49
Wer ginge nicht gerne in eine Kneipe, die den Hopfen als Wappen führt? Geibelstraße 8, erbaut 1904 von Theodor Kempermann.

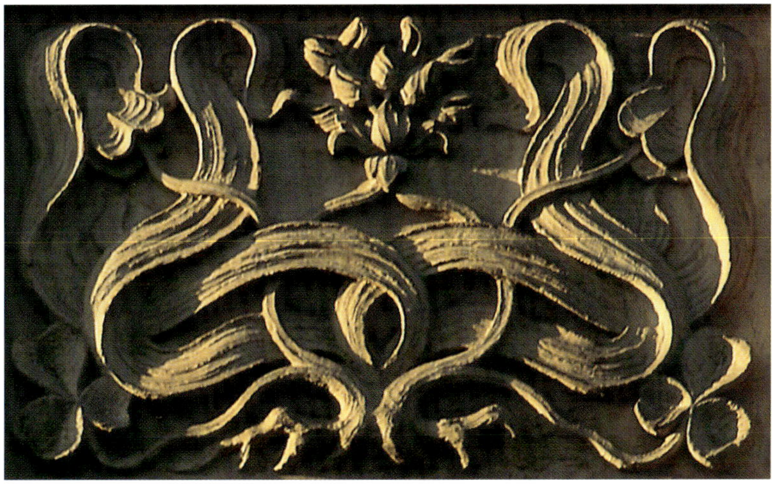

48
Symmetrischer Wohlklang eines bewegten Linienornaments, von Kleeblättern durchflochten. Brüstung in der Kriegsstraße 131, erbaut 1902 von Christian Rothfuß jun.

nem Steinhauer gegangen, der bereit war, ein bereits vorhandenes Relief oder eine Skulptur noch einmal herzustellen. Bei den unzähligen Baustellen in der Stadt war der Bedarf mit Sicherheit riesengroß, so dass sich dieser einfache Weg anbot, selbst wenn das Vorgehen nicht ganz zum individuellen Anspruch der Jugendstilkünstler passte.

Neben botanisch nicht definierbaren Gewächsen, gab es eine Vielfalt von Darstellungen, zu denen der entsprechend gebildete Betrachter das Naturvorbild herausfinden konnte. Beliebt wurde nun vieles, was früher zu anspruchslos gewesen wäre. Besondere Aufmerksamkeit galt wildwachsenden heimischen Arten wie Disteln, Ilex, Wiesenschaumkraut, Herbstzeitlosen, Veilchen, Ehrenpreis, Knabenkraut, Efeu oder Klee.

Eine symbolische Bedeutung kommt aber auch diesen bescheidenen Gewächsen zu. So ist der Efeu (Abb. 43) ein Zeichen von Treue und Unvergänglichkeit, da

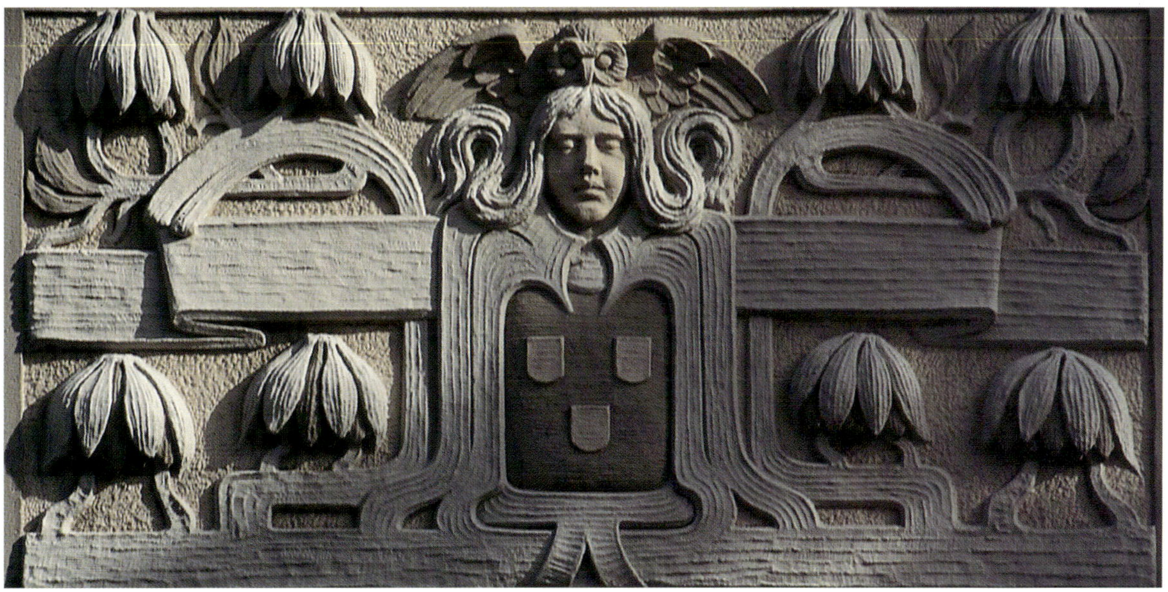

50
Für den Schmuck der eher schlichten Fassade der Sophienstraße 158, erbaut 1905 von Ludwig Trunzer, genügte ein Relief, das behüteten Schlaf und die Nacht symbolisierte.

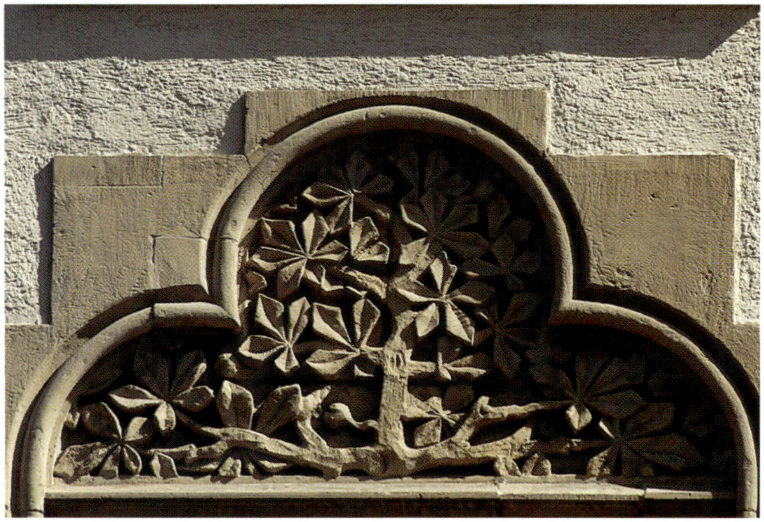

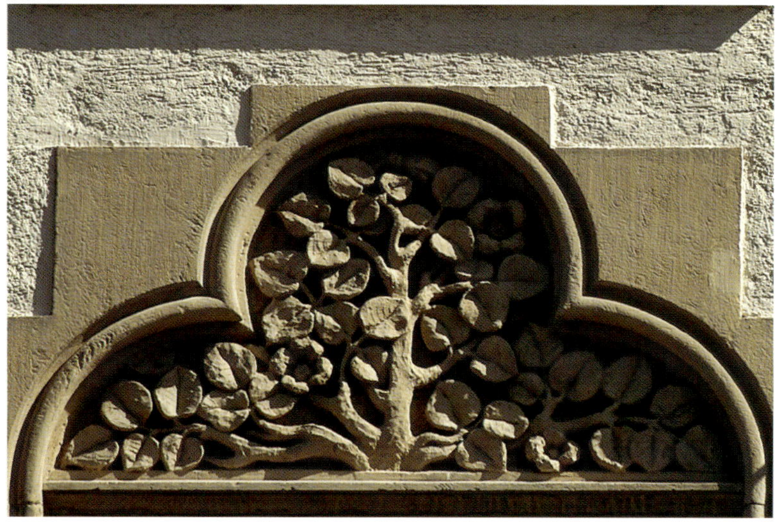

51
Blattwerk mit Kastanien- und blühenden Rosenzweigen füllen die Dreipass-Nischen über den Fenstern der Durlacher Allee 19, erbaut 1904, vermutlich von Franz Wolf.

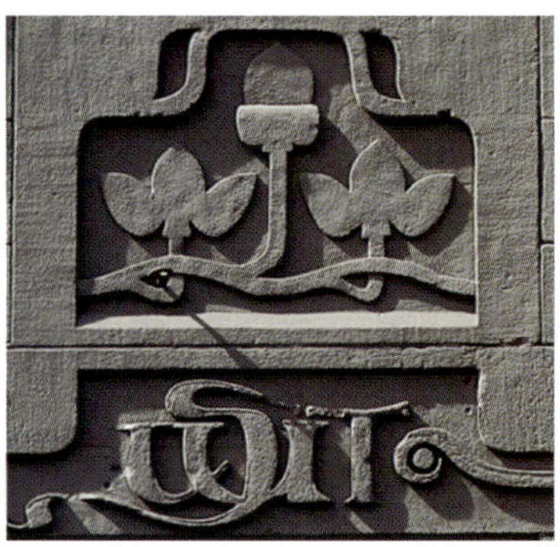

52
Bauherren fanden sich gern an den Fassaden ihrer Häuser wieder: „WST" steht hier für den Maurermeister Wilhelm Stober. Relief an der Nordfassade der Hirschstraße 126, erbaut 1900 von Hermann Billing.

sich die immergrüne Pflanze an Mauern und Bäume klammert und ein hohes Alter erreicht. Aber auch formal kamen seine langen, biegsamen Ranken dem Geschmack der Zeit entgegen. Aus ihnen ließen sich zarte Ornamente zaubern, die etwa dem Haus in der Klauprechtstraße 39 eine heitere, spielerische Note geben (Abb. 43). Aber auch prächtige Gartenpflanzen wie Schwertlilien, Jasmin, Narzissen und Iris kamen zu ihrem Recht. Selbst Tulpen, die doch eigentlich „stramm" stehende Blumen sind, lassen sich dekorativ umformen (Abb. 44), während dies bei Rosen bei aller Stacheligkeit einfacher ist. Hopfen, der ja auch ein Rankengewächs ist, wäre eigentlich prädestiniert für eine Gestaltung im Sinn des Jugendstils. Trotzdem haben sich bei dem Relief in der Seubertstraße, obwohl im Jahr 1901 entstanden, noch die alten historistischen Formen mit ihrer straffen symmetrischen Ordnung durchgesetzt (Abb. 46). Ganz anders dagegen an einem drei Jahre später entstandenen Haus in der Kriegsstraße, wo ein bewegtes Linienornament von langstieligen Kleeblättern durchflochten wird. Dargestellt ist nicht etwa der vierblättrige Klee, der ja Glück bringen soll, sondern der „normale" dreiblättrige. Vielleicht spielt dies ja auf die Vorstellung an, dass junge Mädchen, um schön zu werden, in der ersten Mainacht in taunassem Klee baden sollen (Abb. 48). Ein anderer Gedanke steckt dagegen hinter dem Relief mit dem Apfelbaum (Abb. 47). Gute Wünsche für einen erfüllten Tag sprechen daraus.

Karlsruher, von denen einige ihre Stadt nicht immer so schätzen, wie sie es verdient, lassen sich gelegentlich von ihrem Namen verleiten, sie „verschlafen" zu nennen. In unserem Zusammenhang bekommt dies eine etwas andere Bedeutung, gibt es doch eine Reihe von Darstellungen an

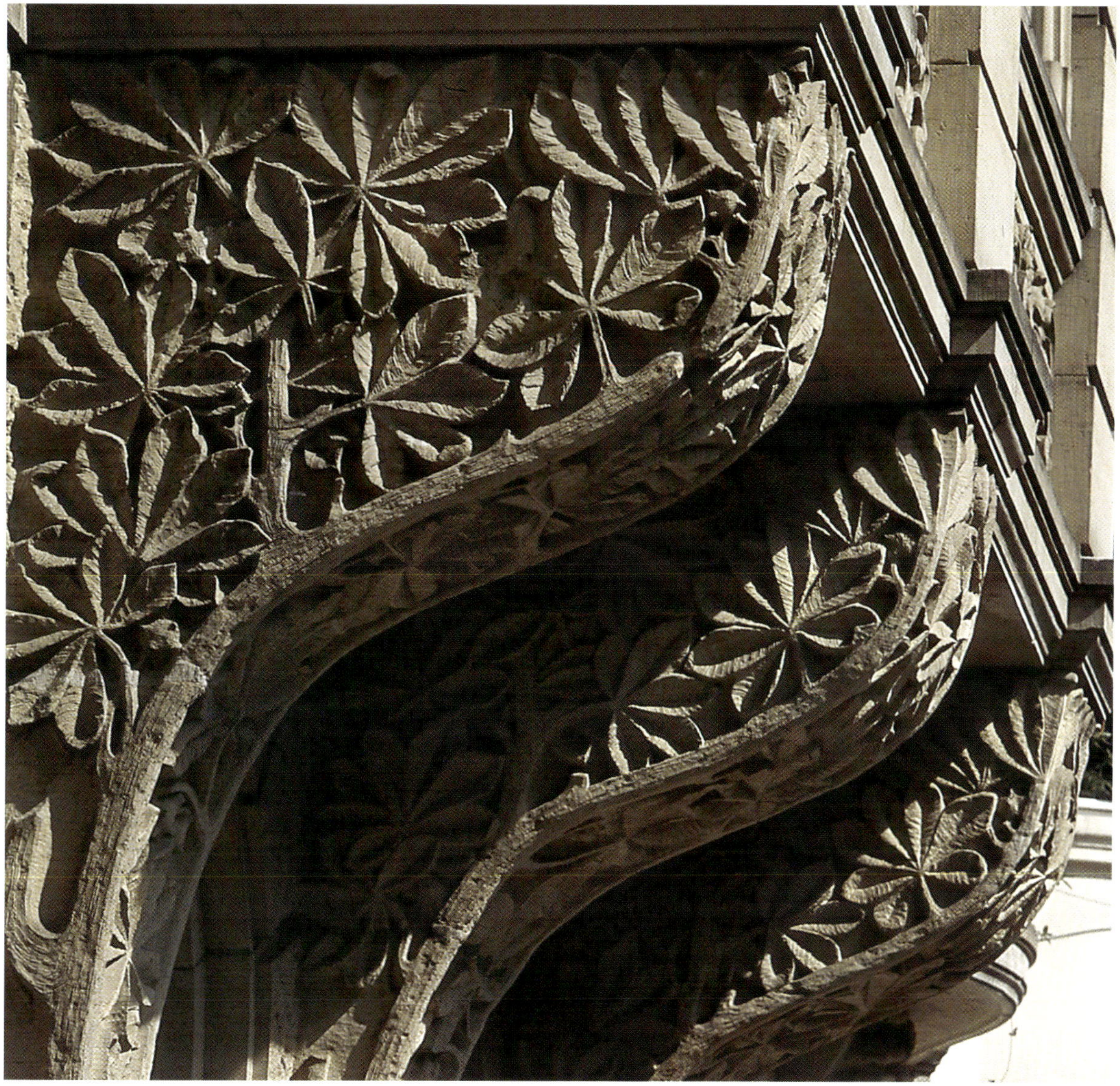

Karlsruher Fassaden der Jahrhundertwende, die sich mit den Themen Schlaf und Traum beschäftigen. Dazu gehören all die Darstellungen, die Mohnblüten oder -früchte zeigen (Abb. 74, 75), wie dies schon für den berühmten Schmuckkünstler René Lalique von Sigrid Barten festgestellt wurde: „Den weiß und blau-violett blühenden Schlafmohn, aus dessen Frucht das berauschende Opium gewonnen wird, machte er nicht nur zum Hauptthema eines Schmuckstückes, er brachte ihn auch in Verbindung mit feenhaften weiblichen Köpfen, flocht ihn in deren Haar. Dem Schmuckkünstler war der Mohn ein Zeichen des Schlafs, des Traumes der Nacht." Karlsruhe, also keine verschlafene, vielmehr eine traumhafte Stadt!
Traum und behüteter Schlaf sind auch Thema des Reliefs an einer sonst eher schlichten Fassade in der Sophienstraße aus dem Jahr 1905, das nahezu identisch in der Draisstraße18 und der Boeckhstraße 31 zu finden ist. Ein Nachtvogel bewacht mit ausgebreiteten Schwingen einen Schlafenden. Pilzartige Blattformationen, die gleichzeitig an Meeresquallen erinnern, geben der Darstellung

53
Erkerkonsolen mit Kastanienblättern an der reich geschmückten Südfassade der Melanchthonstraße 3, erbaut 1901 von Philipp Schumacher.

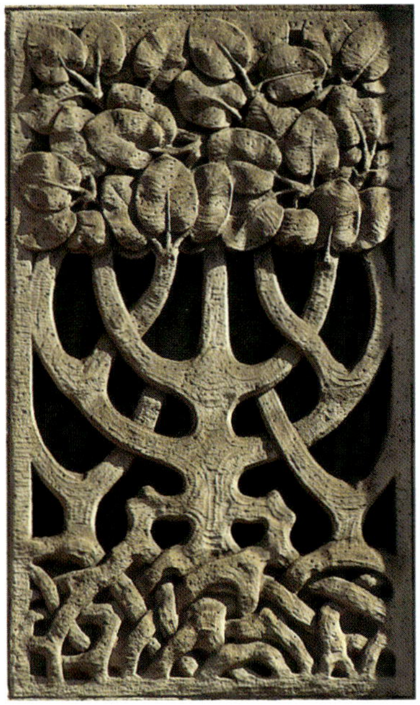

54
In den verschlungenen Ästen der beiden Blattornamente lassen sich siebenarmige Leuchter erkennen; ein Bezug zum Bauherrn, dem jüdischen Bankier Veit Homburger. Karlstraße 9–11, erbaut 1899–1901 von Curjel & Moser. Die Bildhauerarbeiten stammen von Oskar Kiefer.

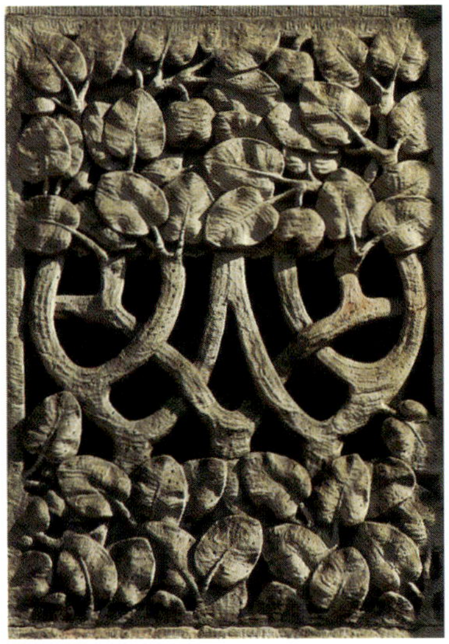

etwas Unwirkliches, Surreales (Abb. 50). Recht wirklichkeitsnah sind dagegen die beiden Reliefs in der Durlacher Allee. In einem Dreipass, dem seine gotische Herkunft deutlich anzusehen ist, blüht bezeichnenderweise nicht eine prunkende Edelrose, sondern eine wildwachsende Heckenrose mit ihren zarten, schlichten Blüten (Abb. 51 links). Daneben füllen Kastanienzweige das Bildfeld aus (Abb. 51). Erst im 16. Jahrhundert als Zierbaum aus Nordgriechenland nach Mitteleuropa eingebürgert, ist die Rosskastanie im Jugendstil immer wieder zu gestalterischen Ehren gelangt, da sich aus ihren fünffingrigen Blättern dekorative Muster mit reizvollen Licht- und Schattenwirkungen zaubern lassen (Abb. 53). Ganz anders die „urdeutsche" Eiche, die an einem Haus in der Hirschstraße von Hermann Billing zusammen mit den Initialen des Bauherrn streng reduziert gezeigt wird (Abb. 52). Stilisierungen konnten aber auch aus belaubten Zweigen Formen mit Symbolgehalt entstehen lassen. So erwuchsen am Bankhaus Homburger aus Ästen Erinnerungen an die Menora, den siebenarmigen Leuchter des jüdischen Ritus; gleichzeitig ein Hinweis auf Herkunft und Religion des Bauherrn (Abb. 54).

Neben all diesen vielschichtigen Anspielungen, deren Entschlüsselung für die Zeitgenossen eine Selbstverständlichkeit war, dominierte an vielen Fassaden eine heitere Note, der im Inneren der Gebäude kunsthandwerkliche Arbeiten unterschiedlichster Art entsprachen. Deutschlandweit berühmt waren hierfür die weißblauen Putti der Majolika-Manufaktur, die als Einzelfiguren oder als Schalenträger mit Blütenkränzen und Girlanden spielen. Aber auch für die Fassaden hatten Künstler des Jugendstils die Keramik als Werkstoff neu entdeckt. Städte wie Barcelona und Wien erhielten durch Antoni Gaudi und Otto Wagner keramische Gestaltungen, die noch heute das Stadtbild bereichern.

Mit der 1901 auf Betreiben des Malers Hans Thoma gegründeten Großherzoglichen Majolika-Manufaktur gab es in Karlsruhe eine eigene kunst-keramische Werkstätte, die sich sehr intensiv mit Baukeramik beschäftigte. Aber bekanntlich kommt der Prophet im eigenen Land nicht immer zu Wort, und so finden sich nur einige wenige Arbeiten der Manufak-

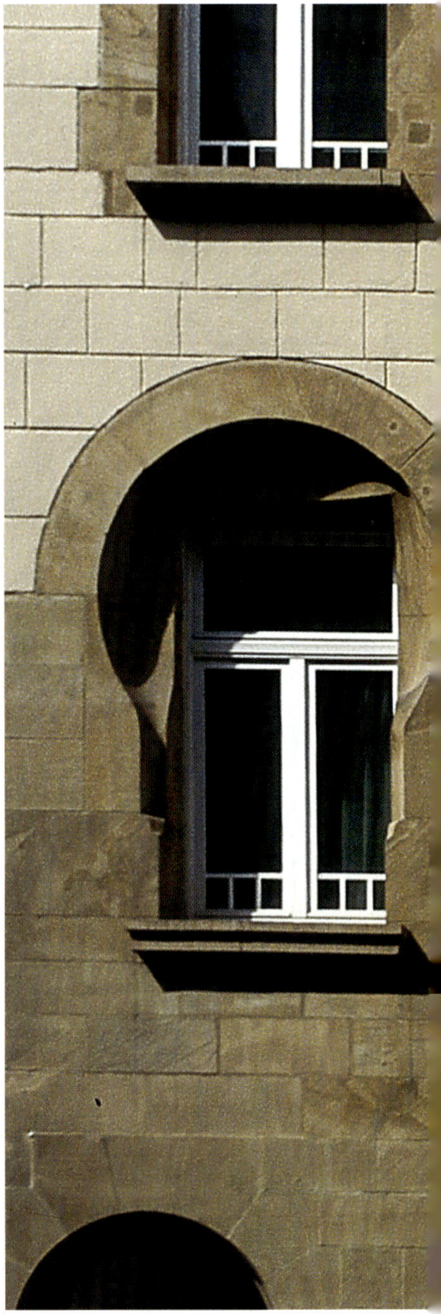

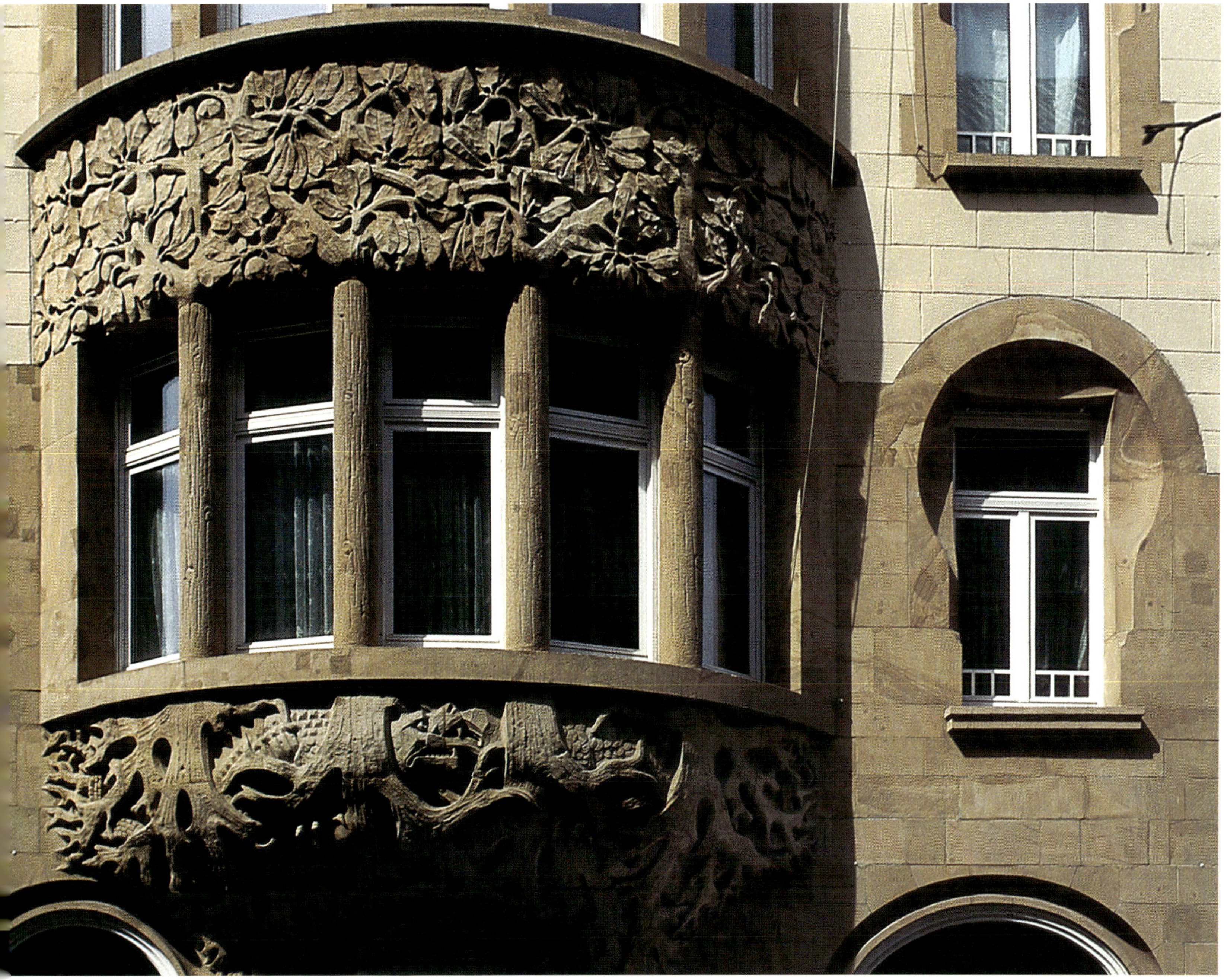

55
Wurzelwerk, Stämme und die Kronen: drei Zonen gliedern den Erker an der Ritterstraße 6, erbaut 1905 von Gottfried Zinser.

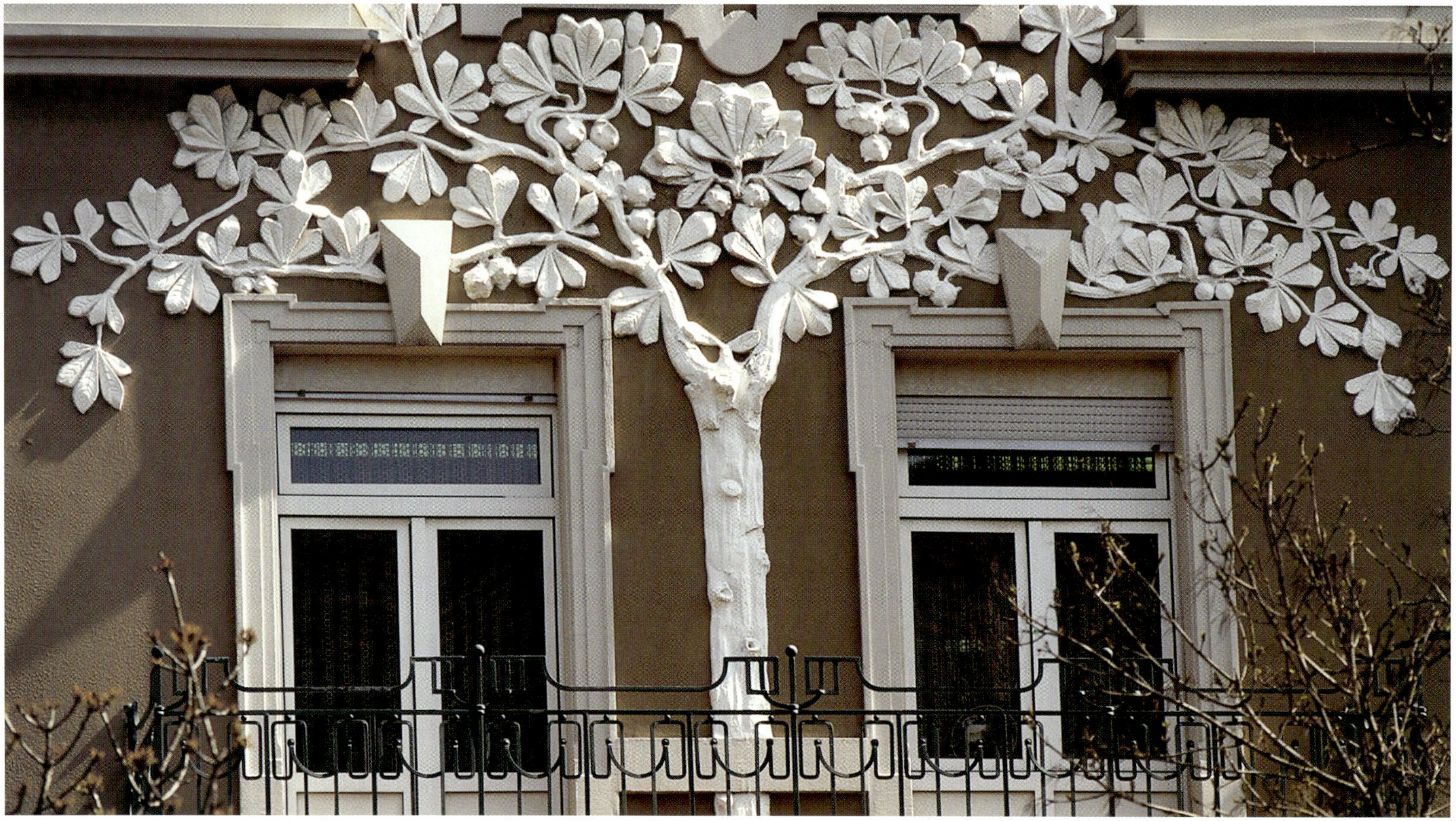

56
Hell hebt sich an der überlegt geschmückten Fassade der Humboldtstraße 29, erbaut 1902 von Franz Wolf, ein stilisierter Kastanienbaum vom dunklen Grund ab. Seine dekorativen Blätter machten ihn zu einem besonders beliebten Motiv.

57
Ein streng, aber unverkennbar im Sinne der Zeit stilisiertes Blattornament. Glasfenster in der Kriegsstraße 143 a, erbaut 1901.

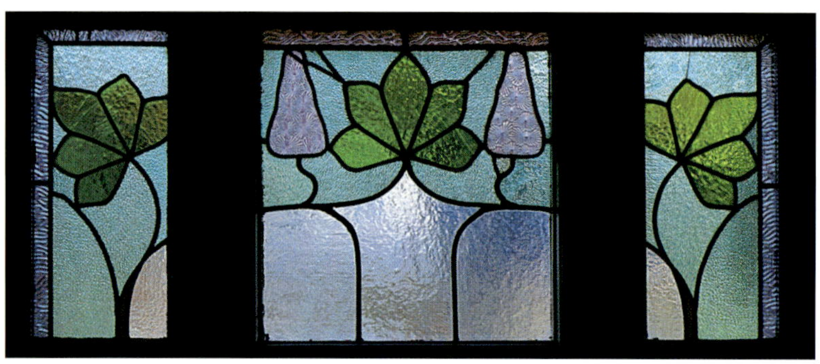

58
Der Charme der Gegensätze. Eine geometrische Form verbindet sich mit lebendig wachsendem Geäst. Neben blühenden Rosen aus Stein finden sich zahlreiche weitere Schmuckelemente an der vornehmen Fassade der Hirschstraße 105, erbaut 1904 von Adolf Hirth.

tur an den Fassaden ihrer Heimatstadt (Abb. 27, 28), während sie mit großen Aufträgen zum Beispiel in Berlin städtebauliche Akzente setzte.
In Karlsruhe begnügte man sich in der Regel damit, die Wände von Hauseingängen mit Steingutfliesen zu dekorieren. Für solche Zwecke griff man nicht auf die teuren, handwerklich hergestellten Arbeiten der Majolika-Manufaktur zurück, sondern begnügte sich mit Serienware von Firmen wie Villeroy & Boch in Mettlach oder der Wormser Tonindustrie Offstein Albertwerke GmbH. Gleichwohl zeugen deren Produkte von hohem Einfallsreichtum und stilistischer Sicherheit. Meist waren die Wände der Zugänge einfarbig, häufig in dunklen Rot- oder Blautönen, gehalten, ein bunter Fries aus Bild- bzw. Ornamentplatten bildete den oberen Abschluss. Hier findet sich eine Fülle von pflanzlichen Motiven, die durchweg stilisiert aufgefasst sind, aber dennoch das Organische betonen (Abb. 59–61). Besonders deutlich wird das bei der Wiedergabe von Pflanzen oder Bäumen, bei denen die ganze Gestalt von der Wurzel bis zur jüngsten Astverzweigung gezeigt wird (Abb. 62).
Die Kräfte von Knospen, Sprossen, Wachsen und Blühen sichtbar zu machen (Abb. 56, 58), das drängende Streben nach Licht und Luft zu spüren und der Wunsch, sich in Freiheit und Schönheit zu entfalten, gehörte zu den Anliegen der Zeit. Zu ihrer Darstellung war Wurzelwerk ein hervorragend geeignetes Motiv,

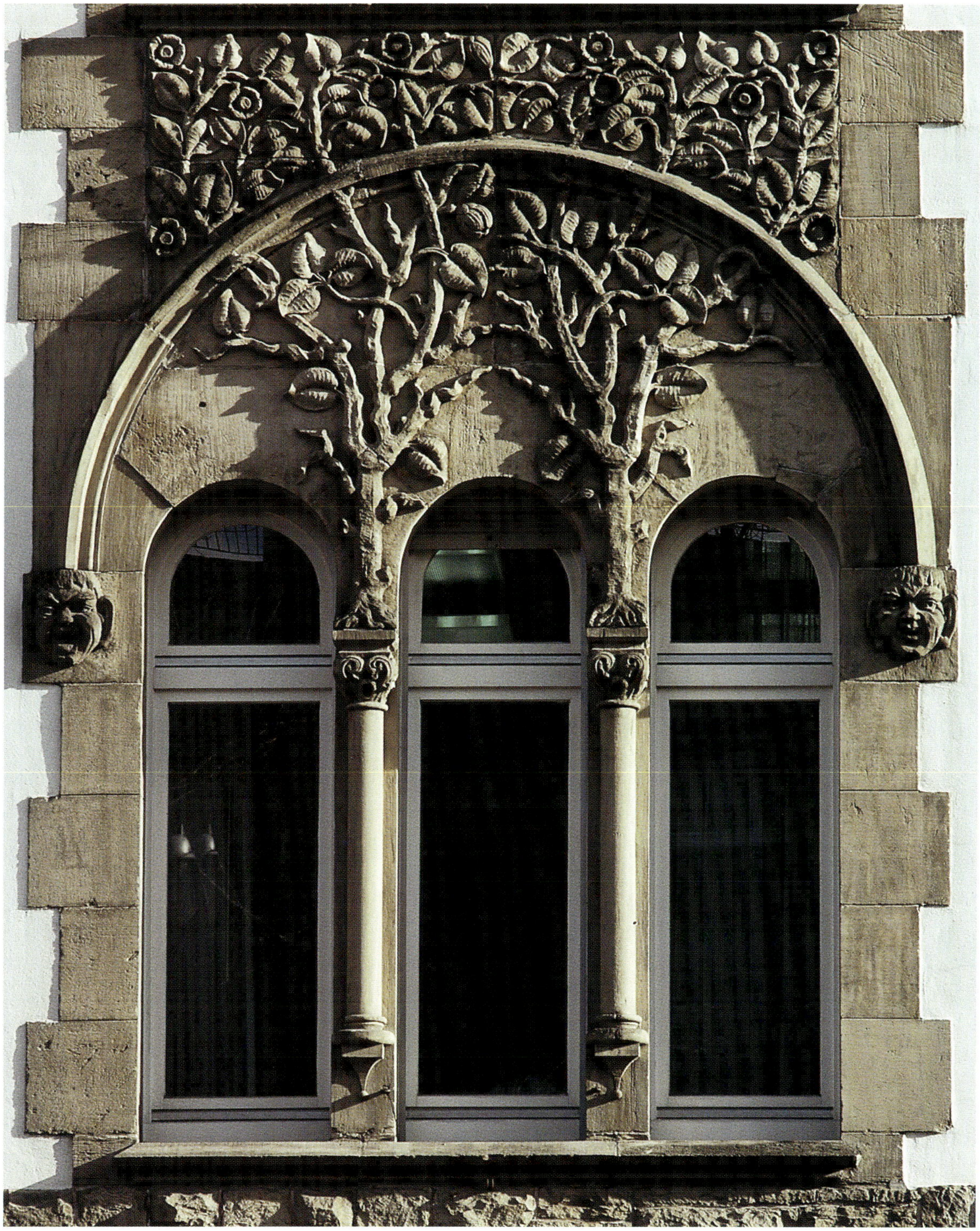

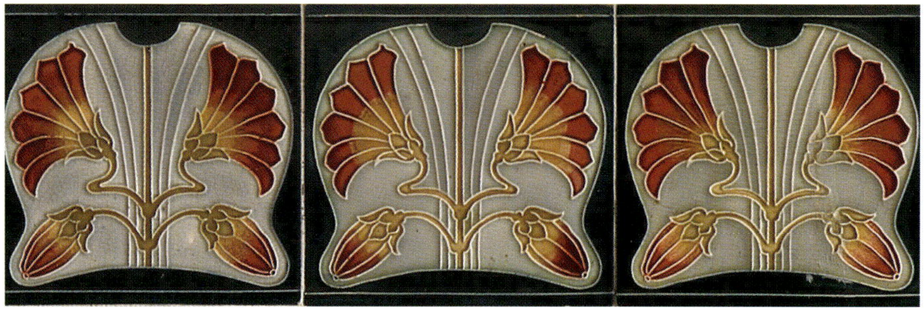

59
Fliesen der Tonindustrie Offstein Albertwerke, ausgestellt im „Musterkatalog“ in der Durchfahrt der Gerwigstraße 38, erbaut 1905 von Hermann Billing.

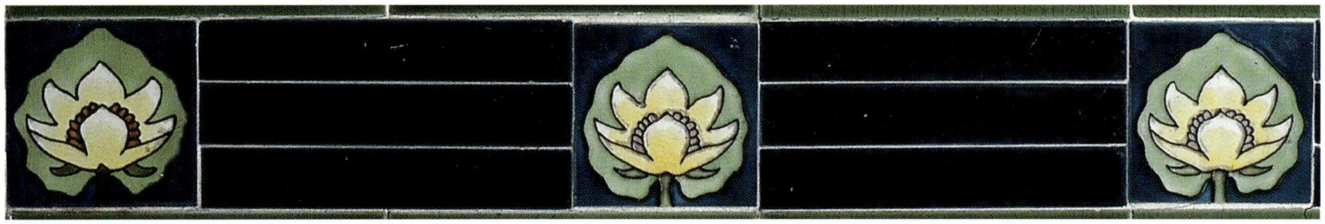

60
Fliesen mit stilisierten Blüten im Eingang Weltzienstraße 9, erbaut 1911 von Emil Brannath.

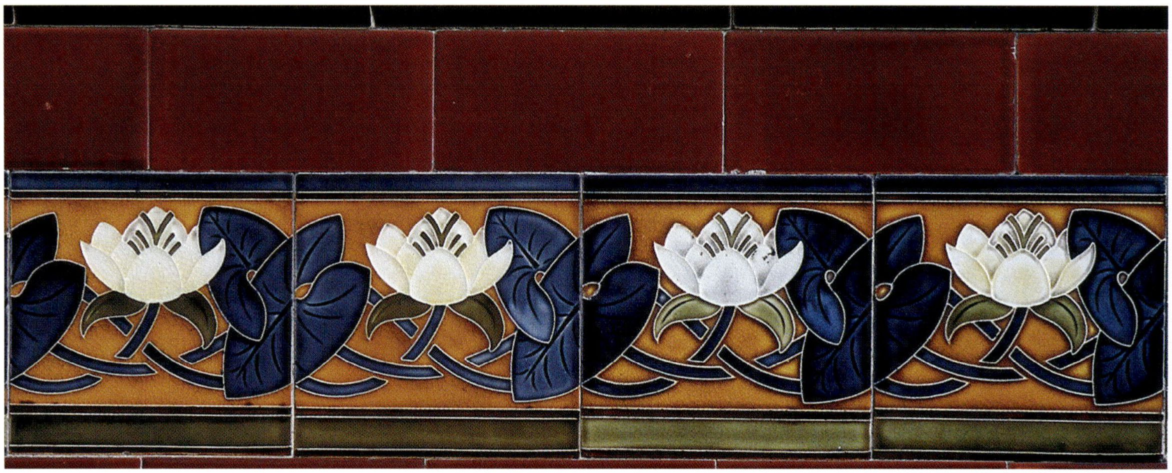

61
Der Seerosenfries schmückt den Eingang der Hübschstraße 9, erbaut 1904–05 von Ludwig Trunzer.

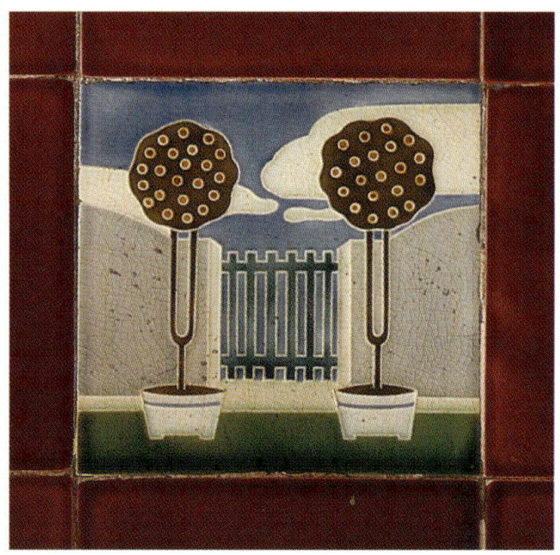

62
Die Fliesen mit den Kübelbäumchen finden sich im Eingang der Gerwigstraße 5, erbaut 1913–14 von Alfred Weichel.

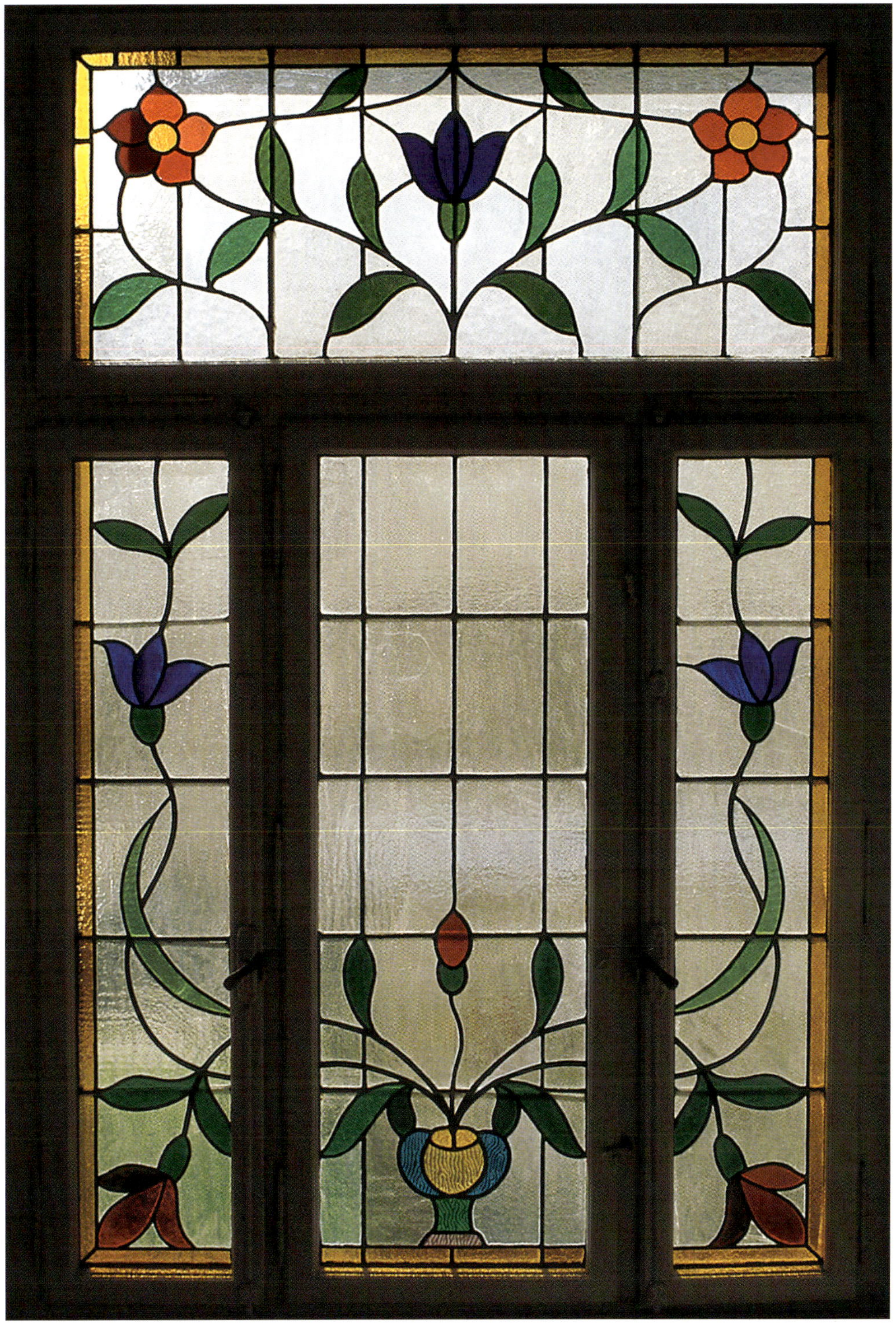

63
Von besonderer Leuchtkraft und zarter Schönheit sind die Glasfenster im Treppenhaus der Weltzienstraße 22 a, erbaut 1904 von Ludwig Trunzer.

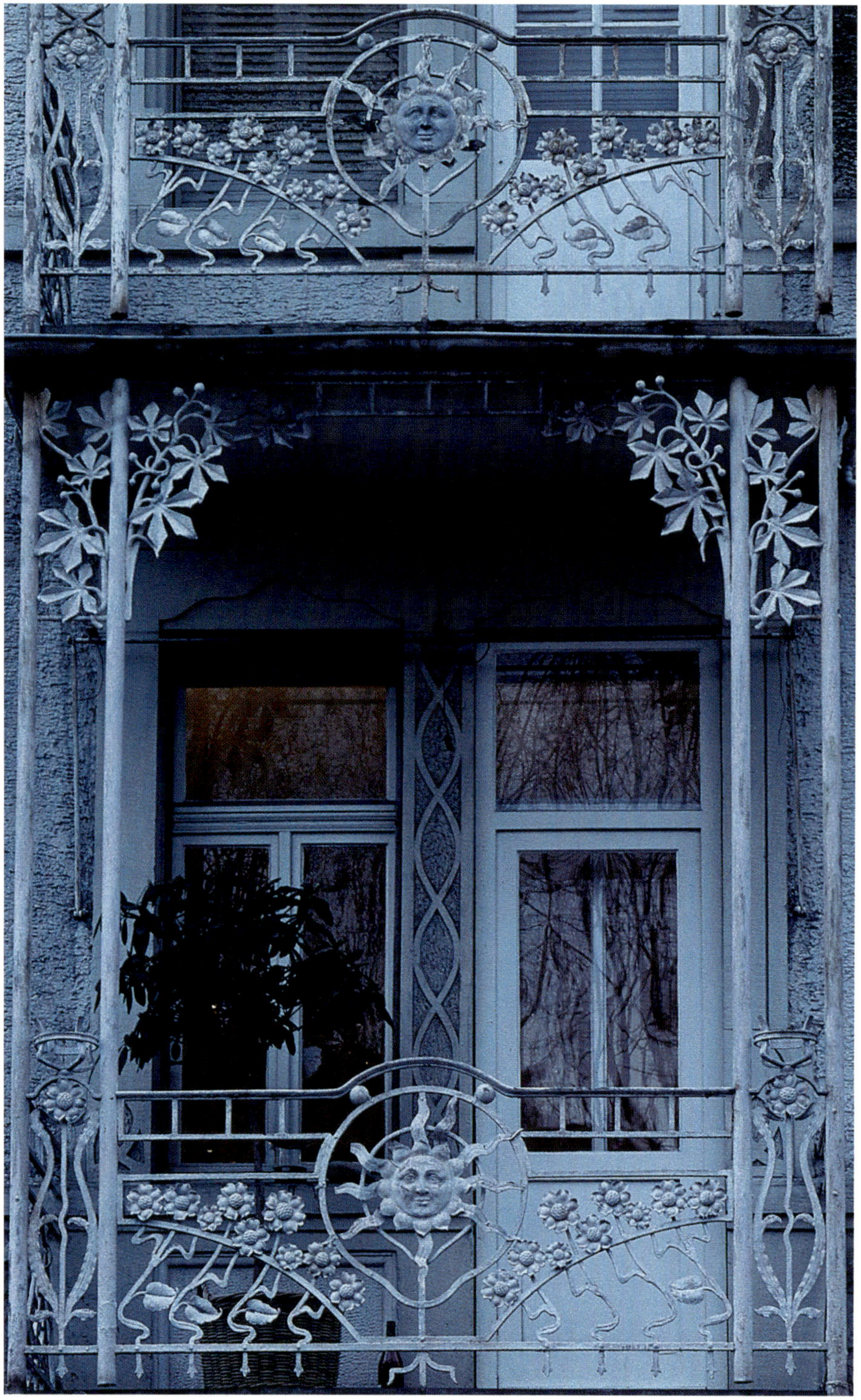

64
Die stilisierten Blüten und Efeuranken an den Balkongittern der Nelkenstraße 33, erbaut 1904 von Ludwig Trunzer, sind von spielerischer Eleganz.

da es mit seinen Verästelungen, Verknotungen, Verdickungen, Schlängelungen und Bündelungen eine bis dahin ungenutzte formale Vielfalt bot. Ein anschauliches Beispiel bietet das Haus eines Zahnarztes und eines praktischen Arztes in der Ritterstraße (Abb. 55). Ob die beiden Bauherrn mit der Darstellung des Wurzelgeflechts (gleich Zahnwurzeln?), an dem zusätzlich noch zwei furchterregende Drachen (= Schmerz?) nagen, an ihren Beruf erinnern wollten, mag dahingestellt sein. Dennoch: es entspräche dem Sinn der Zeit für leise Ironie und spielerischen Humor ebenso wie der Beschwörung mythischer Erdkräfte, deren Verkörperung man in den beiden Fabeltieren erkennen kann. Dieses Oszillieren zwischen verschiedenen Vorstellungen gehört zu den besonderen Kennzeichen der Epoche.
Zwei Materialien waren es, die dem floralen Schmuck an den Fassaden noch weitere Ausdrucksmöglichkeiten hinzufügten. Glas konnte mit seiner changierenden Transparenz und seiner bunten Leuchtkraft dem Licht im Inneren eines Hauses eine eigentümlich schwebende Stimmung geben und gleichzeitig die Fensteröffnungen formal und dekorativ in die Raumausstattungen einbinden (Abb. 63), während Schmiedeeisen, das wegen seiner hohen Plastizität eine wahre Formenfülle erlaubt, an vielen Häusern für Gitterwerk und Zierrat der unterschiedlichsten Art benutzt wurde (Abb. 64 – 67).

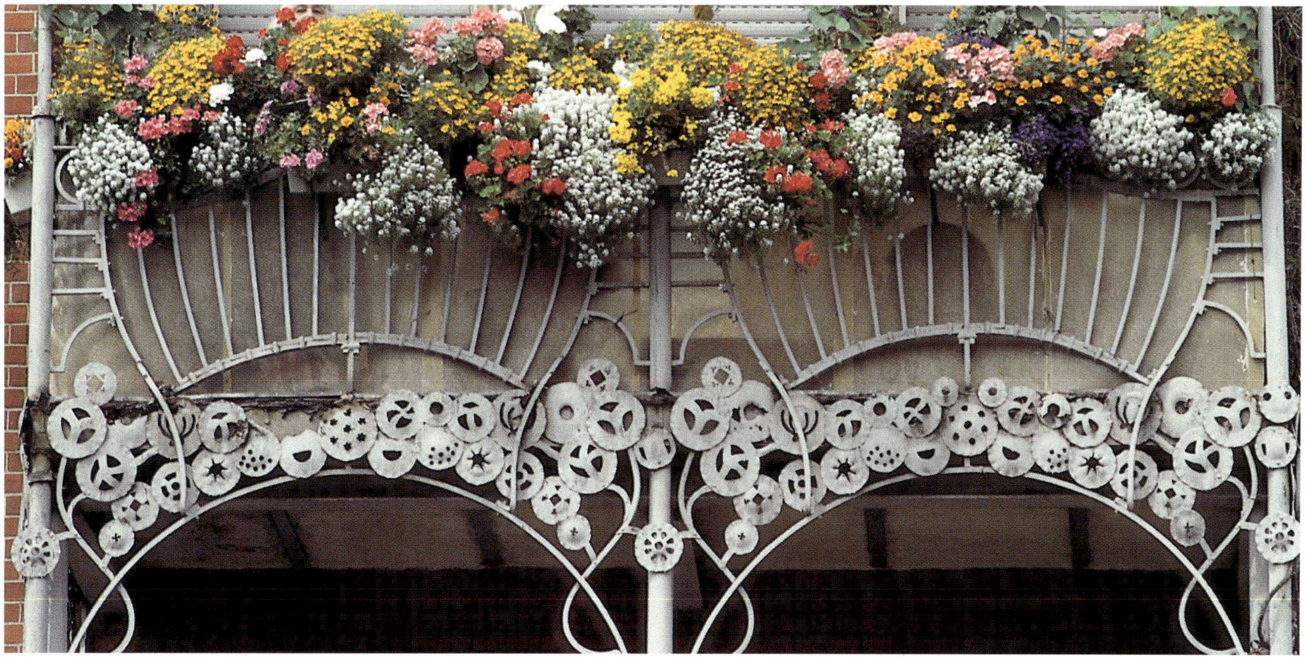

65
Üppige Blütenpracht, von französischen Vorbildern inspiriert, am Balkon der Parkstraße 27, erbaut 1902–03 von Franz Wolff.

66
Schützender Schmuck. Türgitter in der Sophienstraße 164, erbaut 1902 von Ludwig Benzinger.

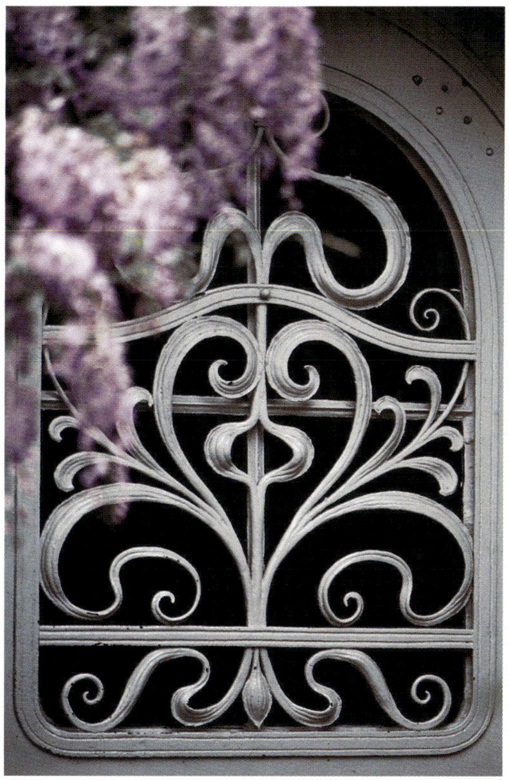

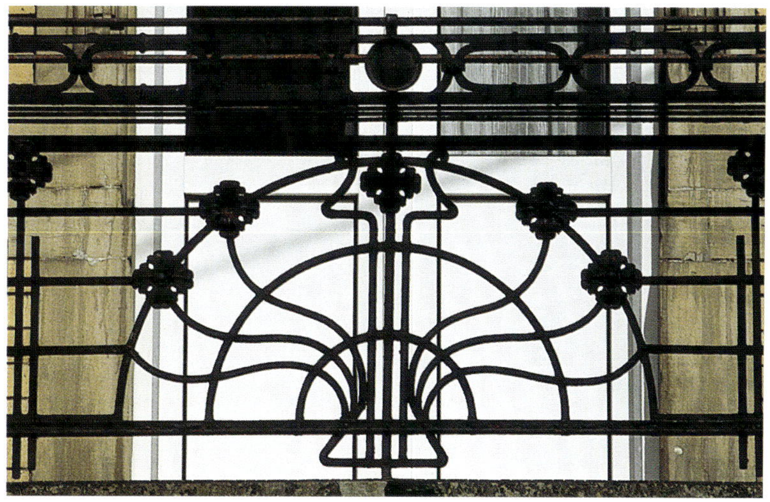

67
Transparent, klar und schön sind die Balkongeländer an der Klauprechtstraße 32, erbaut 1905 von Heinrich Renz.

# Das ewig Weibliche
## Mädchen, Frauen und Medusen

In vielerlei Variationen lächeln sie von den Karlsruher Fassaden herab, die langhaarigen Schönen, die so charakteristisch sind für die neue künstlerische Bewegung. Mit ihnen verband sich jugendliche Frische, kraftvoller Schwung und strahlende Zukunftshoffnung. Beliebt war es vor allem, sie als Symbole von Gestirnen oder der Jahreszeiten, besonders des Frühlings, zu interpretieren. Dem entspricht in der Dichtung eine Fülle von Frühlingsliteratur. Die Damen waren so allgegenwärtig, dass man sich schon 1900 über die vielen ähnlichen Motive mokierte: „Man sollte glauben, in Deutschland wüchsen nur noch Schwertlilien und Kastanien, der Schwan wäre so häufig wie der Rabe und die Haare der Schönen wären von vornherein (...) in fließenden Strähnen stilisiert".

Zur Verbreitung dieser Mädchengestalten mit wallenden Haaren hatten neben der dekorativen Grafik seit 1896 vor allem die in hohen Auflagen gedruckten Plakate des Tschechen Alfons Mucha beigetragen. Er war einer der gefeierten Künstler des Jugendstils in Paris, wo er seit den 90er Jahren lebte. Eine seiner bekanntesten Abwandlungen des Motivs stammt aus dem Jahr 1900 und befindet sich heute im Badischen Landesmuseum Karlsruhe. Es handelt sich um eine versilberte und vergoldete Bronzebüste, die bezeichnenderweise den Titel „La Nature" trägt. Die in sich gekehrte Schönheit der Plastik ist in Gesichtsschnitt und Ausdruck, Frisur und Diadem dem 1908 entstandenen Mädchen über dem Eingang der Klauprechtstraße sehr nah verwandt. Ihre dekorative Eleganz übertrifft allerdings die schlichtere Bauplastik bei weitem (Titelbild), dennoch könnte die eine die „Mutter" der anderen sein.

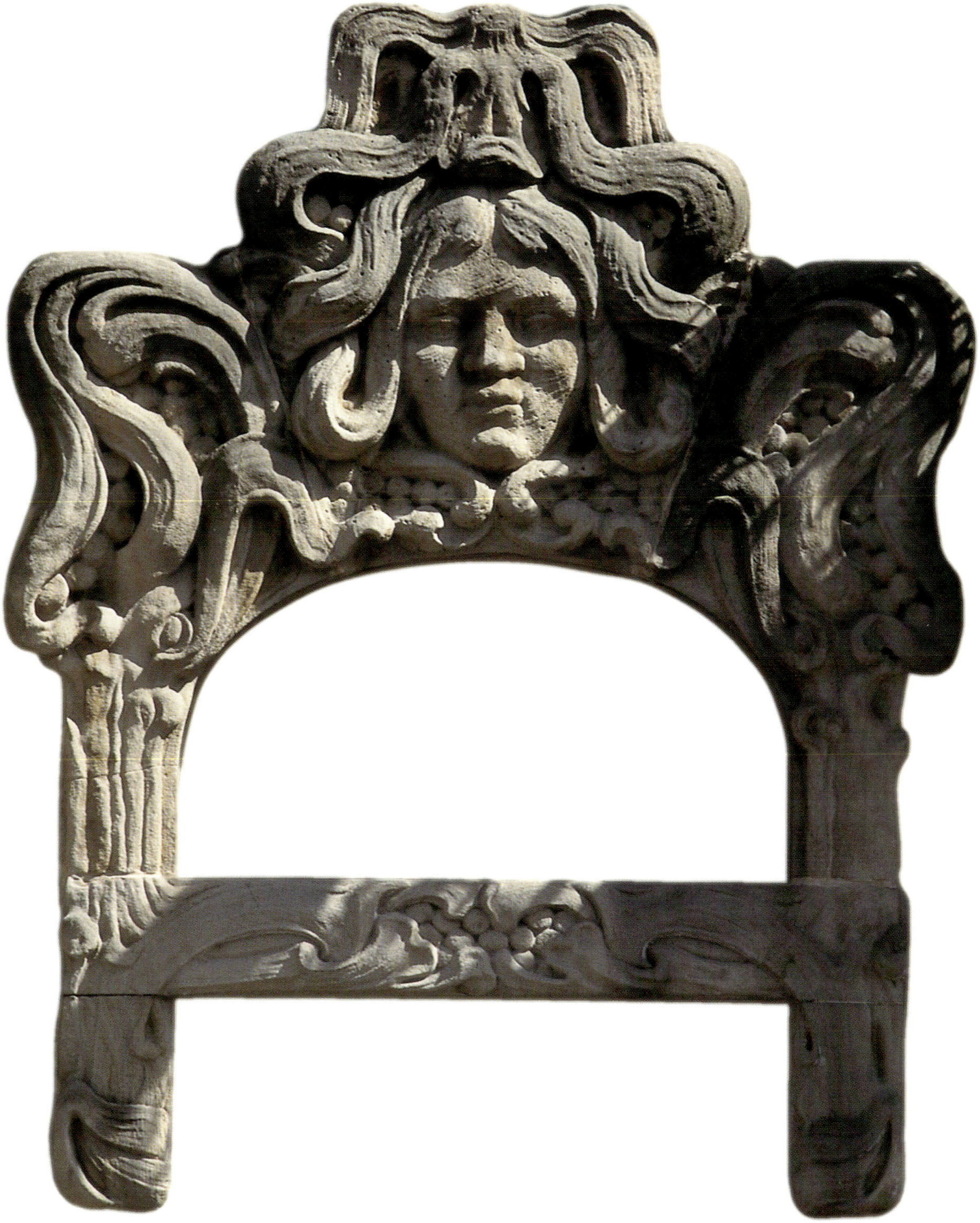

68
Üppig langes Mädchenhaar verführte immer wieder zu formalen Experimenten. Relief über dem Eingang der Weltzienstraße 21, erbaut 1904 von Karl Kreutz.

Muchas Büste gab es in fünf Modifikationen, die alle über Abbildungen weit verbreitet waren, so dass diese Annahme durchaus viel für sich hat. Die fließende Haarpracht des Vorbildes wird in der Klauprechtstraße „gezähmt" wiedergegeben und der Gesamteindruck dem zurückhaltend vornehmen Charakter des ganzen Hauses angepasst. Die Haarsträhnen sind an den Enden zum Knoten geschlun-

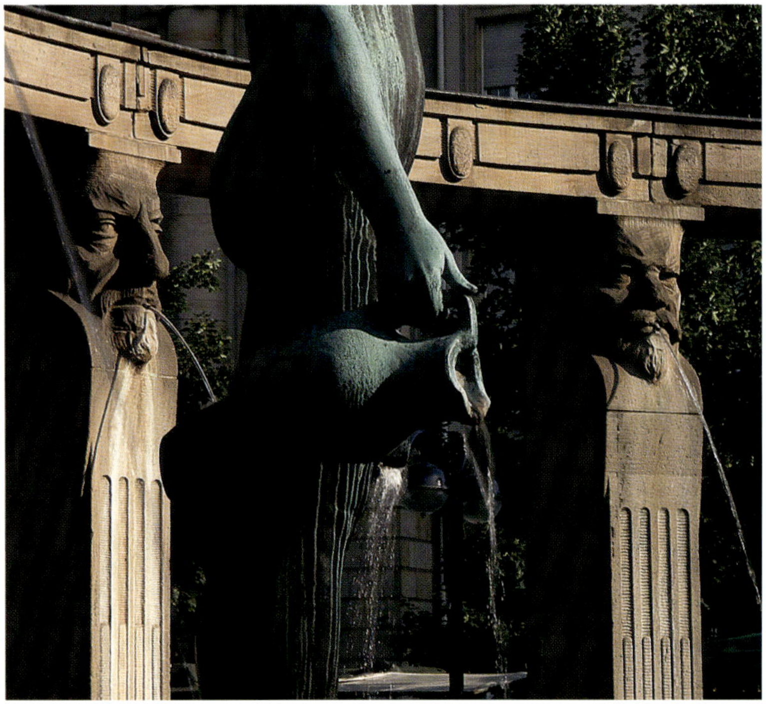

69
Ausschnitt aus der Brunnenanlage auf dem Stephanplatz, erbaut 1903–05 von Hermann Billing, Bildhauerarbeiten von Hermann Binz. Die Hermen tragen die Gesichtszüge von Hermann Billing und Karl Schnetzler.

gen und werden von Bändern zusammengehalten. Nahezu symmetrisch rahmen sie das „Oberlicht" des Hauseingangs, das eine architektonische Besonderheit der Zeit war.
Da sich das Souterrain als Halbgeschoss über das Straßenniveau erhob, führten damals in den meisten Etagenhäusern Stufen im Inneren des Hauses nach oben bis zur eigentlichen Haustür. Um in diesem Aufgang für genügend Tageslicht zu sorgen, wurden in der Dekoration Löcher ausgespart, die in der Regel unverglast blieben (Rückentitel).
Die „Meermaid" in der Sophienstraße ist gleichfalls mit einem „Beleuchtungsloch" ausgestattet über dem Eingang angebracht (Abb. 68). 1900 entstanden, ist das Relief überproportional groß, etwas grob und dominiert in seiner kräftigen Bewegtheit die ganze Fassade. Aber nicht nur deshalb macht es das Gesicht des Hauses insgesamt unvergesslich, sondern auch weil es einige Rätsel aufgibt, denn: Mädchen oder Meermaid, das ist hier die Frage. Um das Antlitz mit dem entrückten Gesichtsausdruck winden sich die dicken Haarbündel, die auf dem Kopf wie eine Krake aussehen, oder doch nicht? Auf jeden Fall verwandelt sich der Kopfschmuck unmerklich in dynamisch bewegte Algenstränge und könnten die Kugeln zwischen den „Blätterhaaren" nicht Seetangbläschen sein?
Eindeutig kein Mischwesen ist die „Nymphe" der Brunnenanlage auf dem Stephanplatz (Abb. 69, 70). Wer das Ganze heute betrachtet, kann sich kaum vorstellen, welchen Skandal es damals darum gab. Gerhard Kabierske hat die Geschichte gründlich erforscht und ausführlich erzählt, wir folgen seinen Ausführungen.
Im Süden der neuen Reichspost, der heutigen Postgalerie, war ein freier Platz entstanden, der mit einem „Monumentalbrunnen" geschmückt werden sollte. 1903 erhielt Hermann Billing ohne vorherige Ausschreibung den Auftrag dazu. Spätestens seit der Jahrhundertwende galt der junge Architekt, der mit dem einflussreichen Kunstkritiker Karl Widmer befreundet war, als kompromissloser Vertreter des neuen Bauens im deutschen Südwesten und wurde daher von vielen Seiten abgelehnt. Dennoch erhielt er von der Stadt als Auftraggeber völlig freie Hand bei den Entwürfen, was prompt zu Anfeindungen führte. Neben dem „modischen" Jugendstil war aus moralischen Gründen die nackte Nymphe der Grund für die Kritik. Der Vorschlag, sie durch eine Trachtenfigur zu ersetzen, zeigt die ganze Spannbreite der Geisteshaltungen. Billing ließ sich aber nicht beirren und so wurde der Brunnen 1905 fertig gestellt.
14 mächtige Pfeiler, die einen Architrav tragen, umstehen ein rundes Wasserbecken von knapp zehn Metern Durchmesser. Auf einem Sockel steht darin die von Hermann Binz entworfene, fast doppelt lebensgroße Gestalt des Mädchens, das in jeder Hand einen Krug trägt, aus dem Wasser

fließt. Ein Architrav, der nichts trägt, eigentümlich teigig verfremdete, antike Motive wie Basis, Plinthe, Voluten, Kanneluren und Eierstäbe machen deutlich, dass hier nicht mehr die traditionellen Regeln der Baukunst gelten sondern ganz im Sinne des Jugendstils allein die Individualität des Architekten. Einen eigenen Sinn für Humor zeigen die Hermenköpfe an den Pfeilern, die stadtbekannte Persönlichkeiten karikieren, wobei Billing sich selbst nicht ausgenommen hat. Obwohl von spuckenden Männern, denen das Wasser im Mund zusammenläuft, umgeben, bleibt die Schöne in ihrer Mitte doch völlig unberührt, sie scheint in sich selbst versunken und unerreichbar in eine andere Welt entrückt.

Der Bildhauer und der Architekt hatten zwar provozieren wollen, wurden aber von dem deutschlandweiten Sturm der Entrüstung völlig überrascht. Ihren Höhepunkt erreichte die Auseinandersetzung mit dem Protestschreiben von 3468 Frauen im November 1905 in der badischen Presse:

„Die unterzeichneten Frauen und Jungfrauen der Stadt Karlsruhe erheben entschiedenen Protest gegen den das weibliche Anstandsgefühl verletzenden Brunnen am Stefanplatz. Es empört uns, daß derselbe auf öffentlichem Marktplatz steht, einem Publikum gegenüber, das größtenteils eine Kunstauffassung nicht kennt, sondern nur die cynische Zusammenstellung der Männerporträte mit der unbekleideten Frauenge-

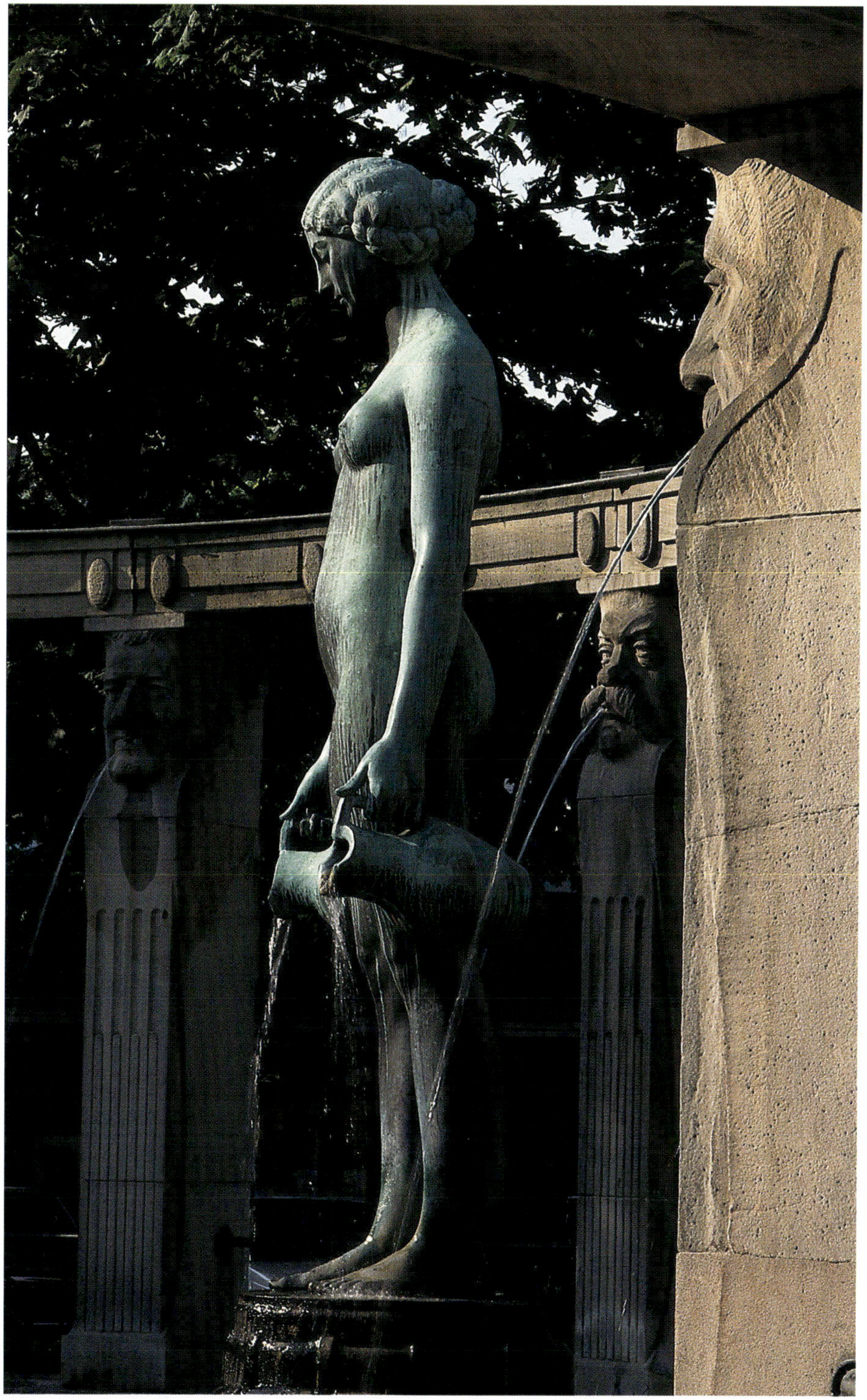

70
Mit den Worten eine „bekleidete Gestalt könne durchaus ordinär und obscön, eine nackte durchaus edel sein“ griff seinerzeit Oberbürgermeister Karl Schnetzler in den hitzigen Streit um den Brunnen ein. Die Porträts zeigen Stadtrat Ludwig Käppele und Bildhauer Hermann Binz, ganz vorne wieder Hermann Billing.

stalt betrachtet und die Vorübergehenden mit unflätigen Witzen belästigt. Besonders uns Mütter verletzt es, daß unsere Kinder auf dem Schulweg oft solche anstößige Dinge sehen und hören müssen. Wir erblicken darin eine Verderbnis der heranwachsenden Jugend. Wir dürfen wohl erwarten, daß der verehrl. Stadtrat unserm Ehrgefühl bei Aufstellung monumentaler Bauten jetzt und künftig gebührende Rücksicht entgegenbringt."

Nach dem Motto: „Dem Reinen, dem ist alles rein" wurde die Petition am 19.11.1905 ebenso entschieden wie couragiert abgeschmettert: „Der Stephan-Brunnen ist nicht dazu vereigenschaftet, das Anstandsgefühl zu verletzen, wenn man ihn mit anständiger Gesinnung betrachtet. Der Stadtrat beschließt daher, der Eingabe keine Folge zu leisten." Allmählich aber beruhigten sich die Gemüter und der Brunnen wurde schließlich akzeptiert – ein Vorgang, der sich in Karlsruhe im weiteren Verlauf des 20. Jahrhunderts gelegentlich wiederholt hat, ob es nun um den „Musengaul" oder um die „Europa" des Bildhauers Jürgen Goertz ging. Auch diese Dame, die neben der Europahalle auf dem Kopf steht, wurde als unsittlich empfunden

Heute sind alle diese Streitigkeiten nicht mehr so richtig nachzuvollziehen, die Ursachen waren aber vor hundert Jahren wie auch in der jüngeren Vergangenheit ähnlich. Verschiedene Werthaltungen aber auch unterschiedliche ästhetische Sehgewohnheiten prallten aufeinander. Provokation kontra Konvention, jugendlicher Feuergeist gegen braven Bürgersinn.

Hermann Billing und Hermann Binz hatten mit dem Typus der Quellnymphe ein jahrhundertealtes Motiv aufgegriffen und waren dennoch damit völlig aktuell, gehörte doch die Welt der Nymphen zu den bevorzugten Darstellungen um 1900. Als Göttinnen der Natur seit dem Altertum verehrt, wurden sie für den Jugendstil mit seinem gesteigerten Interesse an der Natur zum Inbe-

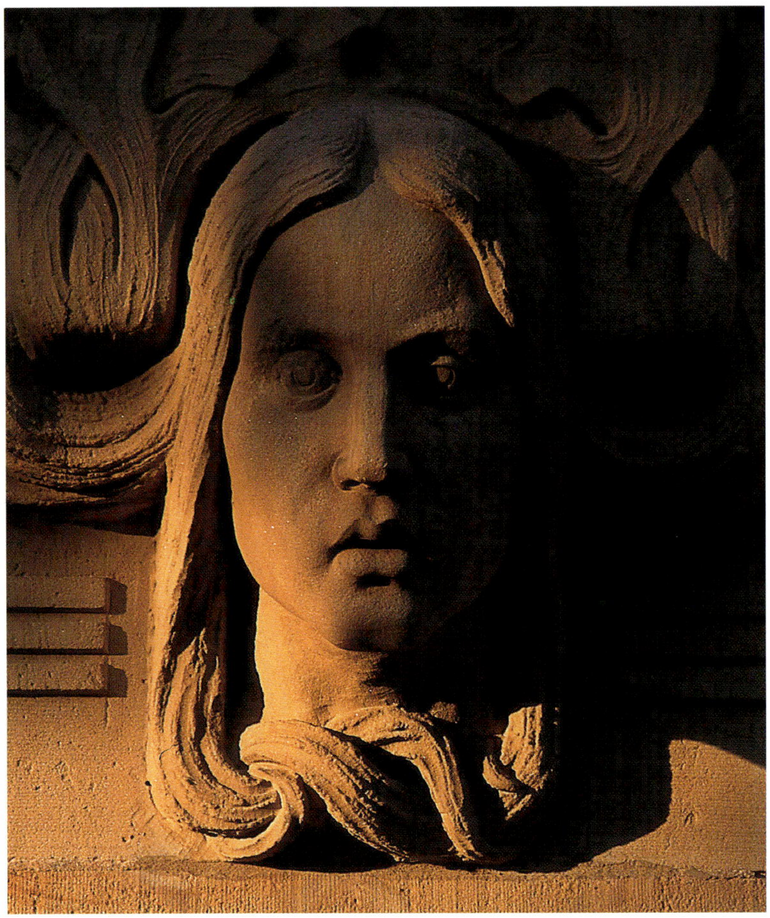

71
Eine Meermaid könnte das Mädchen sein, verwandeln sich ihre Haare doch zu Algengeflecht. Konsolfigur neben dem Eingang zur Sophienstraße 117, erbaut um 1900.

72
Zwar etwas ramponiert, aber immer noch reizvoll ist die Schöne über dem Eingang zur Gebhardstraße 35, erbaut 1903–04 von Friedrich Ummenhofer.

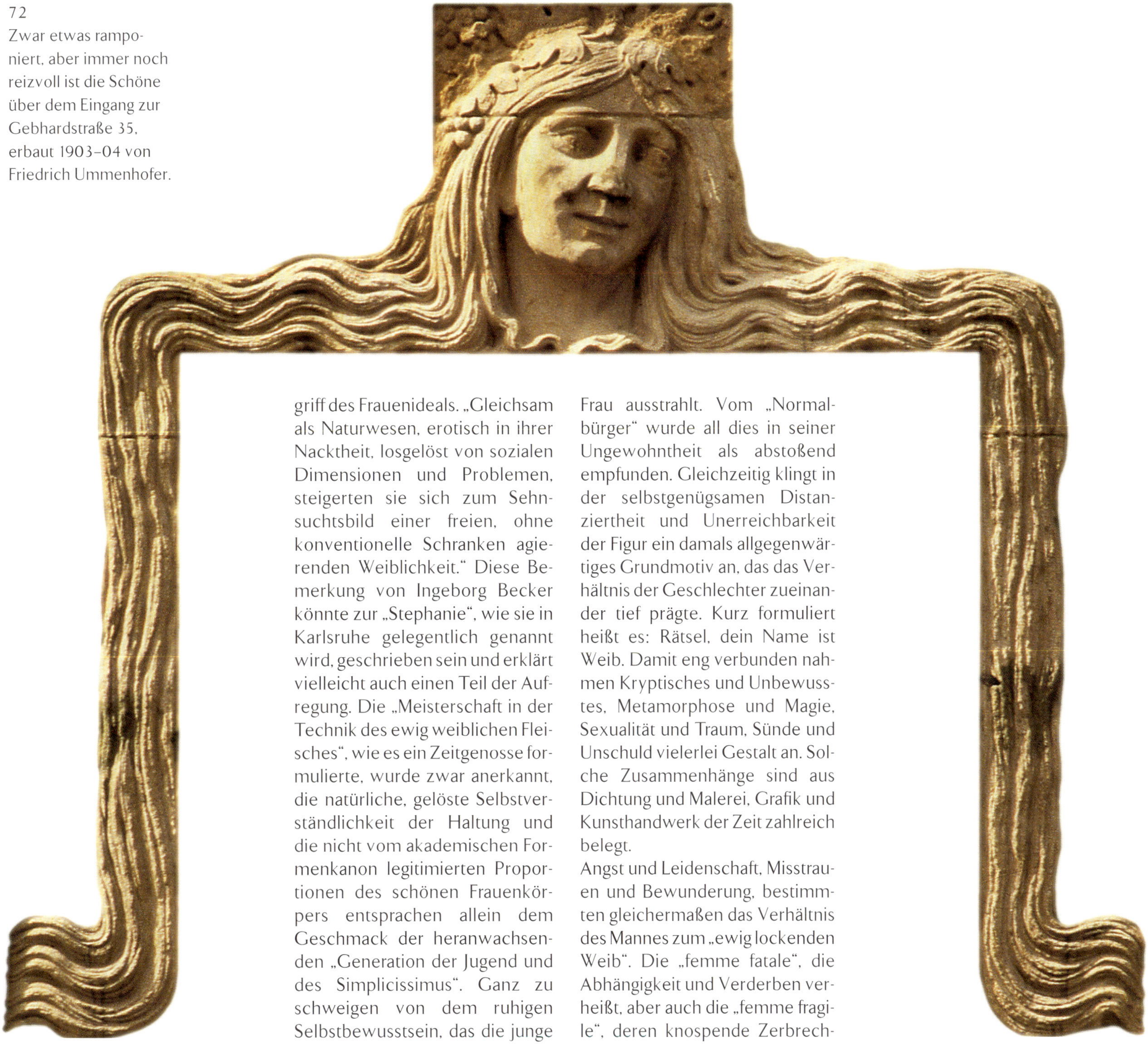

griff des Frauenideals. „Gleichsam als Naturwesen, erotisch in ihrer Nacktheit, losgelöst von sozialen Dimensionen und Problemen, steigerten sie sich zum Sehnsuchtsbild einer freien, ohne konventionelle Schranken agierenden Weiblichkeit." Diese Bemerkung von Ingeborg Becker könnte zur „Stephanie", wie sie in Karlsruhe gelegentlich genannt wird, geschrieben sein und erklärt vielleicht auch einen Teil der Aufregung. Die „Meisterschaft in der Technik des ewig weiblichen Fleisches", wie es ein Zeitgenosse formulierte, wurde zwar anerkannt, die natürliche, gelöste Selbstverständlichkeit der Haltung und die nicht vom akademischen Formenkanon legitimierten Proportionen des schönen Frauenkörpers entsprachen allein dem Geschmack der heranwachsenden „Generation der Jugend und des Simplicissimus". Ganz zu schweigen von dem ruhigen Selbstbewusstsein, das die junge Frau ausstrahlt. Vom „Normalbürger" wurde all dies in seiner Ungewohntheit als abstoßend empfunden. Gleichzeitig klingt in der selbstgenügsamen Distanziertheit und Unerreichbarkeit der Figur ein damals allgegenwärtiges Grundmotiv an, das das Verhältnis der Geschlechter zueinander tief prägte. Kurz formuliert heißt es: Rätsel, dein Name ist Weib. Damit eng verbunden nahmen Kryptisches und Unbewusstes, Metamorphose und Magie, Sexualität und Traum, Sünde und Unschuld vielerlei Gestalt an. Solche Zusammenhänge sind aus Dichtung und Malerei, Grafik und Kunsthandwerk der Zeit zahlreich belegt.

Angst und Leidenschaft, Misstrauen und Bewunderung, bestimmten gleichermaßen das Verhältnis des Mannes zum „ewig lockenden Weib". Die „femme fatale", die Abhängigkeit und Verderben verheißt, aber auch die „femme fragile", deren knospende Zerbrechlichkeit das Herz rührt, die männermordende Dämonin und die sprichwörtliche, aber unwiderstehliche „Unschuld vom Land", Salome, die durch ihre Kunst bezaubert, aber gleichzeitig den Tod bringt, Ophelia, die durch ihre Schönheit betört, aber selbstzerstörerisch in das Reich des Vergessens aufbricht, zwitterhafte Meerjungfrauen und zaubermächtige Medusen, der Metaphern unterschiedlichster Herkunft sind unendlich viele. Verschlüsselt, für den Suchenden aber unübersehbar, sind solche Vorstellungen auch an Karlsruher Fassaden zu finden.

Zum Inbegriff des tief Unbewussten wurde damals das Wasser. Sein geheimnisvolles Reich beherbergte nicht nur faszinierende Pflanzen, man sah es auch bevölkert von Traumwesen aller Art, die Gefühle und Gedanken sozusagen anschaulich vor Augen führten. Aus Mythologie und auch Märchen vertraute Gestalten wurden dafür von den Künstlern mit neuem Ausdruck erfüllt. So hat der Schweizer Maler Arnold Böcklin schon gegen Ende des 19. Jahrhunderts die Welt der Nymphen zu einem Leben von untergründiger Sinnlichkeit erweckt. Während die Najaden Quellnymphen waren, hausten die Okeaniden und Nereiden im Meer. Das Mädchen in der Sophienstraße 117 könnte eine von ihnen sein, verwandelt sich ihre Haarpracht doch in Algenschmuck (Abb. 71). Von den Meerjungfrauen wird erzählt, dass sie als Verkörperung von Naturkräften keine Seele hätten und daher von anziehender, aber kalter Schönheit seien. Der eigentümlich leere Blick, das ovale, weiche Gesicht mit dem süßen „Schmollmund", die wie zum Schutz in der Halsbeuge zusammengeknoteten Locken und die zum Ornament verwandelte Haarpracht ergeben einen Gesamteindruck von Unschuld und dennoch latenter Sinnlichkeit. Schneewittchen im gläsernen Sarg ist gar nicht fern. All dies passt in seiner Widersprüchlichkeit gut zu einem unwirklichen Wesen, das sich stetig wandelnd immer wieder entzieht.

Auch die Sirenen, die halb Jungfrau-en, halb Vögel waren, hausen am Meer und rufen durch ihren Gesang schmerzliche Sehnsucht hervor, die zu stillen direkt ins Verhängnis führt. Auch wenn sich der Mädchenkopf mit dem Flügel in der Kornblumenstraße vielleicht als ein solches Wesen deuten ließe, scheint das im Gesamtzusammenhang des Portals doch eine eher weit hergeholte Interpretation (Abb. 16).

Möglicherweise ist auch das Mädchen, dessen lange Haare den Eingang der Gebhardstraße rahmen, eine Nixe, wenn auch ein Kranz aus Weinblättern und Trauben ihr Haupt schmückt (Abb. 72). In gleichmäßigen Wellen fließen ihre Locken herab und erinnern an strömendes Wasser. Der übrige Schmuck des Hauses spräche gleichfalls für eine solche Zuweisung, davon soll aber später die Rede sein.

73
„Hanna im Glück" möchte man das Mädchen nennen, das ganz von vierblättrigem Klee umgeben ist. Gerwigstraße 34, erbaut 1903 von Max Siebrand.

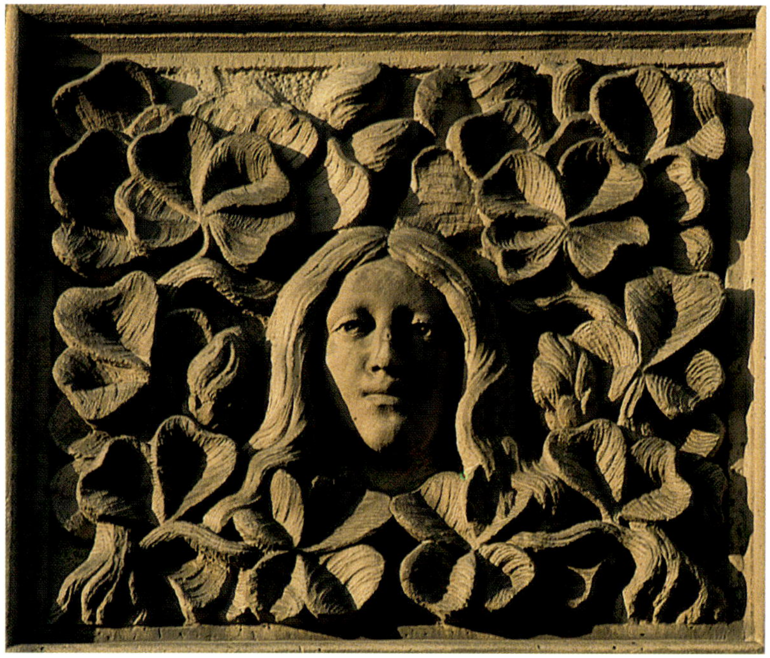

74
Schön und selbstverliebt ist das träumende Mädchen mit Muschel und Mohnkapselschmuck. Melanchthonstraße 3, erbaut 1901 von Philipp Schumacher.

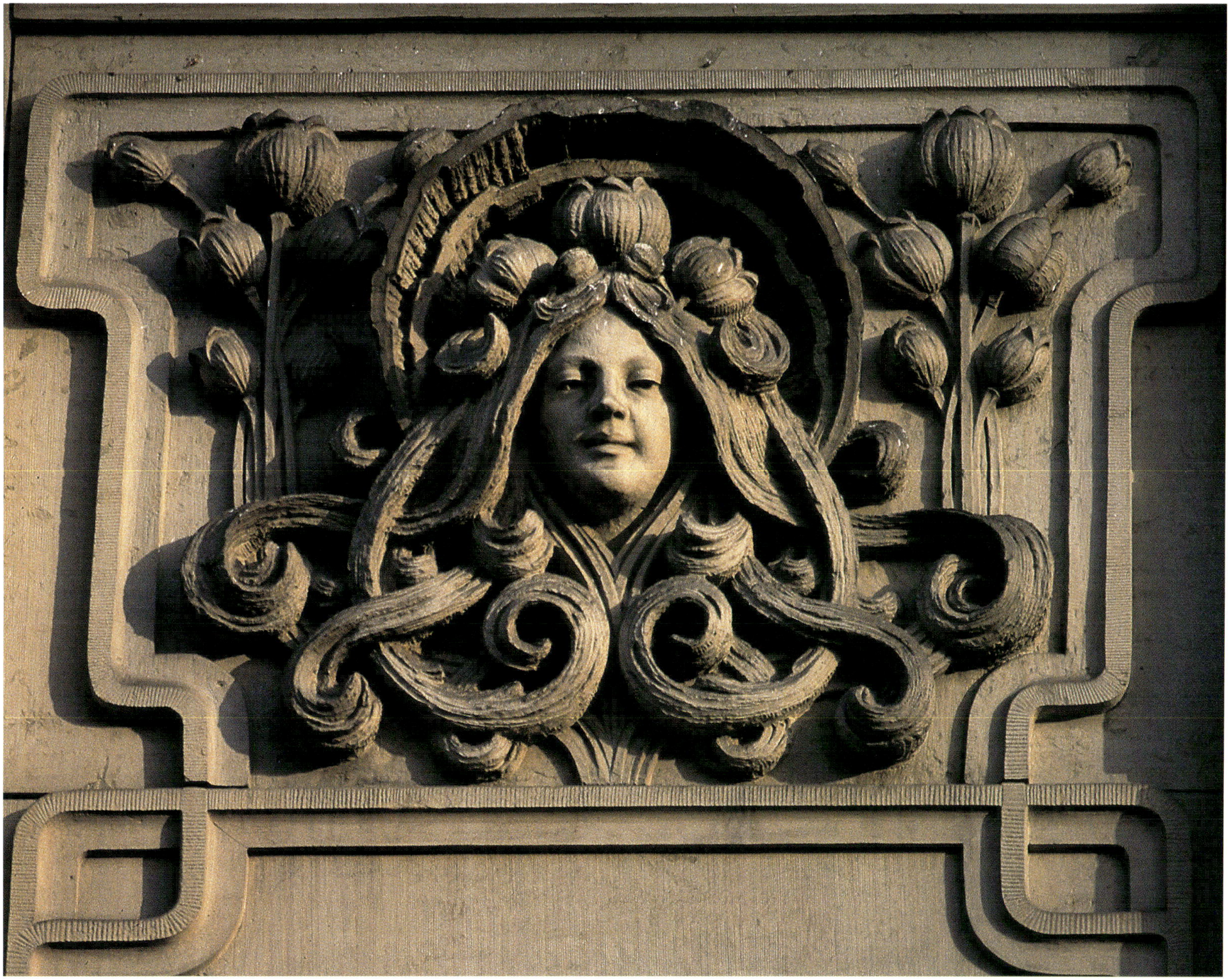

Beim Anblick der langhaarigen Schönen und ihrer vielen Gespielinnen kommt unweigerlich in den Sinn, dass dem Haupthaar seit jeher eine besondere Bedeutung zukam. Die Spannbreite reicht dabei vom Rechtszeichen (man denke nur daran, dass im Mittelalter langes Haar das Zeichen der Freiheit war) über magische Kräfte (der biblische Simson verlor seine Kraft, als er geschoren wurde) bis zum Inbegriff des Erotischen und Verführerischen. Die „Sünde" von Franz von Stuck, eines der berühmtesten und berüchtigsten Gemälde der Zeit, bezog einen großen Teil seiner Wirkung aus dem Kontrast des nackten, hellen Frauenleibs zu der schwarz herabwallenden Haarmähne.

Zurück zum Wasser: Auf jeden Fall mit dem Meer verbunden ist das Motiv der Supraporte in der Sommerstraße 12 (Abb. 77). Die lappigen Tangformen und die schlangenschwänzigen Füllhörner mit ihrer eigenartigen knorpeligen Konsistenz und den klar ausgebildeten Schuppen sprechen deutlich dafür. Unsicher dagegen ist, ob es sich um den Kopf einer Nereide oder eines Tritonen handelt, denn auch die Meermänner haben einen Fischleib. Eigentlich sprechen nur die langen, zu Zöpfen geflochtenen und mit Bändern zusammengehaltenen Haare dafür, dass es sich um eine Frau handelt. Die kräftigen, herben Züge, der eher grimmige Gesichtsausdruck und das geknotete Halstuch lassen dagegen auf einen Mann schließen. Die eigentümliche Haartracht könnte sich dann möglicherweise von „nordisch-germanischen" Vorbildern herleiten. Die Kartusche hinter dem Haupt erinnert an eine Muschelform, die nicht näher definierbare Blume darüber fügt wieder eine weibliche Note hinzu. Wie so oft bei Bildwerken des Jugendstils, lässt sich auch hier keine eindeutige Entscheidung treffen. Auch diese Frage muss ungelöst bleiben. Wahrscheinlich war das ja ganz im Sinn des verantwortlichen Architekten Karl Kreutz. Wie andere Jugendstilkünstler auch mochte er keine Eindeutigkeit, sondern liebte das Geheimnisvolle, Schwebende, Vieldeutige und Wandlungsfähige.

Stammen die Nereiden, Tritonen und Sirenen aus der Antike, so gibt es doch auch Gestalten aus dem deutschen Märchenschatz. Das Relief in der Gerwigstraße 34 analog zu „Hans im Glück" als „Hanna im Glück" zu betiteln, ist vielleicht nicht mehr als freie Assoziation, hat aber dennoch einen richtigen Kern (Abb. 73), trägt doch ein Antlitz, das in einem Meer aus vierblättrigem Glücksklee schwimmt, wahrhaft märchenhafte Züge. Auch steht es außer Frage, dass Blumen und Pflanzen Menschenbilder als Attribute begleiten, um Neigungen, Stimmungen und eben auch Glückwünsche auszudrücken.

Ein tatsächlicher Rückgriff auf die Gebrüder Grimm ist das Märchen vom „Froschkönig" in dem Relief am Westeingang des ehemaligen Restaurants „Zum Moninger" (Abb. 58), während der Kopf über der Loggia in der Wendtstraße 13

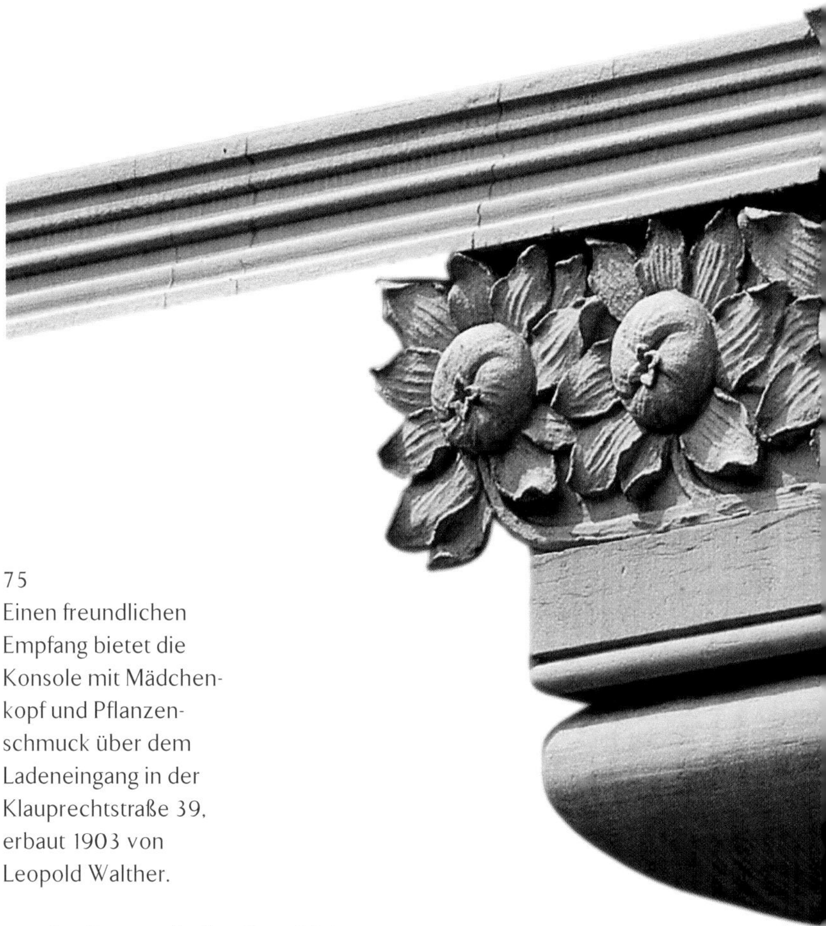

75
Einen freundlichen Empfang bietet die Konsole mit Mädchenkopf und Pflanzenschmuck über dem Ladeneingang in der Klauprechtstraße 39, erbaut 1903 von Leopold Walther.

nur bedingt auf die Geschichte von „Dornröschen" verweist, sind doch hier Disteln und keine Rosen wiedergegeben (Abb. 76). Allerdings war die Distel mit ihren dekorativ gezackten Blättern ein gern verwendetes Motiv. Auch trägt das Mädchen ein Diadem, was sie durchaus als Königstochter ausweisen könnte. Dazu

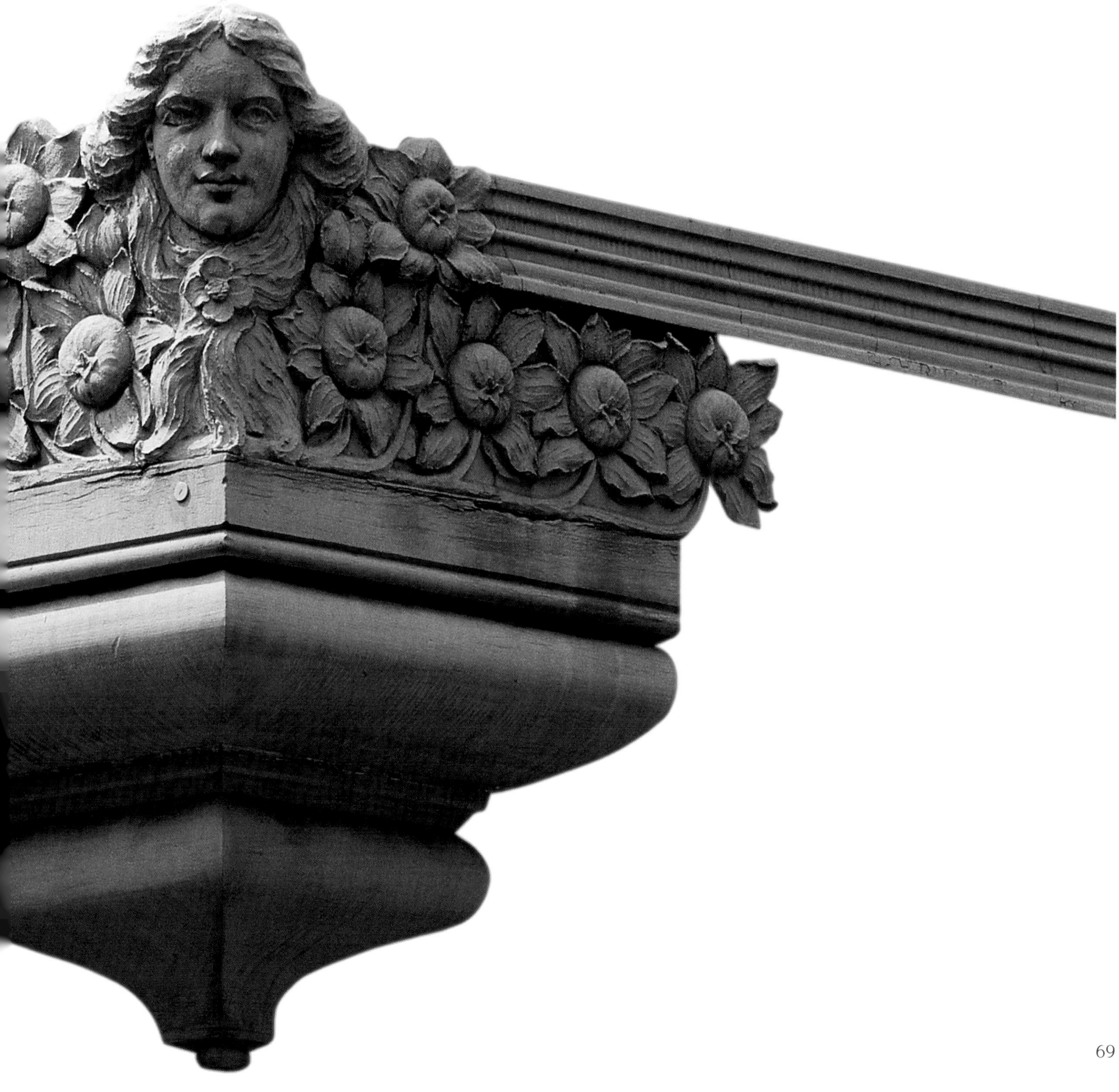

76
Die „Dornenreiche", ein Mädchenkopf von Disteln umgeben, über der Loggia in der Wendtstraße 13, erbaut um 1904, vermutlich von Otto Büche.

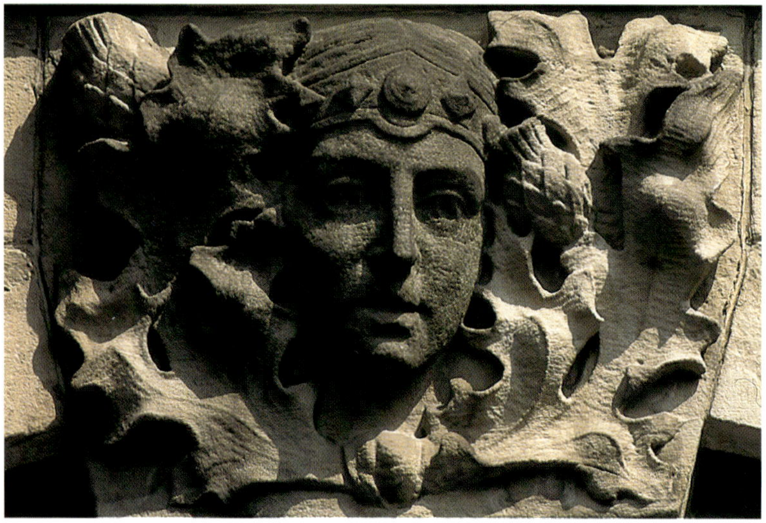

kommt die poetische Stimmung, die über dem Ganzen liegt. Der Kontrast von stacheligen Blättern und borstigen Blütenköpfen zu dem glatten, zarten Mädchengesicht ruft den Eindruck hervor, dass hier etwas besonders Kostbares schützend bewacht und zugleich als schön und unschuldig präsentiert werden soll. Es klingt das Motiv der „femme fleur", der Symbiose von Frau und Pflanze, an, die bis zur völligen Verschmelzung und Verwandlung beider gehen kann.
Ingeborg Becker schreibt in dem Band „Art Nouveau. Jugendstil und Symbolismus in Frankreich" dazu: „Typisches Kennzeichen ist zunächst die Abbreviatur des Körpers, die Reduzierung auf Kopf und Büste, einhergehend mit dem Ineinanderwachsen von menschlicher Gestalt und floraler Metamorphose. Die vegetabile Verwandlung der Frau erschien im Zeitkontext der Jahrhundertwende sinnfällig, als dekoratives Sinnbild der Natur, Quelle des Natürlichen. Die Sentenz des deutschen Dichters der Frühromantik, Novalis (1772–1801), ‚der Mann ist mehr mineralisch, die Frau vegetabilisch' schien sich der Symbolismus zu eigen gemacht zu haben. Das ‚Serpentinwüchsige' der Pflanze ließ sich kongenial in den abstrahierenden Linien der Art Nouveau umsetzen."
Die Darstellung, genauer die beiden Darstellungen in der Melanchthonstraße – sie wurden identisch zweimal direkt nebeneinander an der Fassade angebracht – ist eines der wenigen Beispiele einer „femme fleur" in Karlsruhe (Abb. 74). Dem streng symmetrischen Charakter der gesamten Fassade entsprechend, ist auch dieses Relief achsial aufgebaut. Anders als zum Beispiel in der französischen Schmuckkunst, in der sich Pflanze und Menschenleib organisch aus- und ineinander verwandeln, sind hier die einzelnen Elemente additiv nebeneinander gesetzt. Zentrum ist das rundliche, selbstverliebte Mädchengesicht, dessen kräftige Haarschwünge zu einer großzügigen ornamentalen Figur gelegt sind. Das Ganze wird hinterfangen von einer halbrunden Muschel, rechts und links wachsen büschelweise Mohnkapseln empor, von denen drei als Kopfschmuck drapiert sind. Der Mohn, wir hörten es schon, verweist die Darstellung in die Zwischenwelt der Träume. Hoch oben angebracht, lassen sich die Pflanzen allerdings nicht ganz genau bestimmen. Einige der Blüten könnten auch Tulpen darstellen.
Damit wären wir in Karlsruhe bei einem pikanten Thema, hatte doch Markgraf Karl Wilhelm im 18. Jahrhundert viel Zeit und Geld mit seinen „Tulpenmädchen", mindestens 50 an der Zahl sollen es gewesen sein, vertändelt. Und eine dritte Variante ist denkbar. Die Blumenköpfe des Haarschmucks könnten vielleicht auch Seerosen sein, die ja zu den nahezu allgegenwärtigen Blumen im Jugendstil gehörten. Ebenso wie mit der Muschel, die ein Symbol der Venus ist, käme mit den schwimmenden Blumen wieder das Element des Wassers ins Spiel. Außerdem gibt es rechts noch einen Stängel, der einem Rohrkolben ähnelt. Also doch noch eine weitere Seejungfrau? Entscheiden lässt sich auch dieses nicht.
Eine weitere „femme fleur" gibt es auf einer Konsole am Hauseck in der Klauprechtstraße einen freundlichen Akzent (Abb. 75). Oder ist es doch ein „homme

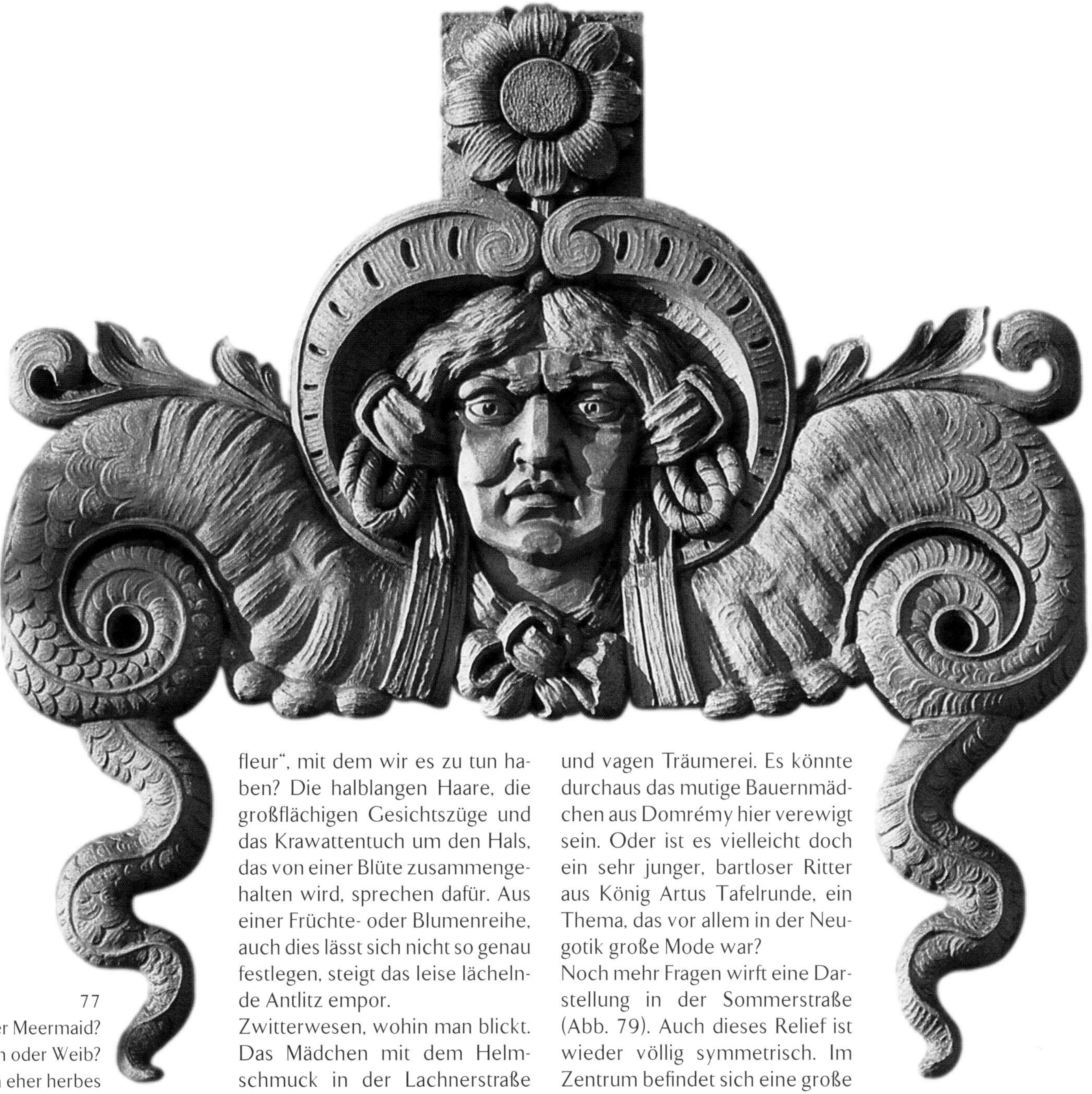

77
Triton oder Meermaid? Mann oder Weib? Ein eher herbes Gesicht über der Eingangstür zur Sommerstraße 12, erbaut 1904 von Karl Kreutz.

fleur", mit dem wir es zu tun haben? Die halblangen Haare, die großflächigen Gesichtszüge und das Krawattentuch um den Hals, das von einer Blüte zusammengehalten wird, sprechen dafür. Aus einer Früchte- oder Blumenreihe, auch dies lässt sich nicht so genau festlegen, steigt das leise lächelnde Antlitz empor.

Zwitterwesen, wohin man blickt. Das Mädchen mit dem Helmschmuck in der Lachnerstraße könnte die heilige Johanna sein, so gerade und klar blickt sie den Betrachter an (Abb. 78), nichts von der sonstigen Entrücktheit und vagen Träumerei. Es könnte durchaus das mutige Bauernmädchen aus Domrémy hier verewigt sein. Oder ist es vielleicht doch ein sehr junger, bartloser Ritter aus König Artus Tafelrunde, ein Thema, das vor allem in der Neugotik große Mode war?

Noch mehr Fragen wirft eine Darstellung in der Sommerstraße (Abb. 79). Auch dieses Relief ist wieder völlig symmetrisch. Im Zentrum befindet sich eine große ovale Fläche, rechts und links je ein Vogel, die durch ihre Krönchen als Pfauen erkennbar sind. In ihren Schnäbeln halten sie eine doppelte, geflochtene Schnur mit Blumengirlanden am Ende. Die Kordel wiederum hängt wie eine Kette um den Hals eines Mädchens am oberen Ende des Ovals. Hinter ihrem Haupt erhebt sich rechtstraße und in der Sophienstraße. Sie tragen unter dem Kinn geknotete Kopftücher, die die Haare zum größten Teil verbergen und den Rahmen für die Gesichter abgeben. Das eine gehört

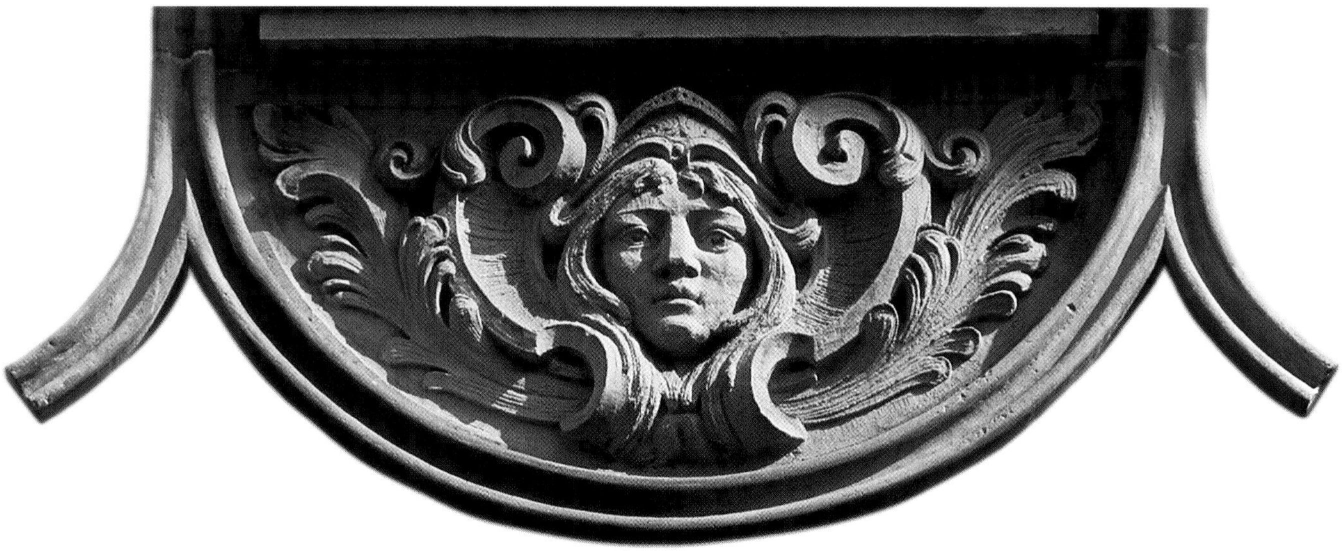

78
Mit dem Helmschmuck könnte das Mädchen die heilige Johanna sein. Kartusche unter einem Fenster in der Lachnerstraße 17, erbaut 1904–05 von Karl Kreutz.

ein eigenartiger Kopfputz, dessen Form noch von fern an eine Muschel erinnert, rechts und links davon Blumen. Mit viel Aufwand sehr sorgfältig durchkomponiert und ausgearbeitet, hinterlässt das Werk dennoch ein etwas zwiespältiges Gefühl. Das liegt vor allem an dem Gesichtsausdruck, der etwas ratlos, gleichzeitig aber durchaus bieder-skeptisch ist. Bedenkt man, dass der Pfau das Symbol der Eitelkeit schlechthin ist, keimt der Verdacht auf, ob sich da nicht einer mit einer geglückt-üppigen Inszenierung über die angeblich weiblichste aller Schwächen lustig macht?

Völlig unprätentiös erscheinen dagegen zwei Köpfe in der Klaupeinem aufmerksamen, halbwüchsigen Kind (Abb. 80), das andere einer einfachen jungen Frau, die aus der ländlichen Umgebung stammen könnte (Abb. 82). Beiden hätte man in den Karlsruher Straße begegnen können. Die Ehre, an einer Fassade auftreten zu dürfen, haben sie vermutlich dem Vergnügen des Jugendstils an der Herausforderung zu verdanken. Statt mythologisch oder historisch legitimierte Entwürfe zu verwenden, „Normalbürger" zu nobilitieren, muss ein besonderer Spaß gewesen sein.

Das Vergnügen an der Alltäglichkeit konnte sogar so weit gehen, dass ein Zahnleidender mit dicker Wange und lindernd umgebunde-

79
Ein sanftes Antlitz, Rosengirlanden und zwei Pfauen schmücken den Eingang zur Sommerstraße 14, erbaut 1904 von Karl Kreutz.

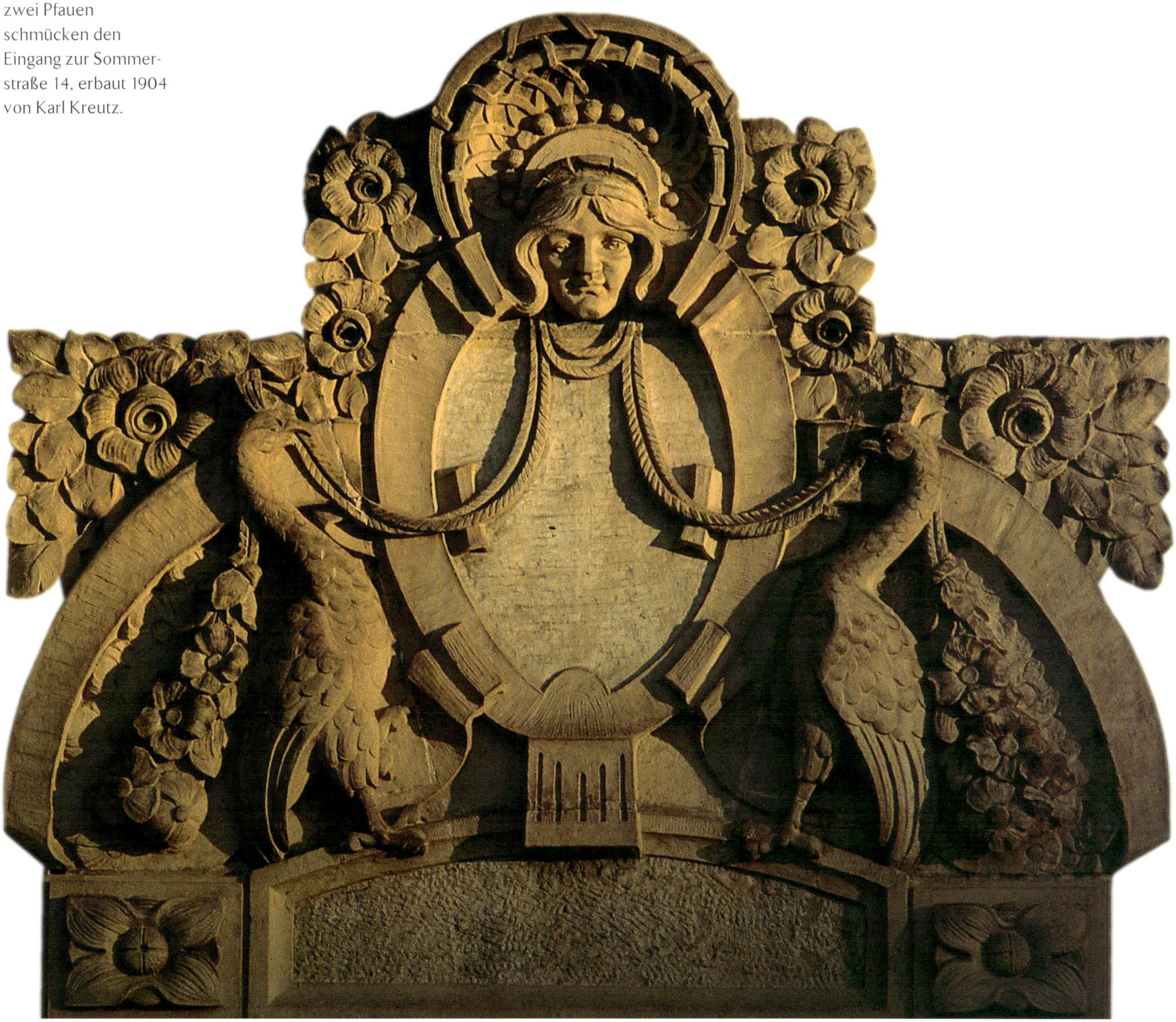

80
Mädchen mit Kopftuch
über dem Eingang zur
Klauprechtstraße 39,
erbaut 1903 von
Leopold Walther.

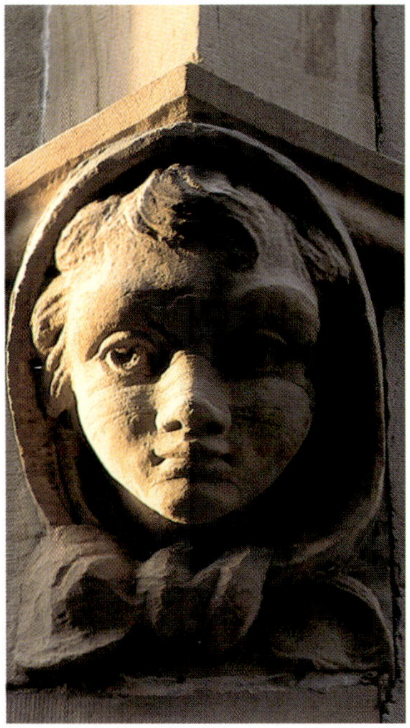

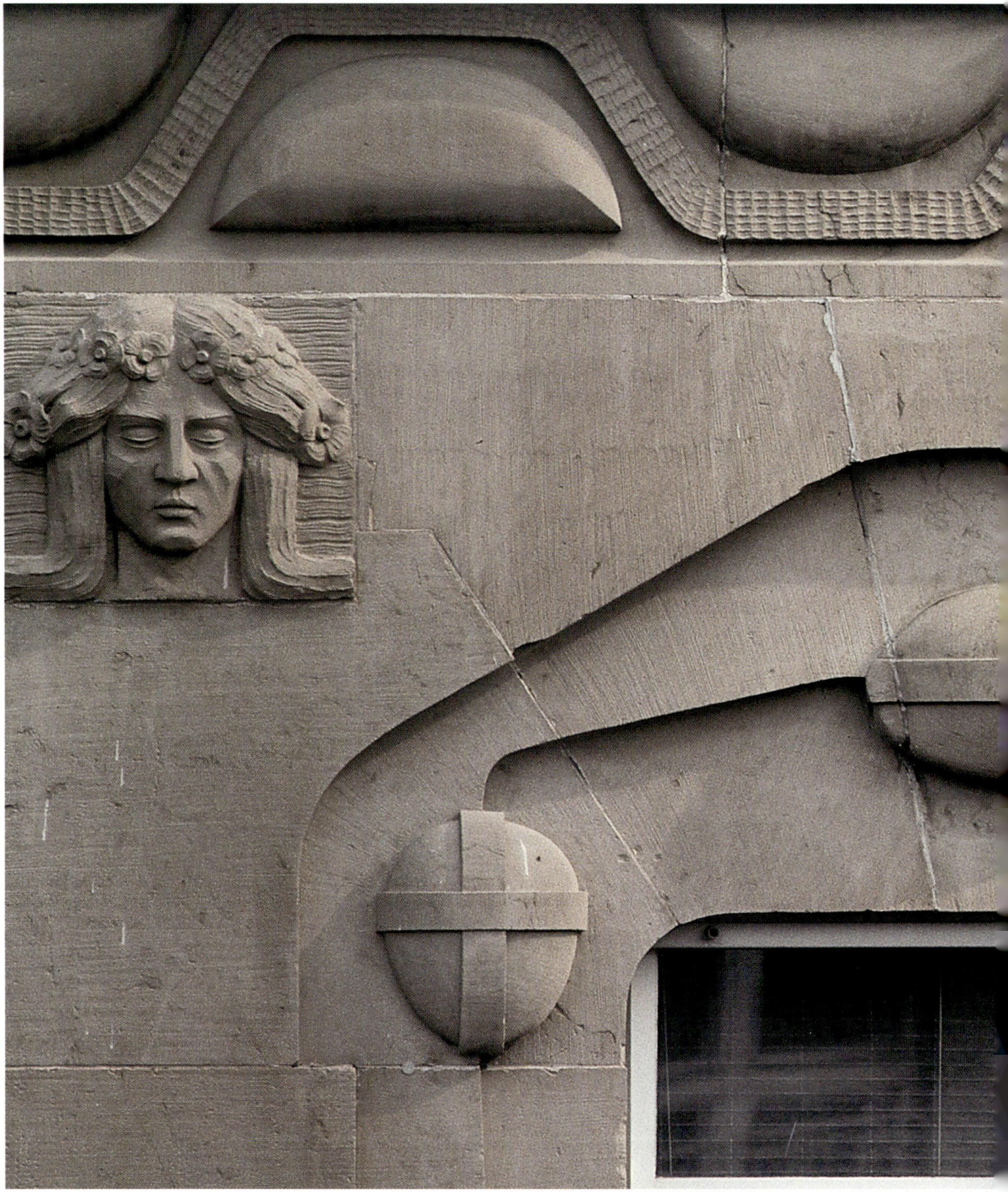

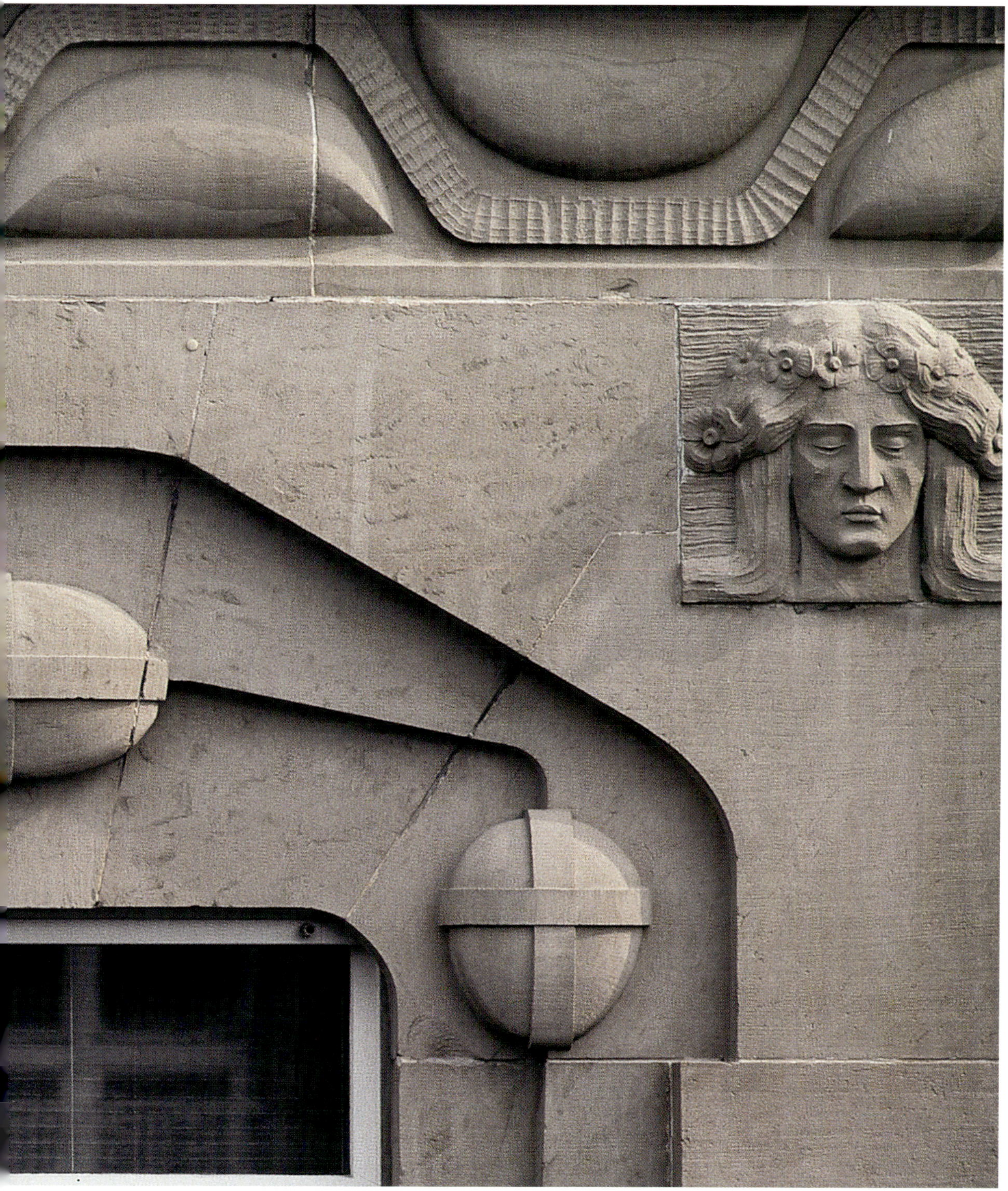

81
Blütenbekränzte Mädchenköpfe im Wechsel mit geometrischen Jugendstilornamenten an der Westfassade der Gymnasiumstraße 6 a, erbaut 1905–06 von Karl Kreutz.

82
„Landpomeranze“ als Erkerkonsole im Obergeschoss der Sophienstraße 138, erbaut 1903 von Adolf Hirth.

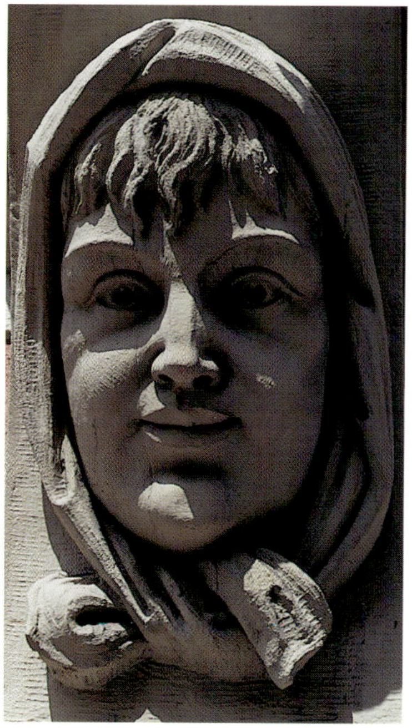

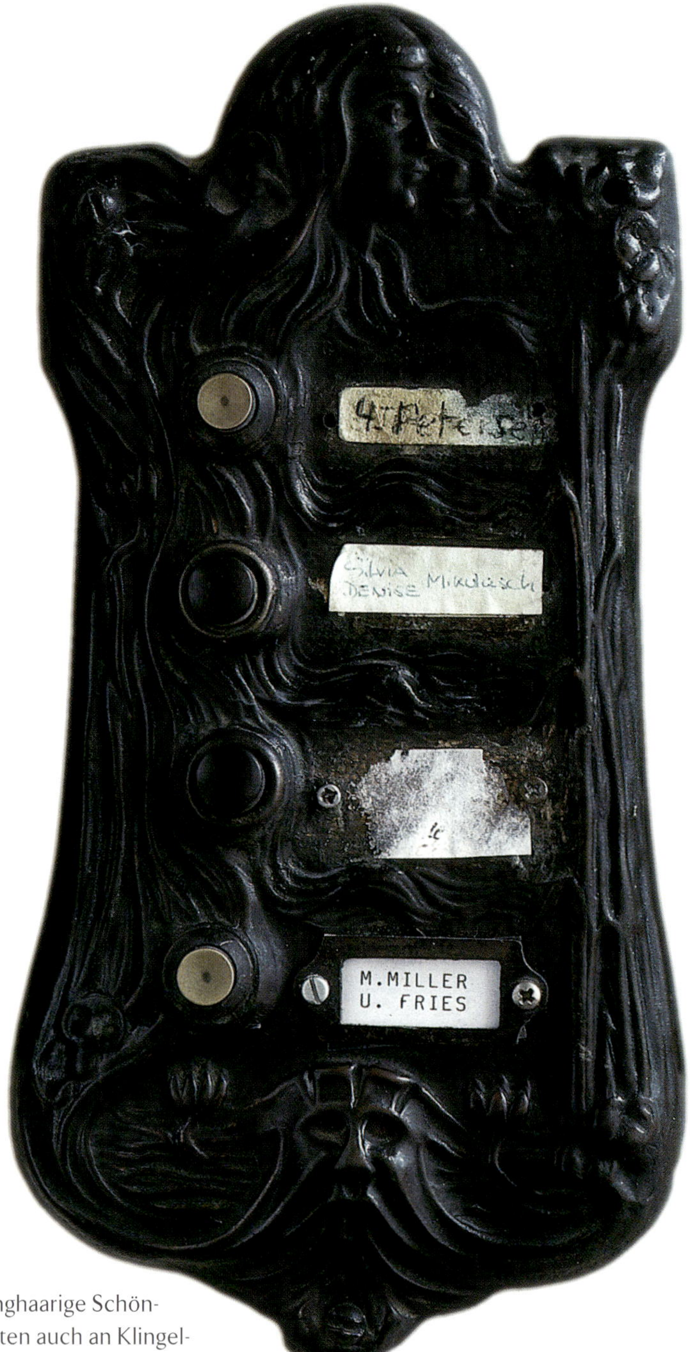


83
Langhaarige Schönheiten auch an Klingelschildern. Nokkstraße 15, erbaut 1907 von Walter Leopold.

nen Tuch dargestellt werden konnte. Auch gibt es an einem Haus in der Nelkenstraße drei Köpfe, die einen kleinen Einblick in das Familienleben der Zeit geben (Abb. 199). In der Mitte erkennt man den Vater mit der Zipfelmütze sprichwörtlichen Biedersinns auf dem Haupt, rechts der Sohn, dem das keck aufgesetzte Künstlerbarett den oppositionellen Schwung der Jugend bescheinigt. Auf der linken Seite lächelt die hübsche Tochter mit der Lockenpracht charmant, aber durchaus selbstbewusst, aus luftiger Höhe herunter. Leider ist nicht bekannt, ob es sich um die Familie des Bauherrn handelt. Möglich wäre dies durchaus, da die Züge porträtähnlich wiedergegeben sind. Man kann sich so richtig vorstellen, dem Sohn im Gasthaus „Zum Krokodil" und der Tochter in der Baden-Badener Trinkhalle zu begegnen, während der Hausherr in Morgenrock und Hauspantoffeln Pfeife schmauchend zu Hause am Kamin anzutreffen wäre.

Zunächst erscheint es verblüffend, dass derselbe Karl Kreutz, der so viel Sinn für derartige Spielereien, für Skurriles und Bizarres hatte, die ernsten, stark stilisierten Köpfe in der Gymnasiumstraße schuf (Abb. 81). Dies gehört zu den Facetten seiner vielseitigen Künstlerpersönlichkeit, aber auch zu den vielen Gesichtern des Jugendstils im allgemeinen. Der Architekt baute das Haus als Wohn- und Bürohaus für sich selbst und legte bei den Materialien, bei Entwurf und Ausführung ganz besonderen Wert auf Qualität. Das Gebäude ist mit das Beste, was Durlach heute noch zu bieten hat (Abb. 81, 93, 116, 138).

Im Bauordnungsamt der Stadt Karlsruhe haben sich Aufrisse des Hauses aus dem Mai 1905 erhalten (Abb. 8). Hier ist deutlich zu sehen, wie sorgfältig das Verhältnis von glatter Putzfläche, Bossenmauerwerk und pointiert angebrachten plastischen Dekorationselementen geplant wurde. Auch zeigt sich, dass die unterschiedliche Größe der einzelnen Steine vorab genau überlegt wurde, um einen gleichsam „gewachsenen", organischen Eindruck zu erreichen. Bei aller unregelmäßigen Lebendigkeit sind einzelne Partien dennoch sehr präzis durchkonstruiert.

So bieten die Köpfe und Ornamente an der Westfassade besonders eindrucksvolle Ausprägungen der geometrischen Richtung.

Die bei zahlreichen Figuren sonst so frei fließende Haarfülle ist in der Mitte gescheitelt, streng geordnet und außerdem noch in der Länge durch den Zuschnitt des Steinblocks begrenzt. Blütenkränze über der Stirn und einzelne Blumen über den Ohren lassen die Köpfe trotz ihrer fast männlichen Gesichtszüge dennoch mädchenhaft erscheinen. Die geschlossenen Augen und der entspannte Ausdruck erinnern gleichzeitig an Personifikationen des Schlafes und damit an den behüteten Frieden, der in diesem Haus herrschen soll.
Zu den bis in die Einzelheiten durchgearbeiteten Köpfen, deren Untergrund mit feinen Linien geschmückt ist, stehen die großen, schnörkellosen Dekorationsformen der Fensterumrahmung und des begleitenden Ornamentbandes in spannungsvollem Kontrast. Die Einzelform ist dabei sehr eigenwillig gestaltet. Die drei, von gekreuzten Bändern umspannten, plastisch aufgesetzten Ovalkörper über dem Fenster sind von einer gewissen Feierlichkeit, und auch das gleichmäßige, in sich geriefelte Wellenband mit den eingesetzten glatten Formen wirkt ruhig. Es entstehen aber auch kleine Irritationen: So gibt es bei aller Symmetrie bei genauerem Hinsehen unerwartete Abweichungen, auch lassen sich für einige der verwendeten Formen gar keine treffenden Bezeichnungen finden. Das Ganze bleibt rätselhaft und behält sein Geheimnis für sich, übt aber vielleicht gerade deshalb eine so starke Anziehungskraft aus.
Der Jugendstil hatte immer solch individuellen Lösungen gesucht, blieb aber notgedrungen vielerorts hinter seinen eigenen Forderungen zurück. In der Tradition der englischen Arts-and-Crafts-Bewegung spielte Materialgerechtigkeit und echte Handwerksarbeit seit der Mitte des 19. Jahrhunderts eine wachsende Rolle. Maschinen wurden ebenso wie Arbeitsteilung abgelehnt, zog man doch gegen die „liederlichen Massenwaren“ zu Felde. Aus dieser Grundhaltung kamen sehr wesentliche Impulse, durchhalten ließen sich diese Vorstellungen allerdings nur begrenzt. Auch die großen Jugendstil-Kunstgewerbler wie etwa Emile Gallé oder Louis Majorelle schufen zwar viele Arbeiten eigenhändig, richteten aber für die Kundschaft mit dem kleineren Geldbeutel eigene „Pro-

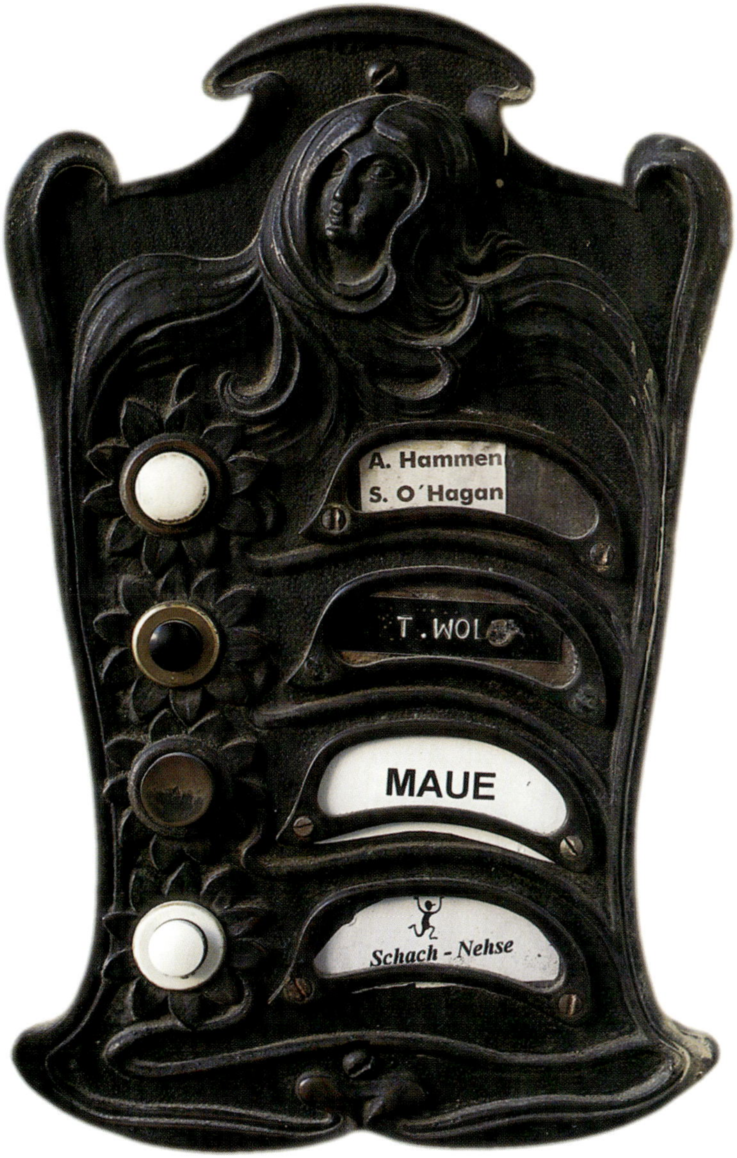


84
Solche Schilder waren industriell hergestellte Massenware und haben doch formalen Reiz. Klingelschild in der Weltzienstraße 24, erbaut 1904 von Max Henkel.

duktlinien" ein, die mehr oder weniger ausgeprägt aus maschinellen Verfahren entstanden. Auch wäre sonst der große Bedarf an Kunsthandwerk, an Dekorations- und Gebrauchsgegenständen gar nicht zu befriedigen gewesen.

Nachdem sich der Jugendstil innerhalb nur weniger Jahre breit durchgesetzt hatte, war die Nachfrage nach Arbeiten in der modernen, vielleicht auch „modischen", Art sehr groß, sollte doch der neue Stil wirklich alle Bereiche des Lebens bis ins Kleinste durchdringen. Daher kam die industrielle Massenfertigung nun auf breiter Front zum Zug. Allerdings bemühten sich viele Firmen um gute Entwerfer und darum, ihre Produktion unter künstlerischen Gesichtspunkten kontrollieren zu lassen. Auch Industrieprodukte des Jugendstils weisen daher ein beachtliches Qualitätsniveau auf. Ein Drachen als Türklinke, wie er eine Haustür in der Kaiserallee schmückt, ist möglicherweise eine handwerkliche „Sonderanfertigung" (Abb. 179). Die Klingelschilder in der Nokkstraße und der Weltzienstraße wurden dagegen mit Sicherheit in größeren Serien angefertigt (Abb. 83, 84). Leider verschwinden solche liebenswerten, kleinen Schmuckstücke immer mehr aus dem Stadtbild, meist weil sie „Antiquitätensammlern" zum Opfer fallen.

Das Schild in der Nokkstraße nützt einmal mehr die gestalterischen Möglichkeiten des wallenden, fließenden Mädchenhaares, aus dem auch gleich noch das Gesicht eines „Wassernöcks" herauswächst. Zwei Seerosen machen klar, dass wir es hier mit der Seejungfrau Undine zu tun haben. Die Maid in der Weltzienstraße könnte eine Flora sein, sind doch die Rahmen der Klingelknöpfe als Blumen gestaltet.

Was der Zahn der Zeit aus solchen schönen, jungen Mädchen machen kann, zeigt drastisch eine Darstellung in der Kriegsstraße, wo eine fast zahnlose Alte durch blinde Brillengläser starrt. Allerdings geht es an dem Haus weniger um ein „Memento mori" als im Sinn konventioneller Allegorien um eine Darstellung des „Winters" aus einem Zyklus der vier Jahreszeiten. Die übrigen drei Reliefs an der Fassade passen genau dazu.

Abschreckender noch als die grotesk karikierte Greisin wirkt das schlangenhaarige Medusenhaupt am Haus Köchlin in der Ritterstraße, ihm zu Füßen vier Männer, die von dem Furcht erregenden Anblick versteinert, nach oben starren. Die Darstellung hat hier apotropäischen Charakter, sie soll das Haus vor allem Bösen schützen und ist deshalb über dem Eingang angebracht. Medusa, schaurig und schön zugleich, faszinierte durch ihre Doppelnatur und trat in vielen Kunstwerken der Zeit, in Malerei und Skulptur, in Grafik und Kunsthandwerk, als Inbegriff der zwiespältigen, weiblichen Natur auf, die wiederum unter den verschiedensten Aspekten an Karlsruher Fassaden in Erscheinung trat.

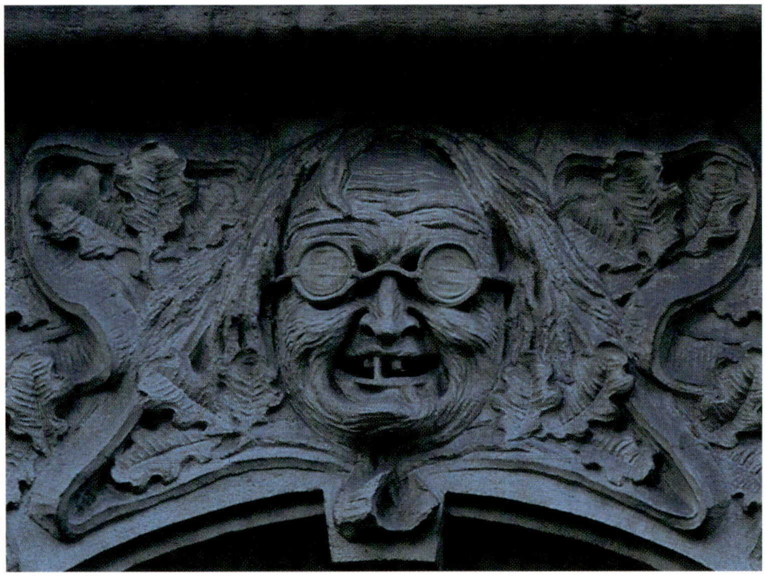

85
Eine zahnlose Alte, oder doch eher ein Mann? So ganz zuordnen lässt sich der Kopf mit der runden Brille nicht. Möglicherweise ist es auch der „Winter" aus einer Reihe von vier unterschiedlichen Köpfen.

Kartusche über einem Fenster in der Kriegsstraße 131, erbaut 1902 von Christian Rothfuß jun.

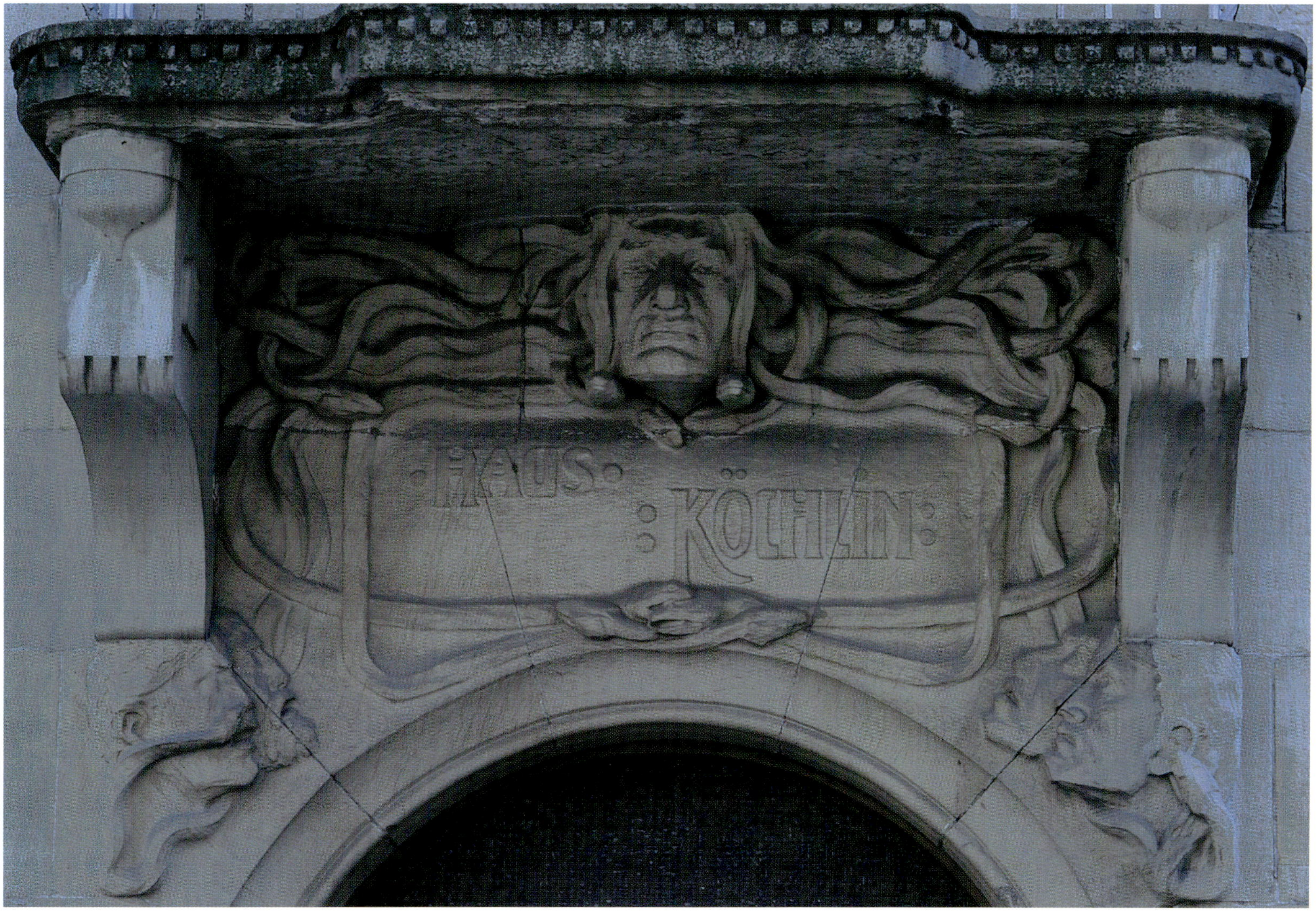


86
Schlangenhaarige Medusa und vier ihrer versteinerten Opfer. Ritterstraße 7, erbaut 1901–02 von Curjel & Moser. Bildhauerarbeiten von Oskar Kiefer.

# Männer, Mythen, Masken

Was sich bei Medusa, einer der drei fürchterlichen Gorgonen-Schwestern, so gefährlich züngelnd schlängelte, scheint bei zwei Gesichtern in der Weltzienstraße und in der Nelkenstraße zunächst ganz alltäglich zu sein (Abb. 87, 88). In dicken Büscheln ornamental gelockt und dekorativ nach allen Seiten gesträubt, rahmen Haupt- und Barthaar die sehr ähnlichen Züge. Bei genauerem Hinsehen sind zwei geschwungene Widder- und zwei spitze, kurze Teufelshörner auf den Köpfen zu entdecken. Faune sind, im Namen klingt es schon an, Mischwesen aus Mensch und Tier. Als Verwandte der Satyrn, die zur Gefolgschaft des Bacchus zählen, gehören sie zur Welt der Triebe und des Rausches. Aber auch Spaß und Schabernack sind ihnen nicht fremd. Das ungewöhnliche vierfache Gehörn signalisiert zugleich Manneskraft und spielerisch-mutwillige Herausforderung. Offensichtlich derselben Vorlage verpflichtet, variiert der Ausdruck der beiden Gesichter dennoch, auch wenn es nur Nuancen ist. Während das eine fröhlich lächelt, passt sich das andere der würdevollen Strenge der beiden flankierenden Eulen an. Dieser Faun wirkt fast ein klein wenig grimmig und erinnert damit von fern eben doch an ein Gorgonenhaupt.

Masken – wie das antike „Gorgoneion“ – begleiten die Menschheit seit sehr frühen Zeiten und haben bis in die Gegenwart hinein nichts von ihrer Aktualität verloren. Sie sind Nachbildungen von Gesicht oder Kopf von Mensch und Tier und dienten den unterschiedlichsten Zwecken: zum Verändern der Gesichtszüge im Theater oder zum Verbergen bei Festen, für rituelle Zwecke oder auch zum spielerischen Vergnügen. Unser Wort „Person“ und damit „Persönlichkeit“ stammt aus dem antiken Theatergeschehen. Es ist abgeleitet von lateinisch „personare“, was „hindurchtönen“ bedeutet. Das Wesen hinter der Maske wird kenntlich und erkennbar durch seine Stimme, die allein den Weg nach außen findet. In der Kunst tauchen Masken in vielerlei Gestalt auf und fanden um 1900 ein erneutes, vertieftes Interesse. Die Spannung zwischen Sein und Schein, zwischen Traum und Realität, zwischen Gefühl und Verstand, war ein ständig beunruhigendes Thema, das im Gebrauch und der Gestaltung von Masken zu sehr unterschiedlichen Antworten fand.

Der Maskaron (von französisch für „Fratzengesicht“) wurde vor allem

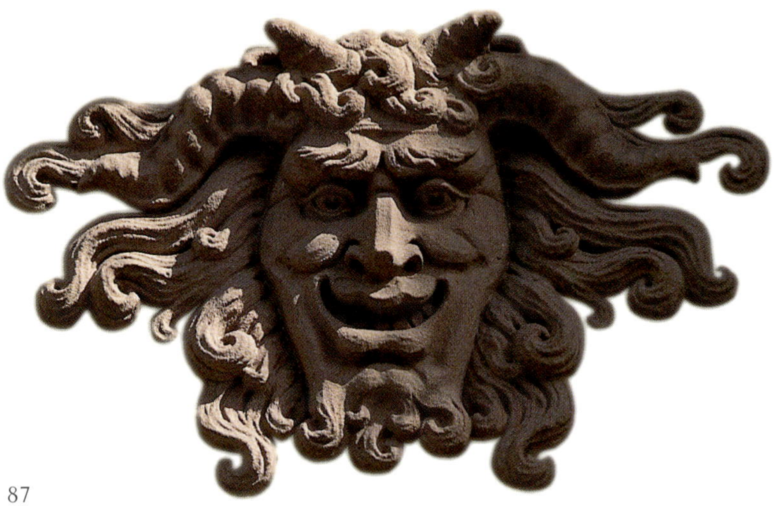

87
Eine fröhlicher Faun über dem Eingang der Weltzienstraße 27, erbaut 1905 von Hermann Bastel.

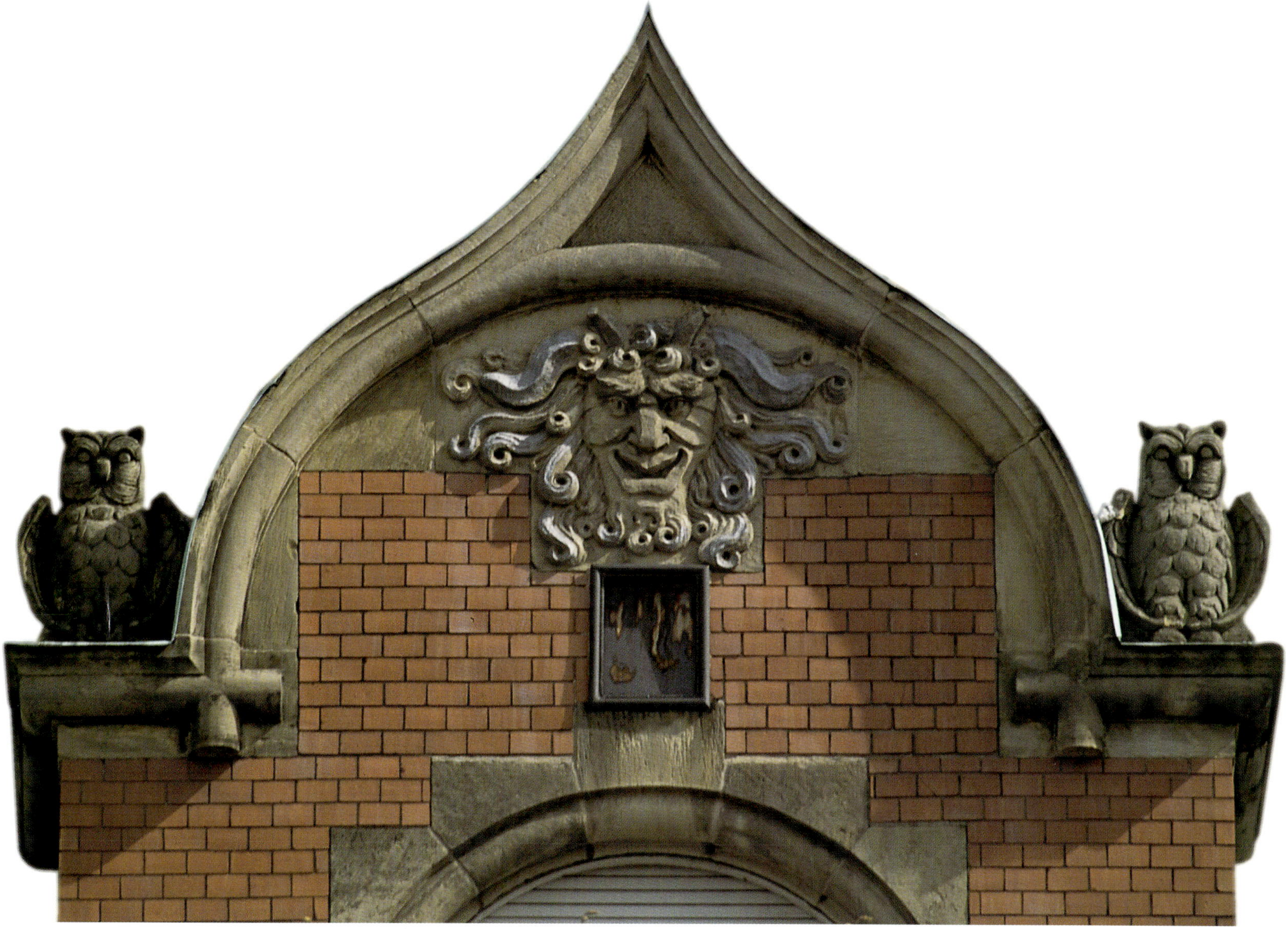

88
Ein nicht ganz so vergnügter Faun und zwei Eulen hoch oben am Giebel der Nelkenstraße 29, erbaut 1903–04 von Adolf Hirth.

in der Renaissance zu einem selbstverständlichen Teil des üblichen Formenschatzes. Es fand sich als Element der Raumausstattung oder Fassadengestaltung, als Schlussstein von Gewölben, Tür- oder Fensterbögen, an Kapitellen, Konsolen sowie überall im Kunstgewerbe, hatte aber weniger inhaltlichen, als überwiegend dekorativen Charakter. Mit der Neurenaissance waren auch solche Formen an Fassaden selbstverständlich geworden, ohne dass ihnen irgendeine andere als eine rein schmückende Funktion zukam. Auch dies veränderte sich nach 1900.

Natürlich knüpfte man an die überlieferten Topoi wie etwa die Faunsmaske an, interpretierte sie aber je nach Situation und Absicht neu. So konnte der Faun in der Boeckhstraße mit ungewöhnlichen Accessoires und leichter Hand zu einem ansprechend heiteren Ensemble zusammengestellt werden (Abb. 89). Neben dem traditionellen, sehr kurzen Gehörn scheint der fröhliche Geselle ein Teiggebilde auf dem Kopf zu tragen. Vergnügt lacht er zwischen den knusprigen Bretzelgirlanden, an deren Stelle sonst gravitätische Festongehänge üblich waren. Hoch oben am ersten Stockwerk wird – seinerzeit sehr modern – Reklame gemacht, war doch die Bäckerei Neff im Haus tätig. Mittlerweile groß geworden, betreibt sie heute noch, fast 100 Jahre später, in ihrem Stammhaus eine Filiale.

Nicht so unbeschwert zeigt sich der Faun an einer Konsole in der Sommerstraße. Sein Grinsen hat etwas Anzügliches, ja Diabolisches, die Augen sind von der irritierenden Magie gelber Ziegenaugen, die verborgene Welten ahnen lassen (Abb. 92).

Ein verwandter Faun in der Weltzienstraße, der strenger ist, da er geometrisch abstrahierend überformt wurde, hat den Eindruck unmittelbarer Sinnlichkeit verloren. Er wird zur „plattnasigen" Chiffre für die formale Bändigung unterschwelliger Triebe (Abb. 98).

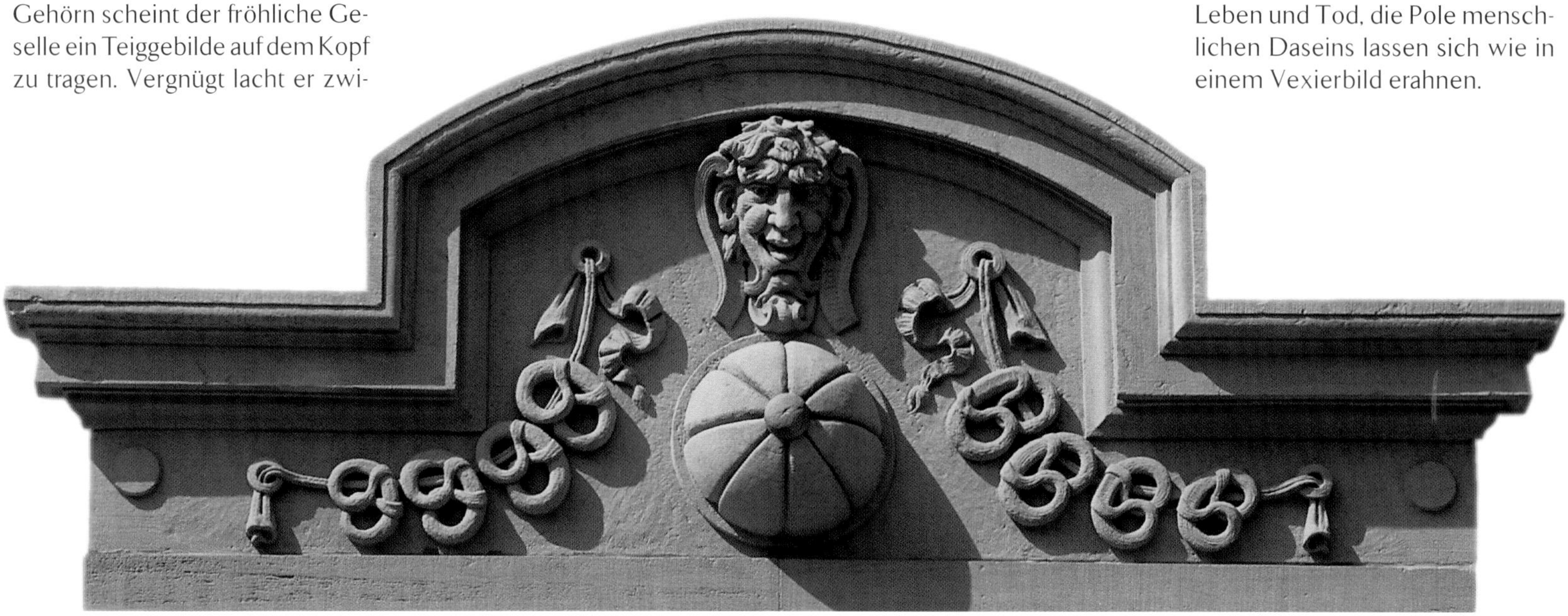

89
Zu Ehren des Bauherrn und Besitzers, der von Beruf Bäcker war, über einem „Guglhupf" ein lachender Faun mit Bretzelgirlanden. Boeckhstraße 26, erbaut 1903 von Johannes Brannath. Im Haus befindet sich heute noch ein Laden der Bäckerei Neff.

Ganz offensichtlich doppeldeutig ist das Gesicht in der Sommerstraße 6, das die spitzen Ohren und der Ziegenbart gleichfalls als Faun ausweisen (Abb. 5). Was vordergründig wie ein schiefes Grienen aussieht, erklärt sich daraus, dass die eine Gesichtshälfte fröhlich lacht, die andere den Mundwinkel ernst und grämlich nach unten zieht. Lachen und Trauer, Leben und Tod, die Pole menschlichen Daseins lassen sich wie in einem Vexierbild erahnen.

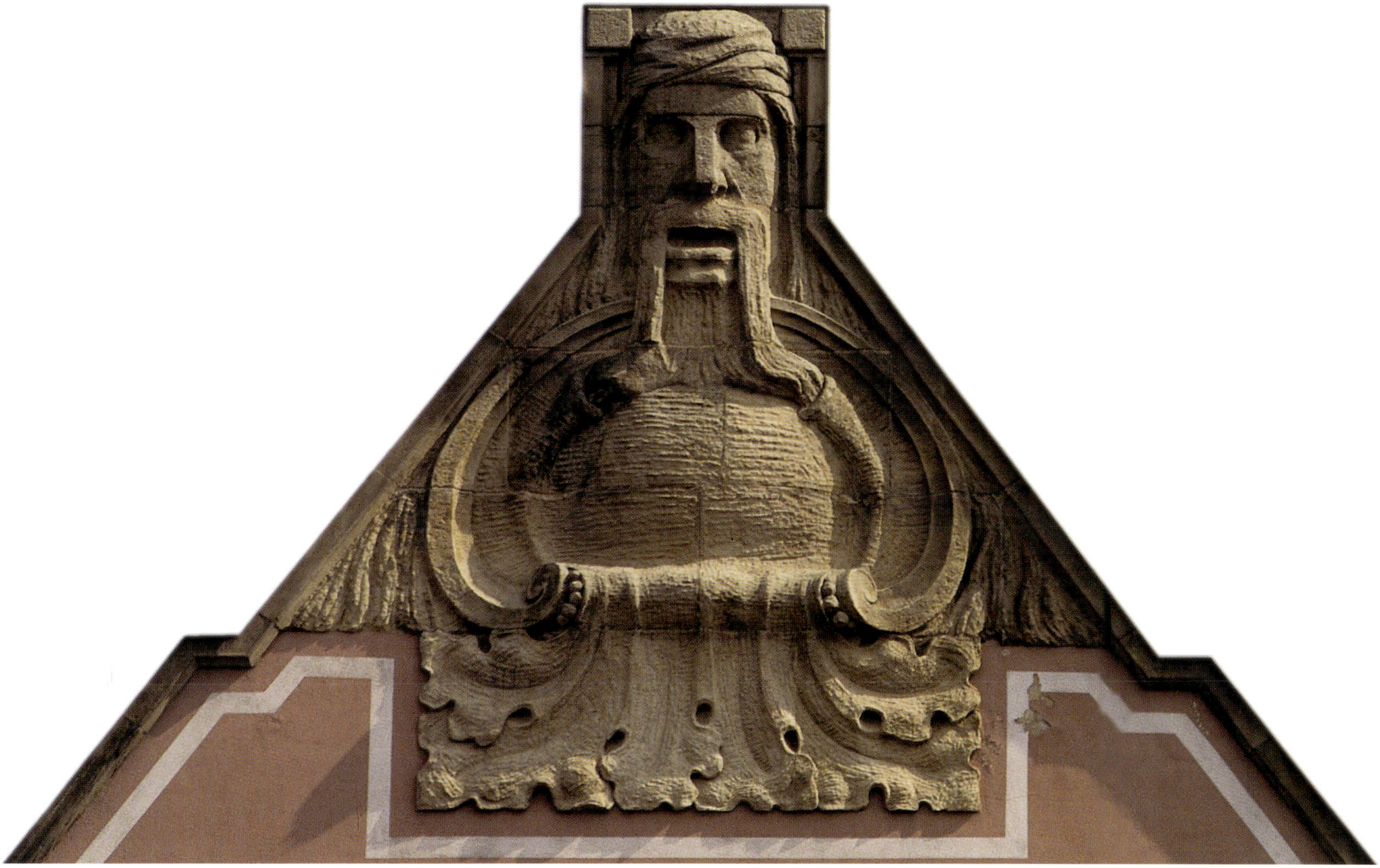

90
Über einer mit algenartigen Gewächsen geschmückten Kartusche schließt ein langhaariger, bärtiger Riese den Giebel ab. Gebhardstraße 35, erbaut 1903–04 von Friedrich Ummenhofer.

Ohne ein-, oder auch zweideutiges Lächeln, die Münder weit aufgerissen, präsentieren sich die beiden Maskarons in der Kriegsstraße. Das eine wächst aus weichem, organischem Material heraus und ist im Ausdruck abwesend traurig, das andere, im Detail bestimmter, weniger fließend geformt, eher herrisch. Melancholie und Tatkraft scheinen nur durch eine Türbreite getrennt (Abb. 98, 99). Die Köpfe zeigen im Wortsinn die Zähne. Ihnen ist das Lachen vergangen, müssen sie doch ein dekoratives Leben lang „Maulaffen" feilhalten. Etwas unheimlich sind die zwei spitze Draculazähne, während das vollständige, prächtigeGebiss auf andere Art ein leichtes Gruseln hervorruft. Ein wenig erinnern beide an den „boca della veritá" in Rom, jenen sagenumwobenen Stein, der bei jedem Lügner, der es wagt, die Hand in seinen Mund zu legen, unweigerlich zubeißt. Natürlich gibt es keine formalen Ähnlich-

91
Welchem König bleibt da der Mund offen stehen? Eisenlohrstraße 41, erbaut 1905 von Holwäger & Hillenbrand.

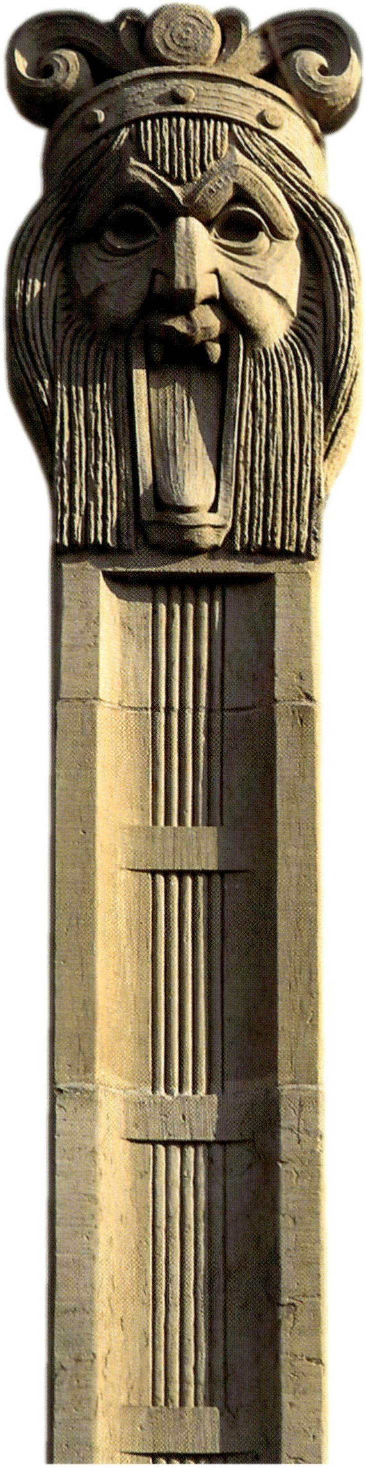

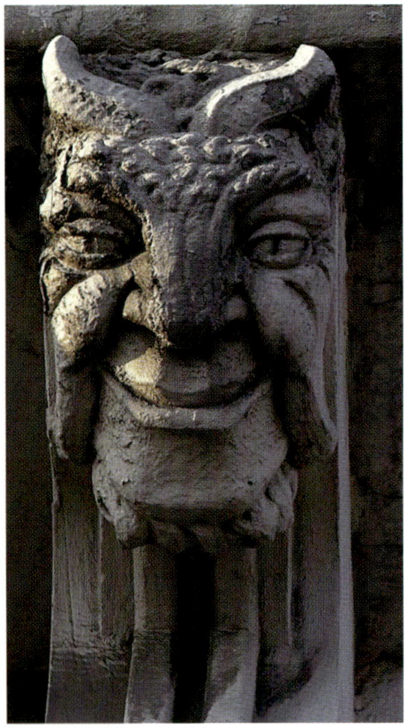

92
Ein grinsender Faun als Balkonkonsole in der Sommerstraße 12, erbaut 1904 von Karl Kreutz.

keiten in dieser Richtung, die Zeitgenossen aber wussten die atmosphärisch übermittelte Botschaft ohne Zweifel zu deuten.
Auch unter dem Festonbogen in der Lamprechtstraße musste jeder Bewohner oder Besucher hindurchgehen (Abb. 96). Festons waren ursprünglich girlandenartige Gehänge aus Laub, Blumen und Früchten, die zunächst als natürlicher Schmuck an Gebäuden aufgehängt wurden. Aus dauerhaften Materialien kamen sie im Hellenismus als Dekorationsmotiv auf und waren besonders bei den Römern beliebt. Von den Künstlern der italienischen Renaissance wieder aufgenommen, fanden sie bis in das frühe 20. Jahrhundert hinein immer wieder unterschiedlichste Verwendung. Sie aus Lorbeerblättern streng zusammenzubinden, war eine Idee des Klassizismus, der als Neoklassizismus um 1900 wieder an Bedeutung gewann. So ist es auch nicht verwunderlich, dass das Motiv jetzt wieder aufgegriffen wird allerdings, wie so oft, auch hier mit einer formalen Verfremdung. Statt den Gesetzen der Schwerkraft zu gehorchen, wird aus dem Gebinde ein Bogen geformt, und das Ganze noch mit einer Blattmaske geziert, die Assoziationen an die „Wilden Männer" des Mittelalters wach werden lässt.
Die spielerische Vermischung von Männerköpfen und Pflanzenformen ist ein immer wiederkehrendes Motiv. Wie ein Waldgeist mutet das bärtige Gesicht in der Geibelstraße an, wie es da mit seinem eigentümlichen Kopfputz aus den Blättern herausschaut (Abb. 4). Von einem Giebel der Gebhardstraße grüßt ein weit überlebensgroßes Gesicht, dessen Haar offen herabhängt, um den Kopf ist ein Turban geschlungen. Der weit herabhängende Schnurrbart wird gleichsam in eigenartig trompetenförmige Wasserpflanzen hineingesaugt. Die wiederum wachsen aus einer algengeschmückten Kartusche heraus. Wenn er auch ein „Wassermann" ist, geht es an diesem Haus doch um die Hierarchie menschlicher Geschlechter. Hoch oben dominiert das riesige Männergesicht, dann bleibt die Fassade schmucklos bis zu der Frauendarstellung im Erdgeschoss, die zwar auch in großem Maßstab, aber dennoch in die unteren Regionen verwiesen, den Eingang rahmt (Abb. 90). Der Herr also nicht nur am, sondern auch im Haus, ganz wie es sich gehörte.
Ein weiterer „Wassermann" findet sich am Haus in der Gymnasiumstraße 6 a. Allerdings ist er, dem

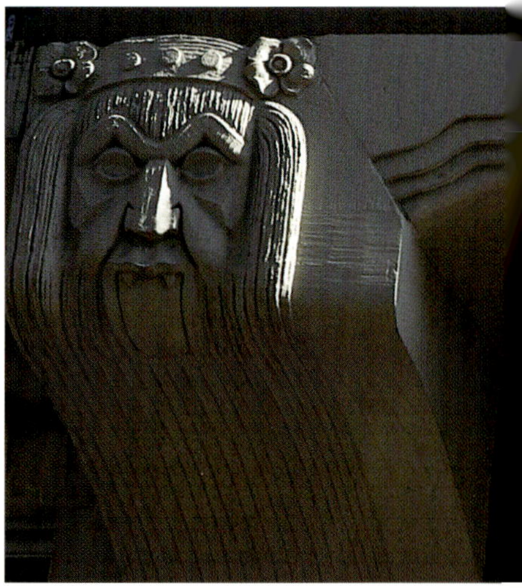

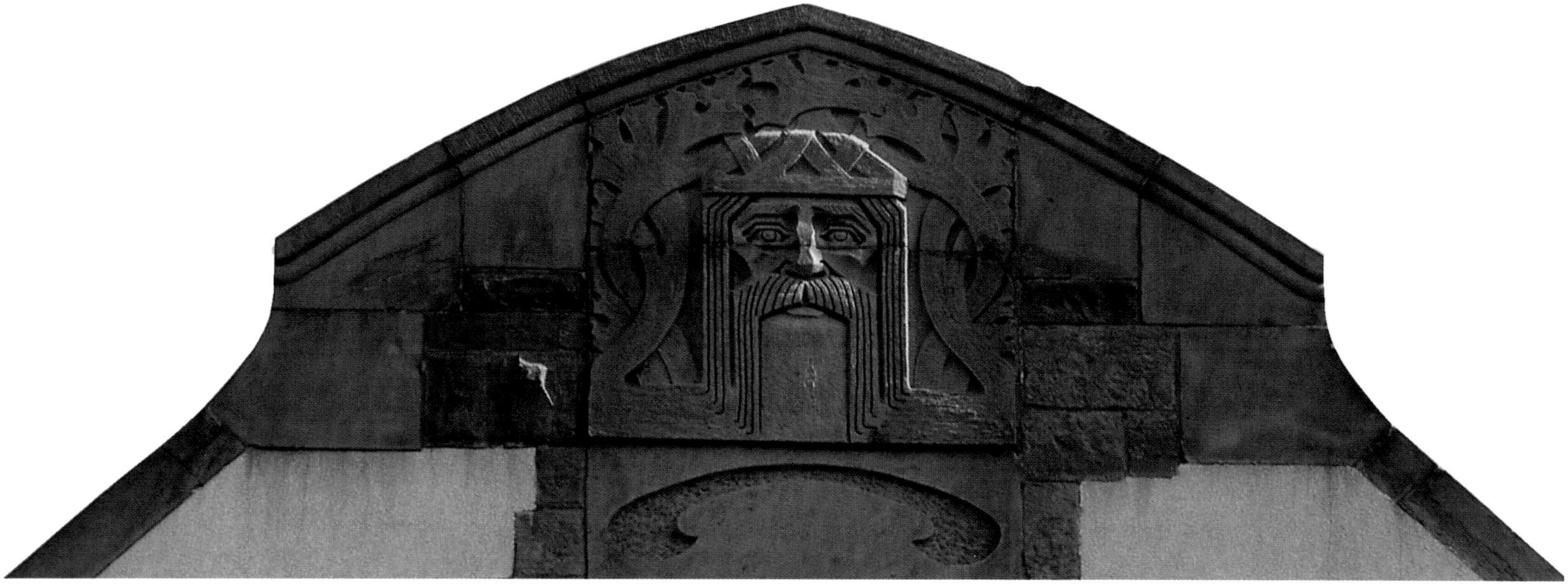

93
Männerkopf mit algenartigem Schmuck am südlichen Giebel der Gymnasiumstraße 6 a, erbaut 1905–06 von Karl Kreutz.

gesamten Charakter des Gebäudes entsprechend, sehr viel strenger gestaltet (Abb. 93). Sein Haupthaar und der gleichfalls lang herabhängende Schnurrbart sind in parallele Strähnen geteilt, Augenbrauen, Lider und Augenform gleichfalls mit parallelen Strichen gezeichnet, der Kopfschmuck regelmäßig aus Bändern geflochten. Das vegetabilische Pflanzenwerk im Hintergrund, das in dieser charakteristischen, lappigen Algenform an so vielen Karlsruher Gebäuden auftaucht, wurde in sich symmetrisch geordnet. Das Relief ist sehr flach gehalten. Fast wirkt es mit seinen stark linearen Elementen wie eine grafische Darstellung. Der Eindruck ist illustra-

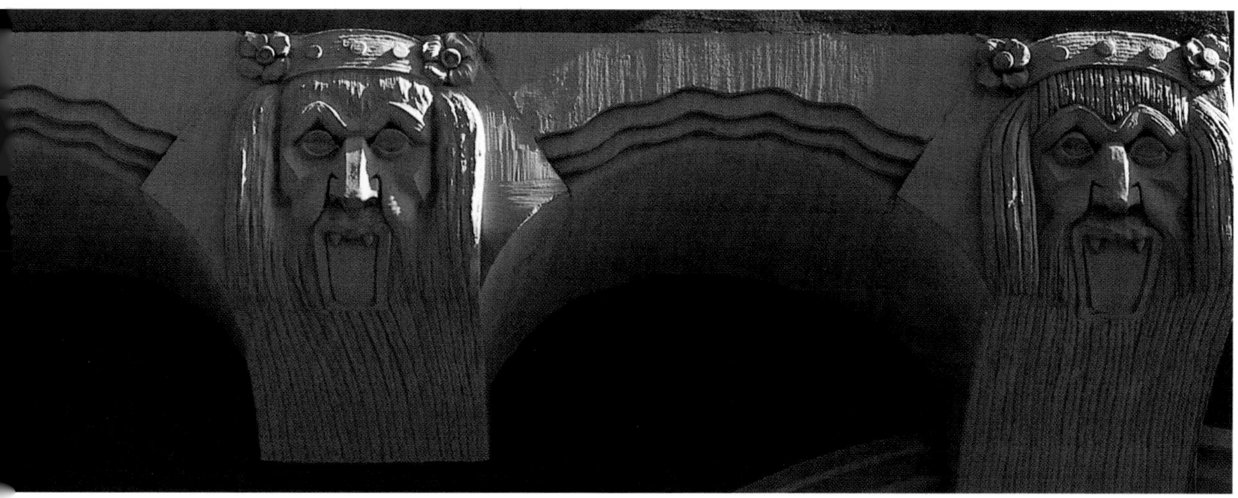

94
So schwere Lasten zu tragen, da kann schon das Lachen vergehen. Männerköpfe unter dem Erkervorbau der Lamprechtstraße 24, erbaut 1905 von Karl Kreutz.

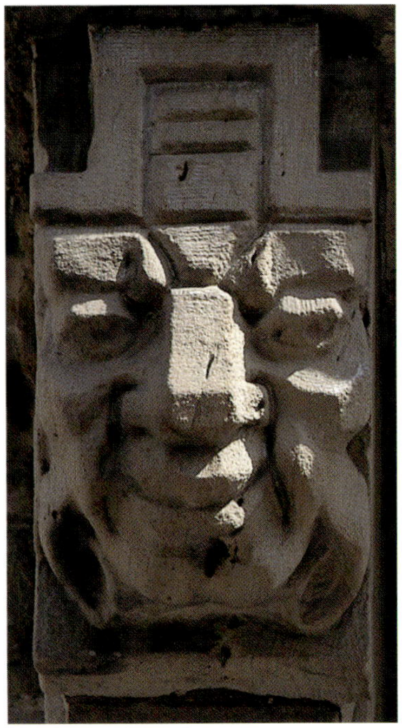

95
Männliche Maske an einer Balkonkonsole der Weltzienstraße 21, erbaut 1904 von Karl Kreutz.

tiv märchenhaft und damit in gewisser Hinsicht den Köpfen in der Lamprechtstraße verwandt, die ein Jahr zuvor entstanden sind (Abb. 94).
Die drei Gesichter akzentuieren den Fuß eines unmittelbar aus der Wand hervorspringenden Erkers. Mit Blumen geschmückte Kronreifen halten die langen, strähnigen Haare zusammen, die Augen sind blicklos, die Münder weit aufgerissen. Beinahe glaubt man, sie streckten die Zunge heraus, ein Eindruck, der dadurch verstärkt wird, dass die Darstellung hier aus der Senkrechten in die Waagrechte zurückgezogen wird. Die Figuren scheinen, obwohl aus Stein hergestellt und gerade frisch bemalt, wie aus Holz geschnitzt. Die Art der Gestaltung, auch die scharfen, ausgeschnittenen Wellenbänder zwischen den Köpfen, legen nahe, dass die Skulpturen aus Kunststein gefertigt sind.
Joanna Flawia Figiel hat in dem 2001 erschienen Katalog „Jugendstil in Freiburg“ für die Breisgaustadt sehr interessante Fakten zum Thema „Beton und Kunststein“ vorgestellt. Sie mögen in ähnlicher Weise auch für Karlsruhe gelten, wenn auch bisher für die badische Residenzstadt keine Forschungsergebnisse ähnlicher Art vorliegen. In den 80er Jahren des 19. Jahrhunderts begann man auch plastisch dekorative Bauteile aus Beton herzustellen, einem Werkstoff, der für solche Aufgaben allerdings erst durchzusetzen war. In einem Plädoyer der Zeit heißt es dazu: „Richtig hergestellter Betonwerkstein kann heu-

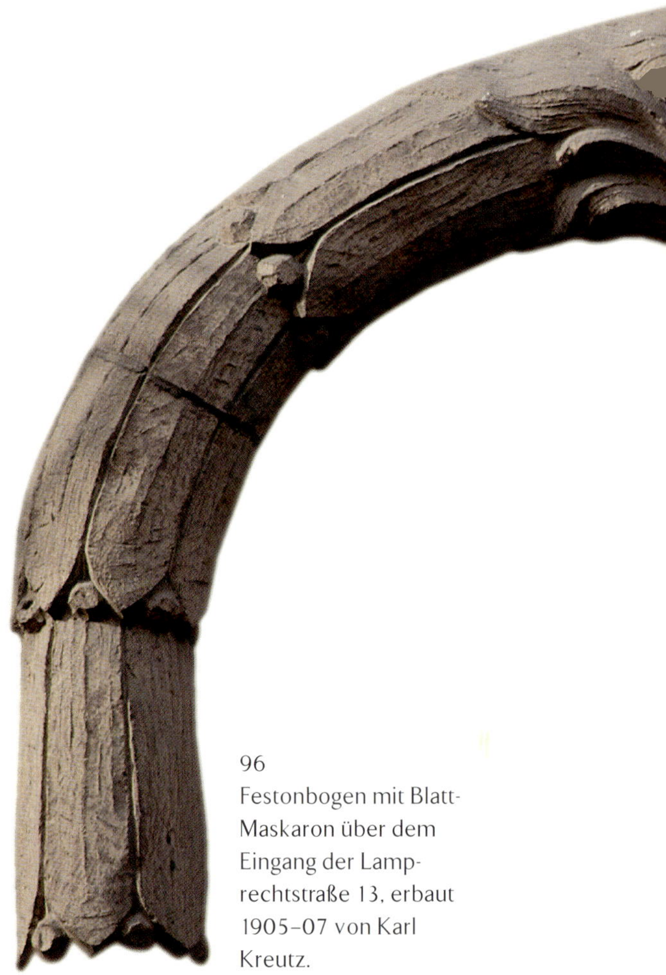

96
Festonbogen mit Blatt-Maskaron über dem Eingang der Lamprechtstraße 13, erbaut 1905–07 von Karl Kreutz.

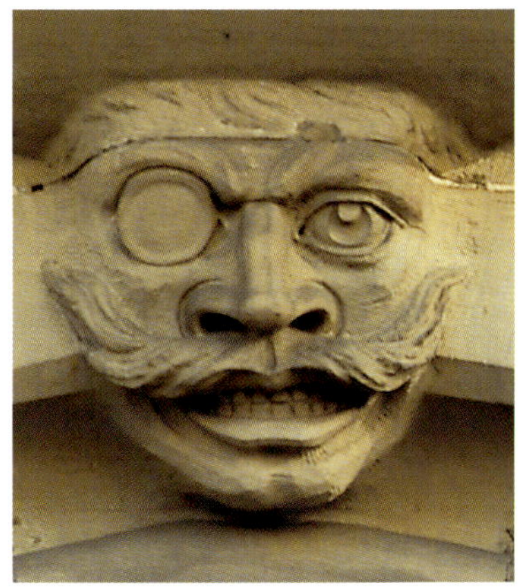

97
Monokelträger gibt es an Karlsruher Fassaden erstaunlich viele. Draisstraße 21, erbaut 1903 von Theodor Kempermann.

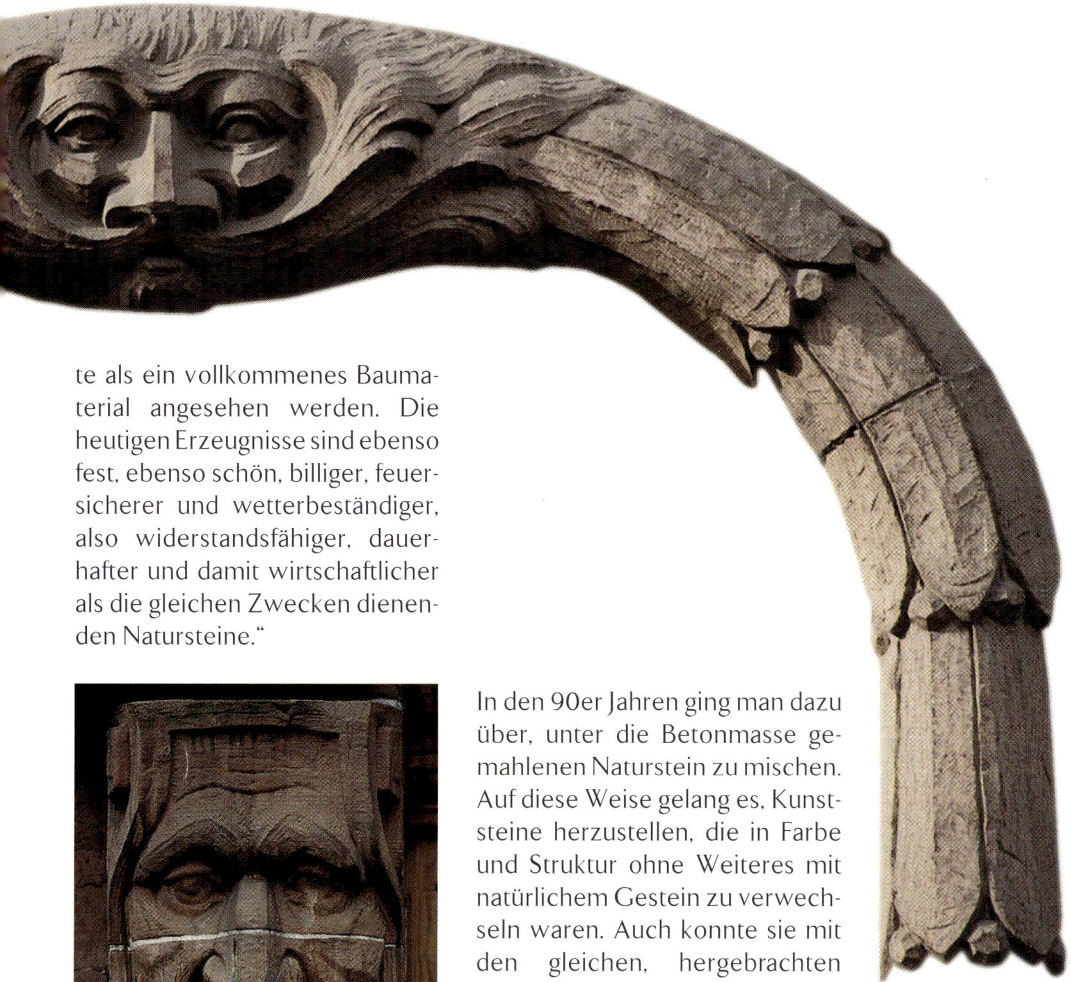

te als ein vollkommenes Baumaterial angesehen werden. Die heutigen Erzeugnisse sind ebenso fest, ebenso schön, billiger, feuersicherer und wetterbeständiger, also widerstandsfähiger, dauerhafter und damit wirtschaftlicher als die gleichen Zwecken dienenden Natursteine."

In den 90er Jahren ging man dazu über, unter die Betonmasse gemahlenen Naturstein zu mischen. Auf diese Weise gelang es, Kunststeine herzustellen, die in Farbe und Struktur ohne Weiteres mit natürlichem Gestein zu verwechseln waren. Auch konnte sie mit den gleichen, hergebrachten Steinmetz-Methoden bearbeitet werden, sie konnten scharriert, bossiert oder gespitzt werden. Solcherart behandelte Werkstücke sind von außen nicht von gewachsenem Material zu unterscheiden. Lediglich ihr Querschnitt, der in zwei Schichten aufgebaut ist, könnte darüber Auskunft geben. Bei Massenartikeln wie etwa Tür- und Fensterstürzen, Tür und Fenstergewänden, wurden gerne eiserne Formen benutzt, die scharfkantige Ergebnisse brachten. Hier allein scheinen formale Unterscheidungsmöglichkeiten zu liegen. Für die Firma Brenzinger & Cie., die weit über Freiburg hinaus bekannt war und deutschlandweit Aufträge erhielt, existiert heute noch im Besitz der Familie ein Musterkatalog, aus dem an Hand von Bildern Bauplastiken bestellt werden konnten. Für Karlsruher Firmen sind, wie bereits kurz angerissen, sol-

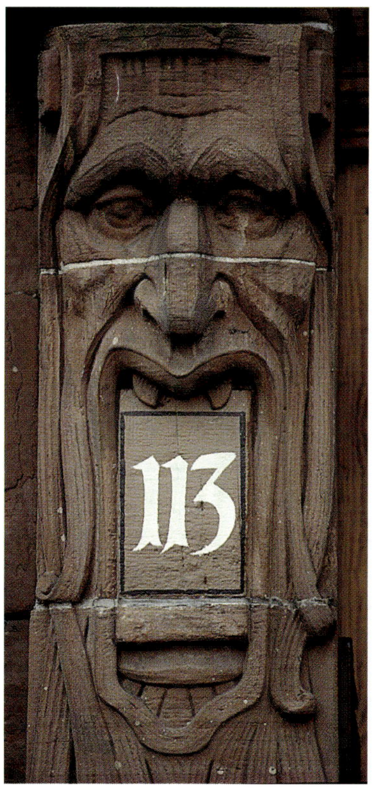


98
„Maulsperre", um ein Nummernschild dekorativ zu präsentieren. Am Eingang in der Kriegsstraße 113, erbaut 1902–03 von Curjel & Moser.

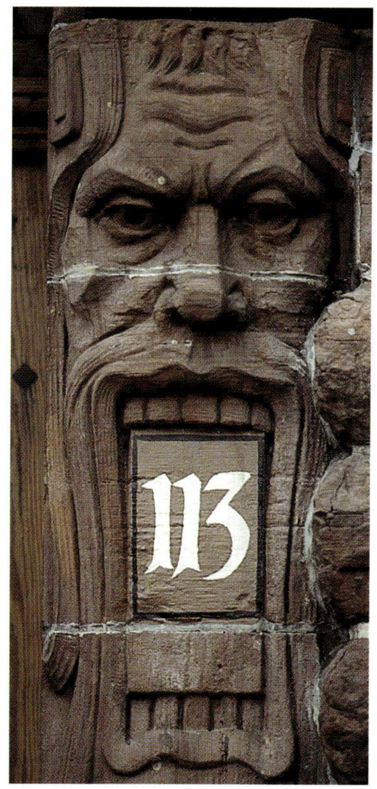


99
„Maulsperre" zum zweiten. Auch rechts des Eingangs wird die Hausnummer von einem Maskaron präsentiert. Kriegsstraße 113, erbaut 1902–03 von Curjel & Moser.

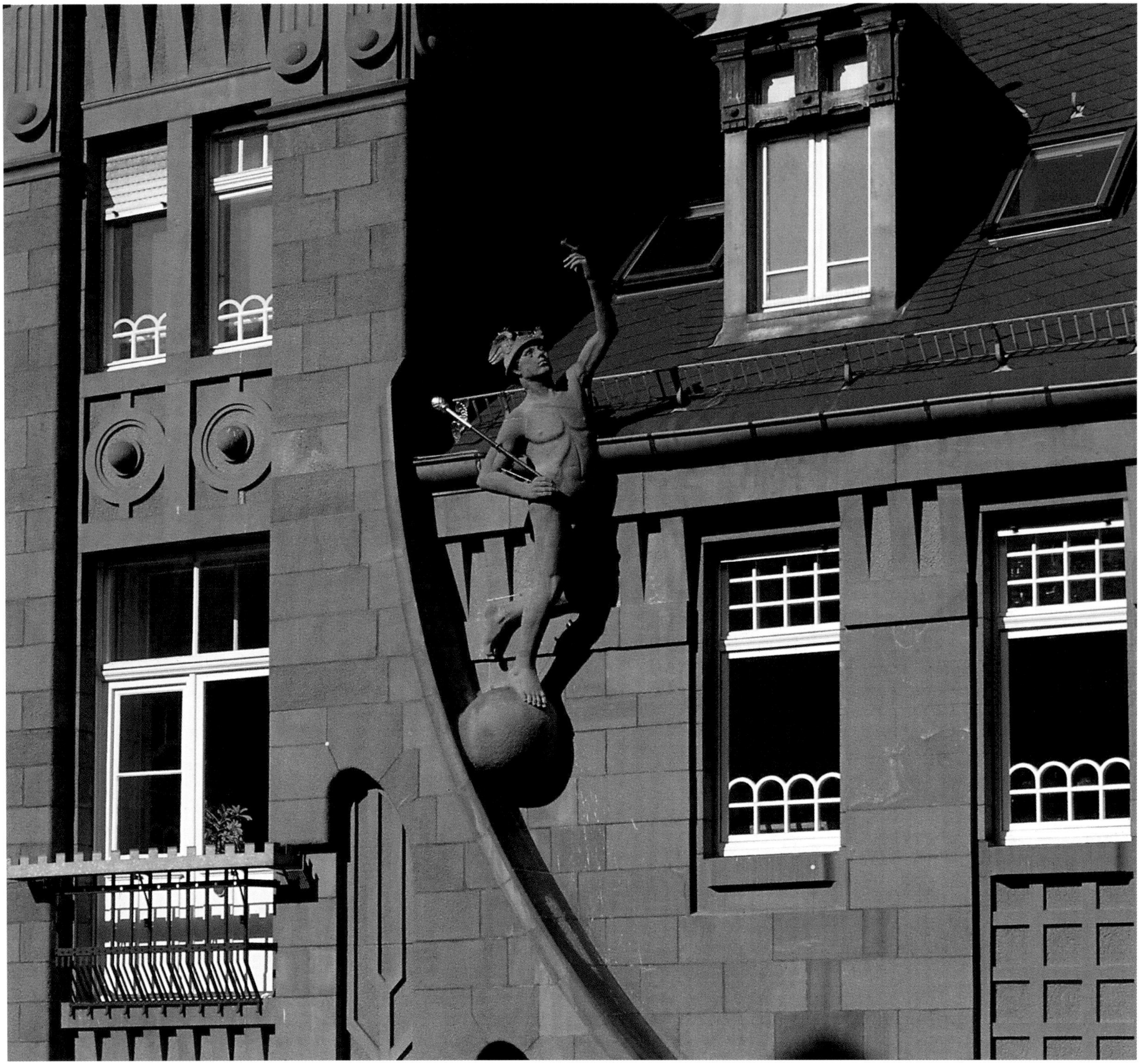

100
Merkur, der Gott der Kaufleute und Diebe, auf abschüssigem Platz an der Fassade der Douglasstraße 24, erbaut 1905–06 von Maurermeister August Hörner.

che Vorlagenbücher gleichfalls zu vermuten. Ein Nachweis ist allerdings bisher nicht geglückt.
Zurück zu den drei Masken, die aussehen wie Nussknackergesichter – gleichgültig aus welchem Material sie hergestellt sein mögen. Ein wenig wirken sie an der sehr schlichten Fassade wie ein dekoratives Alibi, geben aber doch diese oder jene gedankliche Nuss zu knacken.
Einen formal ähnlichen Eindruck macht der sorgfältig durchgestaltete Kopf in der Eisenlohrstraße, der allerdings qualitativ anspruchsvoller ist (Abb. 91). Das Männergesicht ist als „Kapitell" hoch oben am Ende einer langen Lisene angebracht, die rechts und links von zwei weiteren Wandauflagen begleitet wird. Allerdings enden sie statt in einem Gesicht in Kartuschen. Die Ornamentformen rahmen hier ein leeres Oval, gleichsam das ausgelöschte und verwandelte Gesicht.
Karl Kreutz und die Firma Holwäger & Hillenbrand haben die beiden ähnlichen Motive gleichzeitig im Jahr 1905 benutzt. Da liegt es nahe, zu vermuten, dass die Architekten auf dieselbe Vorlage zurückgegriffen haben, wenn auch die Ergebnisse recht verschieden waren. Dies hing neben anderem auch vom Standort ab: einmal die schlichte Fassade von Kreutz in einem sozial gemischten Stadtteil und daneben die von fern noch neobarock inspirierte, sehr aufwändige Gestaltung in der reicheren Weststadt.
Masken und Mythen zuhauf, aber finden sich auch ganz „normale" Männer an Karlsruher Fassaden? Wir erinnern uns an die Kornblumenstraße 9, wo es neben einem Mädchenkopf einen jungen Mann mit prächtigem wilhelminischen Schnurrbart zu bewundern gab, aber auch an Vater und Sohn in der Nelkenstraße, die so lebensnah und gleichzeitig gegensätzlich dargestellt sind (Abb. 16, 199). Am Gasthaus „Zum Krokodil" gibt es gleichfalls ein „Familienidyll" (Abb. 106–109).
Aber einen Mann allein und für sich? In der Draisstraße gibt es einen Kopf, der sich durch ein modisches Monokel auszeichnet. Mit dem breiten Mund, der ausgeprägten Nase und dem buschigen Schnurrbart könnte er ein Porträt sein, das ja sonst kaum vorkommt

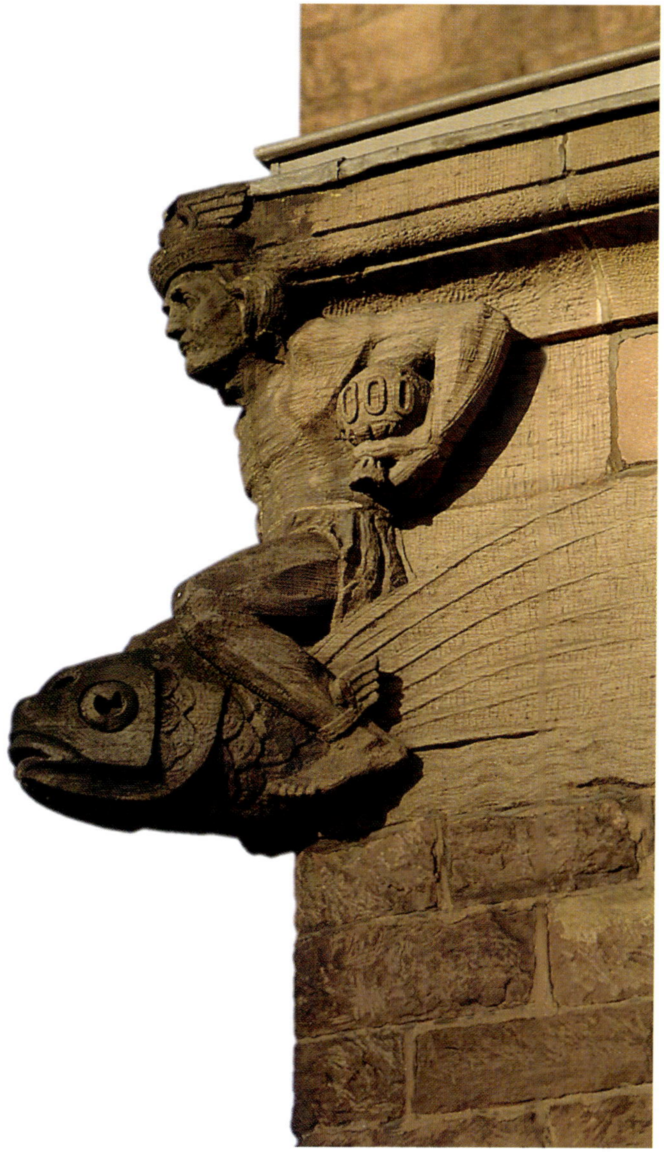

101
Merkur bringt auf fliegendem Fisch prall gefüllte Geldsäcke zum Ausbau des Hafens. Skulptur in der Werftstraße 2, erbaut 1900–01 von August Stürzenacker.

(Abb. 97). Frauen wie auch Männer werden meist als Typus wiedergegeben, wird doch die Individualität eines Hauses durch formale Überraschungen und nicht über direkte persönliche Bezüge zu zeigen gesucht. Dennoch: ein feiner Herr also, der in eine dienende Rolle verbannt wurde? So richtig klären lässt sich das nicht, wenden wir uns daher wieder der Welt der Götter, Halbgötter und Heroen zu.

„Ganze" Männer finden sich an Karlsruher Fassaden nicht allzu viele, und wenn, dann bedarf es eines mythologischen oder allegorischen Anlasses. Merkur, nackt bis auf den geflügelten Helm, an dem er neben seinem Stab zu erkennen ist, balanciert auf der Weltkugel, die in labilem Gleichgewicht schwebt und weist dabei mit erhobenem Zeigefinger in eine goldene (?) Zukunft (Abb. 100). Die Figur ist ein später Nachfahr jenes berühmten Hermes des Giovanni da Bologna aus dem 17. Jahrhundert, der in zahlreichen Ausführungen, groß oder klein, als monumentale Figur oder als „Nippes" die Salons der Gründerzeit bevölkerte. Er galt als Symbol Zeitgeistes. Typisch für den Jugendstil ist, dass er diese etablierte Gestaltung aufnahm, sie aber durch die „abschüssige" Bahn der Giebelkante und das Sprung bereite Äffchen an deren Ende ironisierte. Denn: wer ist jetzt gefährdet? Affe, Mensch oder die etwas fragwürdige Gottheit?

Nicht vom Absturz bedroht, sondern als hilfreich anzusehen, ist dagegen der auf dem Traumfisch herbei reitende Heros am Gebäude der Hafendirektion in der Werftstraße, führt er doch prall gefüllte Geldsäcke in der Armbeuge mit sich (Abb. 102). Gleichzeitig ist er aber auch ein Inbegriff der Hoffnung, dass sich all die in den Ausbau des Karlsruher Rheinhafens gesteckten Investitionen in nicht allzu ferner Zukunft rechnen mögen. Unsere Verständigungssymbole sind heute formal von anderer Art, die Botschaft ist dieselbe geblieben. Ist es heute, die „ruhige Hand", die Perspektiven zu eröffnen scheint, so war es damals das stete Ruder des „gut gepanzerten", mythisch legitimierten Steuermanns, an dessen Schiffsbug der Anker als Symbol der Hoffnung hängt (Abb. 101). Und mit geblähten Segeln ging es tatsächlich voran auf einem der schönsten erhaltenen Jugendstilreliefs der Stadt! (Abb. 103).

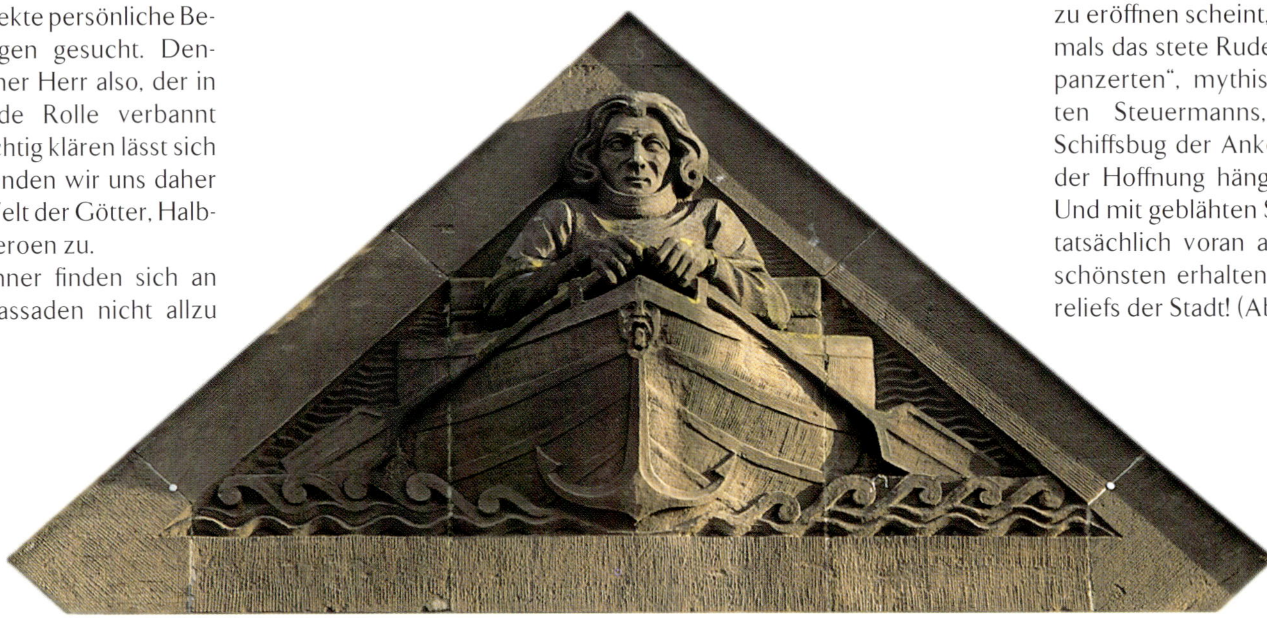

102
Auf sicherem Kurs. Giebel an der Hafendirektion in der Werftstraße 2, erbaut 1900–01 von August Stürzenacker, Bildhauerarbeiten von Franz Sieferle.

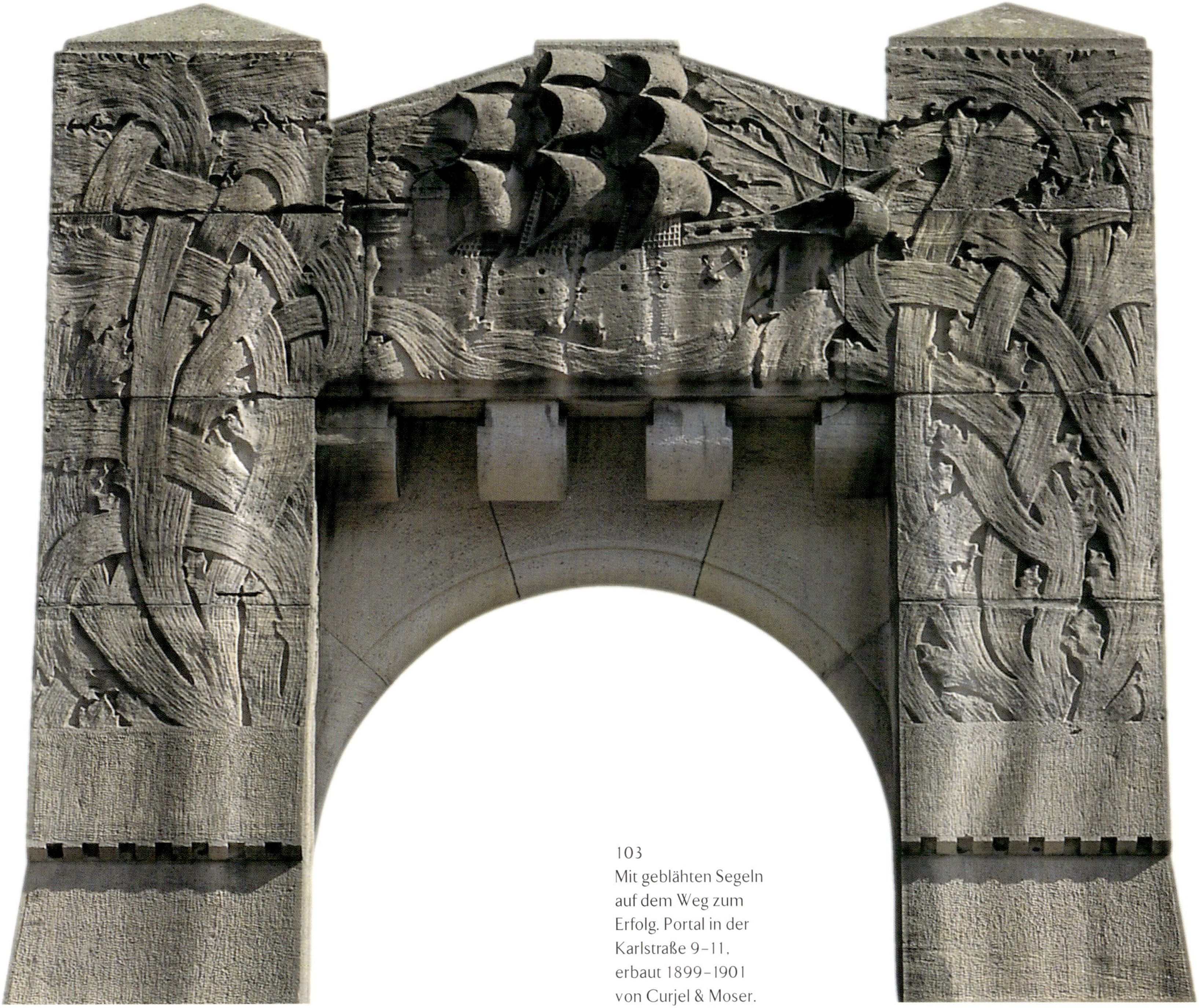

103
Mit geblähten Segeln auf dem Weg zum Erfolg. Portal in der Karlstraße 9–11, erbaut 1899–1901 von Curjel & Moser.

Die Welt der Männer und der Frauen existierte an den Karlsruher Fassaden mehr oder weniger getrennt voneinander, Darstellungen von Paaren sind nur selten zu finden. Und wenn, dann gab es einen inhaltlichen Grund.
Das reichhaltige Bildprogramm der ehemaligen Hofapotheke wurde vermutlich vom Bauherrn Friedrich Stroebe, dem Architekten Hermann Billing und dem entwerfenden Bildhauer Fridolin Dietsche gemeinsam entwickelt. Jedes Detail bezieht sich, zum Teil unterstützt und erklärt durch lateinische Inschriften, auf den Zweck des Gebäudes. Die beiden lebensgroßen Gestalten am Erdgeschoss der Kaiserstraße dienen nebeneinander als Konsolfiguren für die darüber emporwachsenden Erker. Den antiken Heilgott Asklepios als Rückenakt darzustellen, war ein kluger Schachzug, denn so entging man der optischen Darstellung eines diskreten Problems (Abb. 104). Bei Hygieia, der Göttin der Gesundheit, wählte man die Frontalansicht und lenkte durch die goldene Schale, aus der die Schlange trinkt, von den heiklen Zonen ab (Abb. 105). Dennoch: Bedenkt man, welche Empörung die große goldene Figur hoch oben am Giebel in der

# Paarweise
## Allein zu zweit

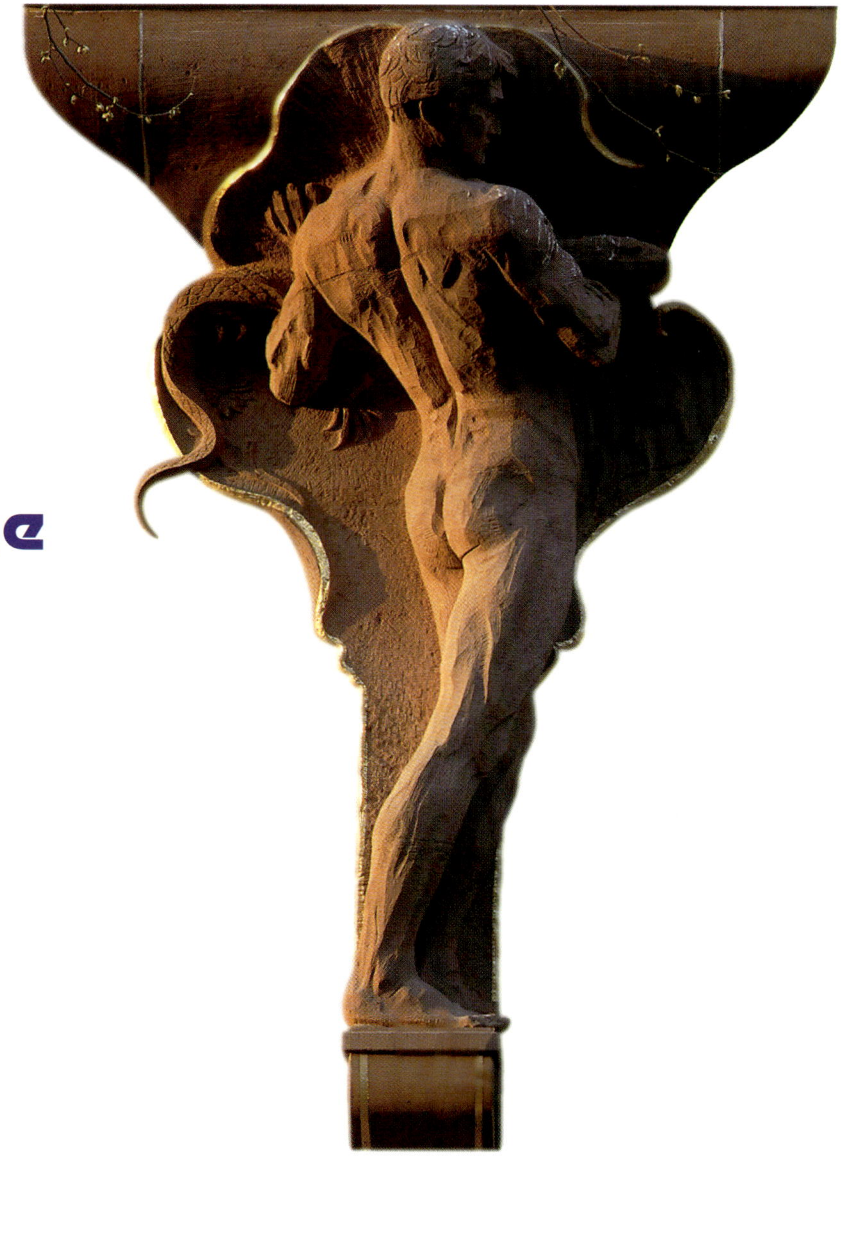

104
Äskulap, der Gott der Heilkunst, mit einem Reptil auf dem Arm. Skulptur an der ehemaligen Hofapotheke, Kaiserstraße 201, erbaut 1900–01 von Hermann Billing und Josef Mallebrein.

Stephanienstraße und welchen Sturm sittlicher Entrüstung die Nymphe auf dem Stephanplatz hervorgerufen haben, mutet es merkwürdig an, dass bei diesen beiden Gestalten keine Bedenken laut wurden; zumindest sind sie nicht überliefert (Abb. 70). Möglicherweise war bei antiken Göttern Nacktheit ein so selbstverständlicher, traditioneller Topos, dass die Figuren nicht ausgezogen wirkten. Durch ihre Attribute – die Echse und die Schlange – dem Alltag entrückt, wirken sie nicht als menschliche Darstellungen, sondern als Markenzeichen für einen abstrakten Inhalt.

Versuchte man bei der Hofapotheke das eigene Anliegen über bekannte Formeln zu transportieren, ging man beim „Krokodil" einen anderen, recht ungewöhnlichen Weg. Der „Krokodilvatter", wie sich Jakob Möloth selbst nannte, ließ sich, seine Frau und seine drei Kinder in der Karlsruher Majolika-Manufaktur porträtieren, um dann die Keramikbüsten an der Fassade des Gasthauses anbringen zu lassen. Der Gastgeber begrüßt zusammen mit seiner Familie die hoch willkommenen Gäste; eine sehr persönliche Art der Werbung. Dazu verkündet die Münchner Frauen-

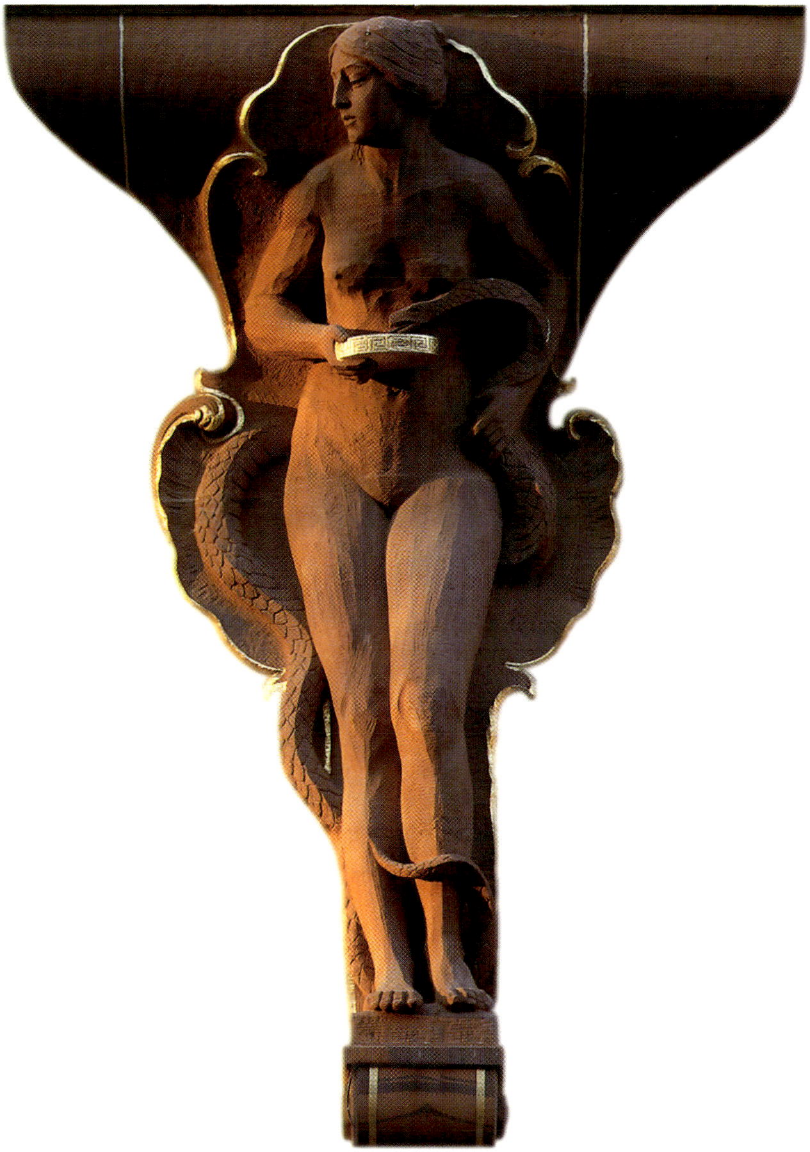

105
Hygieia, die Göttin der Gesundheit, mit der Äskulapschlange. Skulptur an der ehemaligen Hofapotheke, Kaiserstraße 201, erbaut 1900–01 von Hermann Billing und Josef Mallebrein.

106
Keramik-Medaillons aus der Majolika-Manufaktur Karlsruhe, dargestellt ist die Familie Möloth, Besitzer und Betreiber der Gaststätte „Zum Krokodil". Waldstraße 63, umgebaut 1914 von Pfeifer und Großmann.

kirche die Herkunft des Bieres, der Karlsruher Marktplatz den Stolz auf die heimische „Pyramidenstadt" und eine Relief, mit einem lustwandelnden Paar erzählt von den Freuden geselligen Müßiggangs.
Eine andere Art der Paarbeziehung wird am Gösselschen Haus in der Kriegsstraße geschildert (Abb. 110). Selbstbewusst, um nicht zu sagen selbstherrlich, steht er dann da und betrachtet skeptisch fordernd Eva, die den Apfel zurückhaltend, scheu fragend präsentiert. Das Motiv des Sündenfalls hat hier eine sehr menschliche, sehr individuelle Deutung erfahren. Das Bild berichtet weniger aus der alten biblischen Geschichte, vielmehr symbolisiert es die damalige Sicht von der Rolle der Geschlechter?
Die Szene ist die einzige an den Karlsruher Fassaden der Jahrhundertwende, die von Gefühlen erzählt. Zugegeben, Hauswände sind nicht unbedingt der prädestinierte Ort dafür, und deshalb wird das Verhältnis von Mann und Frau zueinander eher verschlüsselt dargestellt. In der Sophienstraße tragen ein Mann und eine Frau ihre Last, den geschwungenen Giebel, jeder für sich – allerdings lediglich optisch, nicht tatsächlich (Abb. 111). Beide wenden sich voneinander ab und blicken nur in die eigene Richtung. Getrennt

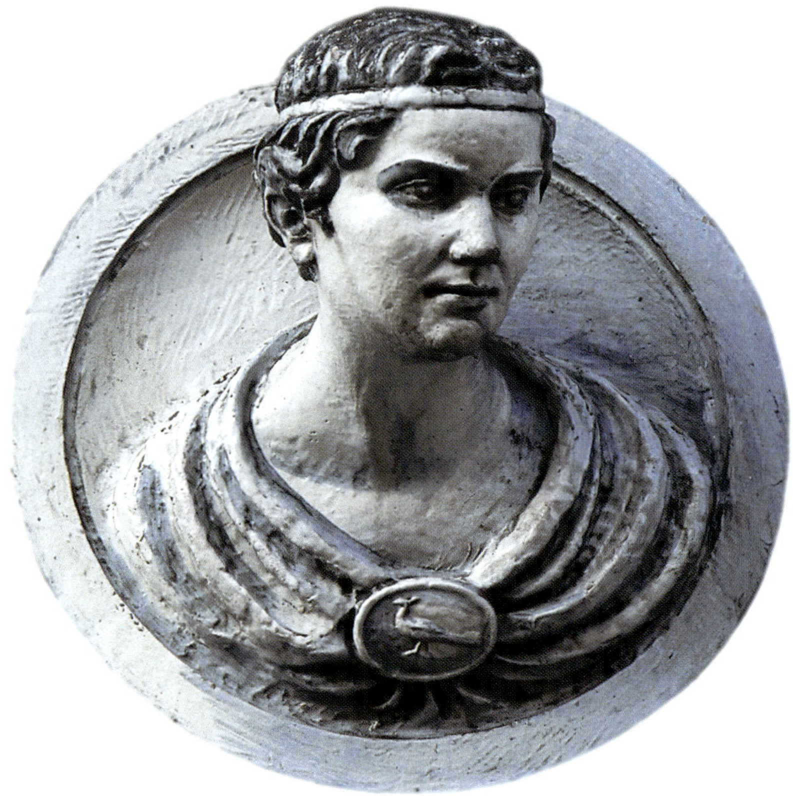

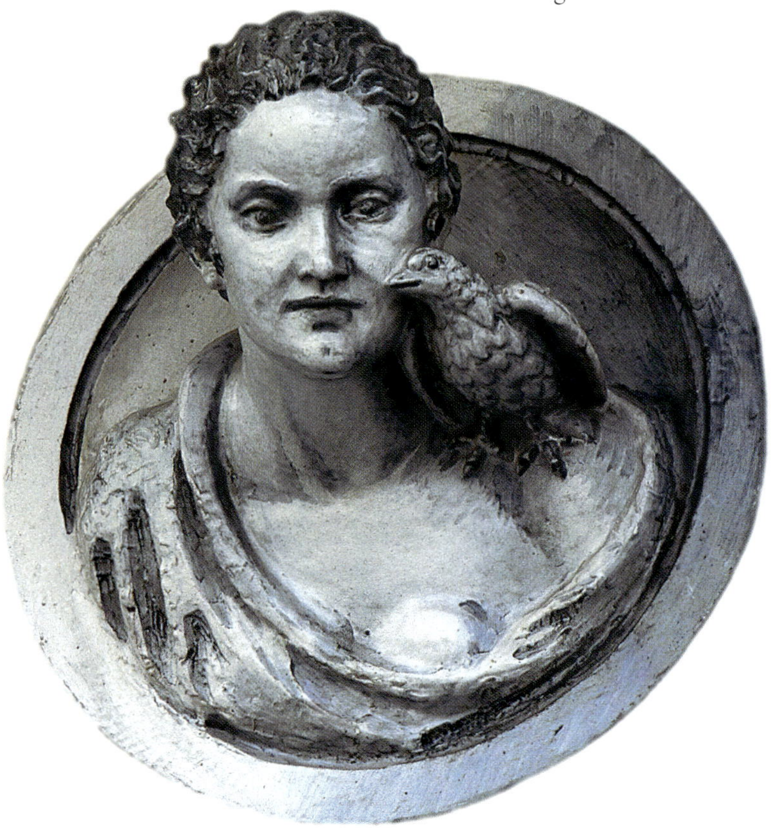

107
Frau Möloth hat ihr Kleid züchtig mit einer Brosche geschlossen, die Tochter zeigt sich freizügiger und trägt die Taube, den Vogel der Liebe, auf der Schulter.

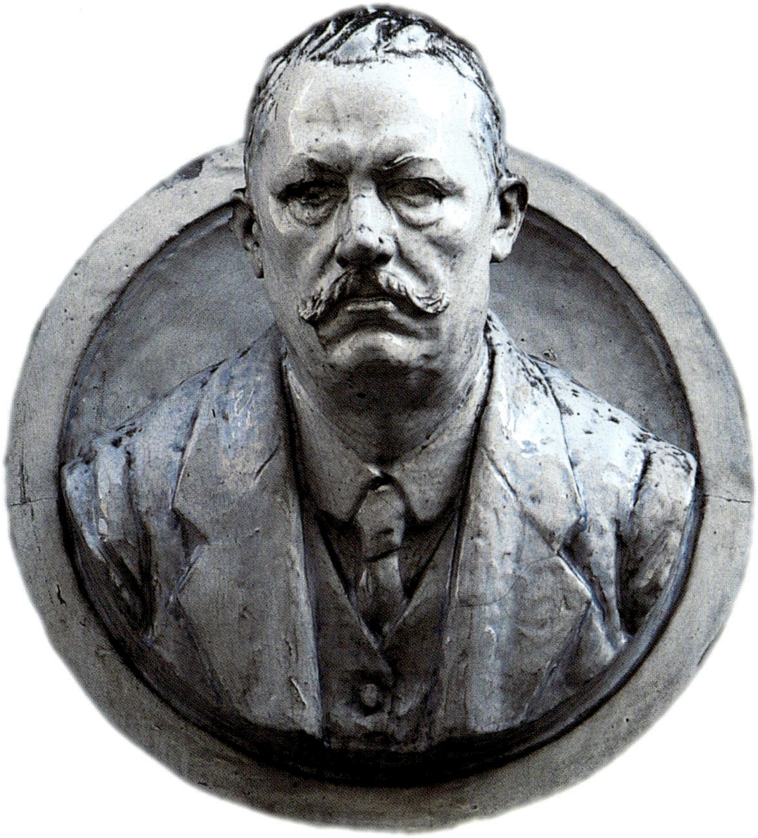

108
Der Senior Jakob Möloth zeigt biedere Würde in Gesichtsausdruck und Habitus.

werden sie zudem durch ein ornamentiertes Rundbogenfeld, in dessen Zentrum eine Kartusche mit zwei Schlangen steht.
In einer Zeit, in der die Psychoanalyse sich als Wissenschaft entwickelte, war man sich des vielschichtigen Charakters der Schlange, die die Einheit von Leben und Tod symbolisierte, durchaus bewusst. Könnten die beiden Tiere also das verbindende Element zwischen dem eigentlich Unvereinbaren sein? Oder bedeutet die Doppelung der Schlange, dass Mann und Frau gleichermaßen beteiligt sind an der ewigen Verstrickung der Geschlechter? Eine Antwort könnte man finden in den beiden Adlerskulpturen rechts und links des Eingangs im Erdgeschoss. Jeder der Greifvögel trägt eine sich windende Schlange im Schnabel, ein häufig dargestellter Kampf, der gerne folgendermaßen gedeutet wird: Hier symbolisiert der Vogel die Sonne und den Himmel, die Schlange dagegen, die sich am Boden und im Wasser windet, die Erde und das lebensspendende Wasser. Beide zusammen verkörpern Schöpfung und Fruchtbarkeit und die ausgeglichenen Kräfte der Natur. So klingen Vorstellungen an, die die Versöhnung des männlichen und des weiblichen Prinzips für möglich halten.

109
Der Sohn Möloth ist von unbekümmerter Fröhlichkeit und trägt das „Wappen" des Hauses, ein „feuchtlebiges" Krokodil, auf der Schulter.

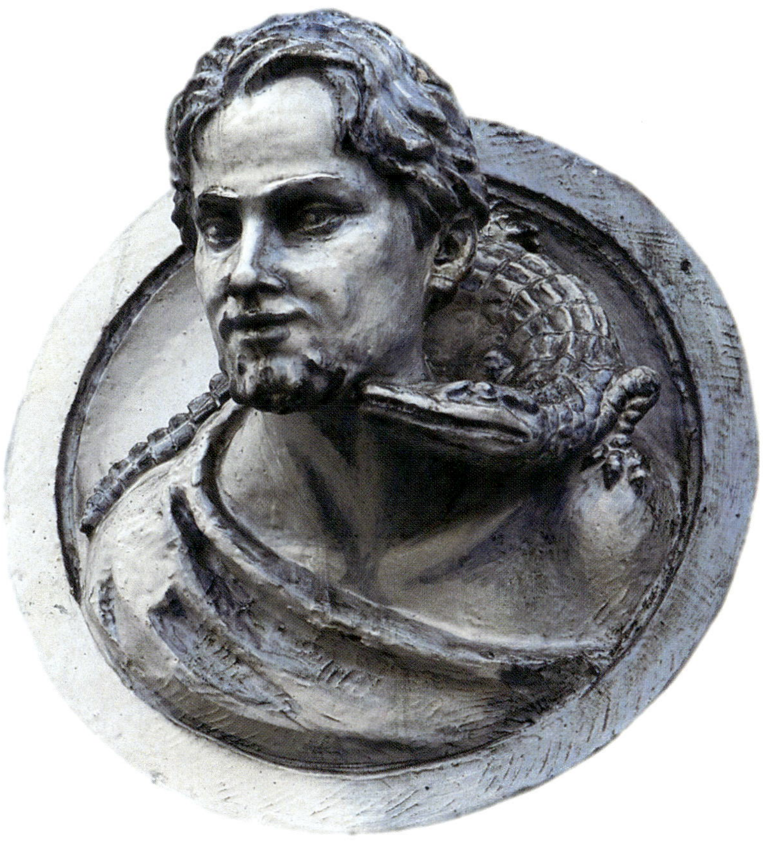

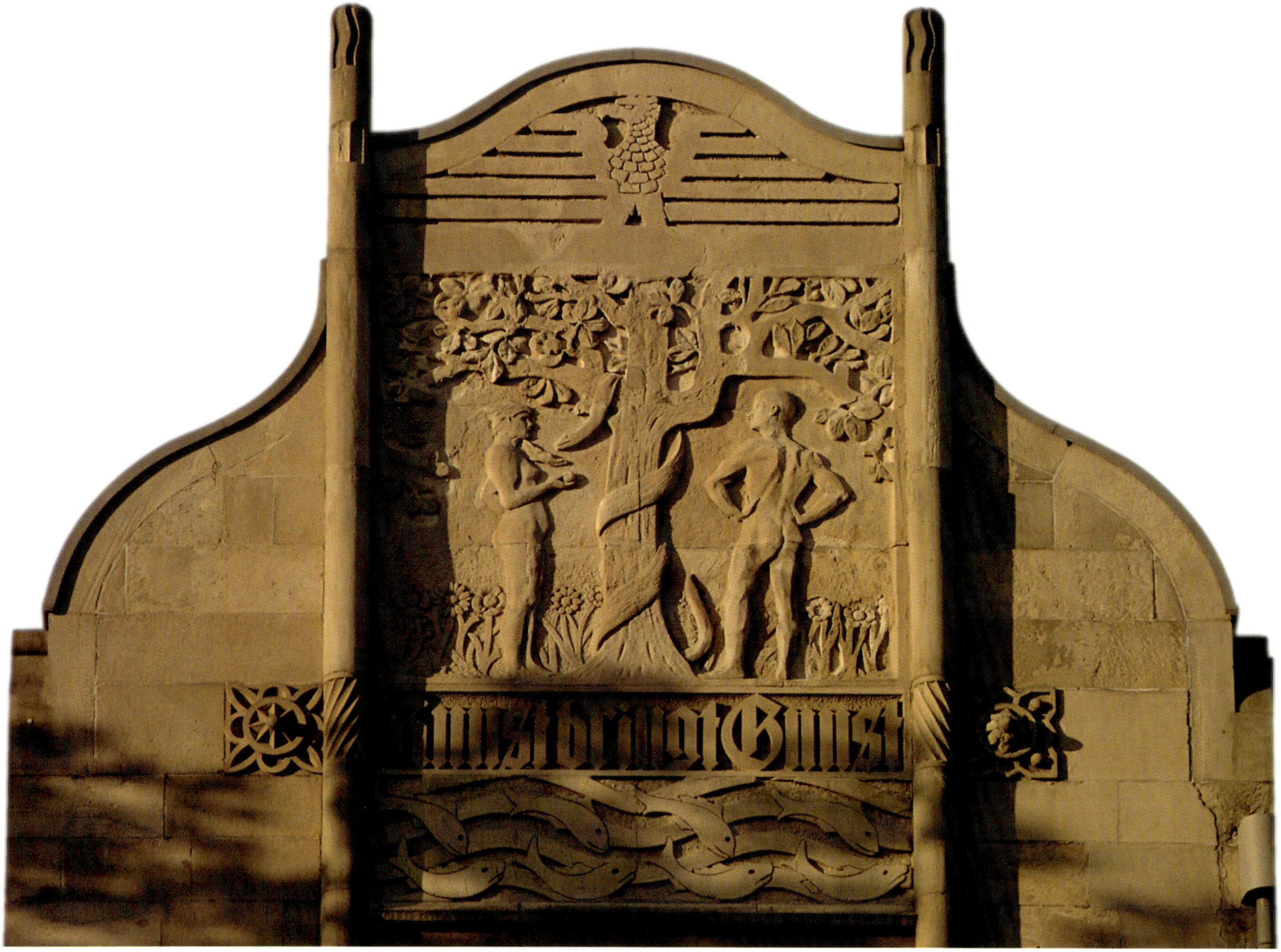

110
„Kunst bringt Gunst“, das war ein Leben lang das Motto des Bauherrn Konrad Gössel, der früh der neuen Kunstströmung aufgeschlossen war.

„Der Sündenfall“, Relief mit Adam und Eva in der Kriegsstraße 97 a, erbaut 1896–97 von Curjel & Moser.

111
Ein moderner Sündenfall? Mann und Frau in nicht ganz paradiesischer Nacktheit am Giebel der Südfassade in der Sophienstraße 160, erbaut 1906 von Franz Wolff.

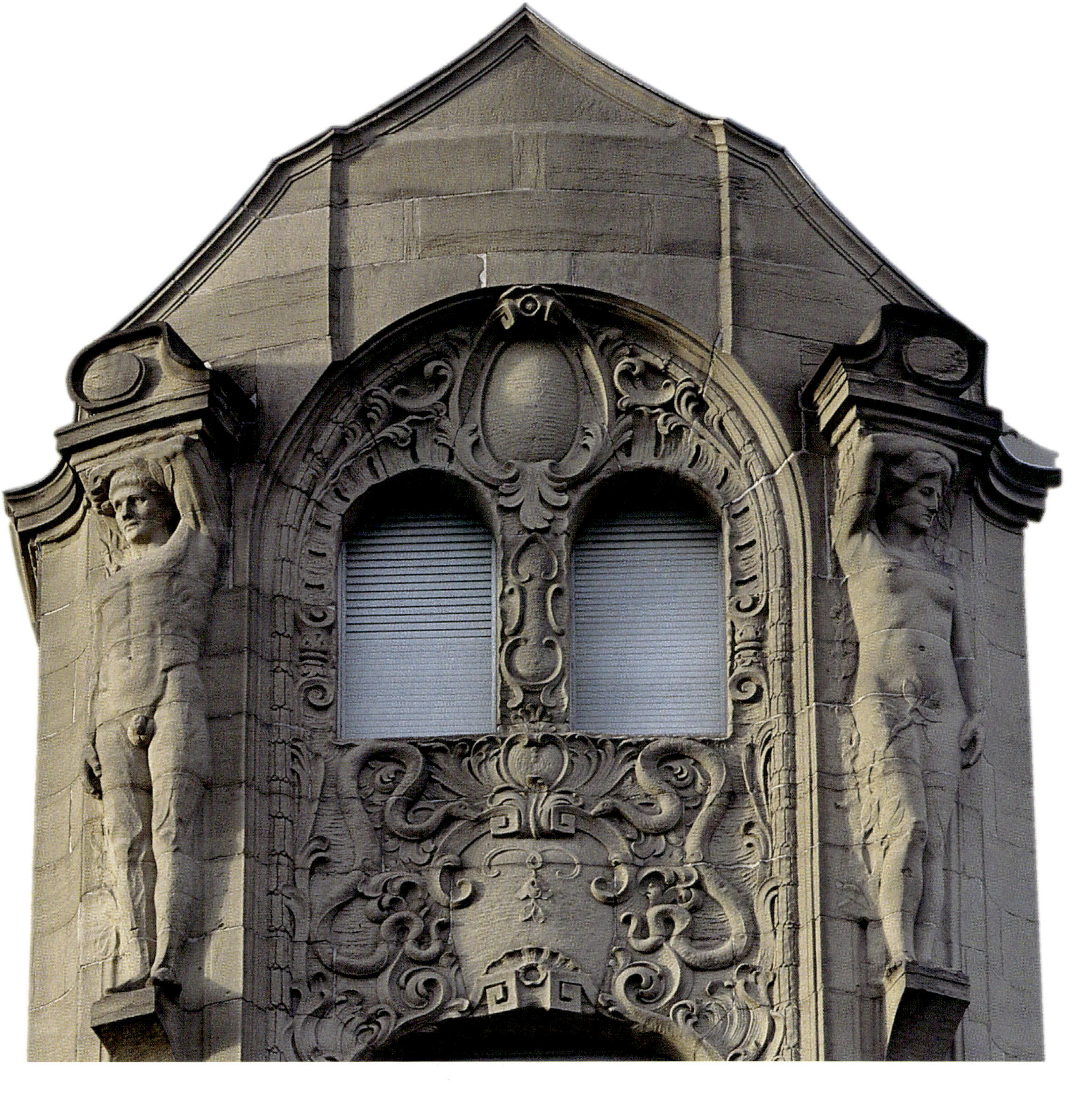

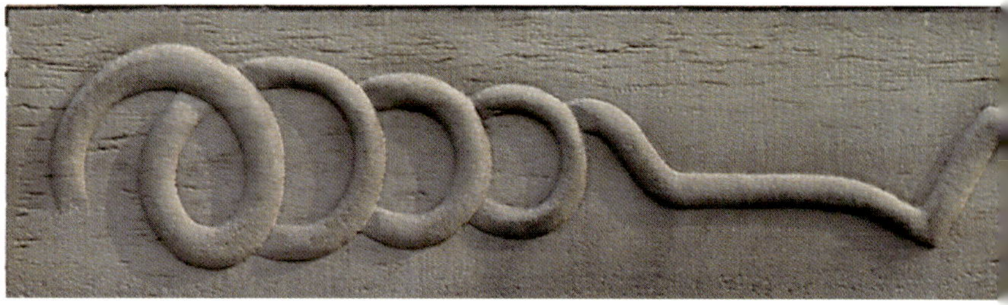

112
Da werden Schlangen zu Spiralen. Fenstersturz der Nordwestfassade in der Lamprechtstraße 8, erbaut 1905 von Karl Kreutz.

# Ein bunt gemischter Zoo aus Stein

## Einfach exotisch!

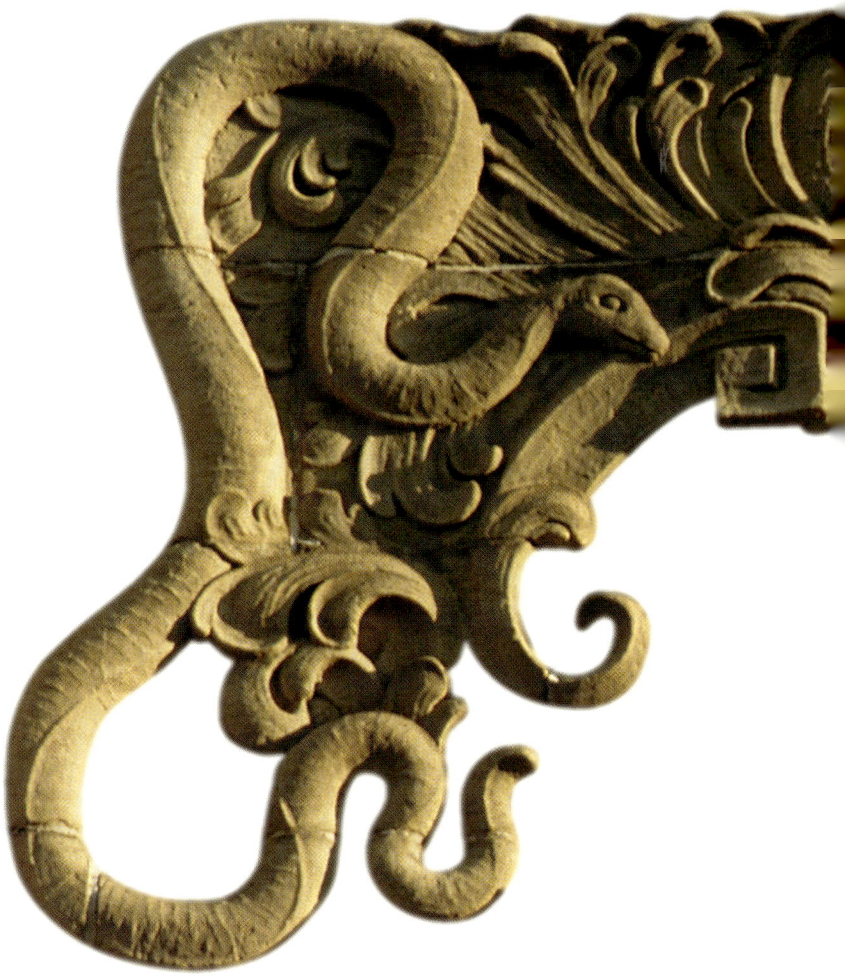

113
Schlangenleiber zum Ornament verwandelt. Giebelrelief der Sophienstraße 160, erbaut 1906 von Franz Wolff.

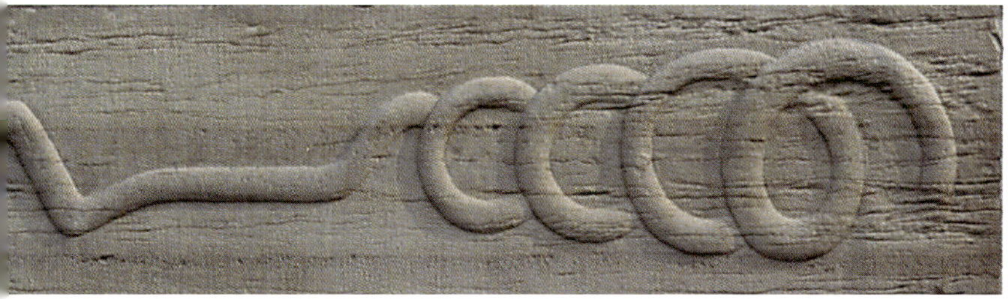

Nicht genug, dass es an Karlsruher Fassaden grünte und blühte, es kreuchte und fleuchte auch nach allen Regeln der Kunst. Hinter mancher Figur steckt sicher ganz einfach die Freude am Skurrilen, die Darstellungen aber allein auf den Spaß am Spielerischen zu re-

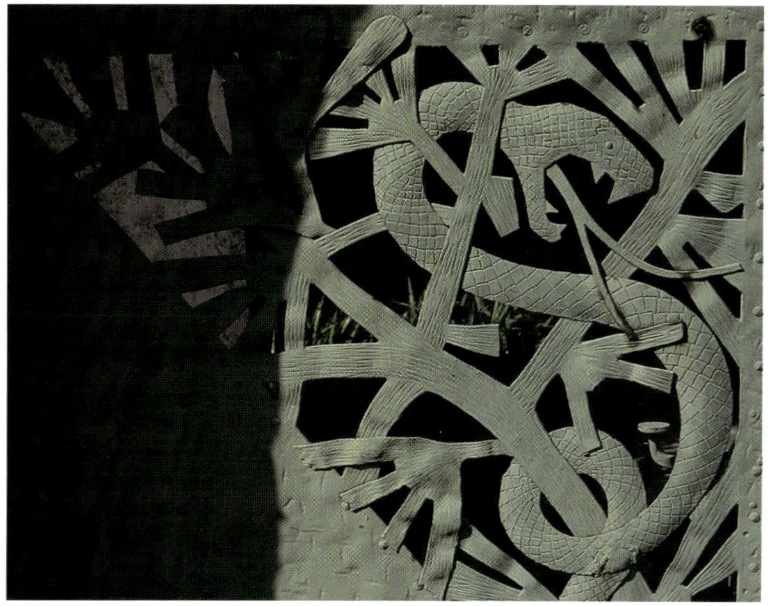

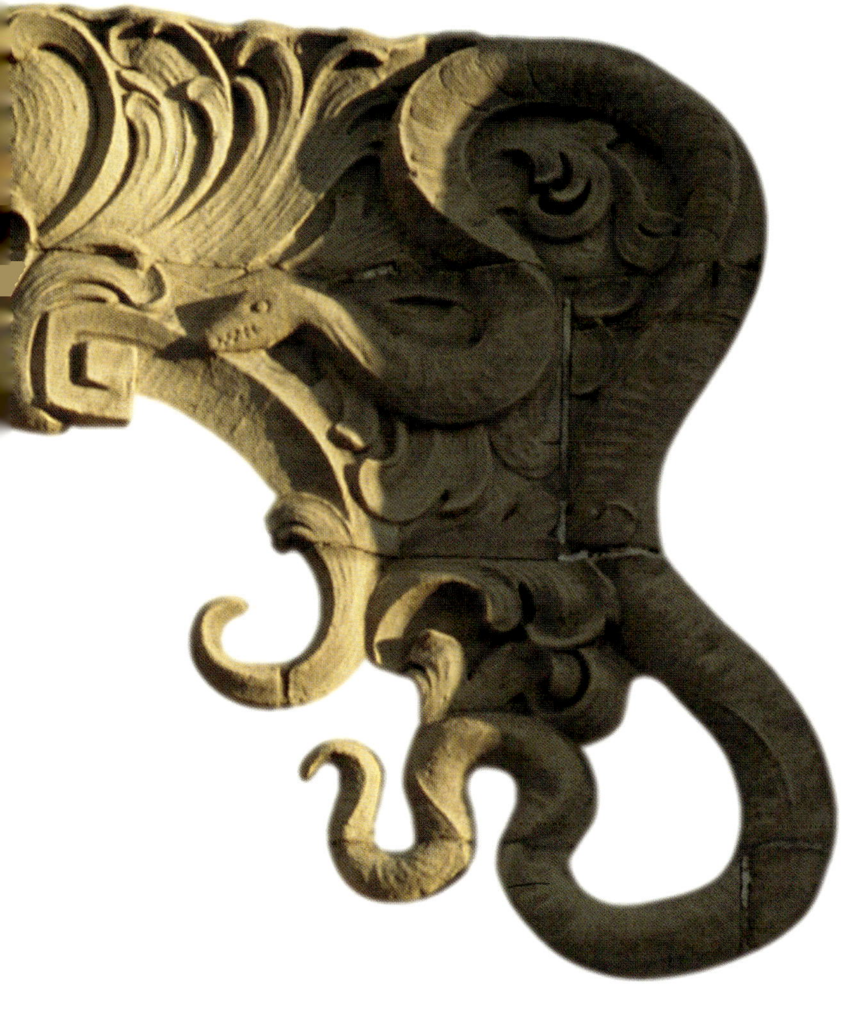

duzieren, wäre zu kurz gegriffen. Alphabetisch aufgeführt reichen die abgebildeten – nicht etwa die insgesamt an Karlsruher Fassaden vorhandenen – Tierarten von A wie Affe über Auerhuhn, Delphin, Eichhörnchen, Eule, Fisch, Fledermaus, Flusspferd, Frosch, Fuchs, Huhn, Hund, Krake, Krokodil, Löwe, Marabu, Pelikan, Pfau, Schlange und Schwan bis zum Seepferd. Es geht hier vor allem um die zoologisch definierbare Fauna, nicht um Fabelgestalten oder tierähnliche Mischwesen. Dabei ist die Trennlinie, wie es dem Jugendstil mit seiner hohen

114
Fürchtet die Schlangen! Schützendes Bronzegitter am Eingangstor der Kornblumenstraße 9, erbaut 1901 von Karl Wolff.

115
Delphinähnliche Wesen und ein Kugelfisch tummeln sich über dem Eingang der Sternbergstraße 1, erbaut 1903–05 von Karl Kreutz.

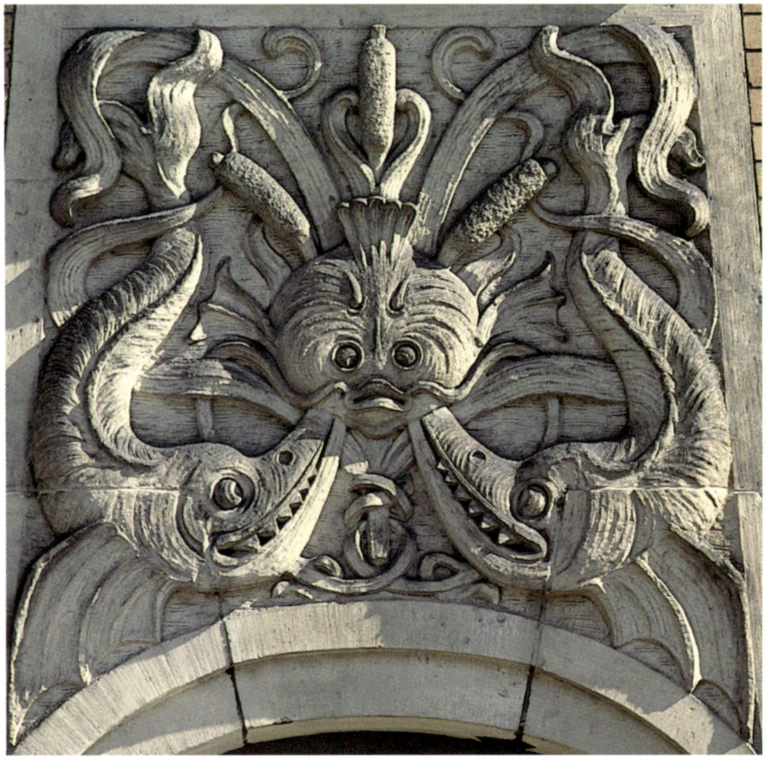

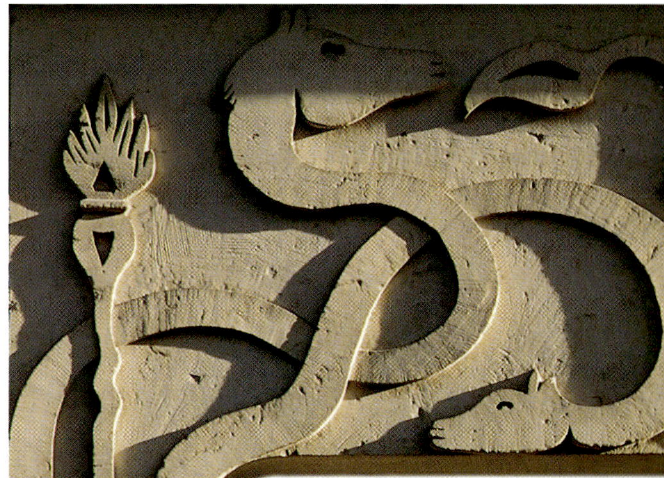

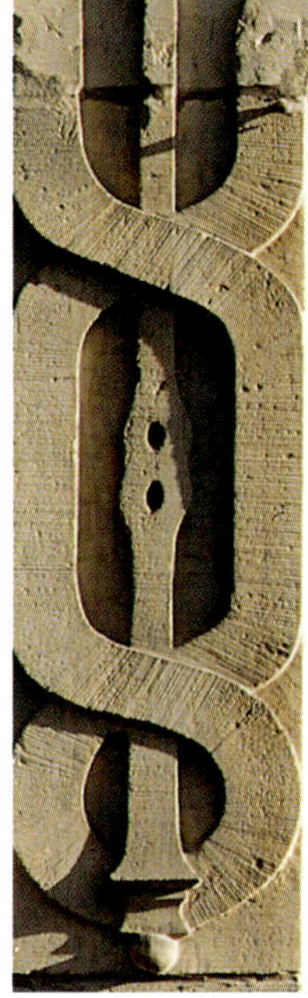

116
Ein Fries stilisierter Fische mit Seerosenblättern unter dem Dachsims der Gymnasiumstraße 6a, erbaut 1906 von Karl Kreutz.

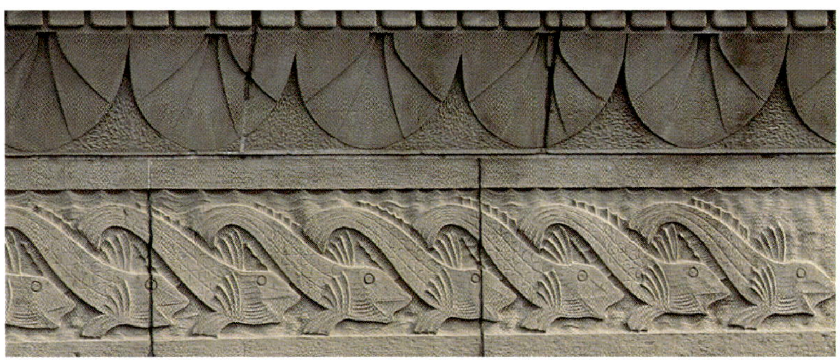

Verwandlungsfähigkeit enspricht, nicht scharf zu ziehen.
Versucht man, etwas Ordnung in diesen bunt zusammengewürfelten Zoo zu bringen, ergibt sich ein ähnlicher Befund wie schon zuvor bei den Pflanzen. Es bekommen jetzt Lebewesen die „Ehre der Darstellung", die nur wenige Jahre zuvor unter keinen Umständen an der Außenhaut eines Gebäudes geduldet worden wären. Affen und Hunde, Frösche und Seepferde, Krokodile und Flusspferde sind unbekümmert über die Fassaden verteilt. Wie wäre dies mit der gravitätischen Würde wilhelminischer Bauten vereinbar gewesen? Dort hatten allenfalls Adler und Greif, vielleicht auch Löwen etwas zu suchen, Geschöpfe also, die eine lange Tradition als Hoheitszeichen hatten. Die Neugotik bot allerdings etwas mehr Freiheiten, da im Mittelalter die Tierwelt eine eigene Rolle spielte.
Hat also doch lediglich das Vergnügen an der Provokation hier

seine Spuren hinterlassen? Zum Teil sicherlich, aber eben nur zum Teil. Wobei natürlich auch die Bauherren mit von der Partie sein mussten, und manchmal mag es ein hartes Stück Arbeit für die Architekten gewesen sein, die Auftraggeber von ihren extravaganten Einfällen zu überzeugen.
Es gibt Themenkreise ab, die eine nähere Betrachtung verdienen. Zu den schon erwähnten Wasserwelten mitsamt Kriechtieren und Amphibien gesellen sich allerlei Nachtgetier und Vögel. Aber auch traditionelle heraldische Tiere und Exoten als anderes Extrem gehören dazu.
Das mit Abstand beliebteste Tier im Jugendstil war der Schwan, dessen elegante, legendenumwobene Schönheit mit dem elegischen Schwung des Halses als melancholisches Symbol der Todessehnsucht verstanden wurde. Vor diesem Hintergrund können die beiden Schwäne, die der einzige bildliche Schmuck am Verwaltungsgebäude des katho-

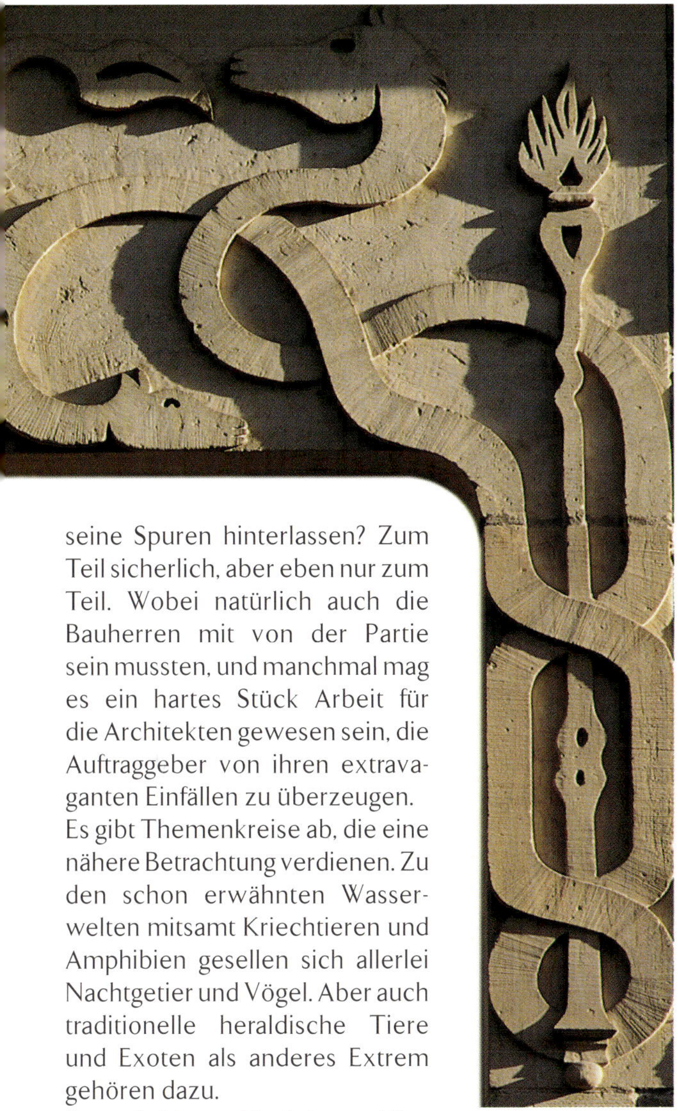

117
Seepferdchen als verschlungene Bandornamente an der Putlitzstraße 18, erbaut 1903 von Karl Kreutz.

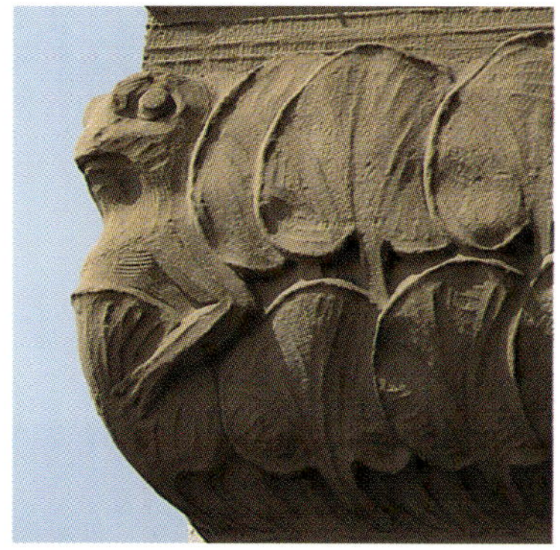

118
An einem Kapitell in der Weinbrennerstraße 2 quakt zwischen Seerosenblättern ein Frosch, erbaut 1903–05 von Emil Deines.

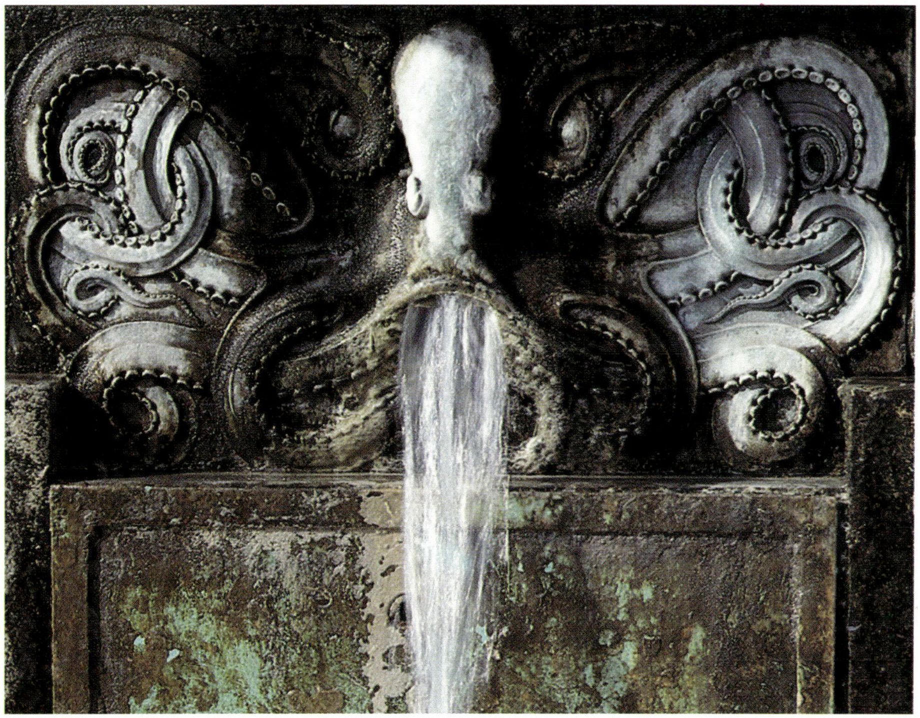

119
Ganz in seinem Element. Wasserspeiender Krake am Brunnen der Hygieia auf dem Festplatz, 1909 von Johannes Hirt.

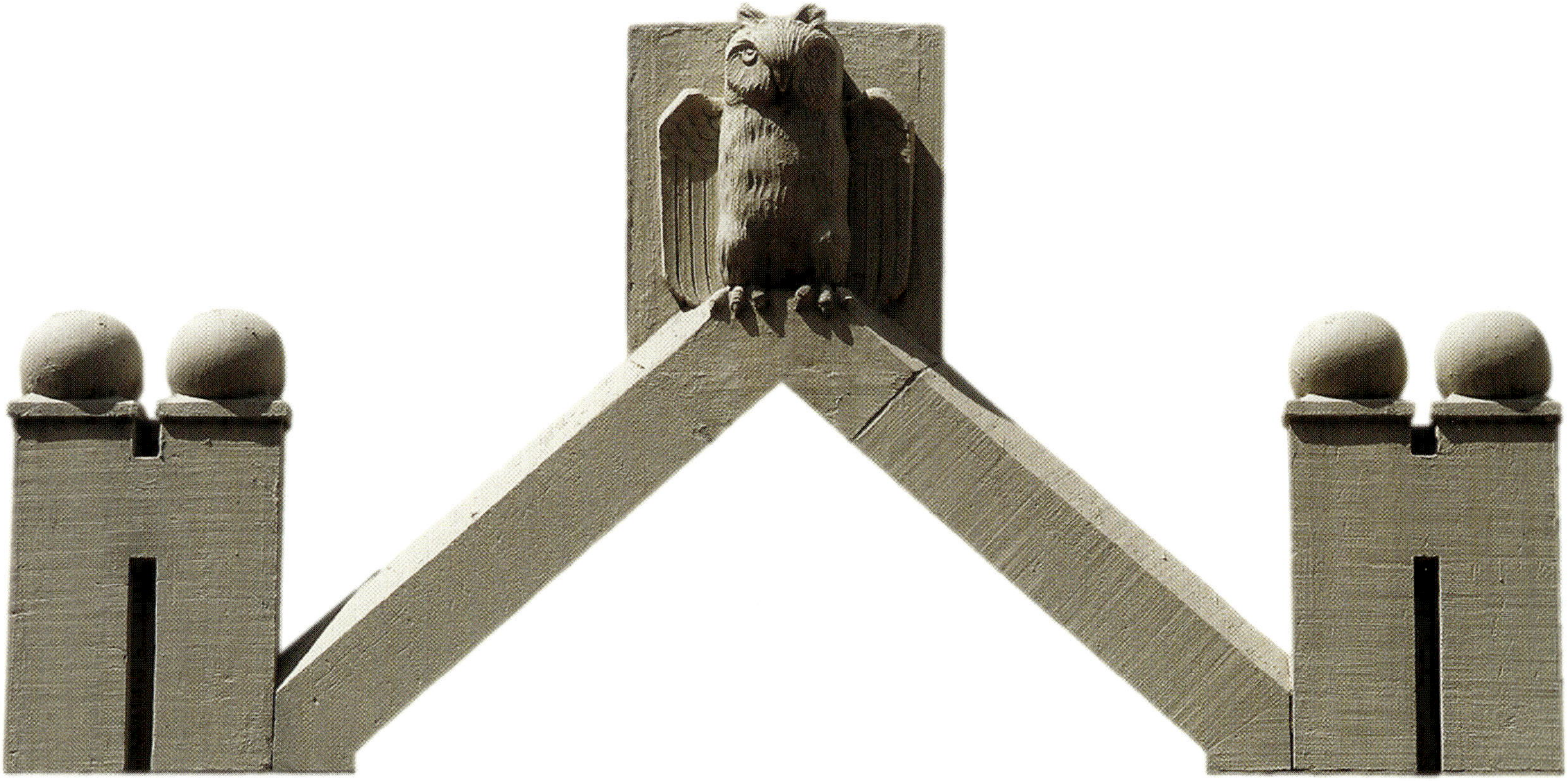

christlich gedeutet werden. Dort überstrahlt die aufgehende Sonne des ewigen Lebens den „Schwanengesang", sie überwindet Todesfurcht und Todesahnung, die sich untrennbar mit

Auch der Vogel in der Nelkenstraße erinnert an einen Schwan, nur die Krallen an den Füßen passen nicht so recht dazu. Interpretieren wir das Wesen einfach als „Wappenvogel", was den neugo-

121
Eine Eule wacht über dem Eingang der Uhlandstraße 36, erbaut 1905 von Adolf Hirth.

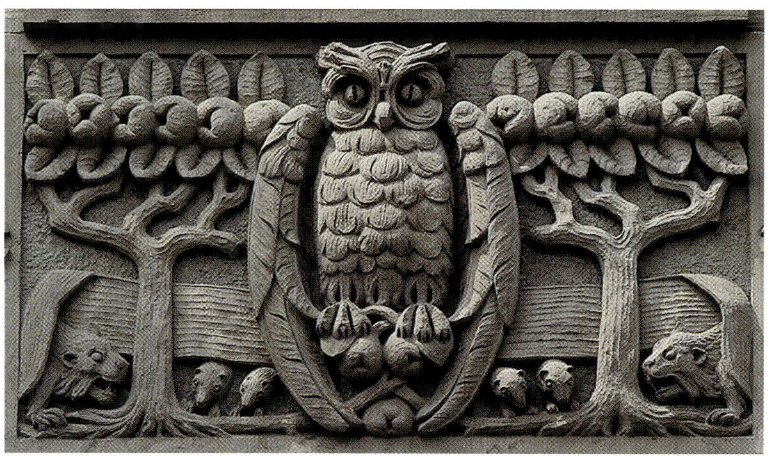

120
Die Nacht, dargestellt als Eule, bewacht die Früchte des Tages, während die Katzen auf Mausjagd gehen. Sommerstraße 8, 1904 von Karl Kreutz.

tischen Komponenten des Hauses gut entspricht und seinen vornehmen Anspruch unterstreicht (Abb. 124).
Die Schlange nahm schon lange einen festen Platz in der Bilderwelt vergangener Zeiten ein. Was die Jugendstilkünstler dabei besonders berührte, war neben ihrer sprichwörtlichen Doppelzüngigkeit ihre insgesamt schillernde Doppelnatur als uraltes Zeichen des Bösen und Dämonischen, aber auch als Symbol der Heilkraft, Weisheit und Güte. Obendrein kam ihr biegsamer, langer und beweglicher Körper den Formvorstellungen der Zeit entgegen. Schlangenleiber finden sich in sehr unterschiedlicher Gestalt. In der Sophienstraße sind sie hoch oben an der Fassade angebracht. Ihre gewundenen Körper ordnen sich in die barock inspirierte Ornamentik des Giebels symmetrisch ein (Abb. 113), während das Tier am Hoftor der Kornblumenstraße dekorativ-linear vielleicht als „guter Geist" des Hauses wiedergegeben ist (Abb. 114). Als freies spiralartiges Ornament erscheint es an einem Fenstersturz in der Lamprechtstraße, bei dem die Inspiration durch

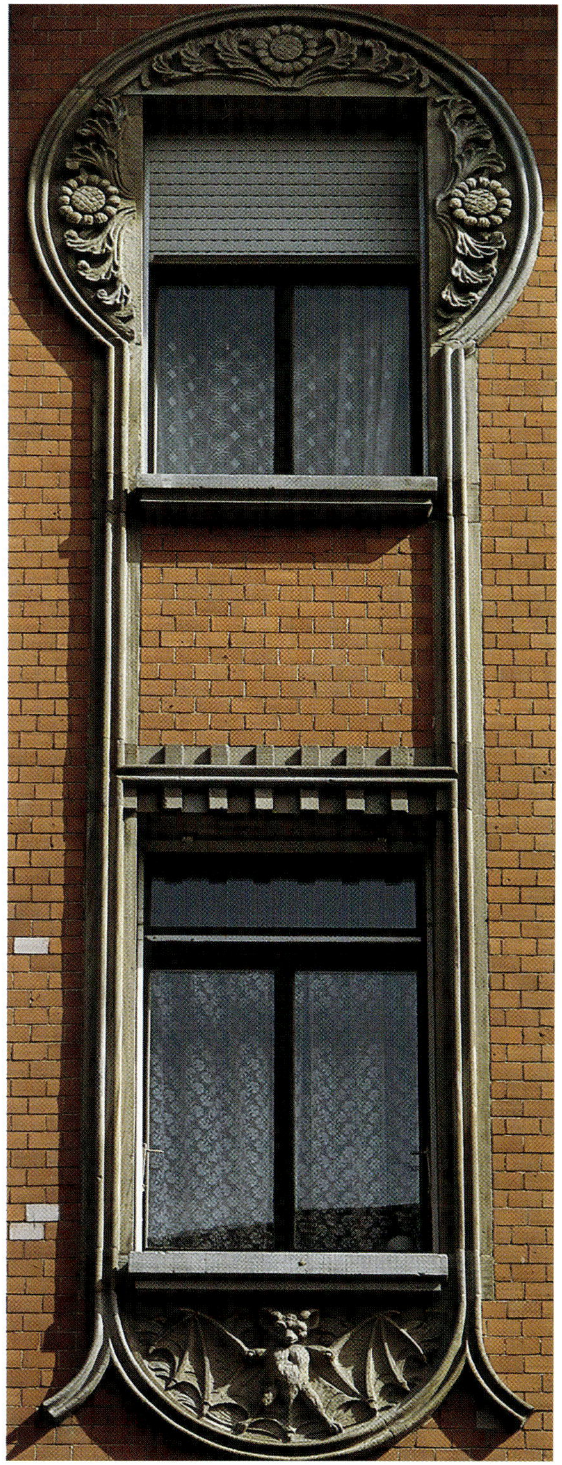

122
Noch mehr Nachtgetier, eine Fledermaus unter der Fenstergruppe der Lachnerstraße 17, 1904 von Karl Kreutz.

einen Schlangenleib allerdings nur vermutet werden kann (Abb. 112).
Das Wasser als lebensspendendes, sich unablässig änderndes Element, ist in seiner spielerischen Vielfalt dem Architektonischen eigentlich fremd. Dennoch tummeln sich Fische, Amphibien und Meereswesen an den Gebäuden. Wieder ist es, wie schon bei den Pflanzen, vor allem die Welt unter, nicht am oder auf dem Wasser, die die künstlerischen Fantasien um 1900 beflügelte. Die flinke Beweglichkeit von Fischschwärmen lässt sich zu endlosen Rapporten von hohem ornamentalem Reiz reihen (Abb. 116). Oder es können zwei delphinartige Körper mit einem Kugelfisch und Rohrkolben zusammen auf einer Kartusche dargestellt werden, ein Bild, das den Betrachter unwillkürlich lächeln lässt (Abb. 115). Die Seepferdchen in der Putlitzstraße sind Teil eines einzigartigen dekorativen Bandgeflechtes, das symmetrisch geordnet, aber doch in frischer, freier Gestaltung die gesamte Fassade des schmalen Hauses überzieht. Wie viele der sehr originellen und eigenständigen Schöpfungen ist auch

dieser Entwurf dem Architekten Karl Kreutz zu verdanken (Abb. 117). Ein vielarmig verschlungener Krake als Wasserspeier am Hygieia-Brunnen vor dem Vierordtbad steht in unmittelbar Verbindung mit seinem natürlichen Lebenselement, während ein Frosch, der aus Seerosenblättern an einem Kapitell in der Weinbrennerstraße regelrecht herauszuwachsen scheint, eher deplatziert wirkt und auf eine „verkehrte“ Welt verweist. Die prachtvolle, Mythen umwobene Seerose nahm allerdings im Motivschatz der Zeit eine so herausragende Stellung ein, dass sie nahezu überall erscheinen könnte. Ihr Emporwachsen im Wasser, ihr schwankender, schwebender Standort, das Öffnen und Schließen ihrer Blüte im Tagesverlauf machten sie zusammen mit der hellen Schönheit der Blüten zum Inbegriff des lebendig Organischen, das eines der wichtigsten Darstellungsziele war.

Nacht und Dunkel, Dämmerung und Zwielicht, beides so nah am Reich des Schlafes, des Todes und der Träume, waren erfüllt von Gefahren, aber auch von Verlockungen und geheimnisvollen Kräften, denen die Menschen seit eh und je zu begegnen hatten und die zu Beginn des 20. Jahrhunderts eine nahezu unwiderstehliche Anziehungskraft ausübten. Das lautlose Gleiten einer Eule in der Nacht, der taumelnde Flug einer Fledermaus, begleitet von kaum hörbarem Sirren, wem wären da nicht schon Schauer über den Rücken gelaufen, wer wäre da nicht schon bereit gewesen, an Übernatürliches zu glauben?

Die Eule in der Uhlandstraße, einziger plastischer Schmuck des Hauses und prominent über dem Eingang platziert, blickt aber so wachsam und streng, wie nur ein aufmerksamer Wächter seine Pflicht erfüllen kann (Abb. 121). Rechnen wir sie also nicht den Be-

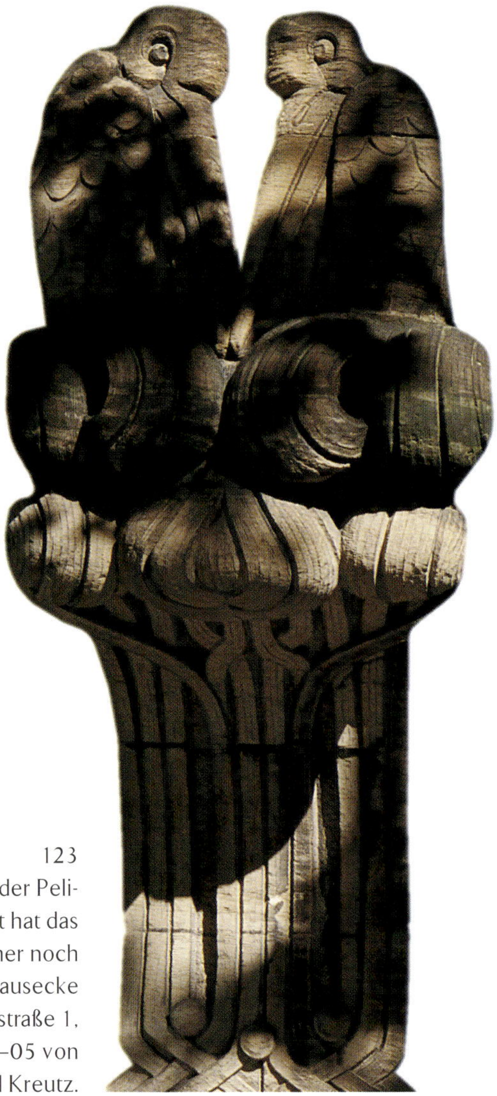

123
Marabus oder Pelikane? Gelöst hat das Rätsel bisher noch niemand. Hausecke der Sternbergstraße 1, erbaut 1903–05 von Karl Kreutz.

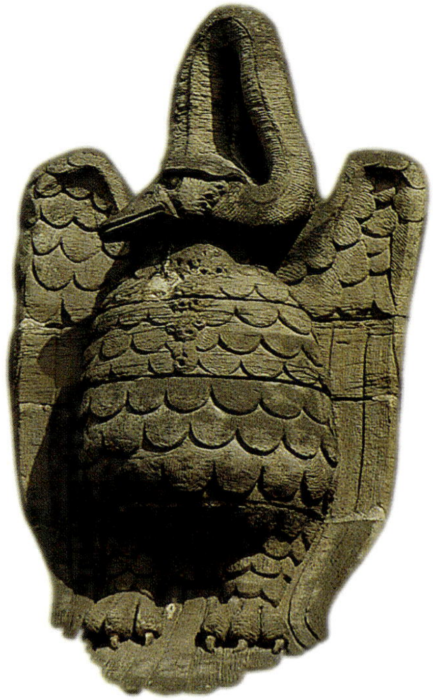

124
Ein dekoratives, gelenkiges Zwitterwesen, ein „Adler-Schwan“ als Wappentier? In der Nelkenstraße 29, erbaut 1903–04 von Adolf Hirth.

drohungen, sondern den Beschützern des ungestörten Schlummers der Hausbewohner zu. Auch dem Bild in der Sommerstraße mit der großäugigen Eule und den beiden Apfelbäumen mag eine freundliche Bedeutung zukommen (Abb. 120).
Den Fledermäusen, im Volksglauben vermeintlich halb Vogel, halb Maus, wurde einerseits Blindheit, andererseits ein besonders scharfes Sehvermögen nachgesagt. Sie waren dämonische Tiere, aber auch Symbole des Glücks, Geschöpfe von zwiespältiger Doppelnatur. Sie boten Schutz vor Hexen, Feuer und Blitz, besonders, wenn man sie mit ausgebreiteten Flügeln an die Hauswand nagelte. Es ist möglich, dass diese Vorstellung hinter dem Relief in der Lachnerstraße steckt (Abb. 122).
Bei den behäbig konferierenden Vögeln in der Sternbergstraße handelt es sich tatsächlich um Zwitterwesen. Ob Marabu oder Pelikan, wer möchte das schon entscheiden? (Abb. 123) Eigentlich ging es dem Künstler ja nicht um irgendeine biologische Festlegung, sondern vielmehr um den dekorativen Ausdruck gesammelter Ruhe und kommunizierender, vertrauensvoller Nachdenklichkeit. Die Figuren mit ihrem ornamentalen Schwung und ihrer Jugendstil-Durchgestaltung haben etwas sehr Gemütliches und Anheimelndes an sich. Das passt sehr gut zu einem Haus, das ja ein „Heim“ bieten soll. In der Aussage ähnlich, aber mit sehr unterschiedlichen formalen Mitteln gestaltet, wirkt der Raubvogel, der in der Kornblumenstraße seine Jun-

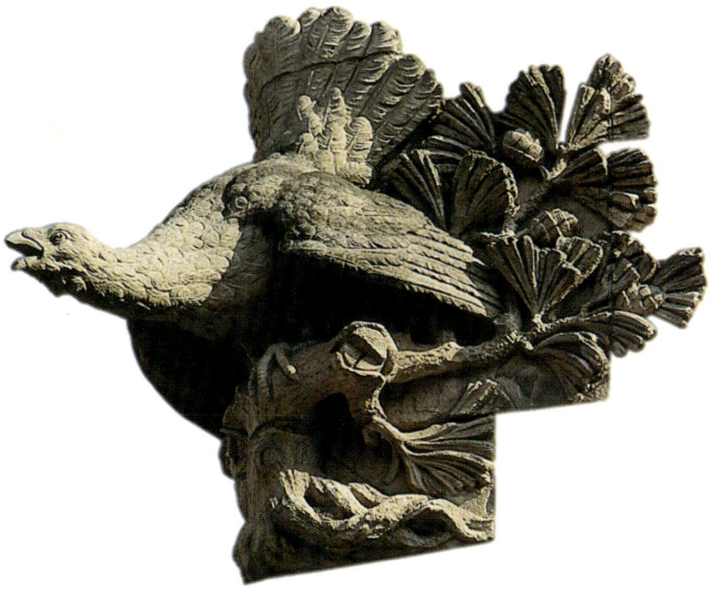

125
Der Auerhahn über dem Erker erzählt von der Jagdleidenschaft des Hausbesitzers. Yorckstraße 41, 1904 von Ludwig Trunzer

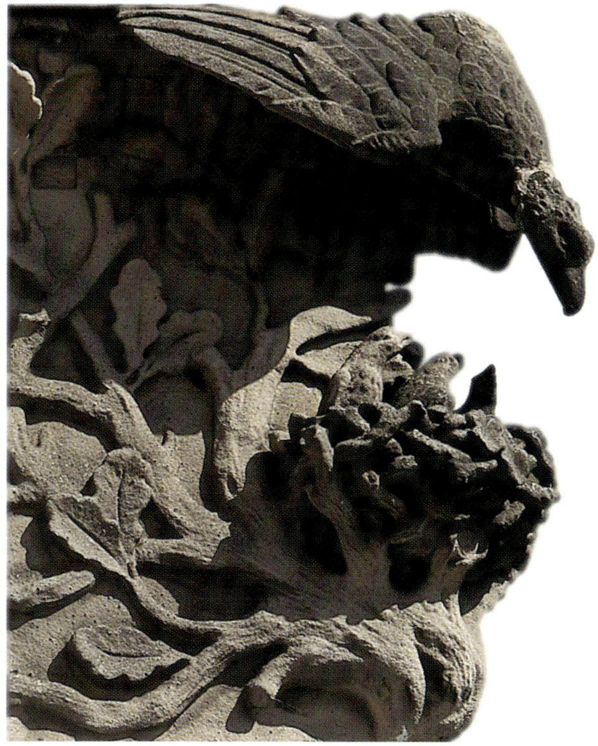

126
Ein Symbol für den familiären Frieden ist der Raubvogel, der sein Nest beschützt. Kornblumenstraße 9, erbaut 1901 von Franz Wolff.

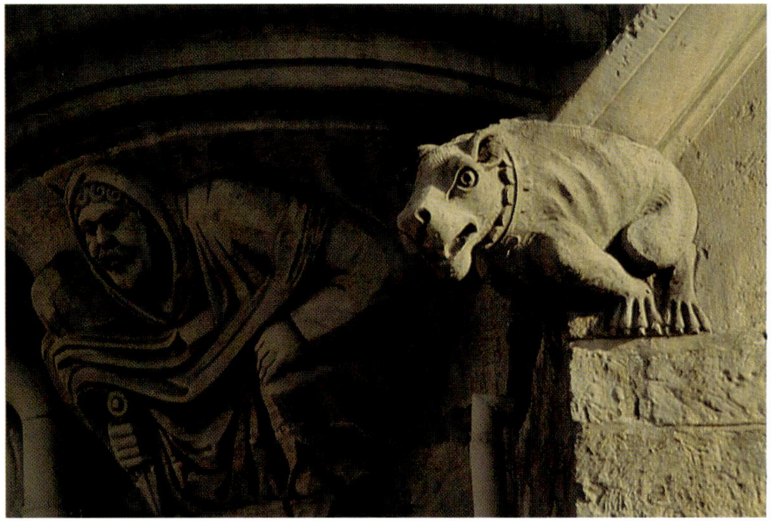

127
Eine Hund als „Wasserspeier" hoch über den Köpfen der Passanten am Giebel des Vorbaus der Sophienstraße 134, 1903 von Adolf Hirt.

129
Ein Hund hat eine Katze auf den Baum gejagt. Auch dies eine Verteidigung des häuslichen Friedens? Giebel der Kriegsstraße 131, erbaut 1902 von Christian Rothfuß jun.

gen füttert. Ihr Nest ist in den Zweigen einer „deutschen Eiche" sicher geschützt. Das Tier ist recht naturalistisch gestaltet und Teil eines Bildprogramms, das von den Zeitgenossen mehrfach als „originell und reizvoll, herrschaftlich und anheimelnd" gelobt wurde, und das sich vor allem um Häuslichkeit und Ehe dreht. Dazu passt auch der tolpatschig brave Hund neben dem Eingang, der, wenn schon an der Kette, doch wenigstens mit einem Knochen zum Knabbern liebevoll versorgt ist (Abb. 128). Hier ist es wieder,

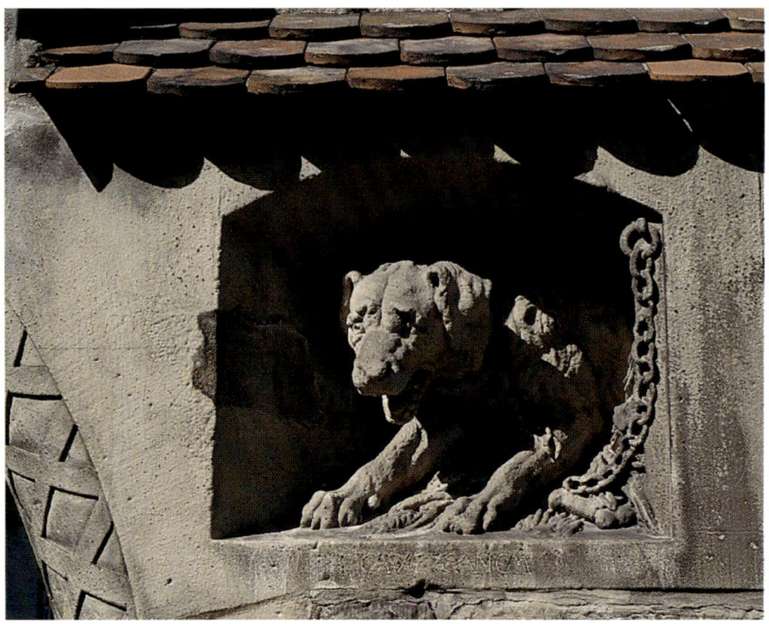

128
Ein Hund bewacht das Tor zum Haus in der Kornblumenstraße 9, erbaut 1901 von Franz Wolff.

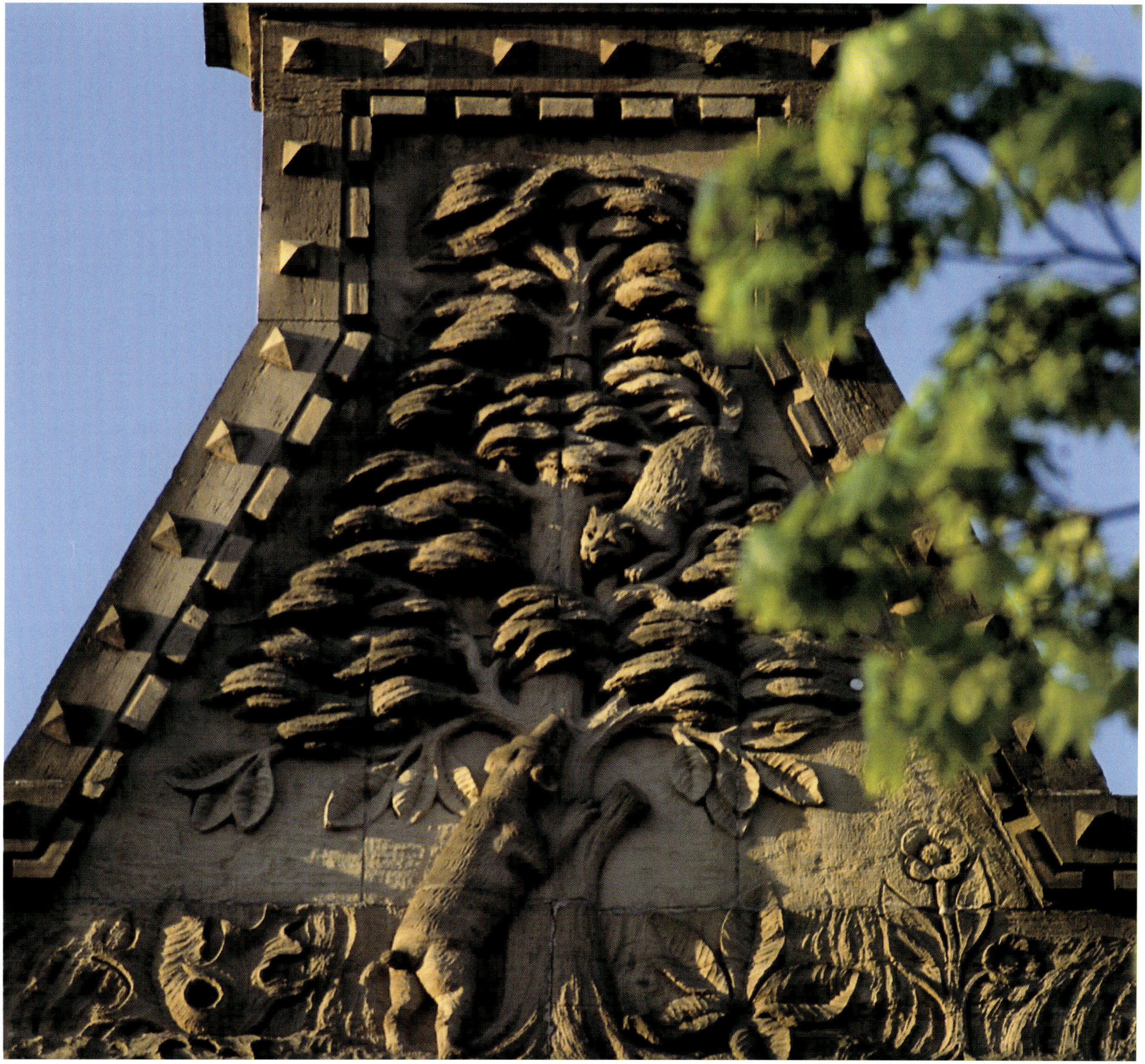

130
Ein schüchternes Eichhörnchen rechts neben dem Eingang der Yorckstraße 41, erbaut 1904 von Ludwig Trunzer.

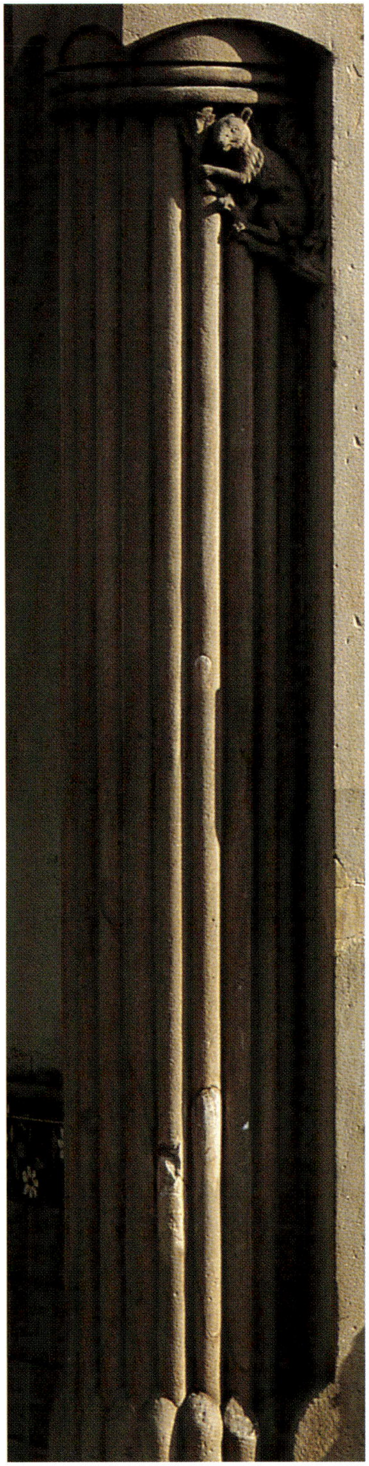

131
Ein Fuchs kopfunter über dem Eingang der Yorckstraße 41, erbaut 1904 von Ludwig Trunzer.

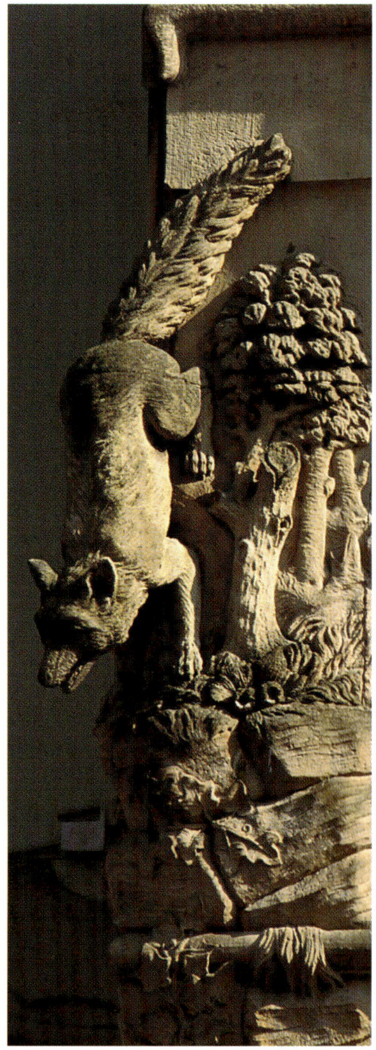

das Augenzwinkern, das immer wieder die Schöpfungen des Architekten Franz Wolff kennzeichnet.
Unser Kronzeuge für die Karlsruher Architekturszene des Jugendstils, Professor Karl Widmer, hat mit Blick auf Curjel & Moser folgende Feststellungen getroffen: „Für ihr Auftreten als Architekten, wie für die ganze Richtung, die sie vertreten, ist das Prinzip des individuellen Schaffens karakteristisch. Wenn wir das Gebiet, auf dem sie bisher thätig waren, einteilen in Villen, Geschäftshäuser und Kirchen, bedeutet dieses Prinzip für ihre Villen-Bauten vor Allem ein Eingehen auf die Persönlichkeit, die Lebensgewohnheiten und die Lebensstellung des Bau-Herrn. (...) Und wie das Prinzip der individuellen Behandlung für den Innenraum durchgeführt ist, so soll uns auch die äussere Architektur das Bild des Individuums wiedergeben (...).“
Wenn diese Sätze auch für andere Architekten gelten – und dafür sprechen die bisher angeführten Bauten und Beispiele eine deutliche Sprache –, dann muss der Erbauer der Yorckstraße 41, der Architekt Ludwig Trunzer, ein passionierter Jäger gewesen sein. Der prächtige balzende Auerhahn, so etwas wie die Erfüllung aller jagdlichen Wünsche (Abb. 125), wird um weiteres heimisches Getier ergänzt. Da schnürt, den Kopf nach unten, Meister Reinecke waghalsig die Eckkante der Fassade entlang und ein Eichhörnchen drückt sich schüchtern am Ende eines Lisenenstabes in eine Nische (Abb. 130, 131). Ergänzt wird dieser Blick in den deutschen Wald durch ein Relief mit einer Jagdszene: Ein Grünrock steht im Wald und feuert

132
Ein Kopf, zwei Körper. Skulptur eines Löwen an der Lamprechtstraße 8, erbaut 1905 von Karl Kreutz.

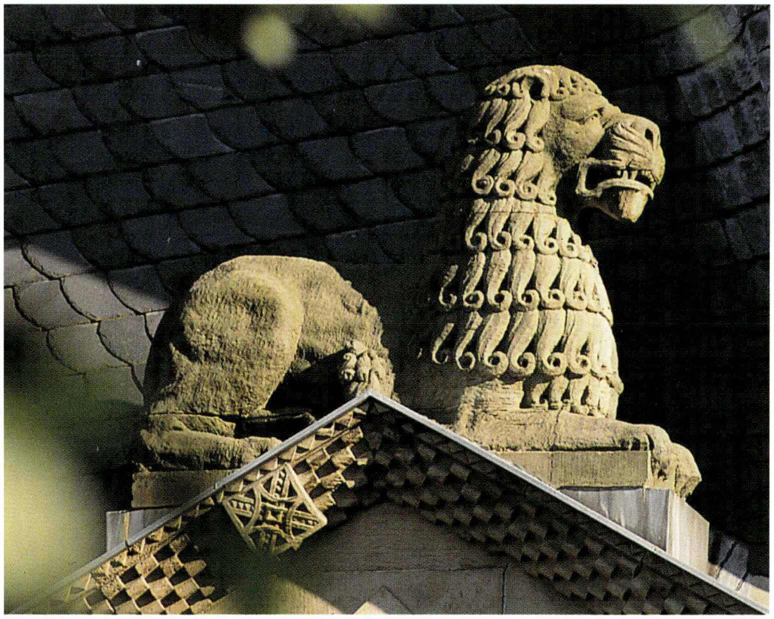

133
Ein stolzer Löwe hoch oben auf dem Giebel der Nordfassade der Rintheimer Straße 2, erbaut 1902–03 von Franz Wolff.

seine Büchse auf ein scheues Reh, und der treue Waldi ist auch dabei. Ein vergleichbares, kleineres „Waldidyll" gibt es in der Durlacher Allee 19. Weniger die Darstellungen des Reliefs als vielmehr die Gestaltung der Tierskulpturen sind von frischer, natürlicher Lebendigkeit. Der Gesamteindruck war damals in Proportion und Platzierung, wie auch als öffentliche Zurschaustellung einer privaten Vergnügens, sicher ungewöhnlich – auch wenn uns Heutigen einzelne Versatzstücke etwas klischeehaft anmuten (Abb. 130, 131). In den Gemälden des reich ausgestatteten Durchgangsflurs im Inneren wird das Thema „Jagd" noch einmal aufgegriffen und weiter fortgeführt. Die Übereinstimmung von Innenbau und Außenhaut fand also nicht nur formal, sondern bis in die inhaltlichen Details der Dekorationsformen statt. Die Karlsruher müssen schon sehr um ihren Haussegen besorgt gewesen sein, da immer wieder neue gestalterische Ideen auftauchen, wie das Abhalten oder Vertreiben von Eindringlingen ins Bild gesetzt werden kann. Da blickt hoch oben in der Sophienstraße 134 ein kräftiges Hundevieh herab und scheint wie ein Wasserspeier die nichts ahnenden Passanten anzuspucken; dies in guter alter romanischer Tradition, von der das Haus formal durchaus beeinflusst ist (Abb. 127). Völlig ungewöhnlich ist dagegen der stämmige Hund, der im Giebel der Kriegsstraße 131 mit Hingabe eine ganz normale Hauskatze im Geäst verbellt – oder freundschaftlich neugierig hoch schnüffelt (Abb. 128)?. Die weich mo-

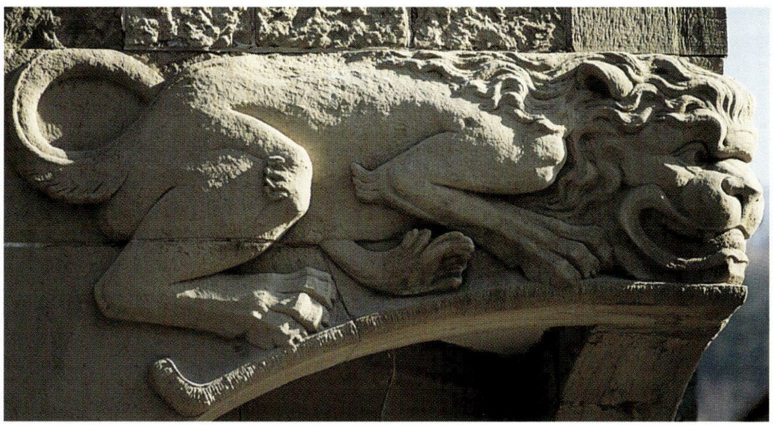

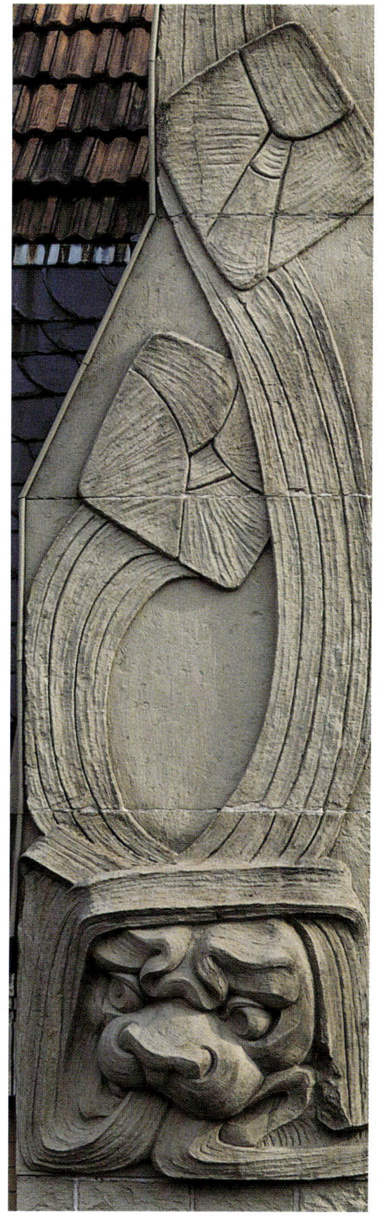

134
Ein ornamental verwandelter Löwenkopf am Westgiebel der Lamprechtstraße 8, erbaut 1905 von Karl Kreutz.

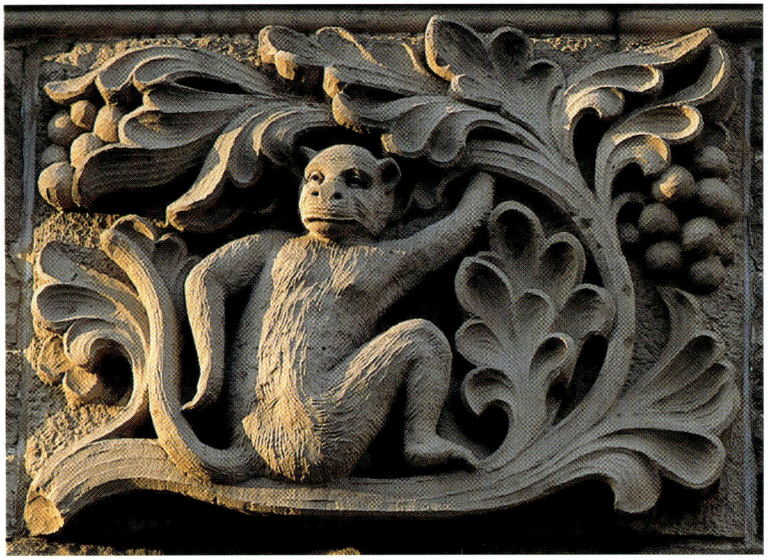

135
Ein vergnügtes Affenviech an der Nordfassade der Rintheimer Straße 2, erbaut 1903 von Franz Wolff.

dellierte Durchgestaltung der Vegetation zeigt besonders im Sockelbereich deutlich moderne Formtendenzen, mag der Rahmen der lustigen Szene noch so antiquiert, d. h. sehr neugotisch, anmuten. Vom Inhalt her lässt auch sie sich als die Verteidigung der eigenen Rechte verstehen.
Eine solch alltägliche, triviale Szene würde sich der hoheitsvolle Locken-Löwe in der Rintheimer Straße sicherlich strengstens verbitten, ist er doch stolz auf seine romanischen Ahnen – und vor allen Dingen kann er ja schließlich auf eine ehrwürdige Geschichte als Wappentier zurückblicken (Abb. 133). Die althergebrachten heraldischen Motive wie Löwe und Adler werden auch nach 1900 noch geschätzt, allerdings ist der Umgang mit ihnen jetzt neu. Der stolze Löwe darf nicht mehr, wie es sich eigentlich gehört, neben dem Portal liegen, vielmehr wurde er in die höchsten Regionen verbannt, wo seine ornamental wohl frisierte Gestalt auf dem Giebel thront.
Ein Löwentier in der Lamprechtstraße ist dagegen sehr nah am täglichen Geschehen, da es direkt über den Köpfen der Vorübergehenden an der Hausecke angebracht ist (Abb. 132). Um als Schmuck für diese speziell in Karlsruhe beliebte Eingangsgestaltung zu dienen, musste er sich zweiteilen lassen. Zur Erläuterung Eckhäusern kam ein besonderer Stellenwert zu, der gestalterisch gerne betont wurde und zwar häufig über die Eingänge. Dabei wurde das Hauptportal auf die Ecke des Hauses gesetzt – von den Konsequenzen für die innere Raumorganisation soll hier nicht die Rede sein. Solche Ecklösungen konnten einzeln gebaut werden, es existieren aber auch Situationen, wo vier Häuser über die Straßenkreuzung hinweg aufeinander bezogen wurden. Es entstand dann fast der Eindruck eines kleinen Platzes wie in Durlach an der Kreuzung von Neuenstein- und Lamprechtstraße. Es gab aber auch die Variante, dass die Hauskante zwar schräg gekappt wurde, aber lediglich als „Abkürzung“ um die Ecke diente und es keinen Eingang an dieser Stelle gab. Genau das ist der Fall bei dem Löwen, der ein Gesicht, aber zwei Körper hat. Das Haus ist eines der originellsten, noch weitgehend im ursprünglichen Zustand überlieferten Jugendstilhäuser der Stadt.
In der Gesamtorganisation der Fassade kommt dem Löwen eine besondere Rolle zu. Betrachtet man das Haus übereck, könnte man den Eindruck eines Gesichtes erhalten: mit unterschiedlichen Ohren (die Giebel rechts und links sind nicht gleich), einem geöffneten Mund mit dem deutlichen „Schnurrbart“ des Löwen, einer „Ornamentnase“ und darüber den „hochgezogenen“, steinernen Augenbrauen grünlich glasierter

136
Affe oder nicht Affe? Tierkopf über dem Osteingang der Tullastraße 88, erbaut 1904 von Otto Büche.

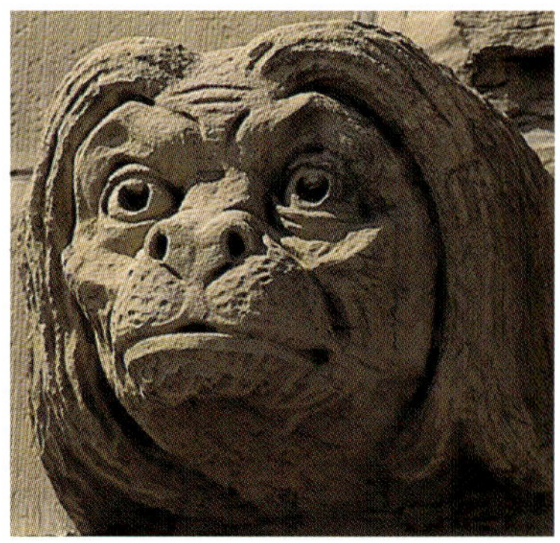

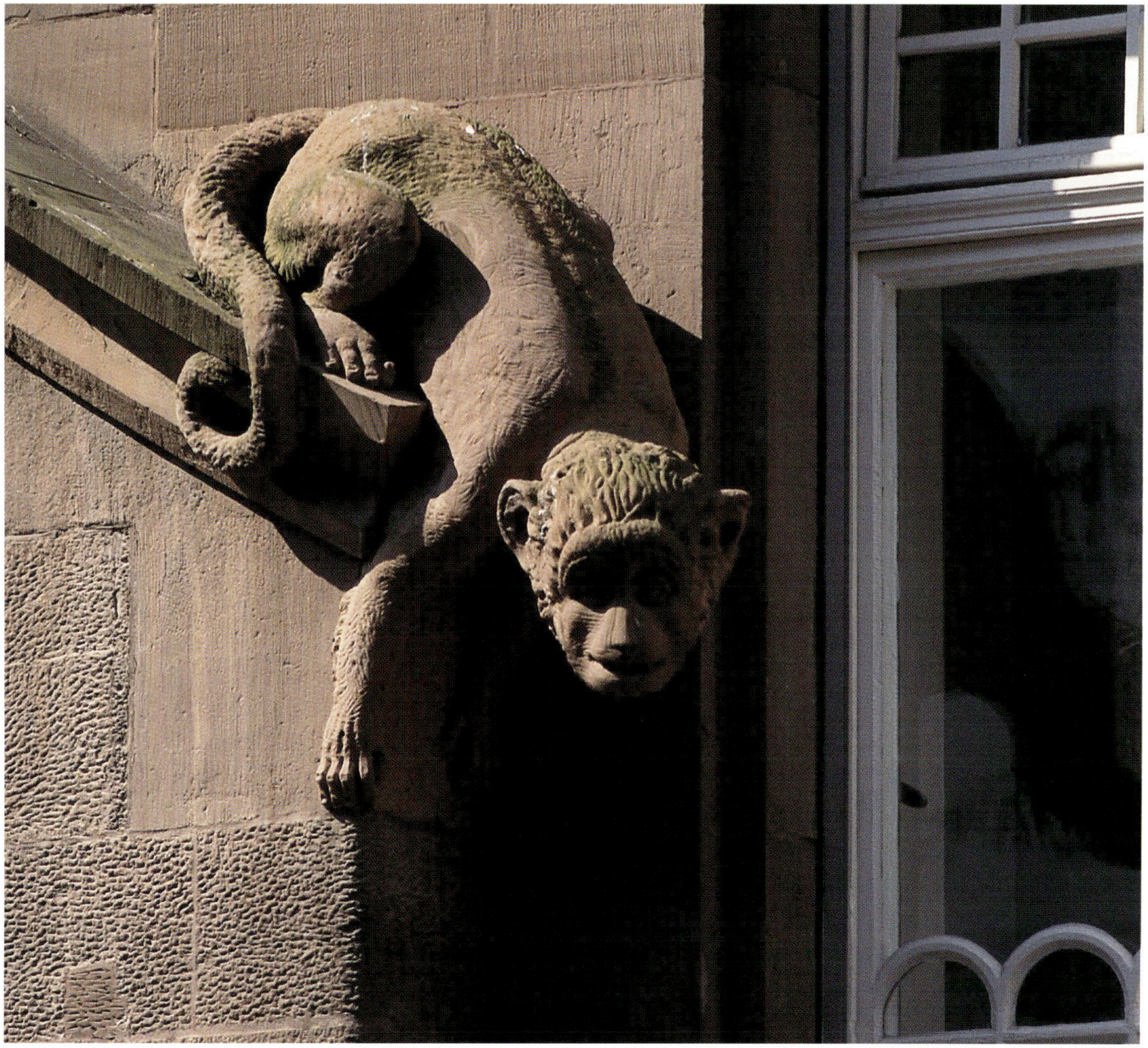

137
Ob er wohl gleich springt? Affe an der Ostfassade der Douglasstraße 24, erbaut 1905–06 von August Hörner.

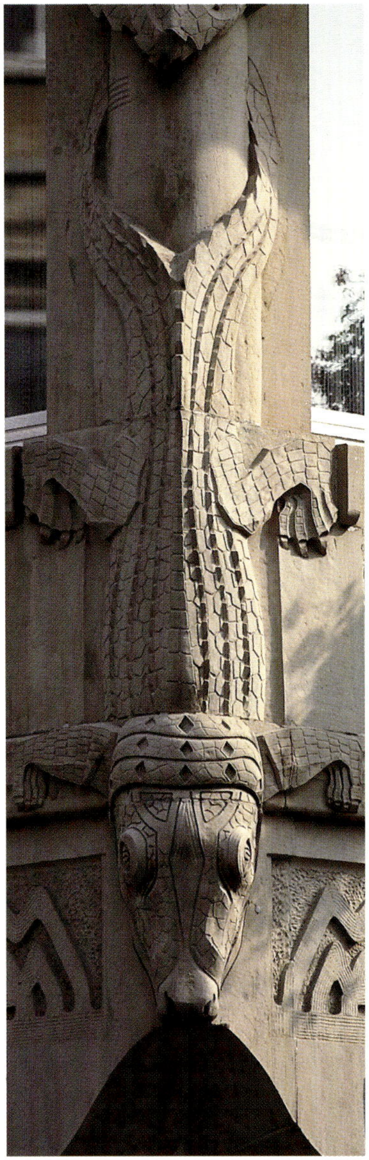

138
Eine äußerst dekorative Echse. Krokodil über dem Eckeingang der Gymnasiumstraße 6a, erbaut 1905–06 von Karl Kreutz.

Ziegelbögen. Die Fenster mit ihren farbig abgesetzten Rundformen darüber sind so etwas wie die „Falten in der Stirn" des Hausgesichts. Wem das zu fantasievoll ist: Auch in den Kontrasten der Farben orange, grün, gelb und hellgelb zeigt sich deutlich das ideenreiche Können von Karl Kreutz. Der Architekt stand immer im Schatten berühmterer Kollegen, die er aber stets an ironischen Einfällen, Witz und Pfiffigkeit übertraf. Zu dem „geteilten" Löwen kommen noch zwei weitere Wüstenkönige an dem selben Haus dazu: skeptisch gequetschte Löwengesichter am Giebel, aus denen floral-organische Ornamente emporwachsen (Abb. 134). Sie sind symmetrisch angeordnet und gehören zu den interessantesten Reliefs, die sich aus dieser Zeit erhalten haben. Ihnen entspricht am zweiten Giebel des Hauses eine hoch oben thronende Sphinx.

Edle und „niedere" Instinkte existieren unmittelbar nebeneinander, niemand war sich dessen mehr bewusst als die Jugendstilkünstler. Möglicherweise ist das ohne einen erkennbaren formalen Bezug willkürlich in das Bossenmauerwerk eingefügte Relief mit dem Affen in der Rintheimer Straße ein Anspielung darauf (Abb. 135), gilt der Affe doch als sexuell besonders aktives Tier. Er befindet sich an dem selben Haus, an dem auch der heraldische Löwe thront und dessen Portal rechts mit dem Kopf eines jungen Mannes und links mit dem eines Mädchens geschmückt ist (Abb. 180). Es handelt sich um eine Abwandlung des Portals der Kornblumenstraße 9, das gleichfalls von Franz Wolff stammt. Der Architekt stand seinem Kollegen Kreutz an ausgefallenen Einfällen nicht nach, und so erscheint eine solche Deutung durchaus möglich zu sein.

Ob es sich bei dem leicht verwundert blickenden Tierkopf in der Tullastraße gleichfalls um einen Affen handelt, sei dahin gestellt, während die kleine Skulptur in der Douglasstraße deutlich als solcher zu erkennen ist (Abb. 136, 137). Geschickt klammert sich das Tier an ein hoch oben angebrachtes Sims und scheint drauf und dran zu sein, auf den Betrachter hinunter zu springen. Seltsamerweise steht ein Stück weiter oben auf dem selben Sims Merkur, der Gott des Handels und Wandels, der Gott der Kaufleute und Diebe (Abb. 100). Da Affen gerne stehlen, ist die Figur vielleicht eine Anspielung auf die „räuberischen" Seiten des Gottes.

Wie kann man sich aber ein Krokodil an einer Hausfassade erklären (Abb. 138)? Ein Exemplar ist über dem Eckeingang der Gymnasiumstraße in Durlach am Wohnhaus von Karl Kreutz angebracht. Vielleicht sollte es ja dem Eintretenden Respekt einflößen? Vielleicht aber faszinierte das exotische Tier nur durch seine Gestalt, die durch ihre Länge für den Schmuck einer solchen Ecksituation besonders geeignet war und die gleichzeitig mit ihrem Schuppenpanzer reizvolle Möglichkeiten für eine ornamentale Gestal-

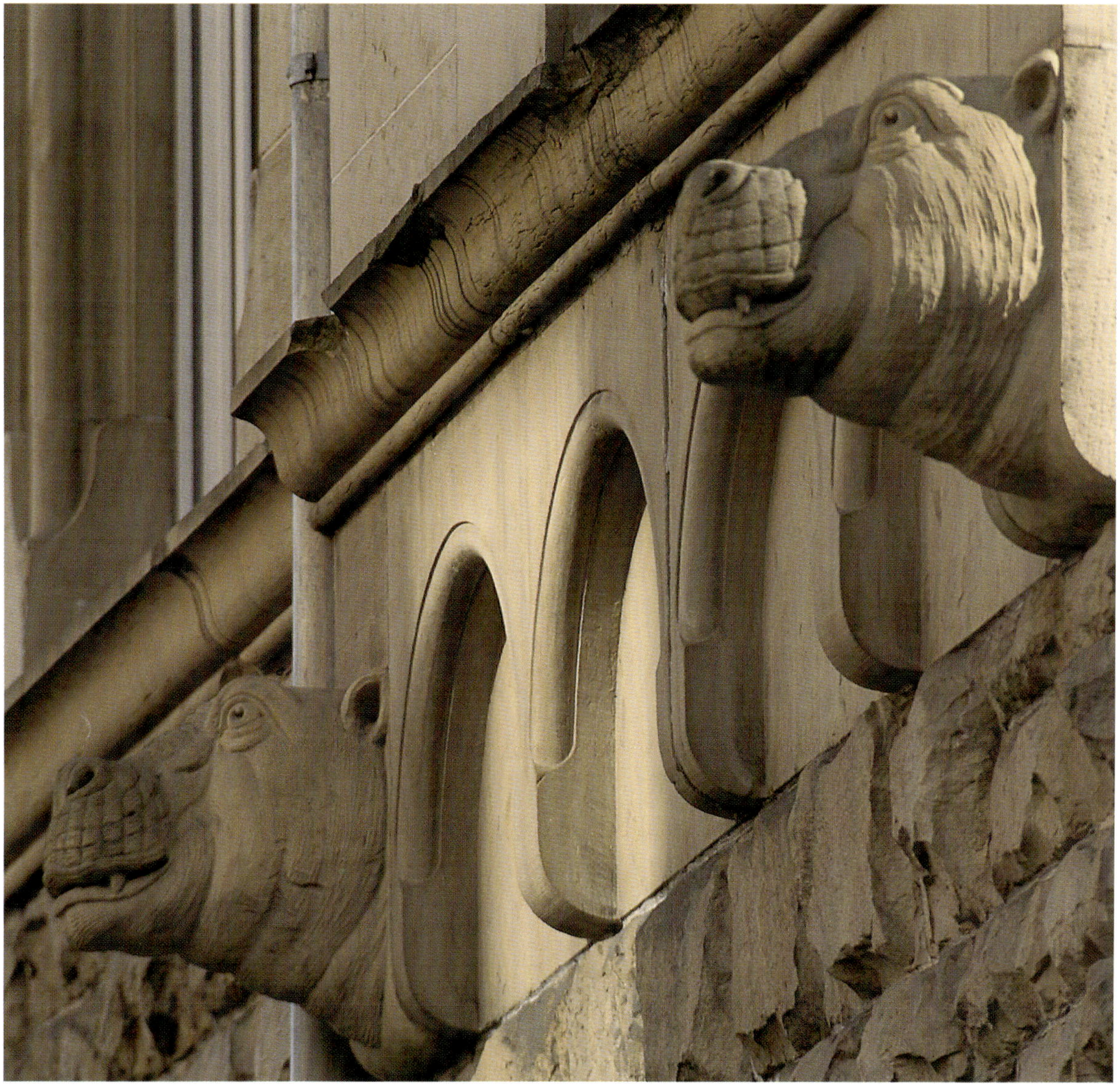

139
Völlig verblüffend: Flusspferde an der Westfassade der Rintheimer Straße 2, erbaut 1902–03 von Franz Wolff.

tung bot. Da es noch zwei weitere Krokodile an Karlsruher Fassaden gibt und ein 1910 gebautes Gasthaus „Zum Krokodil" getauft wurde, hat es mit dem Tier vielleicht auch eine besondere Bewandtnis gehabt. Man sagt ihm ein durstiges Wesen nach, was ja gut zu einer Kneipe passen würde. Möglicherweise aber hatte auch der Karlsruher Zoo seinerzeit besondere Prachtexemplare der Gattung zu bieten? Außerdem könnte es sein, dass hinter der Fassade mit den Flusspferd-Köpfen in der Rintheimer Straße 2 ähnliche Anregungen stecken (Abb. 139). Vielleicht hat sich aber auch der Architekt Franz Wolff nur einen Spaß gemacht. Dann bekäme auch der Affe, der sich an demselben Haus befindet, eine einfachere Erklärung. Vermutlich aber war einfach der Bauherr ein spezieller Freund exotischer Tiere, sollte sich doch seine Persönlichkeit an seinem Haus widerspiegeln.

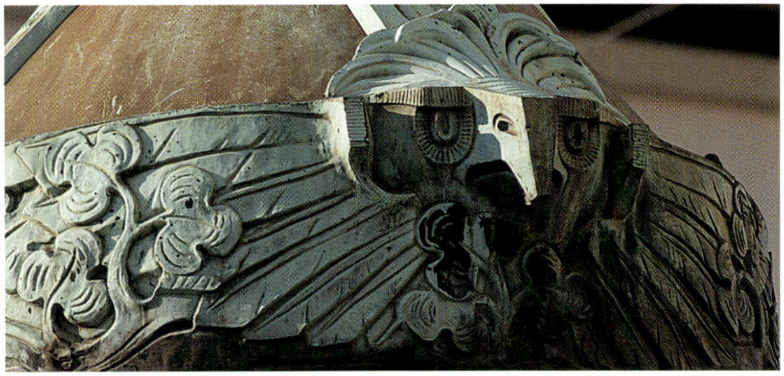

140
Greif, Detail vom oberen Abschluss der Litfaßsäule in der Daxlander Straße, 1902. Vermutlich von Fridolin Dietsche.

Fabeltiere und Mischwesen aller Art haben eine Jahrtausende alte Tradition in der Kunst. Der Formen-Fundus europäischer Vorstellungen stammt zu großen Teilen aus der griechischen und römischen Antike, es entstand aber auch eine Fülle eigener Neuschöpfungen. Rückgriffe auf die Motivschätze orientalischer und asiatischer Kulturen trugen gleichfalls Wesentliches zur Vielfalt bei. So stand um 1900 ein wahres Panoptikum von Gestalten zur Verfügung, denen eine bestimmte inhaltliche Bedeutung zukam oder zugeschrieben werden konnte.
Der Greif war ein bevorzugtes Tier. Er hat den Leib eines Löwen, die Flügel des Adlers und den Schnabel eines Raubvogels. An den Karlsruher Fassaden taucht er nicht in seiner mythologischen Rolle als Hüter des Goldes oder in christlicher Deutung als Symbol sündhafter Triebe auf, sondern schlicht als das Wappentier des Landes Baden. Diese heraldische Herkunft ist dem Exemplar in der Weltzienstraße nicht unbedingt anzusehen. Um den damals zu Hunderten neu entstehenden Mietshäusern wenigstens eine individuelle Note zu geben, wurden gerne einige Dekorationselemente besonders markant hervorgehoben. So ist dem Architekten Karl Kreutz mit dem mächtigen Greif in der Weltzienstraße ein unübersehbarer Blickfang geglückt. Das Motiv erfüllt an der Fassade dieselbe Funktion wie das Krokodil am Wohnhaus des Architekten in Durlach. Auf diese Weise wurde der Eingang an der Ecke betont. In der Gestaltung des Tieres macht sich eine weitere

# Die Geister, die er rief ...
## Dämonen, Drachen, Fabelwesen

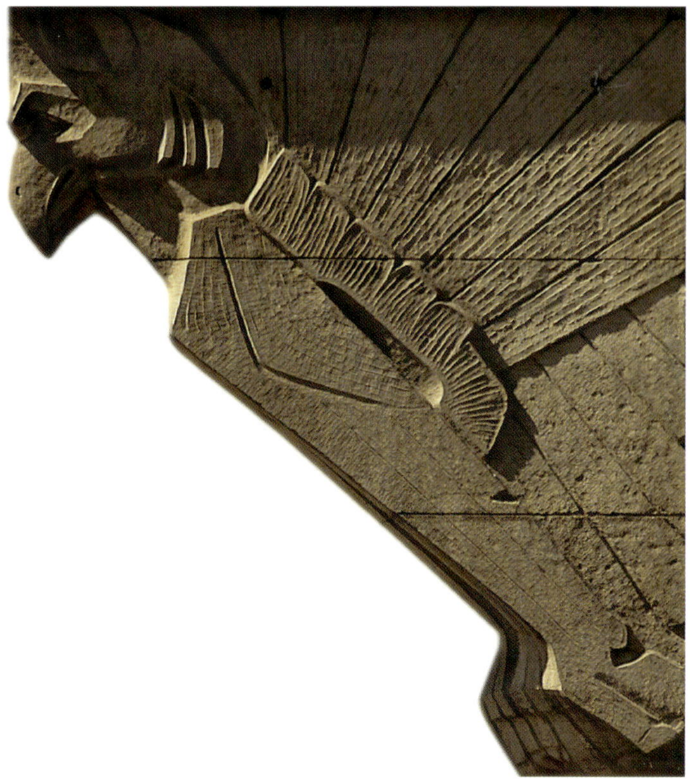

formale Inspirationsquelle des Jugendstils bemerkbar, aus der nicht nur in Karlsruhe, sondern in ganz Europa geschöpft wurde. Es waren dies volkskundliche Motive und Darstellungsweisen, die bevorzugt aus der Möbel- und Schnitzkunst der nordischen Länder kamen. In deren dekorativem „Flachstil“ werden Pflanzen-, aber auch Tierdarstellungen ornamental flächig und scharfkantig wiedergegeben. Weitere Beispiele für diese formale Spielart sind die Schlange in der Kornblumenstraße (Abb. 114) und die Bekrönung der alten Karlsruher Litfaßsäulen, bei denen es sich gleichfalls um einen Greif handelt, der allerdings sehr abstrahiert wiedergegeben ist. Friedrich Ratzel – als hochbegabter Architekt stets auf der gestalterischen Höhe seiner Zeit – soll zur künstlerischen Kaschierung eines technischen Baus, des Umspannwerkes in der Daxlander Straße, einen ornamentalen Abschluss entwickelt haben, der dann zur Bekrönung der Karlsruher Reklamesäulen wurde. Die Urheberschaft ist nicht eindeutig geklärt. Möglicherweise stammt das Werk auch von Fridolin Dietsche. Anders als dessen strenge, lineare Gestaltung ist der kleine Greif in der Winterstraße zu einem weich durchmodellierten Volutenornament verwandelt.

Die Welt der Veränderungen und der fließenden Grenzen, der Zwitterwesen und des beflügelnden Rausches, das Reich dunkler Dämonen und lauernder Begierden, waren den Menschen des Fin de Siècle, dessen Gedanken und Gefühle bis in das neue Jahrhundert hinein reichten, ständiger, wenn oft auch trügerischer Lebenshintergrund. Es versteht sich von selbst, dass dies für den Einzelnen mehr oder weniger zutraf, als untergründige Zeitströmung aber doch für jeden spürbar war. Natürlich gehörten in den damals sehr bürgerlichen Zeiten auch Sexualität und Erotik hierzu. Dennoch finden sich Darstellungen aus diesem Bereich durchaus als Schmuck von Häusern wieder, allerdings symbolisch verbrämt.

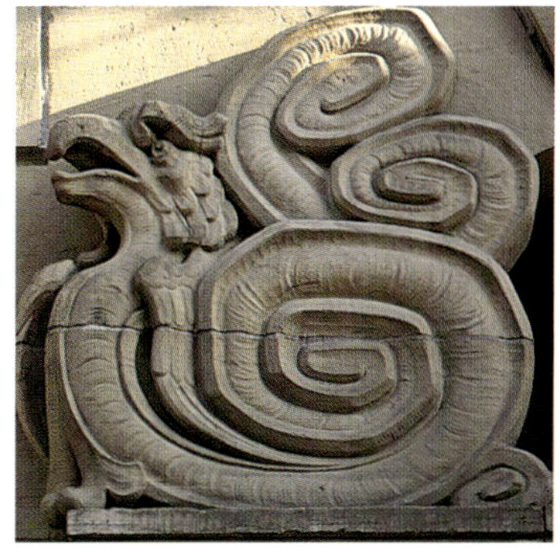

142
„Volutengreif“ über dem Hauseingang Winterstraße 9, erbaut 1904–05 von Theodor Kempermann.

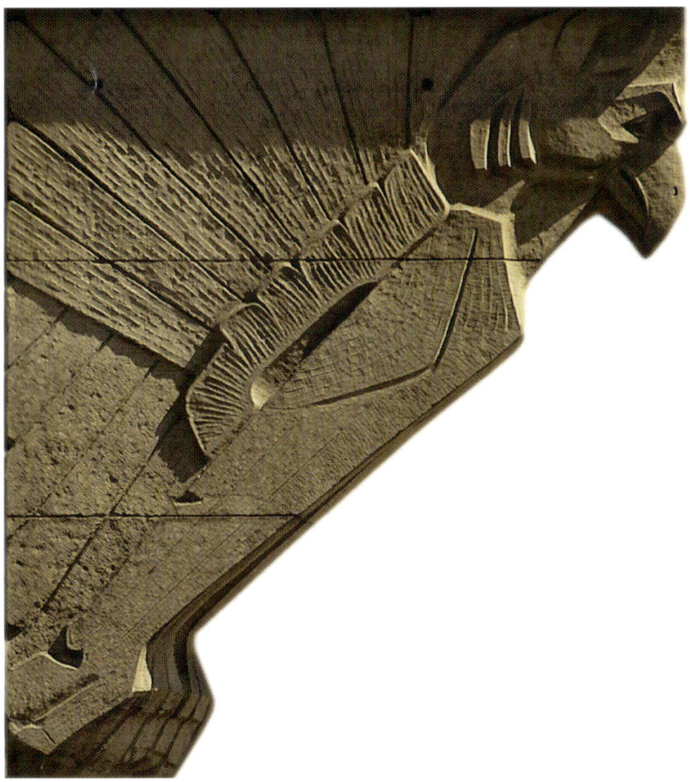

141
Ein mächtiger, flächig stilisierter Greif als Eckkonsole über dem Ladeneingang der Weltzienstraße 17, erbaut 1905 von Karl Kreutz.

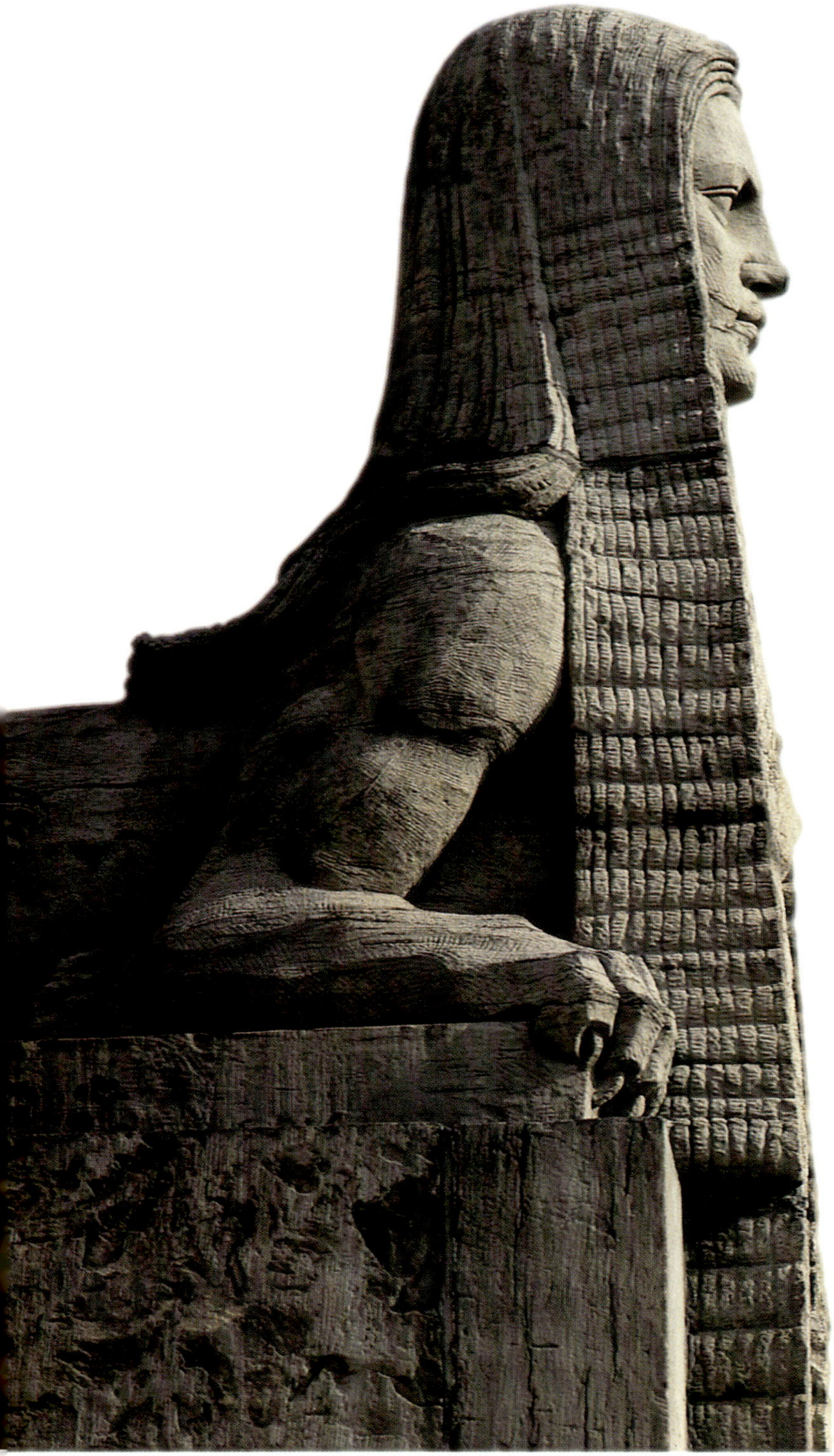

Bei den Ägyptern mit männlich glatter, breiter Brust, bei den Griechen der Antike vollbusig als weiblich dargestellt, wurde die Sphinx im 19. Jahrhundert zum Inbegriff des rätselhaften Weibes schlechthin. Niemand anderer als Heinrich Heine war es, der in seinem Gedicht von der Sphinx diese als die Verkörperung von Liebe und Liebesschmerz versteht.

Lebendig ward das Marmorbild
Sie trank meiner Küsse lodernde Glut
Mit Dürsten und mit Lechzen.
Sie trank mir fast den Odem aus
Und endlich, wollustheischend
Umschlang sie mich, meinen armen Leib
Mit den Löwentatzen zerfleischend.
Entzückende Marter und wonniges Weh!
Der Schmerz wie die Lust unermeßlich!
Derweilen des Mundes Kuß mich beglückt,
verwunden die Tatzen mich gräßlich.
Die Nachtigall sang: O schöne Sphinx!
O Liebe! was soll es bedeuten,
Daß du vermischest mit Todesqual
All Deine Seligkeiten?

Das Gemälde „Ödipus und Sphinx" des französischen Symbolisten Gustave Moreau ist 1864 nach der Lektüre dieses Gedichtes entstanden; eines in einer langen Reihe von Bildern, denen der Maler Franz von Stuck seinen wilden und eindeutigen „Kuss der Sphinx" hinzufügte. Dieses Bild war, ebenso wie seine „Sphinx" aus dem Jahr 1902, jedem Kunstinteressierten bekannt. Die Gestaltung der Skulptur, die am obersten Stockwerk der Sophienstraße zur Schau gestellt ist, zeigt deutlich, dass hier nicht einfach spekuliert wird (Abb. 143). Von vorne betrachtet ist das mythische Wesen ein schönes Mädchen mit stolzen Brüsten und langen Lockenwellen, dessen seltsam leerer, auf sich selbst bezogener Blick Rätsel aufgibt. Die Krallen sind verborgen, der Eindruck ist von kühler Unnahbarkeit. Ganz anders dagegen die Skulptur im Profil: Da ist ein Raubtier auf dem Sprung, die Augen aufmerksam auf das hilflose, gebannte Opfer gerichtet, die Schultermuskeln angespannt, die Krallen der mächtigen Tatzen ausgefahren, der Schwanz peitscht kraftvoll die Flanken. Ein identisches Pendant der Figur befindet sich auf der anderen Seite des kleinen Balkons, dessen geschwungenes Gitter die gleichen qualitätsvollen Jugendstilmerkmale zeigt, wie die beiden Skulpturen. Bei der Doppelung hat sich der Architekt und Bauherr Christian Rothfuß möglicherweise von einer der Architekturfantasien Hermann Billings anregen lassen (Abb. 143).
Während die Sphingen hoch droben thronen und die Dekoration des sehenswerten Hauses, eines der bedeutendsten erhaltenen Karlsruher Jugendstilhäuser, von unten nach oben immer reicher und vielfältiger wird, gibt es über

dem Eingang zur Begrüßung lediglich einen Kopf, dessen Züge sich in linear-dekorativ wuchernden Pflanzenwerk aufzulösen scheinen. Unzweifelhaft ist – bei aller allmählichen Verwandlung –, dass es sich um ein zeitlos-gelassenes, ursprünglich männliches Gesicht handelt – den Blick nach innen gerichtet. Wird also im Gesamtzusammenhang der Fassade der Triumph des „Ewig-Weiblichen" über die gebannte und verwandelte Männlichkeit gezeigt? Den Zeitgenossen sind solche Vorstellungen und Überlegungen nicht fremd gewesen.
Der Widder und der Ziegenbock gelten gemeinhin als Chiffren für die Manneskraft. Ein Männerhaupt mit lüsternem Funkeln in den Augen und einem schrägen Grinsen um den Mund, mit Widderhörnern und Ziegenbart versehen, ist als einziger plastischer Schmuck über dem Eingang eines Hauses in der Südendstraße angebracht. Was soll der Betrachter hieraus schließen (Abb. Buchrücken)? Möge uns ein anderes Mischwesen, das allein aus Tieren zusammengesetzt ist, in unverfänglichere Regionen entführen.
An dem vornehmen, qualitativ ausgezeichneten Haus der Gebrüder Leichtlin in der Kaiserallee gibt es über dem reich geschmückten Portal in einer Wappenkartusche das Relief eines springenden, geflügelten Pferdes (Abb. 1). Pegasus, das Götter- und das Musenross, symbolisiert den wolkenschnellen Flug am Firmament der Fantasie und könnte – ganz traditionell – für den geistigen Anspruch der Besitzer stehen. Aber auch hier gibt es eine – möglicherweise ironische – Brechung, einen weiteren Sinn. Bedeutet der brennende, von fünfzackigen Sternen flankierte Leuchter daneben, dass das Flämmchen menschlicher Klugheit den Himmel erhellt? Oder soll eher mit Hilfe göttlicher Inspiration den Besuchern des Hauses endlich ein Licht aufgehen? Ist das Musenross also doch mehr als ein Zitat, das an den fest gefügten Bildungskanon eines vergangenen Jahrzehnts erinnert? Entscheiden lässt sich dies nicht, warten wir, ob eines Tages ein findiger Archivar Klarheit ins Dunkel bringt.

143
Im Profil kraftvoll und raubtierhaft, von vorn sanft und weiblich. Sphinx am Balkon der Sophienstraße 136, erbaut 1904 von Christian Rothfuß jun.

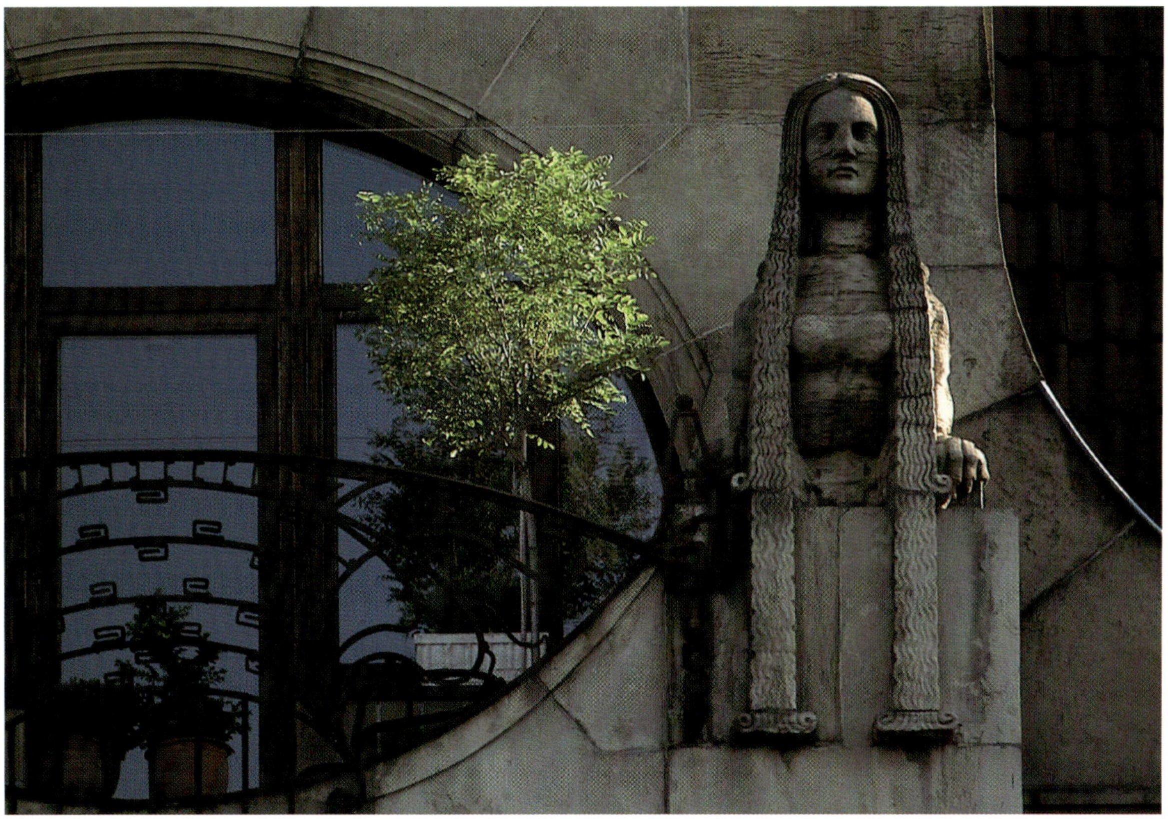

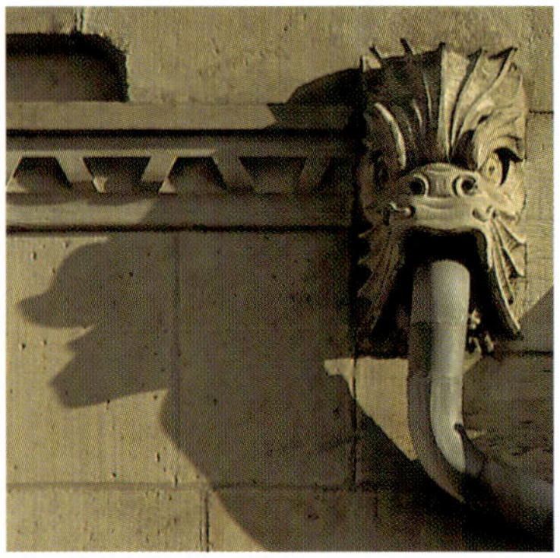

144
Ein Drachenmaul als Wasserspeier. Sophienstraße 134, erbaut 1903 von Adolf Hirth.

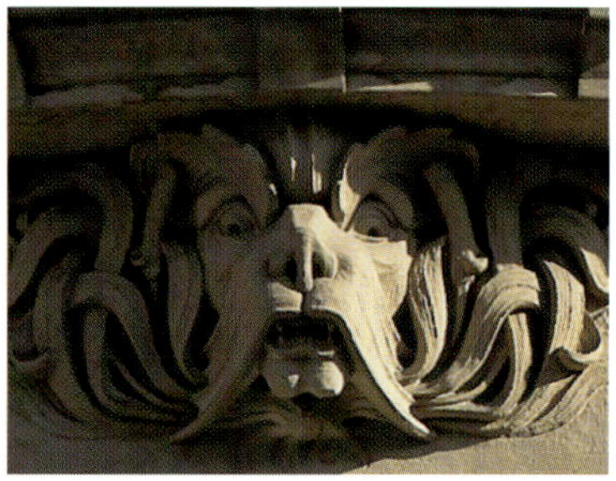

145
Ornamentale Blattmaske. Sophienstraße 136, 1904 von Christian Rothfuß jun.

Begeben wir uns lieber wieder auf sichereres Terrain, auch wenn die Welt der Drachen dafür nicht gerade als prädestiniert erscheint. Wieder haben wir es mit Jahrhunderte alten Vorstellungen zu tun, die eine überbordende Bildfülle hervorgebracht haben.
Die Gebrüder Grimm taten sich mit einer Definition des Tieres relativ leicht: In der „Deutschen Mythologie“ heißt es schlicht: „Die schlange kriecht oder ringelt sich auf dem boden, stehn ihr Flügel zu gebot, so heißt sie drache.“ Diese Grundgestalt („draco“ lateinisch für Schlange) kann noch in vielerlei Hinsicht ausgeschmückt werden: glitschige Fischschuppen oder gepanzerte Echsenhaut, mächtige Füße und grausige Klauen, ein Löwen-, Adler- oder Habichtkopf und anderes mehr können noch dazu kommen. Kurz, der Gestaltvielfalt des „gräulichen Lindwurms“ sind keine Grenzen gesetzt. Aber weshalb sich solche grässlichen Viecher an die Fassaden holen? Sind es doch Wesen, die in der europäischen Tradition in der Regel das Böse verkörpern, während den Chinesen der Drache als Glückssymbol gilt? Wie wir wissen, hat der Jugendstil viel von asiatischer Kunst gelernt. Auch hier begegnen wir wieder

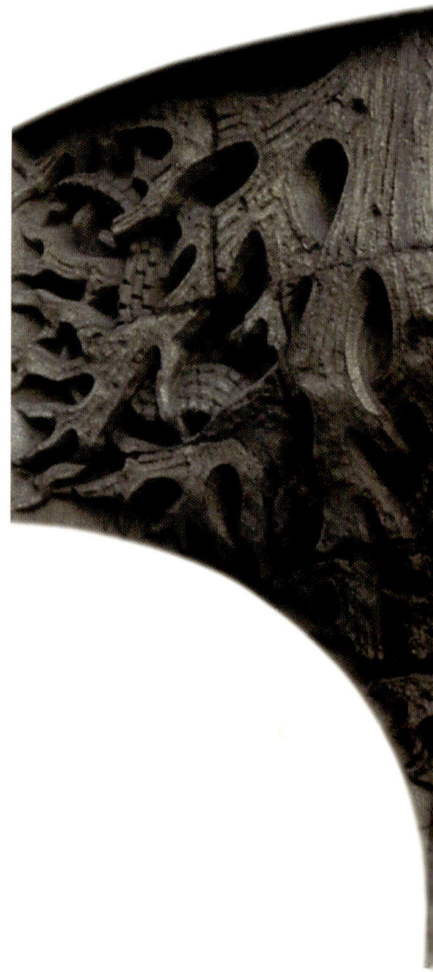

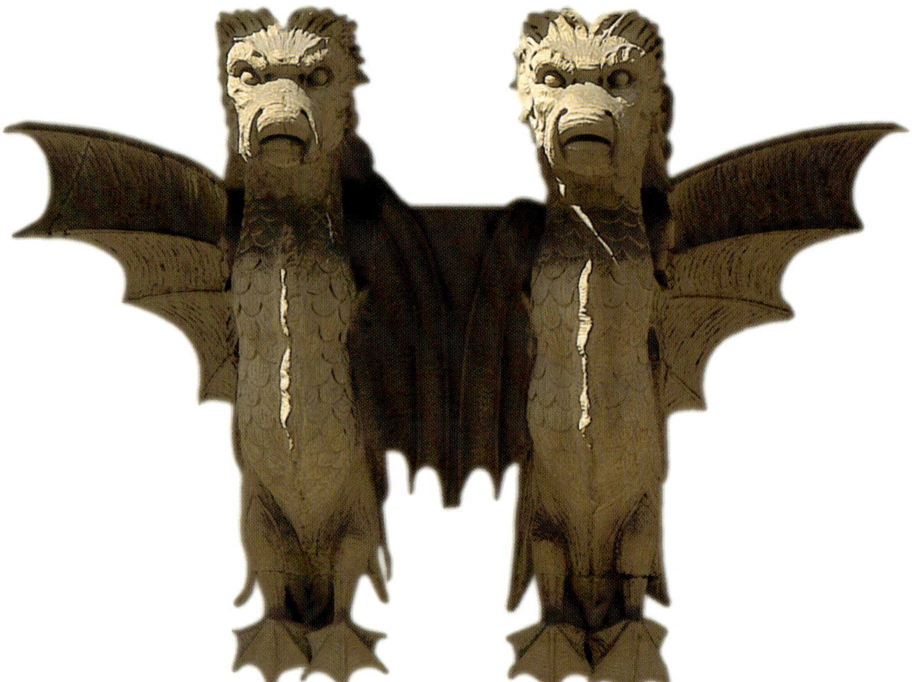

146
Geflügelte Drachenwesen als Balkonkonsolen in der Melanchtonstraße 4, erbaut 1903 von Max Siebrand.

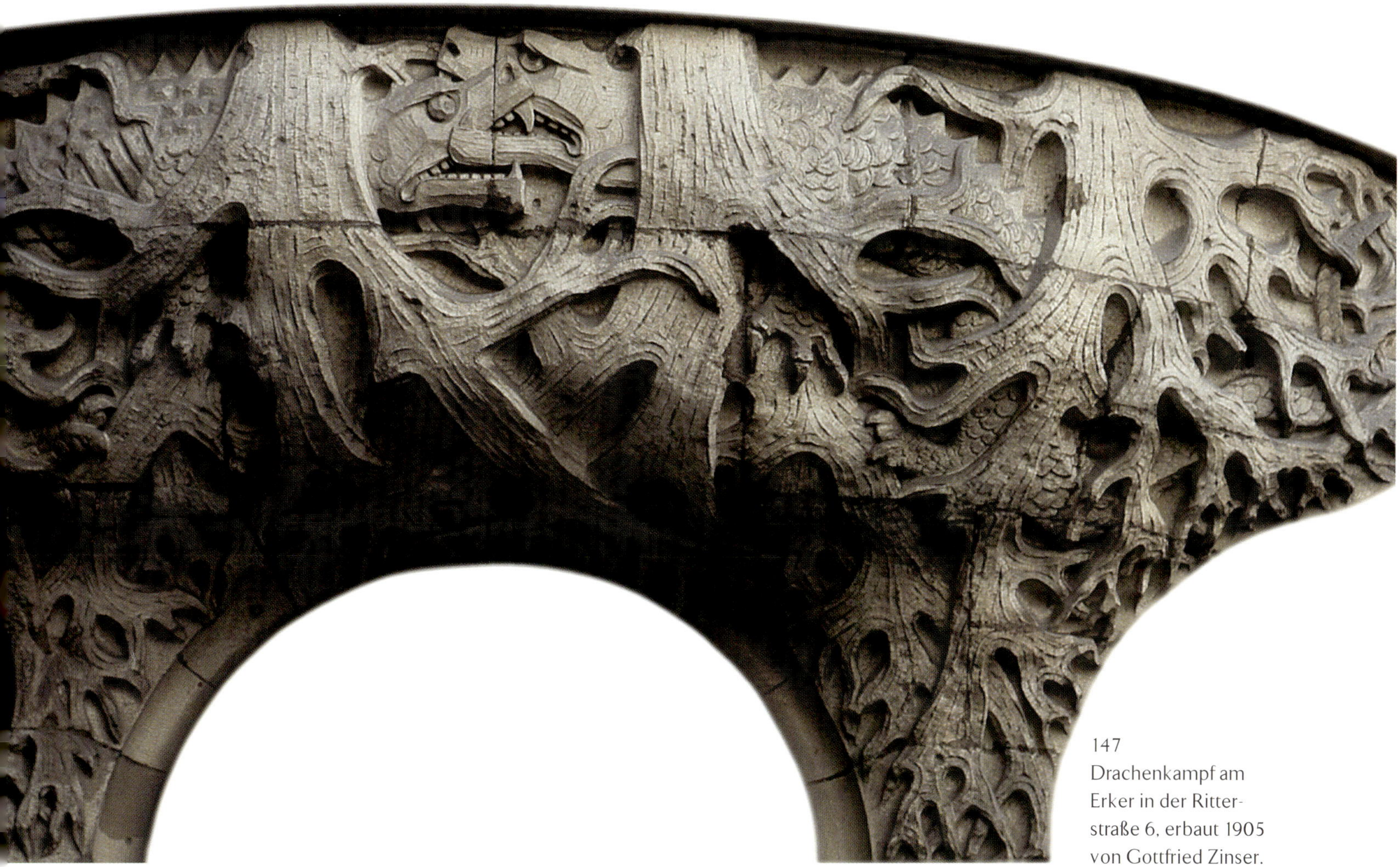

147
Drachenkampf am Erker in der Ritterstraße 6, erbaut 1905 von Gottfried Zinser.

dem Vagabundieren zwischen den Welten.
Während der Drachenkopf in der Sophienstraße eher harmlos dreinblickt, können die beiden Flügelwesen in der Melanchthonstraße schon das Fürchten lehren, und genau das war neben der leisen Lust am Grusligen wohl auch ihr Zweck (Abb. 146). Die beiden Echsen, die sich im Wurzelwerk der Ritterstraße so dekorativ bekämpfen, könnten auch die Mächte der Finsternis sein, die sich gegenseitig zerstören, auf dass dem Hause Frieden beschieden sei.
Die augenlose Löwen-Schlangen-Gestalt an der ehemaligen Hofapotheke, deren Bildprogramm ganz unter dem Aspekt des Apothekenwesens und der Heilkunst steht, stellt den blindwütigen Krankheitsdämon dar, den es zu besiegen gilt (Abb. 148). Dagegen könnten die hübschen Drachen in der Sophienstraße, die so verhalten züngeln, als friedliche, gezähmte „Hausdrachen" enttarnt werden (Abb. 151). Eine vollends heitere Note bringen die beiden Fabelwesen in der Parkstraße ins Spiel. Ein Drache mit einer derartigen Federtolle auf dem Kopf gehört in den Bereich von Humor und Groteske. Die Trompeter-Schnecke spielt eine flotte, selbstvergessene Weise dazu (Abb. 149, 150).

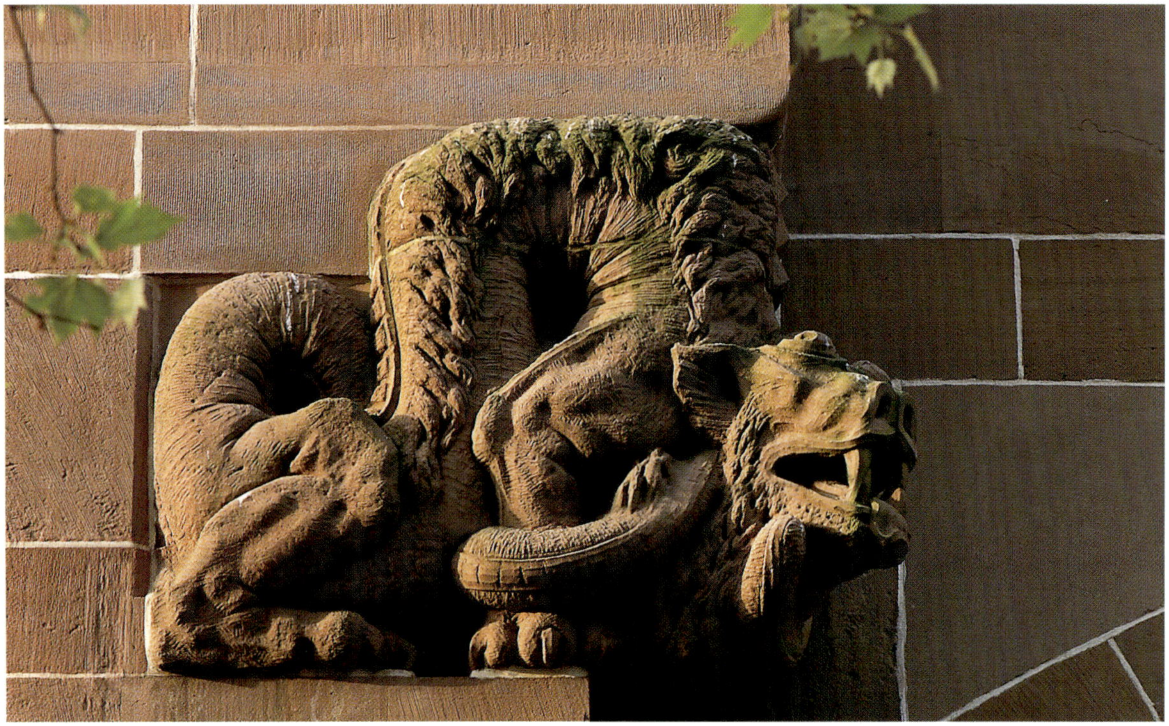

148
Als blindes Ungeheuer, ist der zu Krankheitsdämon an der Nordfassade der ehemaligen Hofapotheke in der Kaiserstraße 201 dargestellt. Erbaut 1901 von Hermann Billing und Josef Mallebrein, die Bauplastiken stammen u. a. von Fridolin Dietsche.

149
„Vogelschlange" an der Westfassade der Parkstraße 23, erbaut 1905 von Otto Büche.

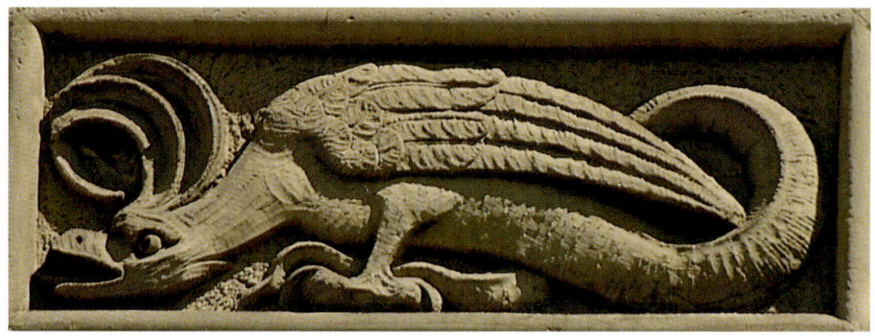

150
Musizierendes „Schneckenwesen" an der Westfassade der Parkstraße 23, erbaut 1905 von Otto Büche.

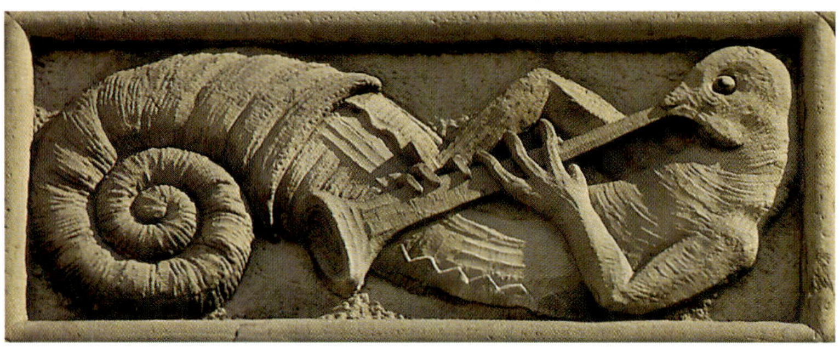

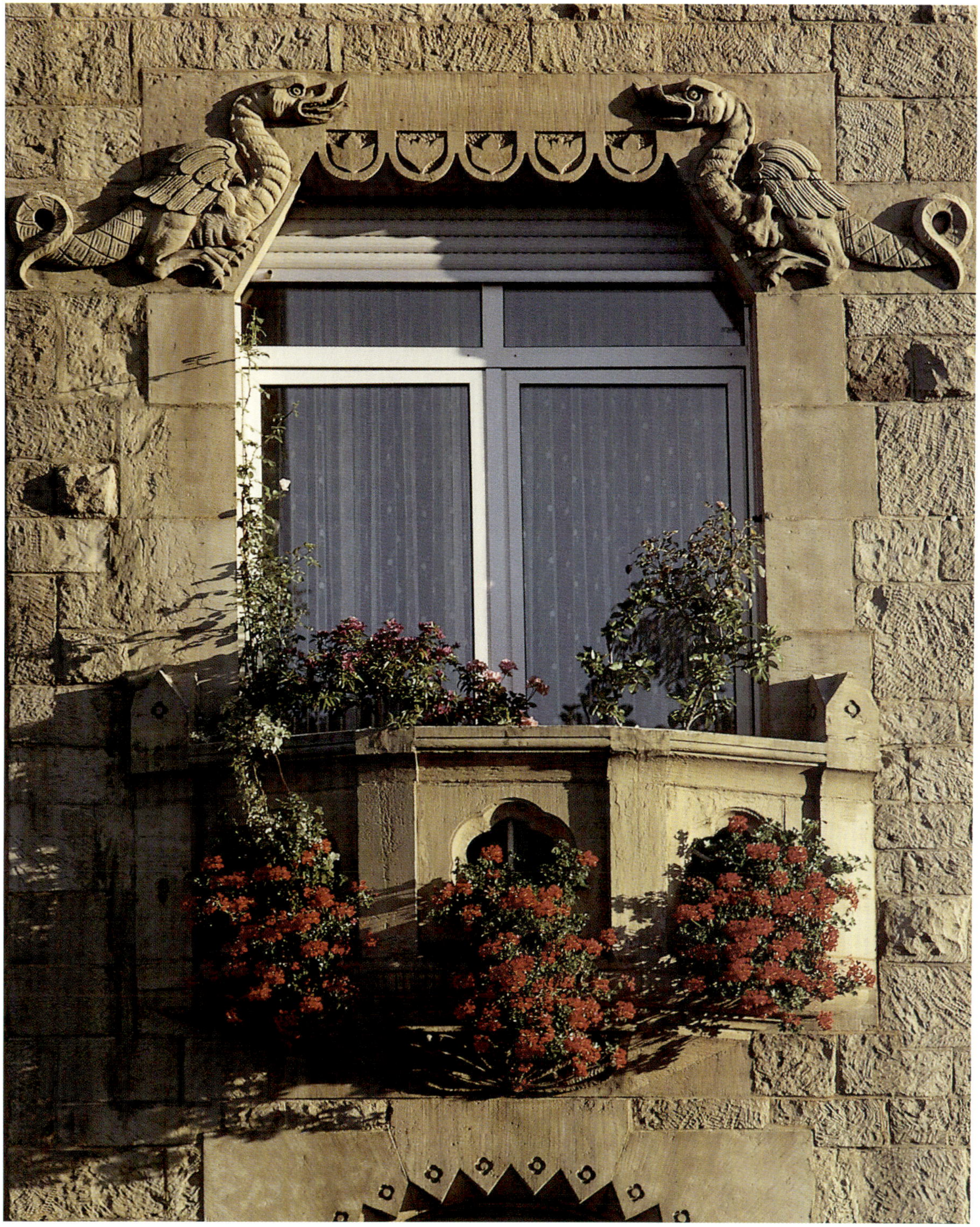

151
„Hausdrachen" am Balkon an der Sophienstraße 134, erbaut 1903 von Adolf Hirt. Die beiden Fabelwesen haben ohne Zweifel romanische Ahnen, ihre dekorative Form ist aber durchaus zeitgemäß.

# Ornamentale Abstraktion

## Formenfülle und Formenstrenge

Fantasien hin, Fakten her – die Fülle der Pflanzen und Tiere, der Menschen und Mischwesen, sollte nicht den Eindruck erwecken, als seien die Dekorationsformen des Jugendstils ausschließlich gegenständlicher Art. Neben einer naturalistisch ableitbaren Bilderwelt gab es eine Strömung, die ein unabhängiges, freies Spiel ornamentaler Formen propagierte. Dabei kann Organisches aller Art bis zur völligen Abstraktion verwandelt werden, andrerseits entstehen aus geometrischen Grundfiguren zusammenhängende Ornamentstrukturen. Konstruktion und Dekoration, diesen Stichworten gilt es genauer nachzuspüren. Die lediglich in der Anordnung der Fensterachsen asymmetrische Fassade in der Putlitzstraße zeigt sehr anschaulich, wie mit geringem technischen Aufwand und bescheidenen Geldmitteln ein erstaunliches Ergebnis zu erzielen ist. Allein im Erdgeschoss können Seepferdchen identifiziert werden, ansonsten ist das Haus in symmetrischem Linienspiel mit flachen, reich geschwungenen Bandornamenten aus Stuck überzogen, die einem eigenen Rhythmus gehorchen (Abb. 117, 152). Solche originellen Lösungen können entstehen, wenn der verantwortliche Künstler über eine blühende Vorstellungskraft verfügt und der Auftraggeber die Umsetzung zulässt.

Christian Rothfuß senior ließ seinem Schwiegersohn Karl Kreutz offensichtlich in jeder Hinsicht freie Hand. So ist ein sehr individuelles, in Karlsruhe singuläres Hausgesicht entstanden, obwohl es sich lediglich um einen einfachen „Spekulationsbau" handelte, also um ein Haus, das für anonyme Mieter, nicht für bestimmte Bewohner errichtet wurde. Der Architekt beweist hier, dass er nicht allein ein Freund konkreter Bildinhalte war, sondern genauso viel Freude an abstrakter Formenvielfalt hatte.

Friedrich Naumann schreibt in seiner „Deutschen Gewerbekunst" über das Verhältnis und die Gewichtung der beiden unterschiedlichen Richtungen:

„Die Formensprache des neudeutschen Gewerbes ist im allgemeinen mehr naturalistisch als geometrisch, aber es genügt an van de Velde und Behrens zu er-

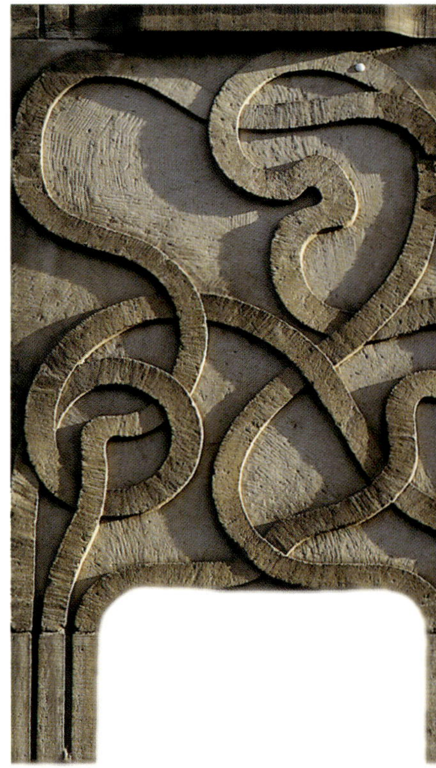

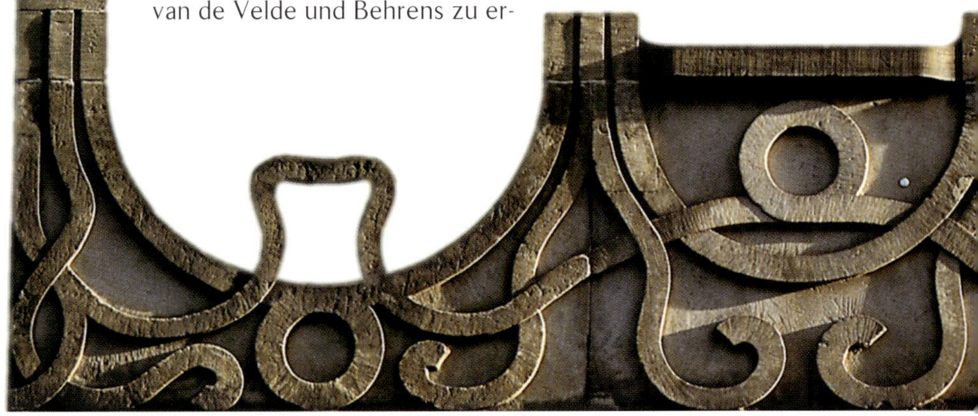

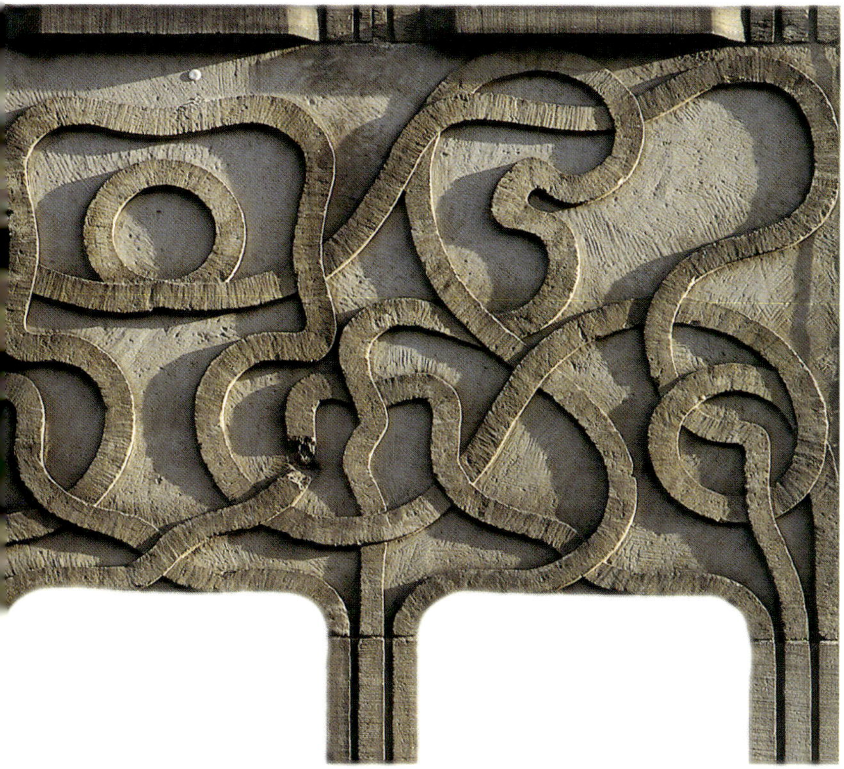

innern, um zu sagen, daß auch die geometrischen oder linearen Formen kräftige Vertreter besitzen. Am ausgesprochensten ist unseres Erachtens der Naturalismus bei Riemerschmid und Pankok, bleibt aber immer scharf geschieden von bloßer Wiedergabe zufälliger Natureindrücke. Das Eigentümliche der bisherigen Entwicklung ist aber, daß uns Naturalisten und Linearkünstler nicht als zwei getrennte Gruppen erscheinen, weil im Naturalismus so viel Trieb zur Stilisierung und in der Linearkunst so viel Neigung zur phantastischen Vermehrung der Linie vorhanden ist, daß beide sich vielfach begegnen. Wir sind geradezu überschüttet mit neuen Formen, unbeschreiblich reicher geworden in wenigen Jahren. Wir wußten vorher gar nicht, welchen Reichtum der Gestaltung wir schlummernd in uns trugen."

Für diesen Reichtum ist ein Fries an einem Haus in der Kriegsstraße sehr aufschlussreich (Abb. 153). Mit seinen scharf in die Fläche eingeschnittenen, geometrischen wie auch organisch bewegten Linien ist das Ornament charakteristisch für die auf Reduktion und

152
Symmetrisch und doch bewegt. Geschossübergreifende Bandornamente in der Putlitzstraße 18, erbaut 1903 von Karl Kreutz.

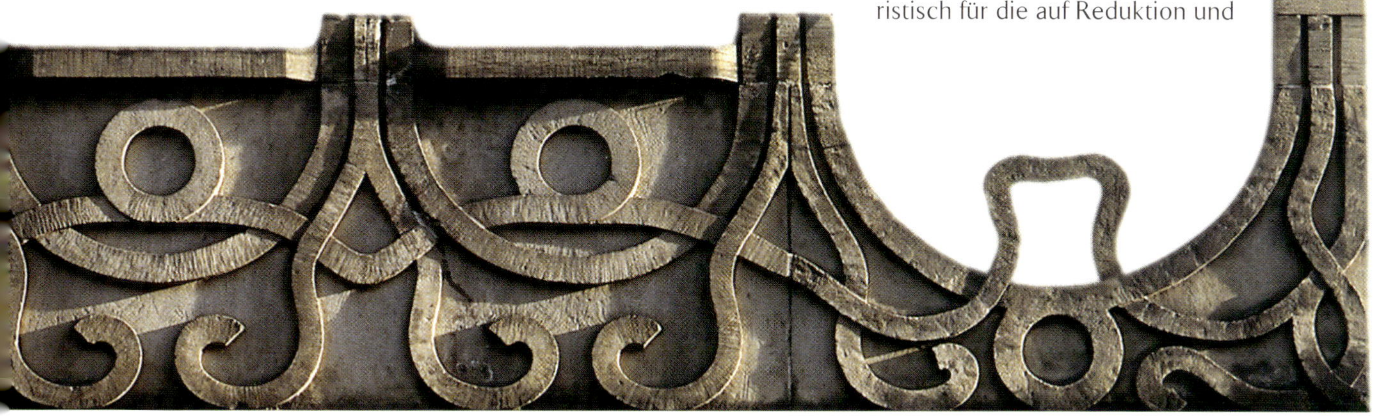

Rhythmisierung basierende Formensprache. Das Muster, das als Streifen die Basis zweier Erker schmückt, ist an sich endlos, wird aber „abgeschnitten" und zur Betonung an ausgewählten Baugliedern angebracht. Zudem steht es in reizvollem Kontrast zu den sonst vorwiegend glatten Flächen des Erkervorbaus und dem übrigen verputzten bzw. bossierten Mauerwerk.
Die konstruktiv orientierte, von geometrischen bzw. stereometrischen Elementen bestimmte Ausprägung des Jugendstils wurde bald nach der Jahrhundertwende zu der sich in Deutschland immer mehr durchsetzenden, zukunftsweisenden Spielart des Jugendstils, die nahezu alle künstlerischen Bereiche erfasste. In der Architektur spielte sie eine doppelte Rolle, bei den Baukörpern und im dekorativen Detail. Der heiß diskutierte Bau des Secessionsgebäudes in Wien, 1898 von Joseph Maria Olbrich entworfen und in demselben Jahr noch fertiggestellt, ist in damals äußerst ungewöhnlichen, klaren kubischen Formen mit nur wenigen blockhaft gegeneinander gesetzten Gliederungselementen errichtet. Bekrönt wird es von einer filigran durchbrochenen Kuppel aus vergoldeten Lorbeerblättern, die im spannungsreichen Kontrast zum einfachen Baukörper steht. Es gibt kaum einen Bau, der die von Siegfried Wichmann 1984 in einer Ausstellung im Bayerischen Nationalmuseum in München vorgestellte Ordnung des Jugendstils als „floral" und gleichzeitig „funktional" augenfälliger macht.

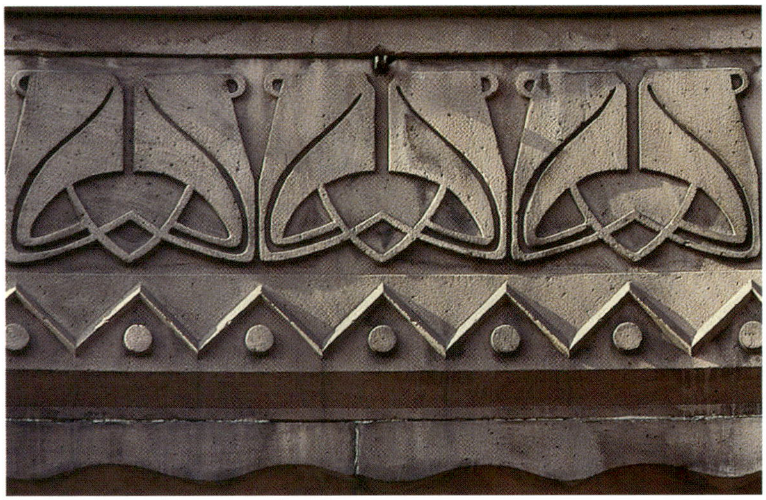

153
Linear-abstraktes Ornamentband an der Südfassade der Kriegsstraße 258, erbaut 1903 von Franz Wolff.

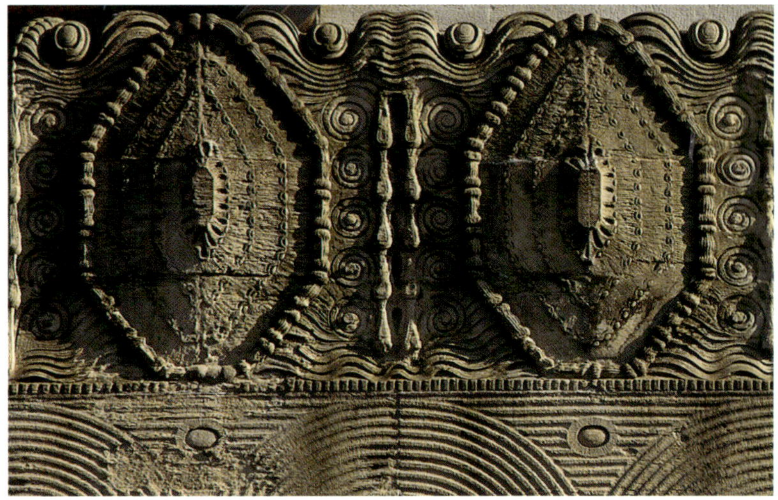

154
Wellenlinien, Perlenreihen und Kugelformen. Nordwestfassade des Hauptbahnhofs, erbaut 1908–1913 von August Stürzenacker.

Mit dem Hauptbahnhof ist 1913 in Karlsruhe ein Gebäude entstanden, das mit der Gruppierung der Baublöcke in der Nachfolge der Wiener Richtung steht und gleichzeitig in der differenzierten bildhauerischen Behandlung der Oberfläche ein streng geordnetes Ornamentsystem bietet.
Die Wände der flankierenden

Eingangskuben sind mit waagrechten Bändern aus konzentrischen Halbkreisen geschmückt, die von einem breiten Fries zusammengefasst und abgeschlossen werden (Abb. 154, 174, 197). Auch hier gilt wieder die beliebig fortsetzbare Reihung derselben, in sich symmetrischen Dekorationseinheit, die aus einer Art siebeneckigem Buckelschild mit parallel immer enger gelegten Perlschnüren besteht, dazwischen Tropfenstäbe und feine Wellenlinien. Sind die Erinnerungen an antikes Formengut hier nur vage, so werden sie in der präzisen Steinmetzarbeit der Stirnseite ganz deutlich. Dekoration von hoher Qualität. Grundmodul ist das Quadrat: streng vertikal in Bahnen gegliedert und neoklassizistisch beeinflusst, bestimmen Kassettenfelder und Perlstäbe zusammen mit einer reich abgestuften Flächenschichtung das Bild. Der Dekor ist annähernd über die gesamte Außenhaut verteilt, die Bindung an traditionell oder funktionell bevorzugte Orte ist im wesentlichen aufgegeben. Schon zehn Jahre zuvor hatten Curjel & Moser in der Melanchthonstraße 2 sowohl im Detail wie in der Gesamtorganisation der Fassade mit ähnlichen Mitteln gearbeitet. Auch in der Boeckhstraße 32 finden wir im Ansatz Verwandtes (Abb. 173).
Bei aller Ablehnung der Konventionen und bewusst eingesetzter Asymmetrien, sowohl der Baumassen als auch in der Verteilung der Dekorationselemente, blieben es nach wie vor in erster Linie

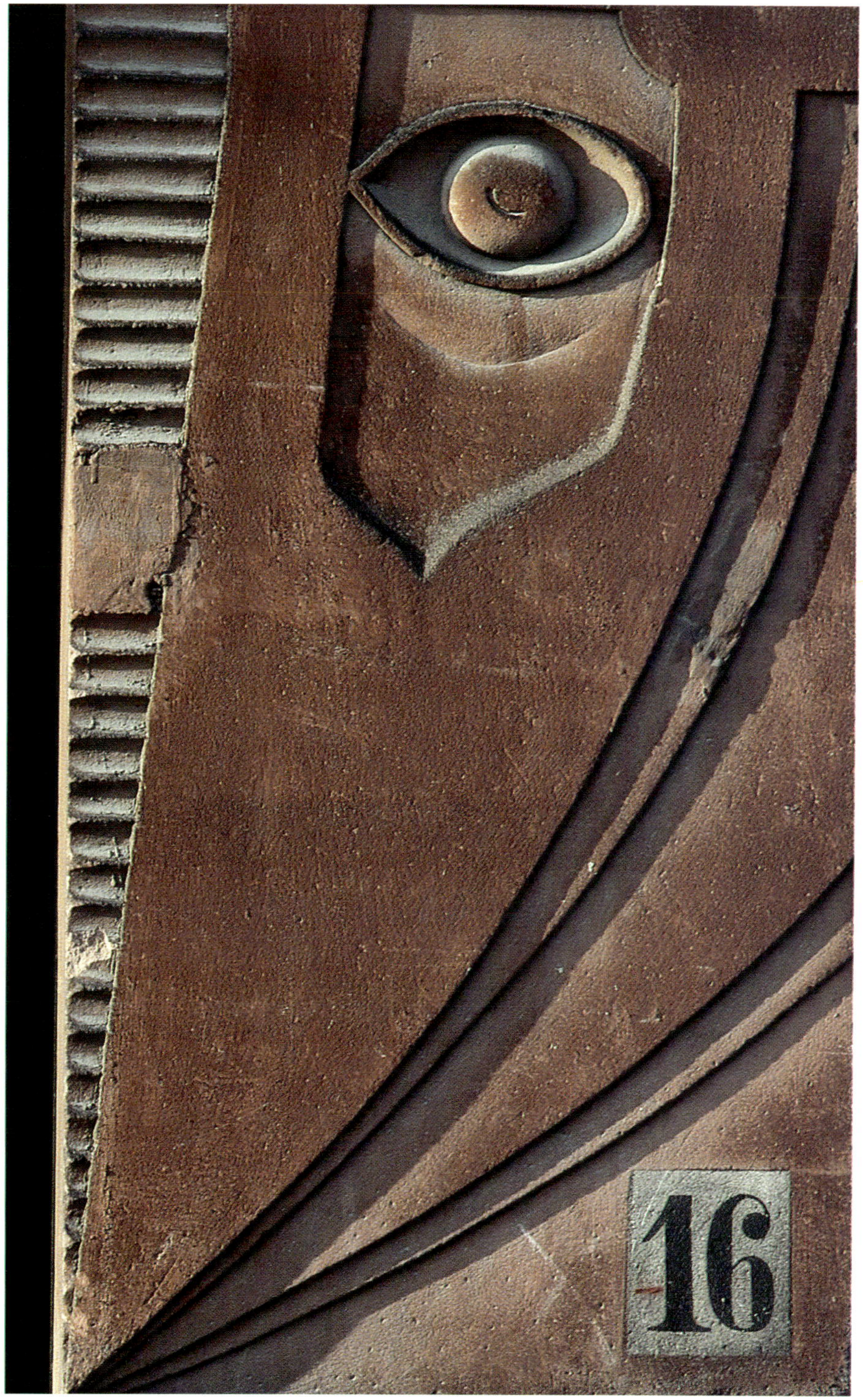


155
Steinauge, sei wachsam! Dekoration am Eingang der Sommerstraße 16, erbaut 1904 von Franz Wolff.

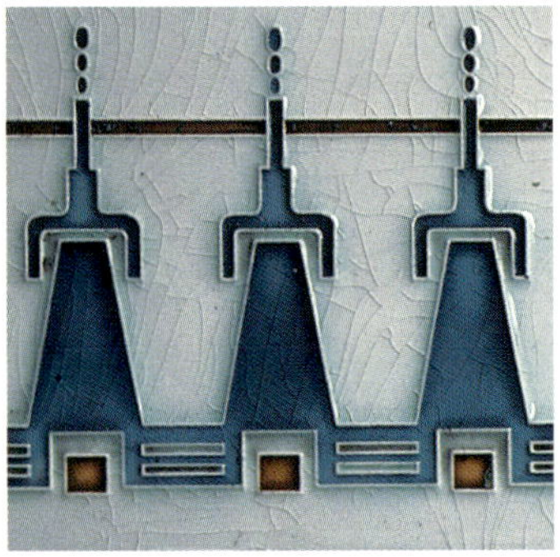
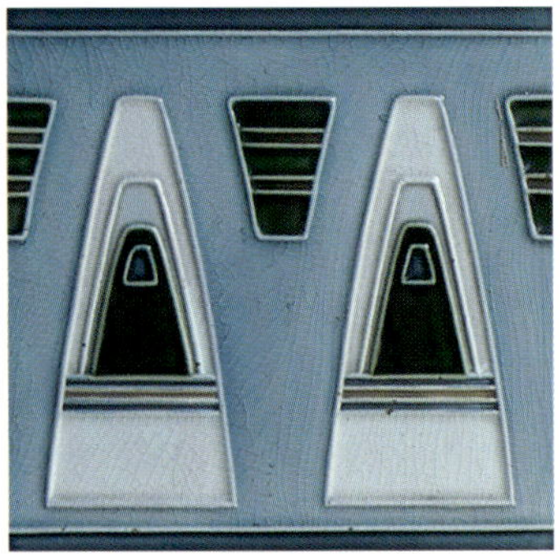
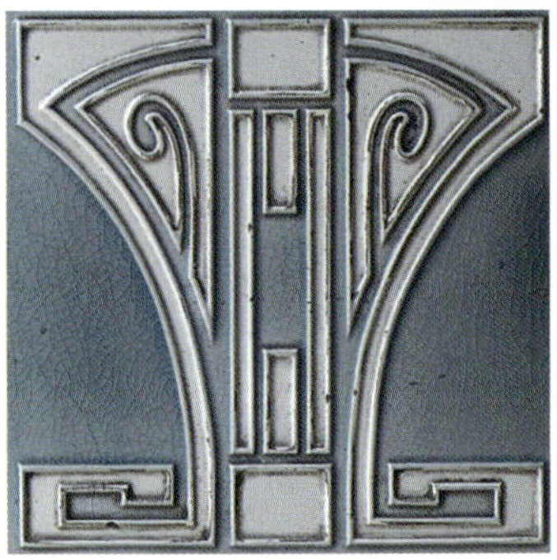

156–158
Fliesen mit geometrischen Ornamenten. Ludwig-Marum-Straße 37, erbaut nach 1906. Vorholzstraße 56, erbaut nach 1900. Draisstraße 2, erbaut 1910.

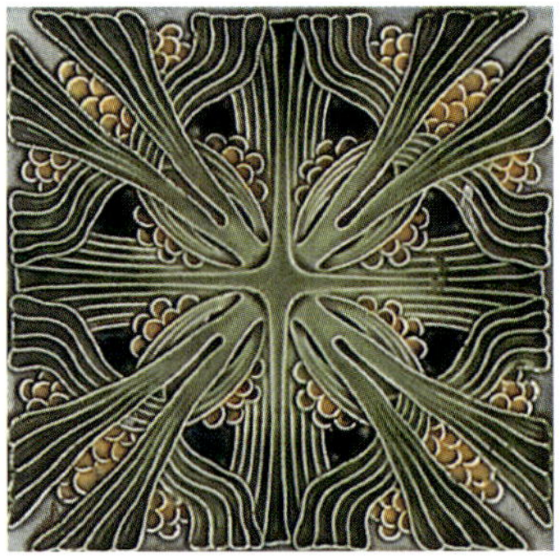
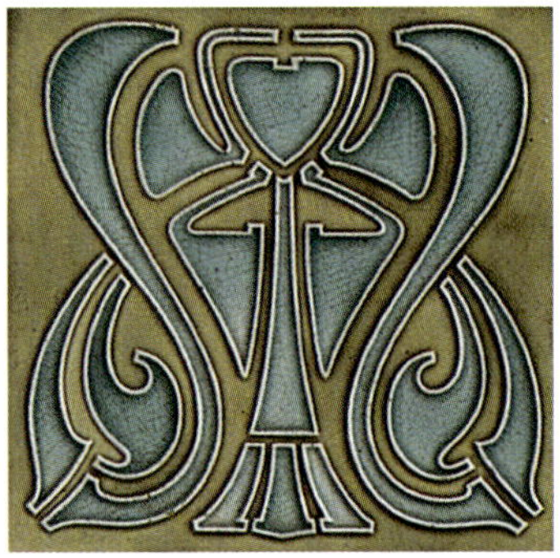
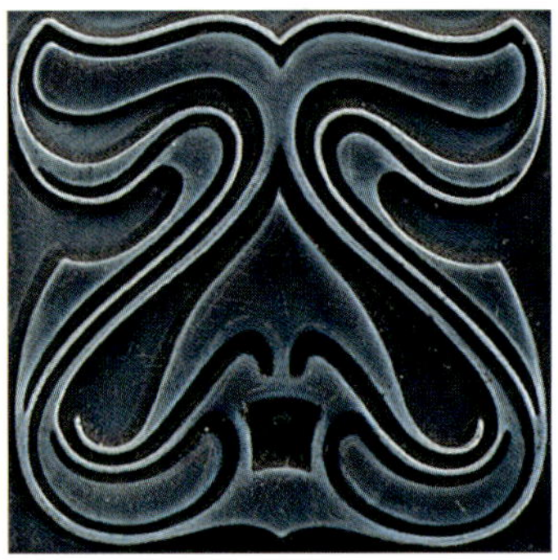
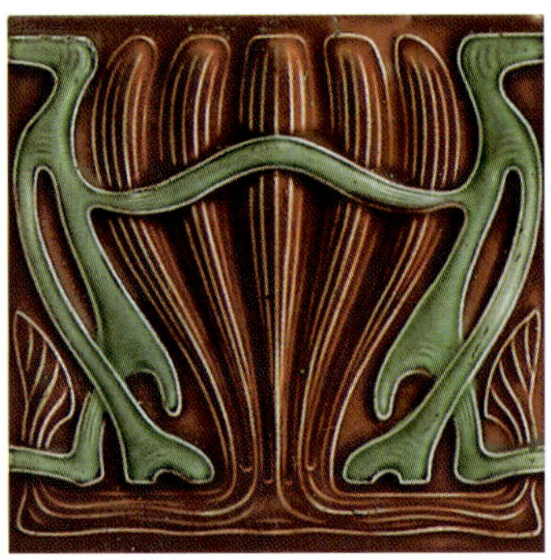
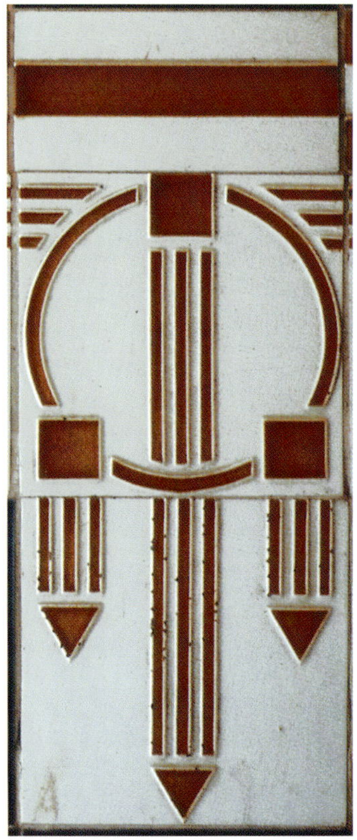

159–162
Fliese mit sternartigem Dekor. Schönfeldstraße 5 und drei Fliesen mit organischer Dekoration. Gerwigstraße 38, erbaut 1905.

163
Drei Fliesen mit übergreifendem geometrischem Muster in der Kaiserallee 123, erbaut um 1901.

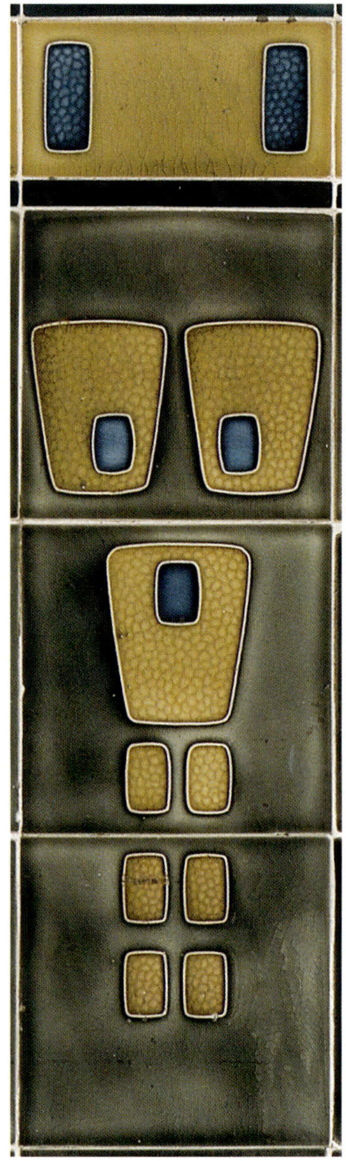

164
Vier Fliesen mit übergreifendem geometrischem Dekor. Gerwigstraße 38, erbaut 1905.

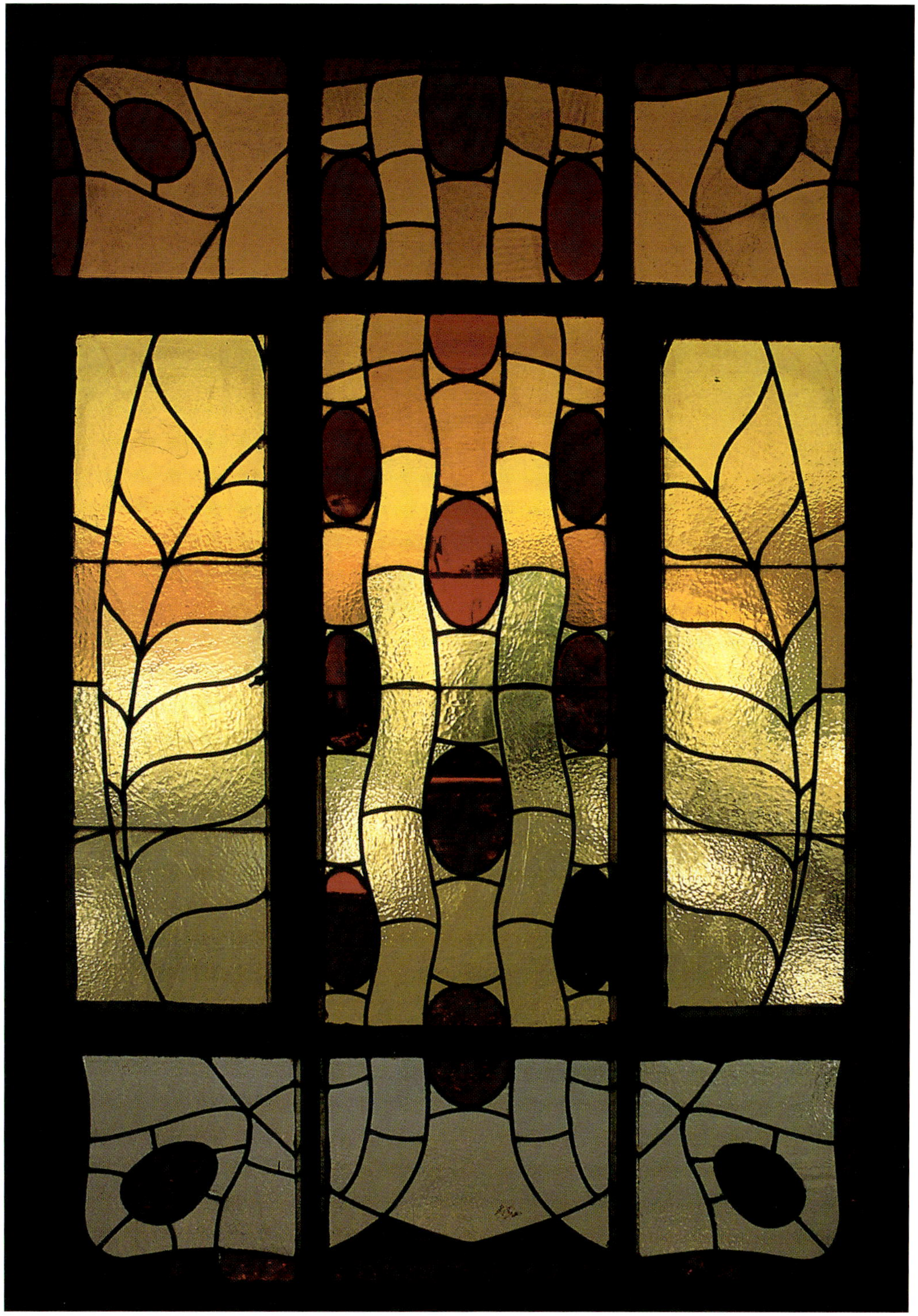

165
Abstraktes Linienspiel mit leuchtenden Farbakzenten. Glasfenster im Treppenhaus der Gerwigstraße 35, erbaut 1903 von Hermann Billing.

Fenster und Türen, Giebel und Erker, sowie die für die Freiluftkultur der Zeit so wichtigen Balkone, die besonders geschmückt und hervorgehoben wurden.

Dies konnte mit schwungvoller Geste sein wie etwa am Türgewände in der Sommerstraße 4, wo der Architekt Franz Wolff durch kantige Schnitte erzeugte dynamische Linienbündel für sich sprechen lässt (Abb. 155). Gleichzeitig führte er aber noch ein irritierendes Moment ein. Wer fühlte sich nicht von den magischen Augen rechts und links des Eingangs, die von fern an ägyptische Hieroglyphen erinnern, kontrolliert und beobachtet?

Gleichfalls an den Eingängen finden sich, in der Regel die zur Haustür hinauf führenden Stufen begleitend, einfarbige Fliesenwände, deren abschließende Friese nach 1904 immer häufiger aus Platten mit organisch-abstrakten und rein geometrischen Mustern bestanden. In Deutschland gab es um diese Zeit etwa 25 größere und kleinere Betriebe, die sich ausschließlich mit der Herstellung von Fliesen beschäftigten. Neue Fertigungstechniken erlaubten eine billige Massenproduktion, so dass der bis dahin teure Fliesenschmuck nicht mehr ausschließlich den Villen der Reichen oder öffentlichen Repräsentationsgebäuden vorbehalten war, sondern auch für Mietshäuser selbstverständlich wurde. Damit wurde die Forderung der Reformbewegung nach qualitätvoller, erschwinglicher „Kunst für Alle" ein Stück weit erfüllt, auch wenn sie nicht in Handarbeit sondern mit Maschinen hergestellt wurde.

Beherrschten zunächst die aus organischen Formen entstandenen Linienornamente das Feld, wurden die Entwürfe seit 1908 zusehends geometrischer und gleichzeitig abstrakter, sie bestanden nur noch aus Balken, Dreiecken, Quadraten oder Ähnlichem (Abb. 156–164). Auch farblich unterschieden sich die beiden Ausprägungen deutlich voneinander. Ist die eine, dem organisch-lebendigen Charakter entsprechend von fließender, changierender Farbigkeit mit den verschiedensten Zwischentönen, dominieren bei der anderen Kontraste und klare Farbwerte. Wie eine Übergangsform, farblich wie formal, mutet die Fliese in der Draisstraße 2 an (Abb. 158). Dies soll nicht heißen, dass nicht beide Richtungen weiterhin nebeneinander bestanden hätten, aber zukunftsweisend war eindeutig die „puristische" Form. Die keramische Dekorationskunst war in Deutschland damals ihrer Zeit um einiges voraus, so dass einzelne Exemplare immer wieder falsch eingeordnet werden.

166
Wellenlinien und das Nebeneinander von Wölbung und glatter Fläche bestimmen wirkungsvoll die Fenstergestalt in der Sommerstraße 12, erbaut 1904 von Karl Kreutz.

Für die Datierung der in Karlsruhe verwendeten Fliesen ist die Bauzeit des Hauses, an dem sie angebracht sind, nur bedingt eine Hilfe, da ein jüngeres Haus mit älteren Platten – und auch umgekehrt – ausgestattet werden konnte.

Wenig wahrscheinlich ist dies bei Glasfenstern, sie stammen normalerweise aus der Erbauungszeit. Dies gilt auch für die Scheiben in der Gerwigstraße 35, wo Linienstege, die bei ornamentalen Buntglasfenstern ja auch konstruktiv nötig sind, das Grundgerüst bestimmen. Als leuchtende Farbakzente sind gleichfalls untereinander symmetrische Ovale über die gesamte Fläche verteilt (Abb. 165).

Symmetrie in der Einzelform, immer wieder Asymmetrien im Gesamteindruck, auf diesen gemeinsamen Nenner lassen sich zahlreiche Gestaltungskonzepte an Karlsruher Fassaden bringen – so erstaunlich dies auch anmuten mag. Was bei Fliesen und Glasfenstern zutrifft, findet sich auch bei kompletten Fensterrahmungen, die sich als Kombination aus flächiger und plastischer Gestaltung darbieten. Dies trifft auch für die Sommerstraße 12 zu (Abb. 166). Die gleichmäßige Wellenlinie, das Auf und Ab, das Vor und Zurück, ist hier das Hauptthema. Mögen auch die Fenster ohne Achsenbindung untereinander über eine Fassade verteilt sein, in sich sind sie als kleine „Einheiten" deutlich durchorganisiert. Dreiteilung der Fensterflügel bedeutet auch Dreiteilung der Rahmung,

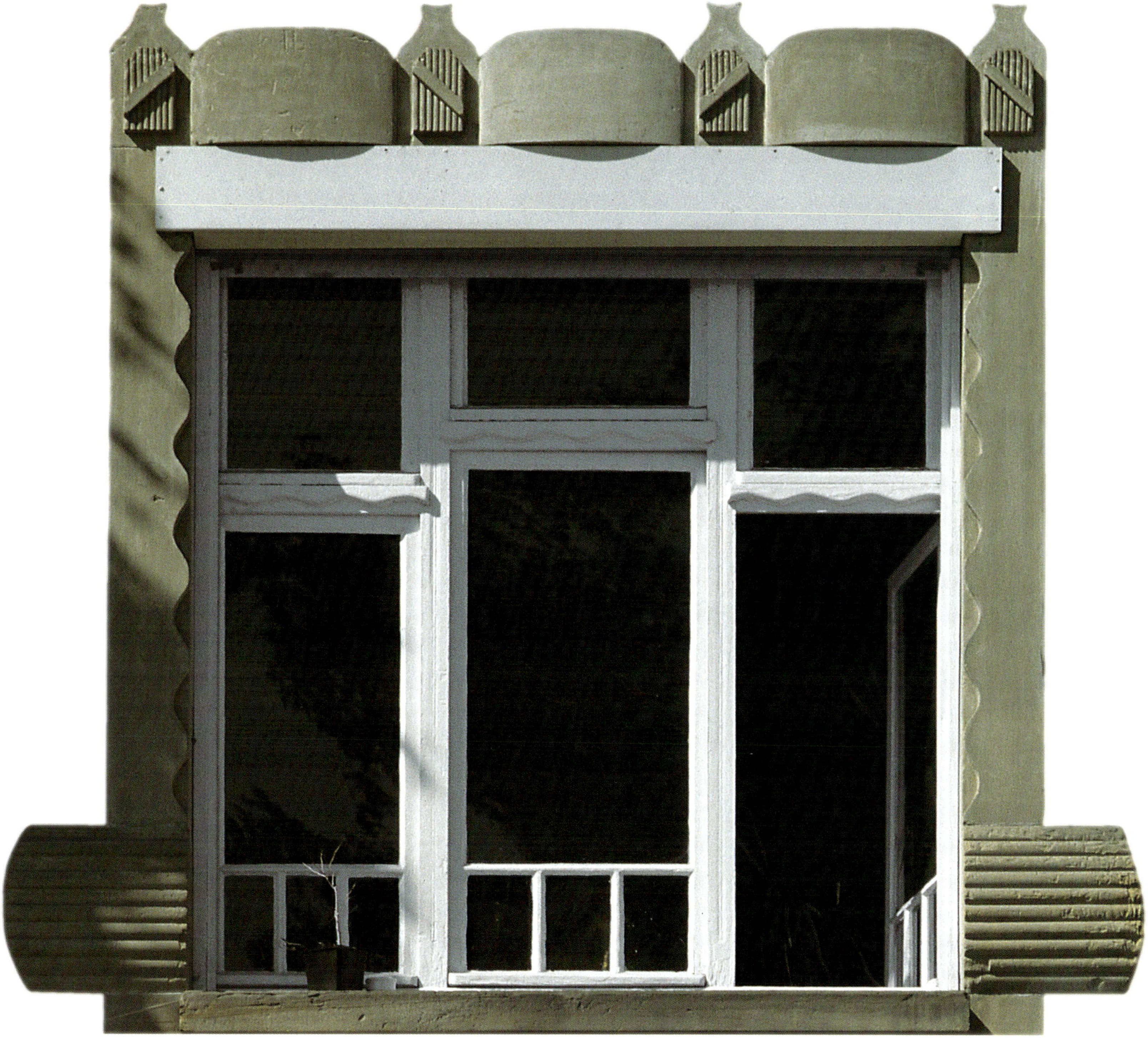

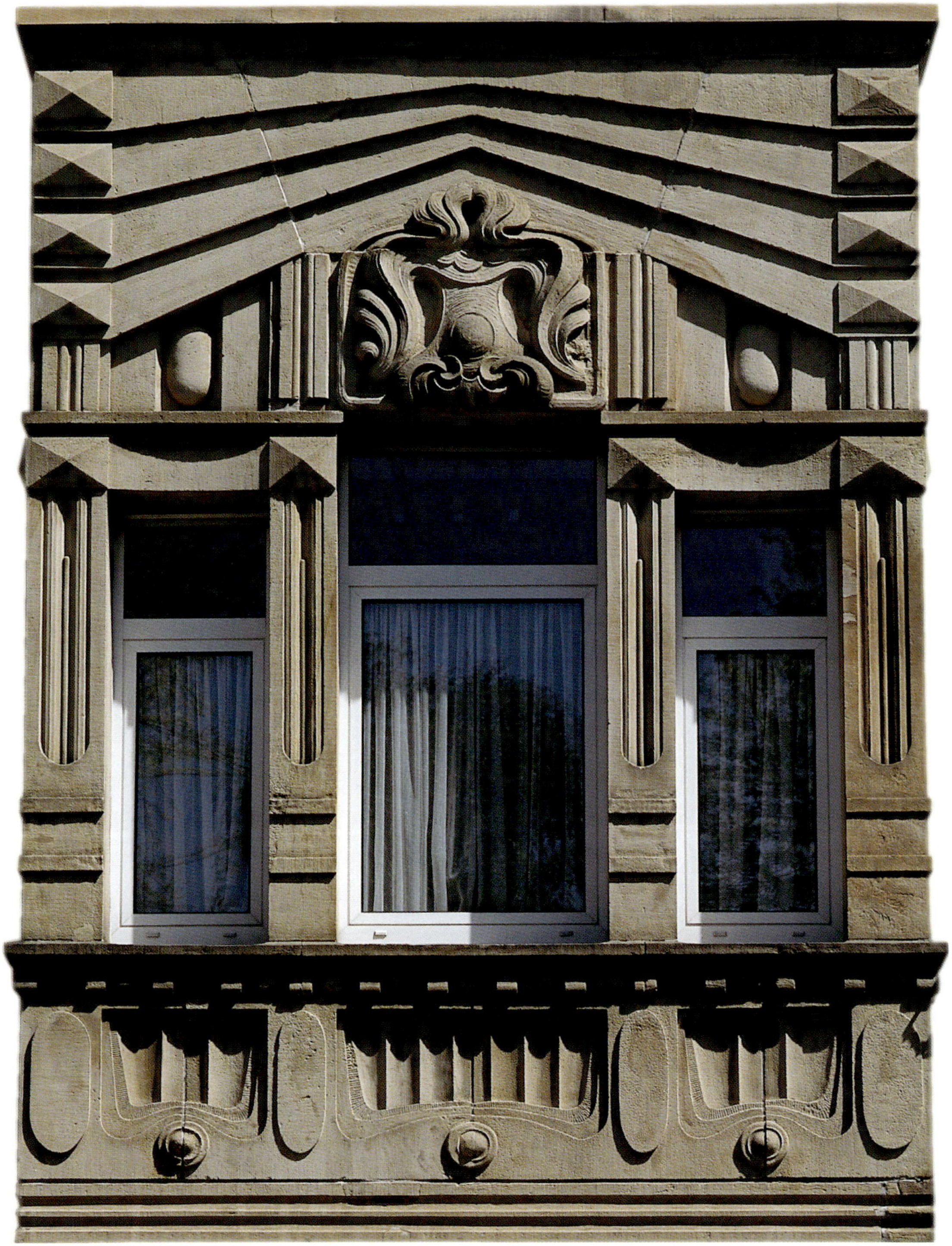

167
Die barocken Ahnen
sind deutlich zu
spüren, dennoch ein
besonders schöner
Jugendstil-Erker.
Parkstraße 21, erbaut
1904 von Holwäger &
Hillenbrand.

168
Linear-abstrakter
Jugendstil.
Südlicher Erker der
Hirschstraße 113,
erbaut 1903 von
Hugo Slevogt.

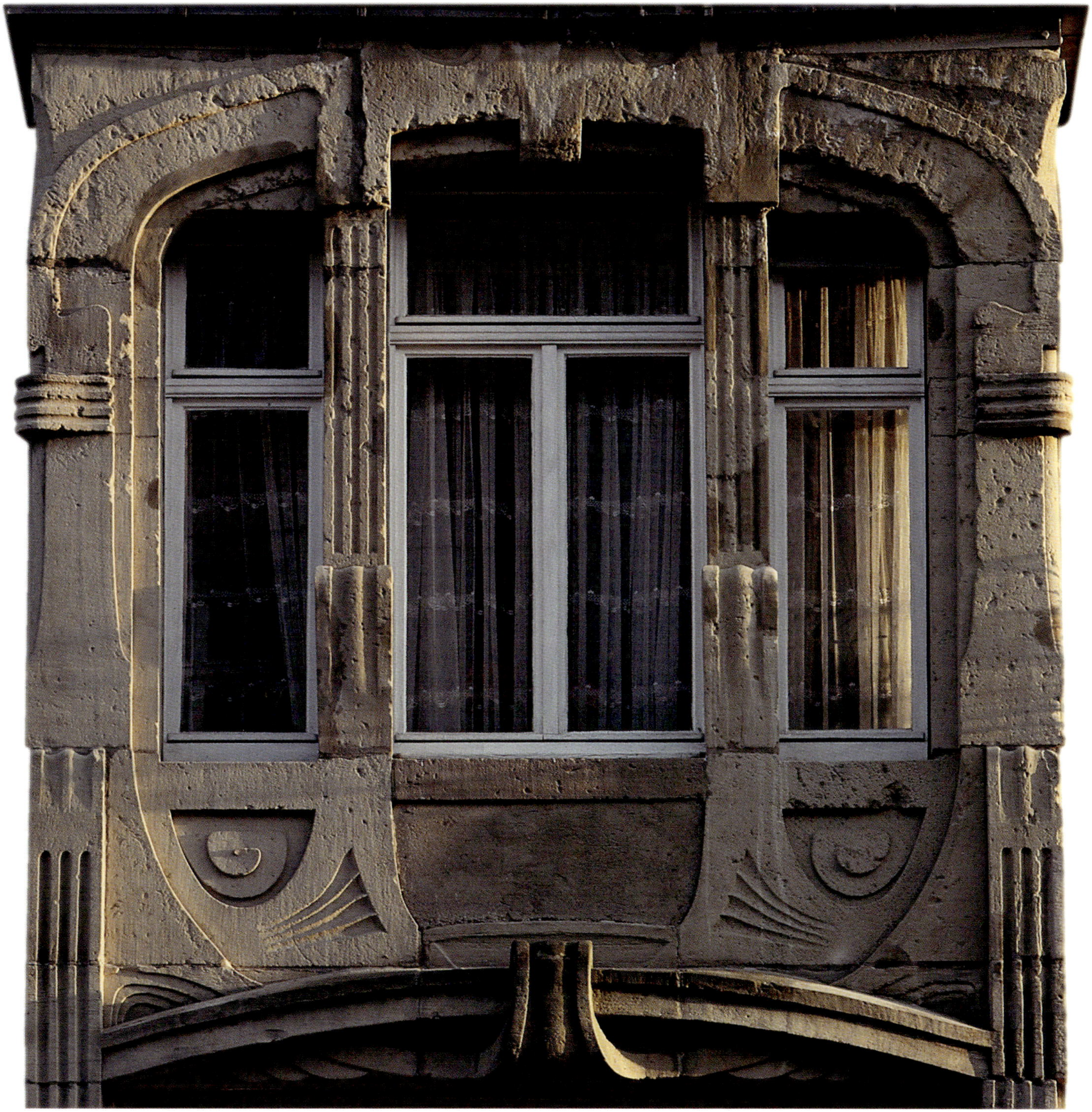

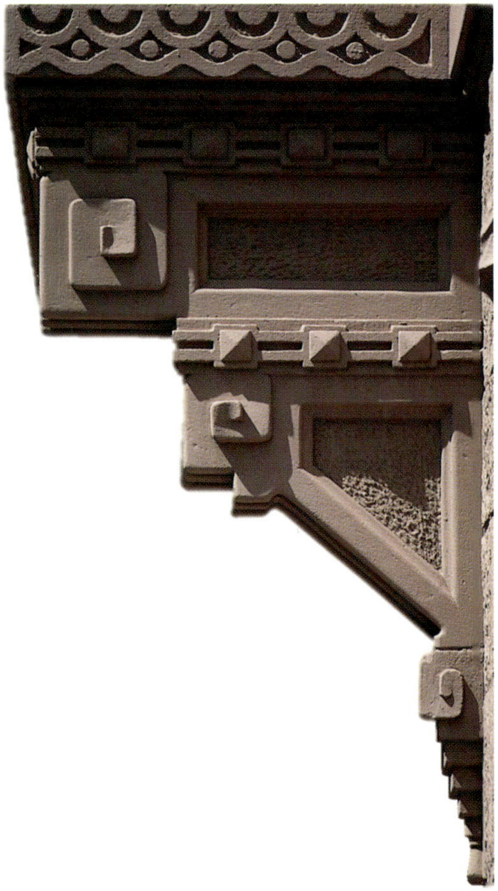

169
Einmal eckig und kantig, einmal geschwungen und weich. Erkerkonsole in der Bachstraße 40, erbaut um 1905.

den Wellenlinien am Holzrahmen entsprechen ohne Rücksicht auf den „Materialcharakter" die der steinernen Gewände. Der Stein wirkt ebenso ausgesägt wie die Holzteile. Entscheidend ist letztlich der gemeinsame „Formwille", der die Möglichkeiten der Stoffe zwar anerkannte und benutzte, aber gegebenenfalls einem übergeordneten Ziel anpasste. Dennoch konnte auch der eigene Farbcharakter der Materialien zum Tragen kommen. Das Schilfgrün des Steins steht neben dem Weiß der Fensterrahmen, und wenn dann noch Fläche gegen Wölbung, Schlangenlinien gegen Fläche gesetzt werden, entsteht zusätzlich ein lebendiges Spiel von Licht und Schatten, das auch schlichten Fassaden eine eigene Note verleiht.
Ähnliche Überlegungen galten auch für aufwändigere Bauten, von denen die meisten über Loggien oder auch über Erker verfügten (Abb. 29–31). Erker – seit 1871 wieder entdeckt – konnten im oder erst über dem Erdgeschoss beginnen, sie konnten mehrere Geschosse übergreifen, die verschiedensten Grundrisse haben und in vielen Fällen als Abschluss einen Balkon tragen. Zwei besonders schöne und gleichzeitig sehr unterschiedliche Beispiele finden sich in der Hirschstraße 113, erbaut 1904, und in der ein Jahr jüngeren Parkstraße 21 (Abb. 167, 168), wobei das ältere Haus zwar schlichter, aber moderner anmutet. Sind am sorgfältig und aufwändig ausgearbeiteten Erker der Parkstraße mit Diamantquadern und zentraler Wappenkartusche im gesamten Habitus wie im dekorativen Detail (neo)barocke Vorbilder deutlich spürbar, bietet er gleichzeitig mit der Verwendung paralleler Linien, Stäbe und Einkerbungen genuine Jugendstilelemente, die immer wieder variiert wurden. Der Erker in der Hirschstraße erreicht dagegen im geglückten Nebeneinander von ornamentalem Linienschwung und dennoch disziplinierter Flächigkeit einen „stilreinen" Eindruck von ausgewogener Anmut. Die Stützkonsole, von der er getragen wird, passt mit dem „federnden" Eindruck ihrer energisch flächigen Linienbündel bestens dazu (Abb. 170).
Je nach dem übrigen Charakter des Hauses konnten Balkon- und

170
Erkerkonsole an der Südfassade der Hirschstraße 113, erbaut 1903 von Hugo Slevogt.

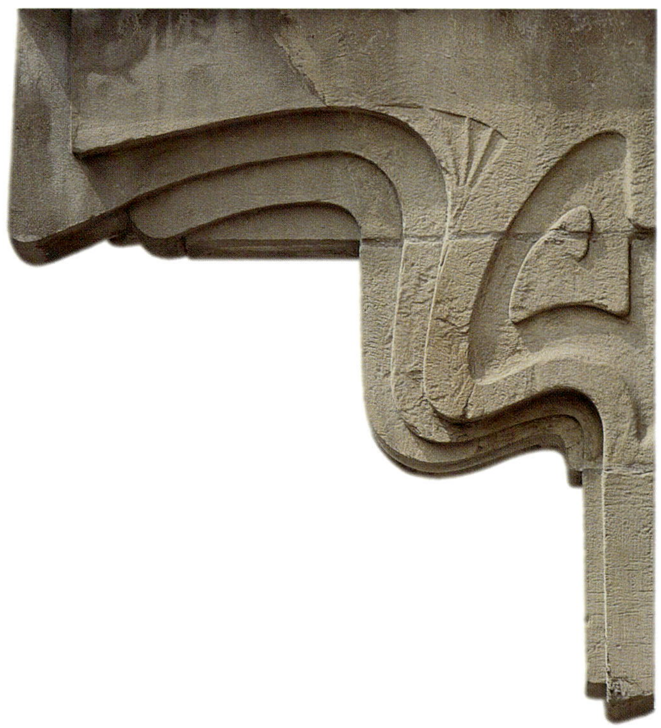

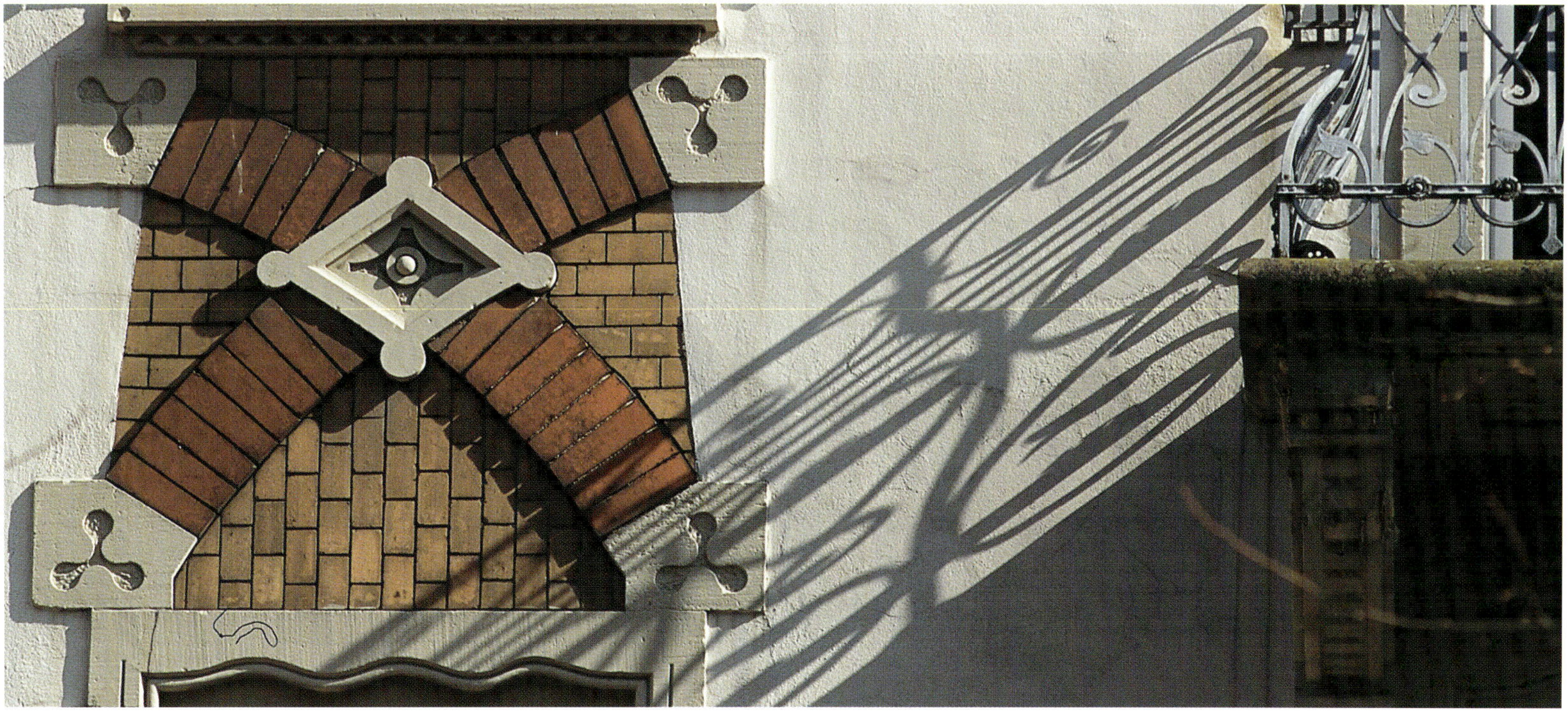

Erkerkonsolen aus eckigen Einzelteilen kantig zusammengesetzt sein (Abb. 169) oder aus flächigen Scheiben mit kräftigen Kerbungen und Einschnitten bestehen (Abb. 172). Sie gehören zu den Elementen an Jugendstilfassaden, denen stets eine besondere Aufmerksamkeit galt und die einen nahezu unerschöpflichen Formenreichtum aufweisen. Sie wurden buchstäblich zu Hunderten gebraucht, verfügten doch die meisten Häuser, mochten sie noch so einfach sein, über einen oder mehrere Balkone, die mit den unterschiedlichsten schmiedeeisernen Gittern in allen nur denkbaren Ornamentformen versehen waren (Abb. 65, 67). Hier bot sich für jede Spielart des Jugendstils ein nahezu unerschöpfliches Betätigungsfeld. Erhalten hat sich eine auf den ersten Blick erstaunlich hohe Anzahl. Grund dafür ist, dass sie sich nur schwierig entfernen lassen und dass in den folgenden Jahrzehnten für diese Bauaufgabe keine wirklich neuen Ideen entwickelt wurden, also kein besonderer Modernisierungsdruck entstand. So können wir noch an zahlreichen Fassaden die Arbeiten selbst, aber auch ihre wandernden Schattenwirkungen beobachten, die im Lauf des Tages ständig wechseln und reizvolle Konstellationen mit anderen Dekorationselementen ergeben. So bekommen die kräftigen, aus unterschiedlichen Klinkern zusammengesetzten und mit Steinelementen kombinierten Kreuzformen in der Yorckstraße 11 eine

171
Markant: Ornament aus dekorativen Klinkern und Steinmetzarbeiten. Yorckstraße 11, erbaut 1901 von Peter Wilhelm.

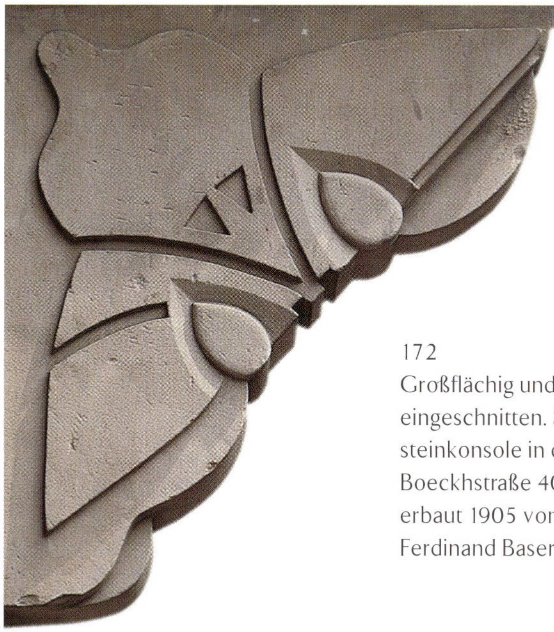

172
Großflächig und klar eingeschnitten. Sandsteinkonsole in der Boeckhstraße 40, erbaut 1905 von Ferdinand Baser.

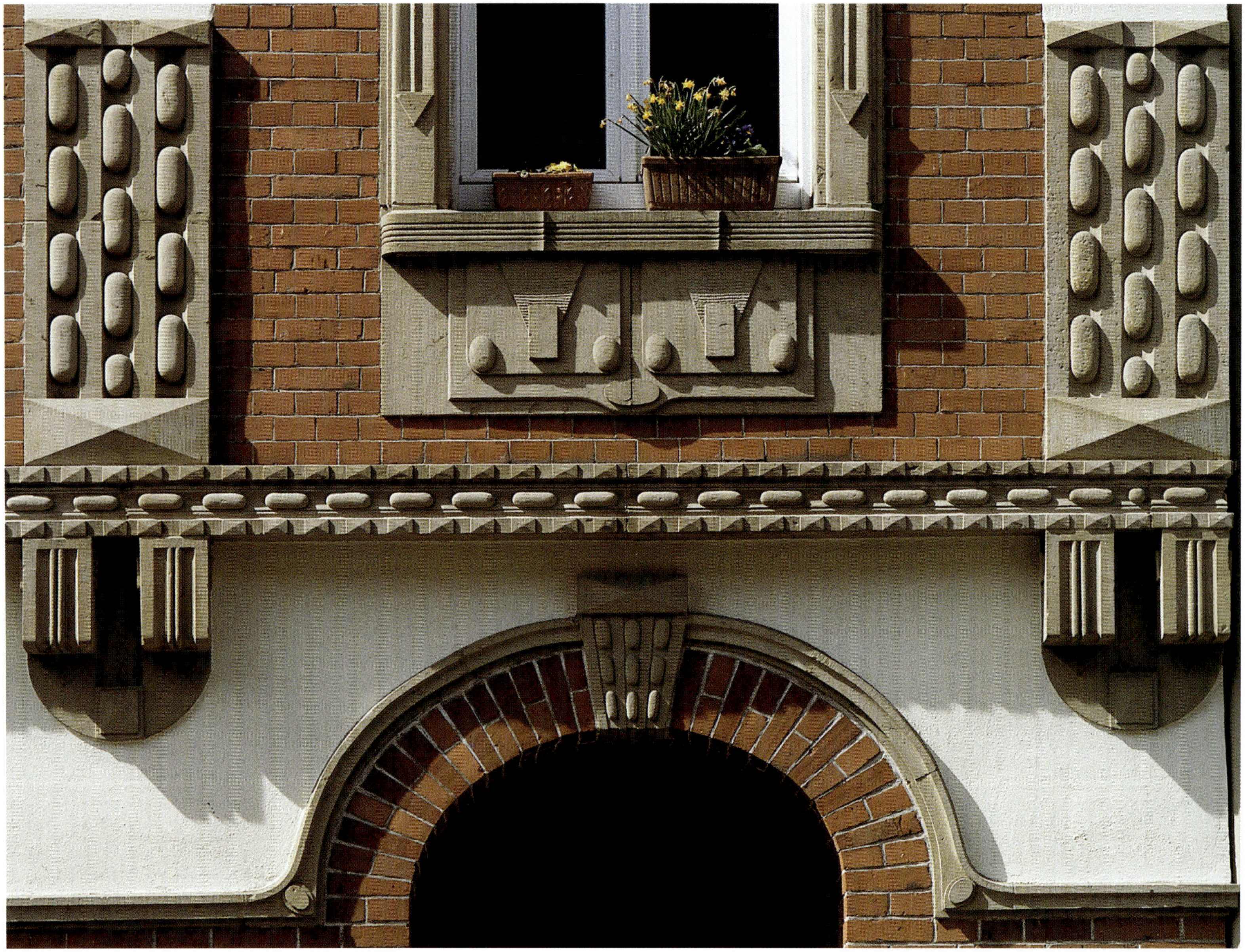

173
Antike Elemente wie Eierstab und Triglyphe standen hier Pate. Boeckhstraße 32, erbaut 1906 von Holwäger & Hillenbrand.

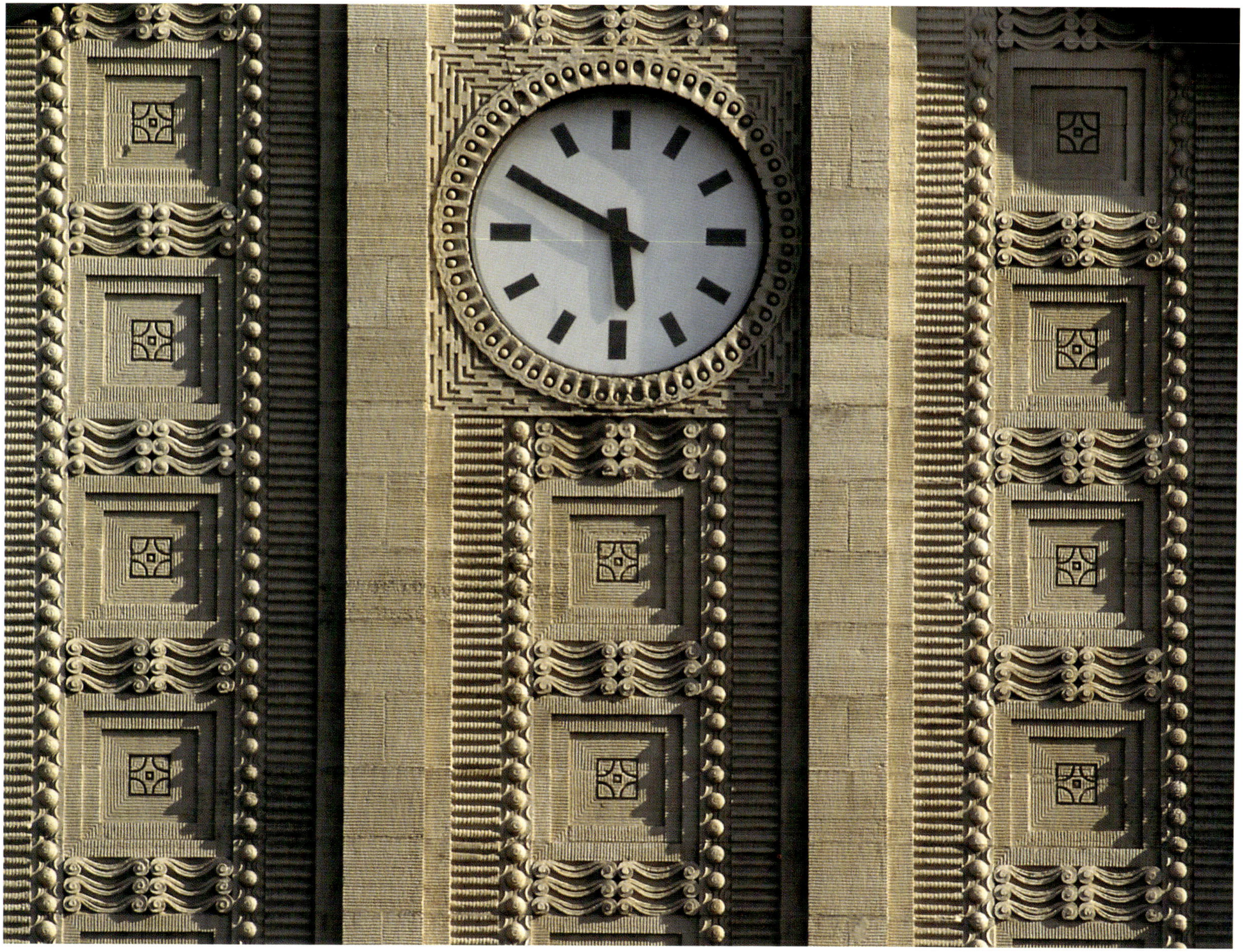

174
Antike Elemente wie Kassettenfelder und Perlstab zeitgenössisch verwandelt.

Nordwestfassade des Hauptbahnhofs, erbaut 1908–1913 von August Stürzenacker.

spielerisch leichte Ergänzung (Abb. 171).
Wichtigstes Material an den Karlsruher Fassaden ist auch für abstrakte Dekorationsformen der Stein, wobei, abgesehen von den gebrannten Klinkern, nur selten festgestellt werden kann, ob es sich um Natur- oder den damals aufkommenden Kunststein handelt. Ihre Strukturen sind nahezu gleich. Auch haben Alter und Verwitterung die Unterschiede bis zur Unkenntlichkeit verwischt. Bestimmte Formen legen allerdings nahe, dass sie entweder gegossen oder aus einem weicheren Material als dem Sandstein, eben dem Kunststein, herausgeschnitten sind. Diesen merkwürdig

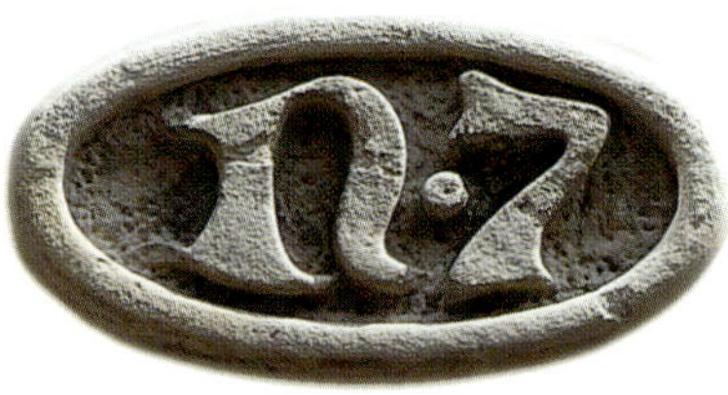

„teigigen" Eindruck machen beispielsweise die Eingänge in der Lenzstraße 3 bis 11 mit ihren profilierten Türrahmungen und den wie aufgesetzt wirkenden, einfachen Ornamentformen, den Ringen und Kreisen, den Bandvoluten und den eigentümlichen Glocken- und Kartuschenformen (Abb. 175–177). Die fünf nebeneinander liegenden Häuser wurden gleichzeitig gebaut. Dennoch hat man sich die Mühe gemacht, jedem Haus ein eigenes Gesicht zu geben. So sind die Türgewände der Nummern 5 und 9 zwar nahezu identisch, die dazwischen liegende Nummer 7 ist aber eigenständig gestaltet.
Hauseingänge sind so etwas wie die Visitenkarte eines Gebäudes und daher kommt ihnen seit eh und je besondere Aufmerksamkeit zu. 1904 hat Hermann Billing in der Amalienstraße 67 eine besonders einladende Lösung gefunden (Abb. 178). Vornehm und schlicht ist die flächige, getreppt geschwungene Umrahmung mit dem Oval des Oberlichtes, von dem zur festlichen Begrüßung Festons herabhängen. Wie zwei freundliche Augen wirken die beiden Fenster in der Tür, deren Gitter fast wie liebenswürdig lächelnde Gesichter erscheinen. Der originale Türgriff ist nicht mehr erhalten. Wäre der Drache, der so formvollendet am großen Tor in der Kaiserallee 52 seine Funktion erfüllt (Abb. 179), für den Bau von Billing gedacht gewesen, hätte er auf jeden Fall wie aus chinesischer Sicht als Glücksbringer interpretiert werden müssen – so anheimelnd ist die Ausstrahlung des Hauses. Dort, wo er sich tatsächlich befindet, kommt ihm wohl eher eine abschreckende, schützende Aufgabe zu.
Die Rintheimer Straße 2 verfügt, was eher selten ist, über zwei Zugänge, der Eckeingang führt heute noch in eine Gaststätte. Mögli-

175
Eingang in der Lenzstraße 5, erbaut 1903 von Holwäger & Hillenbrand.

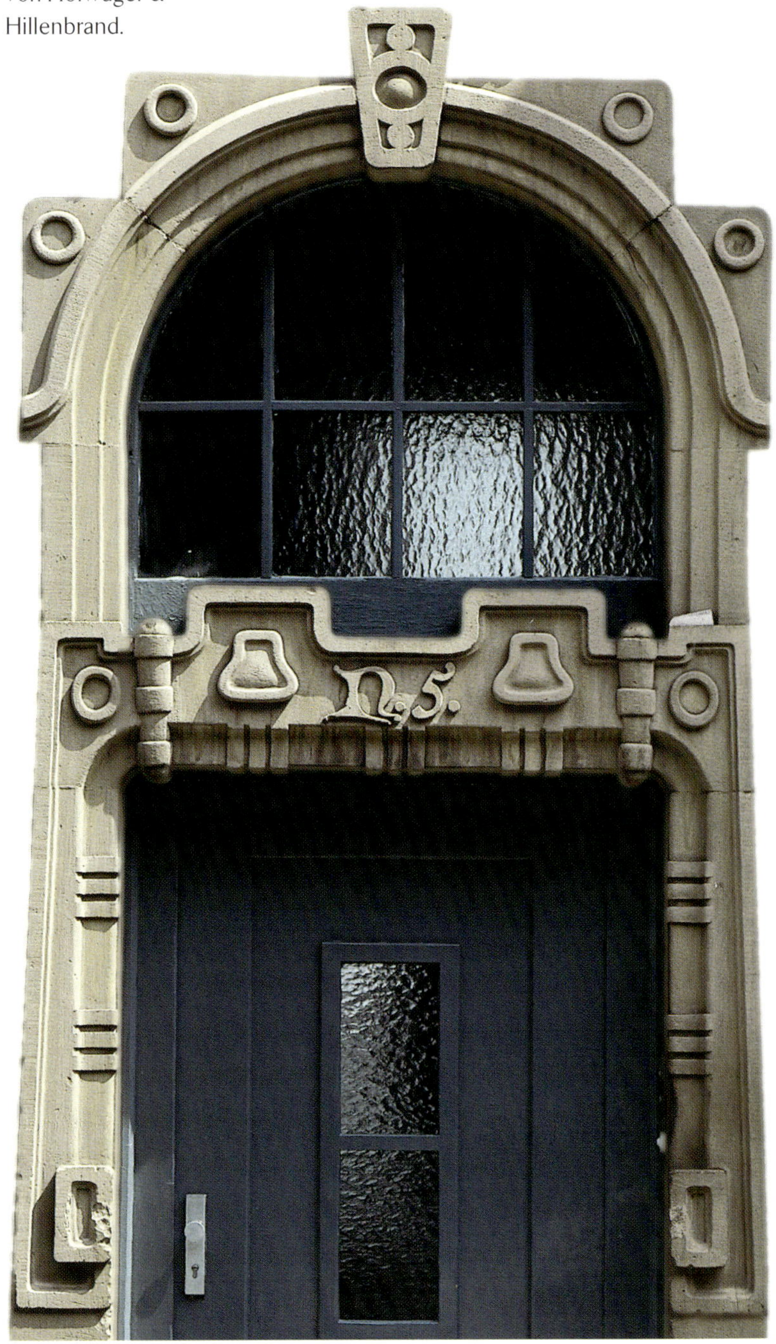

176
Eingang in der Lenzstraße 7, erbaut 1903 von Holwäger & Hillenbrand.

177
Eingang in der Lenzstraße 9, erbaut 1903 von Holwäger & Hillenbrand.

Nebeneinander drei Variationen des selben Themas.

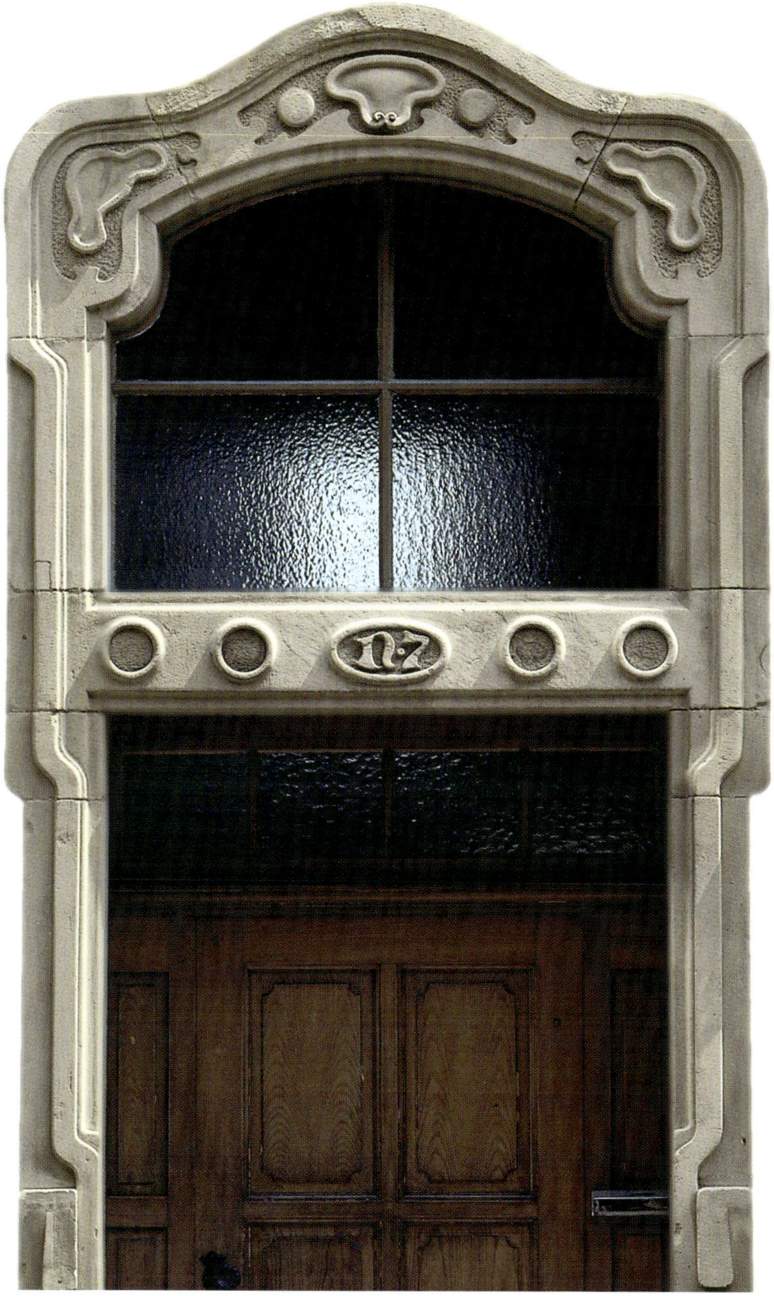


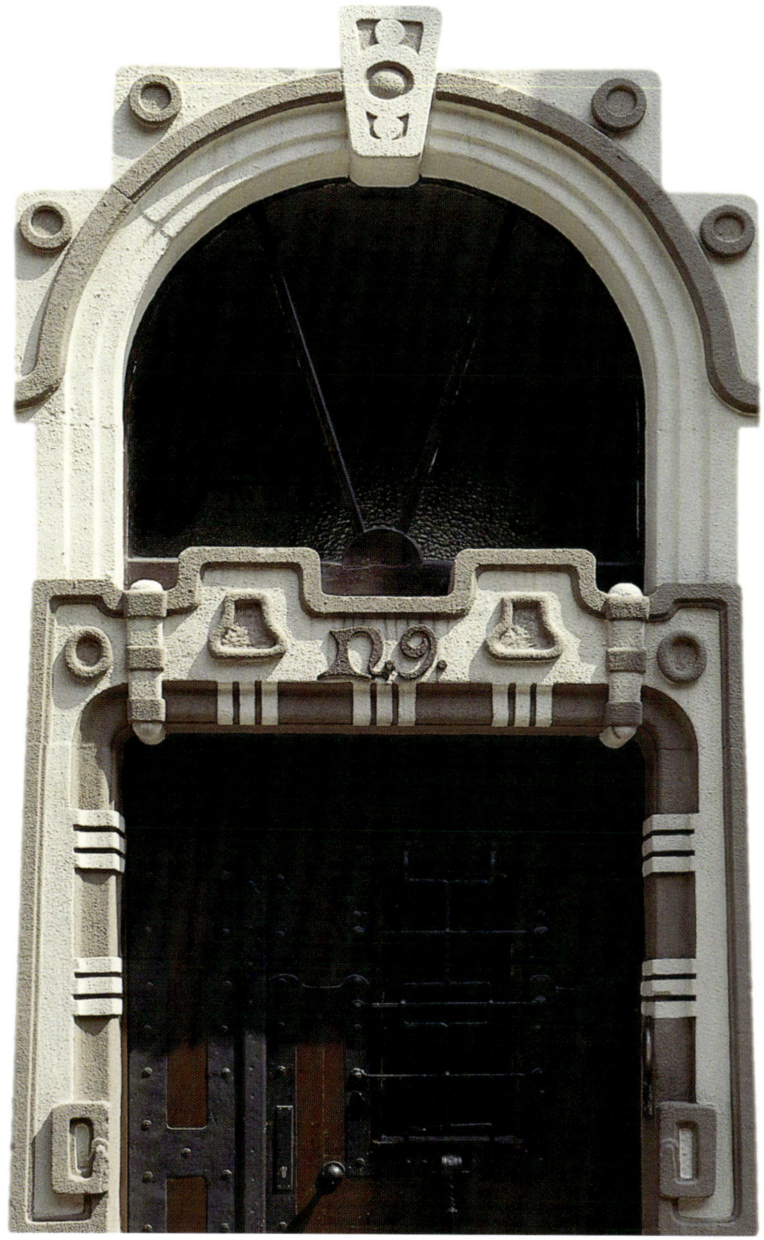

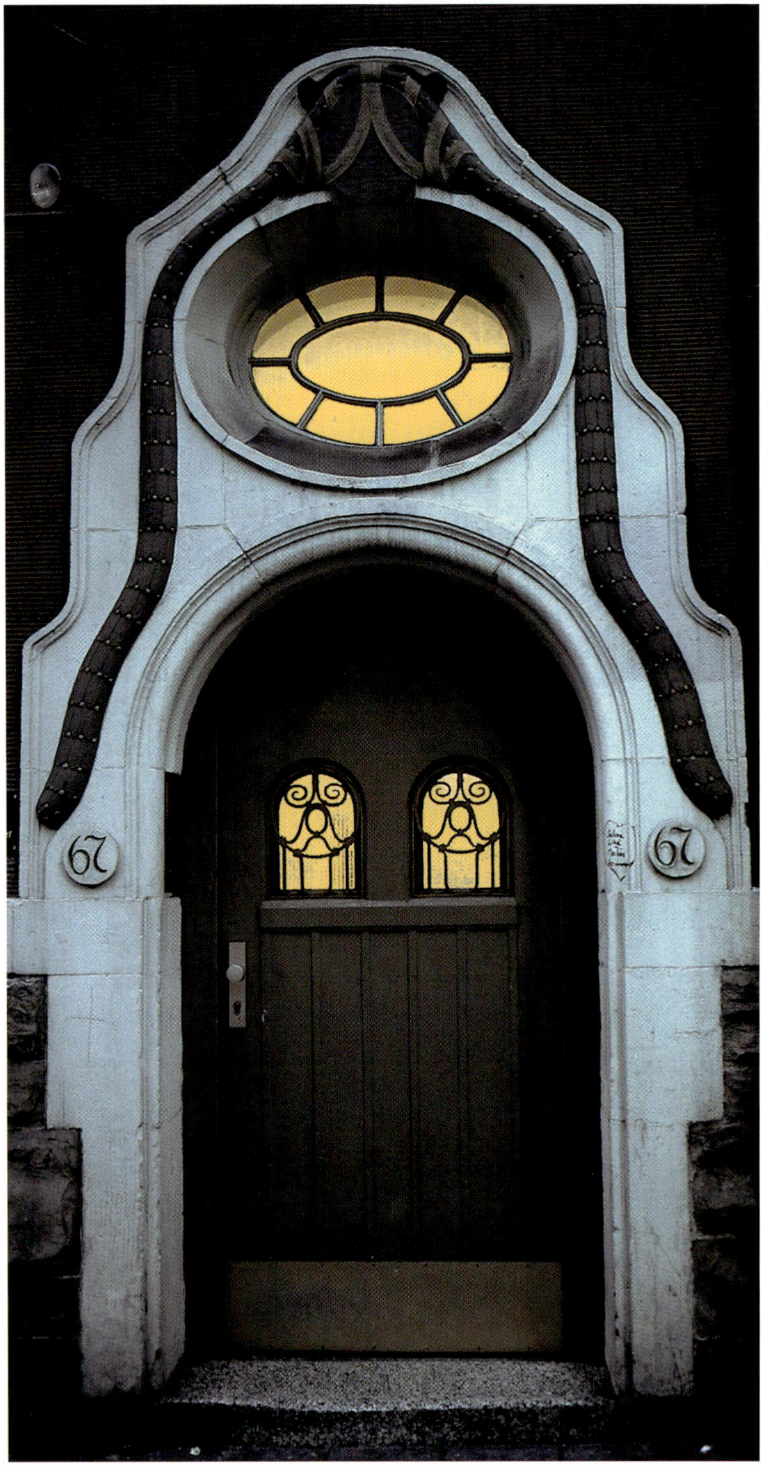

cherweise wollte der Bauherr, der Fuhrunternehmer Jakob Kübler, seinen Fuhrknechten auch gleich noch einen Ort zum Löschen ihres Durstes bieten. Deutlich aufwändiger als die Kneipentür ist der Eingang zu den Wohnetagen gestaltet. Eigentlich könnte man das Ganze ein Portal nennen, da es sich formal an die tiefen Zugänge romanischer Bauten mit ihren zurückgestuften Gewänden anlehnt – wir sprachen schon davon (Abb. 180). Auch der Ornamentik ist diese Herkunft deutlich anzusehen. Neben dem Entwurf Billings wirkt die Gestaltung von Wolff zwar durchaus originell, aber doch sehr „keltisch-nordischen" Traditionen verhaftet, die allerdings immer wieder Vorbildfunktionen einnahmen.

Fenster waren mit Abstand die am häufigsten vorkommenden Bauelemente, und kaum eines gleicht dem anderen. Dies mag zunächst übertrieben klingen, bewahrheitet sich bei näherem Hinsehen jedoch im wesentlichen, kam den „Augen" des Hauses doch besondere Bedeutung zu. Die verschiedenen Ausschnittformen sind zahllos. Sie reichen von einfachen Rechteck- und Rundbogenfenstern über Zwillings-, Dreifach-, Vierfach-, Trapez-, mächtige Atelier-, winzige Abseiten- und Geschoss übergreifende Treppenhausfenster bis hin zu riesigen Kaufhaus- und Bürofenstern. Die unterschiedlichsten Formen können ohne weiteres an ein- und derselben Fassade gleichzeitig vorkommen.

Wie die Eingänge wurden auch die Fenster mit Rahmungen ausgestattet, die von einfachen, schmucklosen oder lediglich schlicht profilierten Steinfassungen bis zu üppigen, weit ausgreifenden Gewändedekorationen reichen konnten. Dabei wurden traditioneller Schmuck wie krönende Giebel, Wappenkartu-

178
Hochmodern und elegant. Eingang der Amalienstraße 67, erbaut 1903–04 von Hermann Billing.

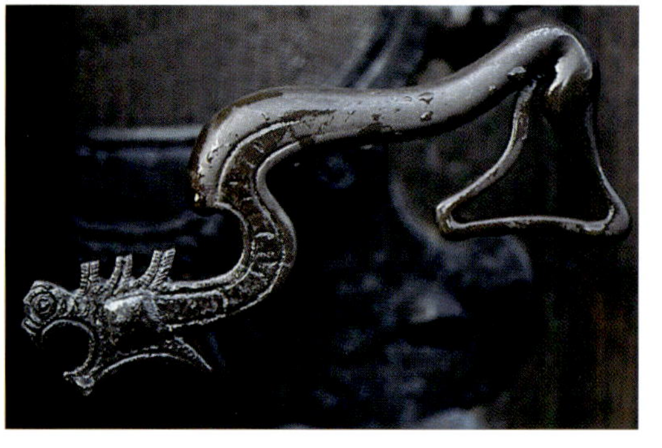

179
Formbewusst bis ins Detail. Türklinke am großen Tor in der Kaiserallee 52, erbaut 1907 von Karl Kreutz.

schen oder Schlusssteine so gut wie nie verwendet; falls aber doch, zumindest formal angeglichen. Je mehr der Jugendstil seinem Ende zuging, desto häufiger wurden Fensteröffnungen glatt und direkt in die Fassade hineingeschnitten. Ein frühes Beispiel dafür ist die Melanchthonstraße 2. Der größte Teil der Fenster an den erhaltenen Bauten ist jedoch ornamental geschmückt, wobei die Palette der Möglichkeiten nahezu unüberschaubar ist. Das konnte an demselben Haus kantig und kompliziert oder mit „bürstenartig“ hochstehenden Liniengittern geschehen wie in der Sommerstraße 8 (Abb. 182, 183). Dreiecke mit vertieften Wappenfeldern und einer plastischen Perlenschnur, zu Voluten aufgerollt und in Wellen gelegt (Abb. 184), wirken eher zart neben dem kräftigen Sturz mit dem Zahnschnitt und den eingefügten Ei-ähnlichen Gebilden (Abb. 185). Voluten, die eine respektable Tradition als barocke Repräsentationsformen aufzuweisen haben, werden im Jugendstil mit besonderem Vergnügen verwandelt, in der Humboldtstraße noch am althergebrachten Ort, dem Giebel (Abb. 19), aber auch an den Fensterstür-

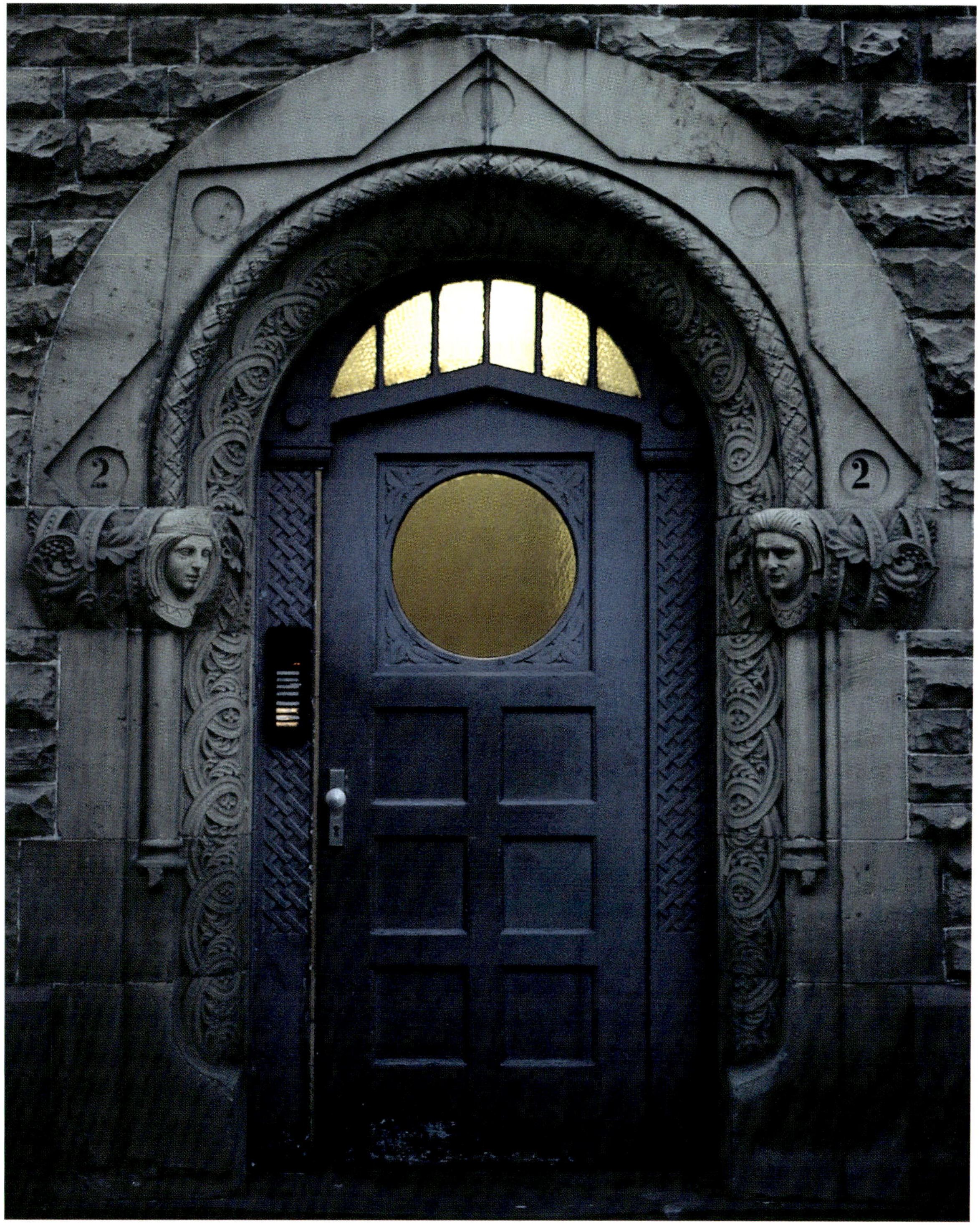


180
Nordisch beeinflusst. Eingang der Nordfassade der Rintheimer Straße 2, erbaut 1903 von Franz Wolff.

zen. In eckiger, ja quadratisch verformter Gestalt finden sie sich in immer neuen Konstellationen (Abb. 186–189) und die ovalen Kringel in der Lenzstraße (Abb. 188) erinnern ein klein wenig an die gummiartige Konsistenz von Tintenfischringen. Spiralformen sind eher selten, finden sich aber an Fensterstürzen in der Sophienstraße (Abb. 111).

es auch so schwierig, an Hand solcher Ornamente einem bestimmten Architekten ein Gebäude zuzuschreiben. Die jeweilige künstlerische Handschrift müssen wir aus anderen Kriterien ablesen, auch wenn dem Karlsruhe-Kenner angesichts der riesigen Girlandenform auf hohen Stäben kein anderer als der Name von Karl Kreutz einfallen mag (Abb. 190).

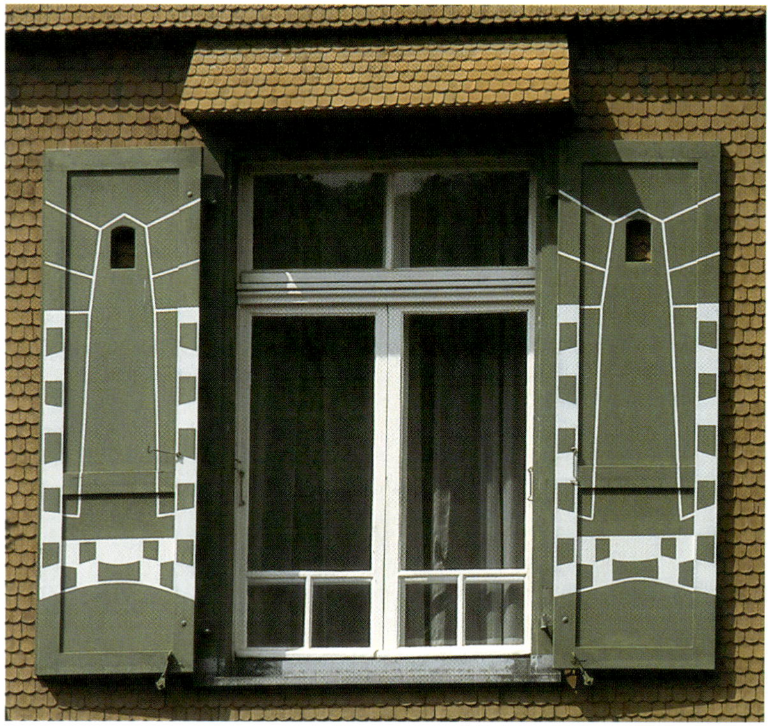

181
Verschindelungen des „Heimatstils" verbinden sich mit gemalten Ornamenten des strengen Jugendstils. Fenster in der Baischstraße 5, erbaut 1900–03 von Hermann Billing.

All diese mehr oder weniger bizarren und ungewöhnlichen Formen in mühsamer Steinmetzarbeit herstellen zu lassen, dürfte die Kräfte des damaligen Baugewerbes überfordert haben. Wenn es auch bisher nur zu vermuten, aber nicht zu beweisen ist: es müssen in Serie hergestellte, vorfabrizierte Werkstücke mitverwendet worden sein. Deshalb ist

Für Fenster mit ausladendem, plastisch bewegten Gewände verbieten sich Fensterläden von selbst. Noch um die Jahrhundertwende galten sie als altmodisch, erlebten aber in bestimmten Bereichen eine Renaissance. Bevorzugt tauchten sie im Zusammenhang mit dem „Heimatstil" auf, der traditionelle Motive ländlicher Architektur für sich entdeckte und

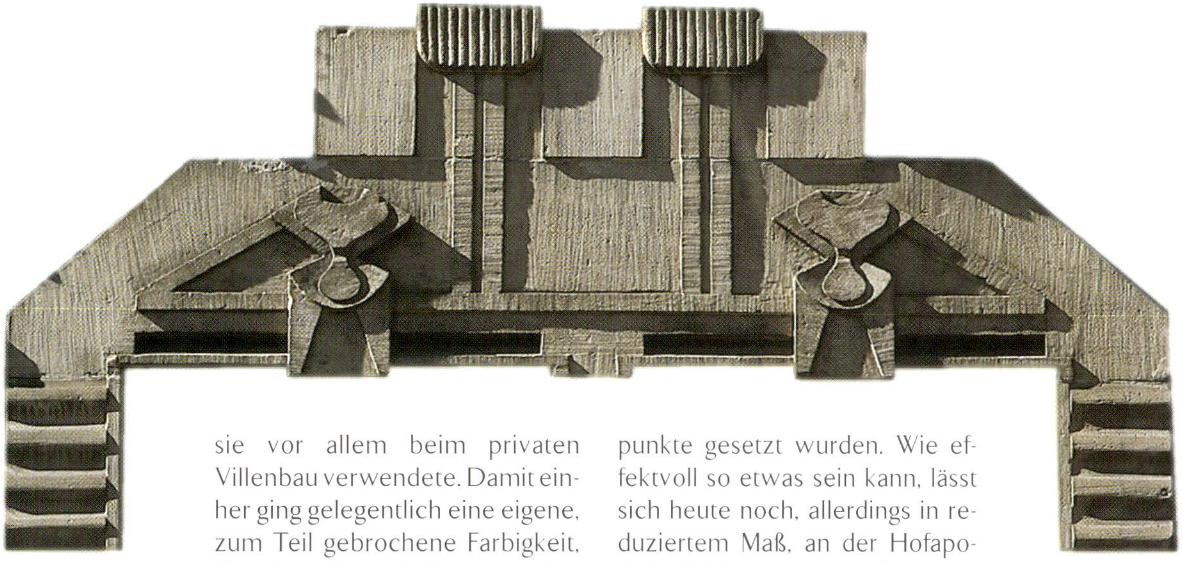

sie vor allem beim privaten Villenbau verwendete. Damit einher ging gelegentlich eine eigene, zum Teil gebrochene Farbigkeit, die dem Jugendstil sonst eher fremd war.
Der Jugendstil liebte vielmehr starke, leuchtende, durchsetzungsfähige Farben, schätzte aber gleichzeitig auch irisierende, schillernde, flirrende, sich ständig ändernde Oberflächenreize; darin durchaus dem Impressionismus verwandt. Solche Vorstellungen waren mit den für die Architektur zur Verfügung stehenden primären Materialien – mit Sandstein, Klinker, Holz und Putzflächen – bei unbehandeltem Stoffcharakter nur schwer umzusetzen. Hermann Billing hat daher – zum ersten Mal in der Baischstraße – einzelne Fassadenelemente farbig fassen lassen. Strahlendes Blau, klares Rot und kräftiges Grün dominierten, während mit der goldenen Frauengestalt im Giebel der Stephanienstraße weithin sichtbar der erwünschte changierende Glanz erreicht und mit einzelnen Vergoldungen flimmernde Lichtpunkte gesetzt wurden. Wie effektvoll so etwas sein kann, lässt sich heute noch, allerdings in reduziertem Maß, an der Hofapotheke (Abb. 38, 104, 105) und seit noch gar nicht so langer Zeit wieder an einer Fassade in der Boeckhstraße erleben. Original erhalten hat sich von den Bemalungen architektonischer Einzelglieder so gut wie nichts, es gibt aber Rekonstruktionen geometrischer Ornamente wie zum Beispiel an den Fensterläden der Baischstraße 5 (Abb. 175).
Andere Möglichkeiten der Oberflächenbelebung haben die Zeiten dagegen gut überdauert. Da ist einmal das charakteristische „Bossenmauerwerk“ mit all seinen Variationen. Abgeleitet aus der Rustika der (Neu-)Renaissance, blieb es nicht wie dort auf bestimmte, abgegrenzte und „erlaubte“ Geschosse oder Zonen des Gebäudes beschränkt, sondern wurde je nach den Zielen des Architekten unabhängig von jedem historischen Formenkanon verwendet. Der Mauerverbund konnte aus ungleich großen, ungleichmäßig behauenen Brocken

182
Stein gewordene Strenge. Fenstersturz in der Kriegstraße 256, erbaut 1903 von Ferdinand Baser.

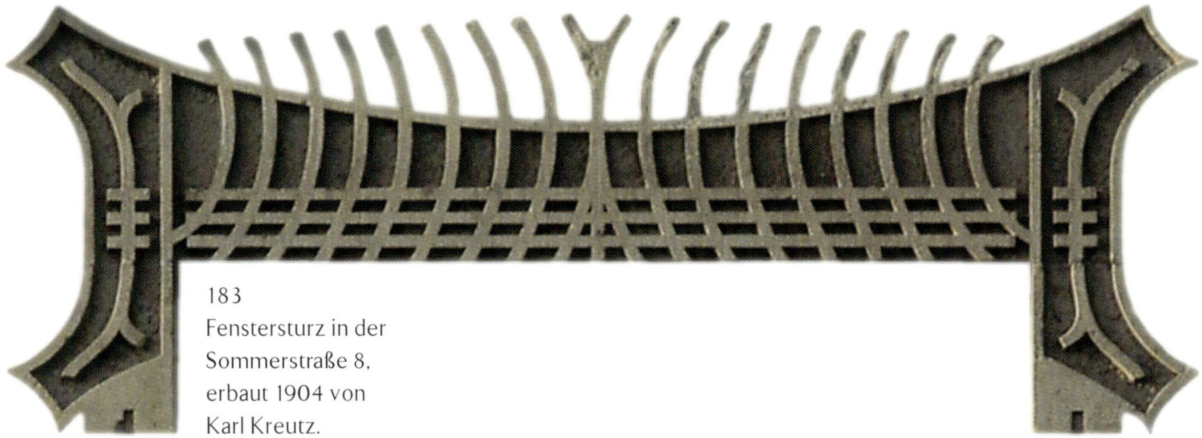

183
Fenstersturz in der
Sommerstraße 8,
erbaut 1904 von
Karl Kreutz.

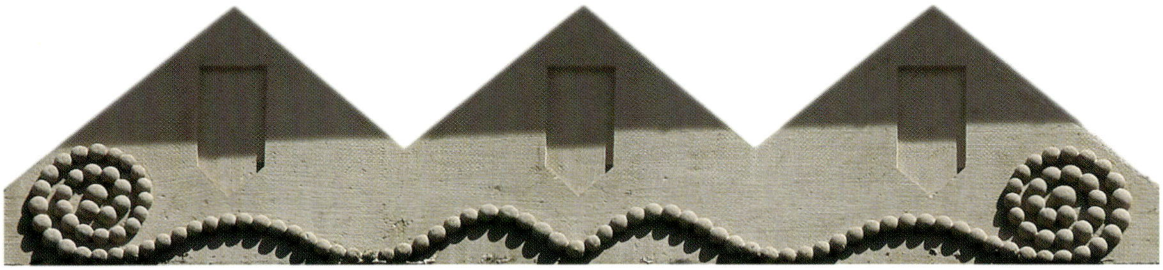

184
Fenstersturz in der
Kornblumenstraße 2,
erbaut 1900–01
von Franz Wolff.

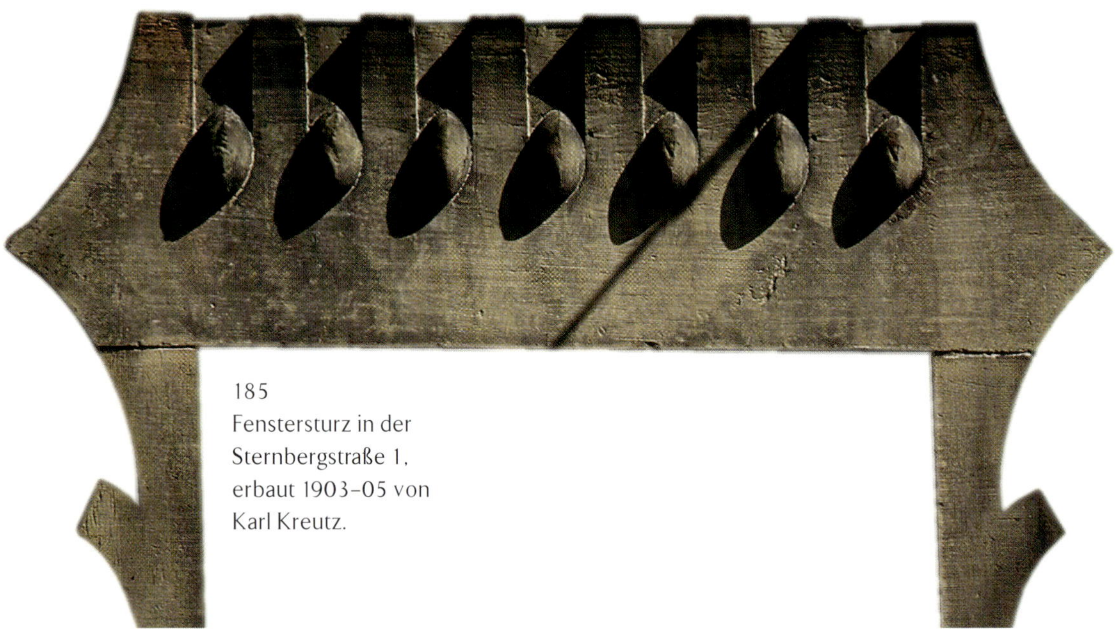

185
Fenstersturz in der
Sternbergstraße 1,
erbaut 1903–05 von
Karl Kreutz.

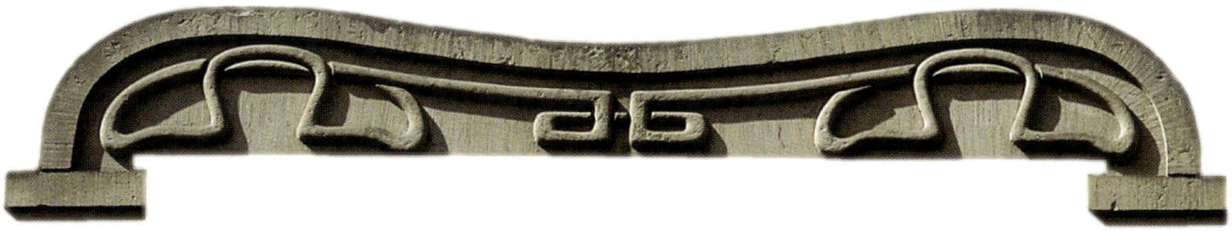

186
Fenstersturz in der Lenzstraße 12, erbaut 1902 von Ferdinand Baser.

187
Fenstersturz in der Lenzstraße 12, erbaut 1902 von Ferdinand Baser.

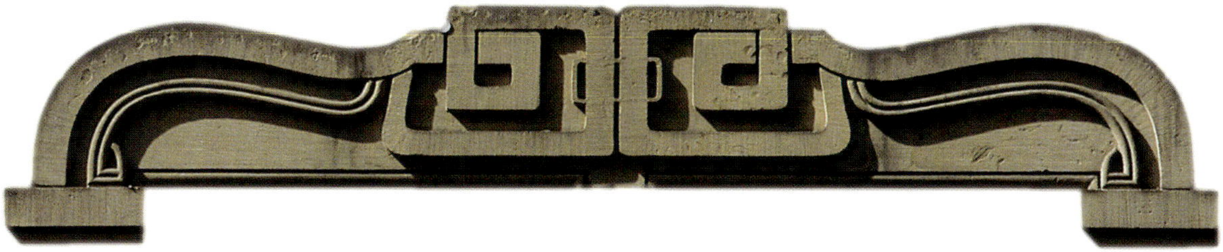

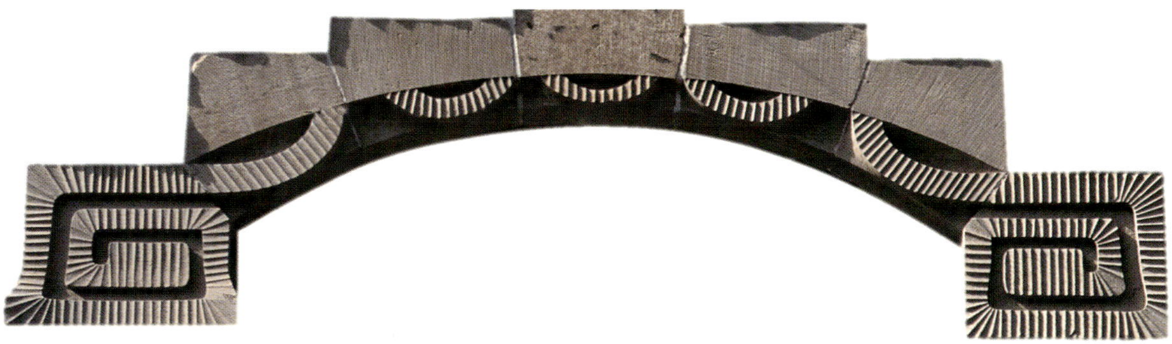

188
Fenstersturz. in der Bachstraße 40 c, erbaut 1905–06 von Karl Kreutz.

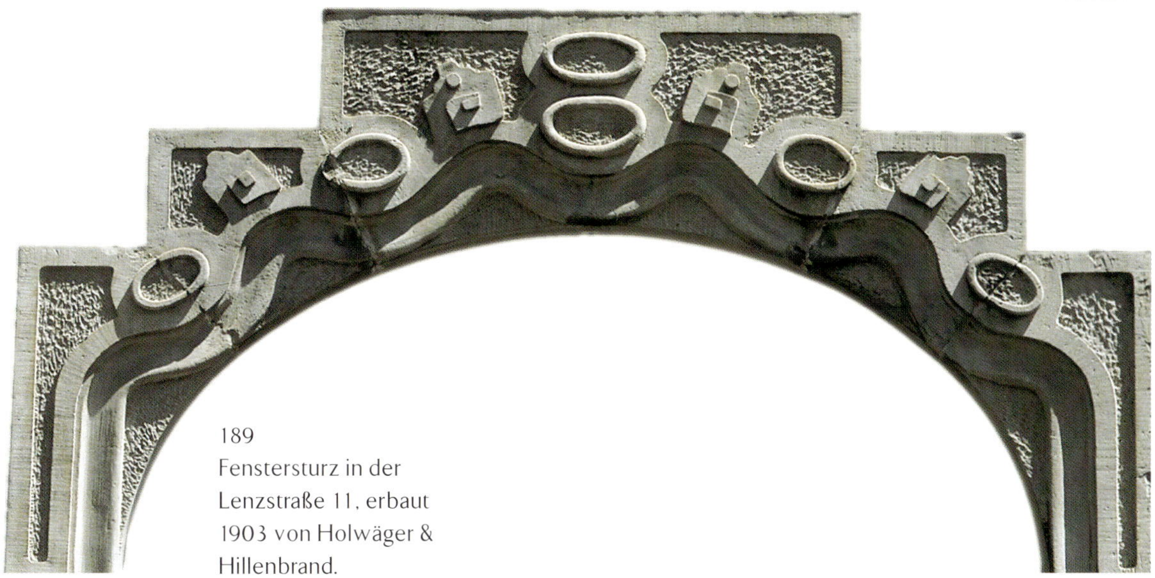

189
Fenstersturz in der Lenzstraße 11, erbaut 1903 von Holwäger & Hillenbrand.

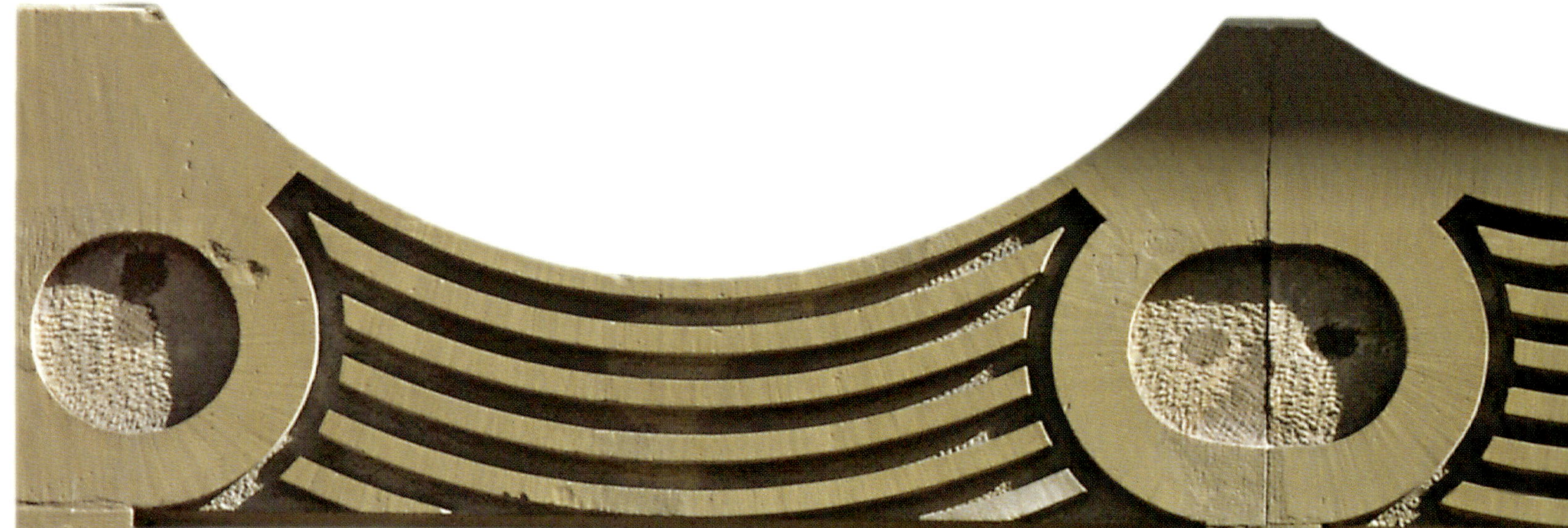

zusammengesetzt sein, kein Stein glich dabei dem anderen. Die flüchtig anmutende Behandlung der Oberseite brachte zusammen mit dem unregelmäßigen, fast zufälligen Gitternetz der Fugenlinien je nach Lichteinfall lebendig wechselnde Effekte hervor. Es ist allerdings genau diese Art der Steinbehandlung, die heute vielen Häusern eine etwas finstere Note verleiht, bleiben doch Staub und Schmutz auf dem rauen Material besonders gut haften (Abb. 30).

Einer mit Querfugen aus regelmäßigen, leicht unebenen Steinen gemauerten Wand wie in der Hirschstraße 105 oder der Sommerstraße 16 konnten unregelmäßige, weit vorspringende Quader eingefügt werden. Auf diese Weise wurde die Homogenität unterbrochen und ein lebhafterer Eindruck entstand.

Setzte man neben unebenes Mauerwerk wirklich glatte Werkstücke, einzeln oder als Flächen, als Fenster- oder Türrahmungen, ergab sich ein völlig anderes Licht- und Schattenspiel (Abb. 151). Je genauer man bei manchen Häusern hinschaut, desto mehr erstaunt die subtile Behandlung der Materialoberflächen – ein wahrer Mikrokosmos tut sich auf.

Da werden Flächen mit dem Körner aufgeraut, mit dem Scharriereisen Muster erzeugt oder Linien mit leichter Hand in den Putz geritzt. Feine Parallelschraffuren, diagonal, vertikal oder auch horizontal, geben den Wandflächen der Hofapotheke einen eigenen optischen Wert (Abb. 148). Längere oder kürzere Linien, parallel oder zu Mustern angeordnet, waren die einfachen Mittel, mit denen ein Vielfaches an Wirkung zu erreichen war (Abb. Rückseite). Jeder einzelne Stein konnte für sich behandelt werden. Da gab es welche, deren Fläche war kleinteilig aufgepickt, während um die Kanten ein minutiös geglättetes,

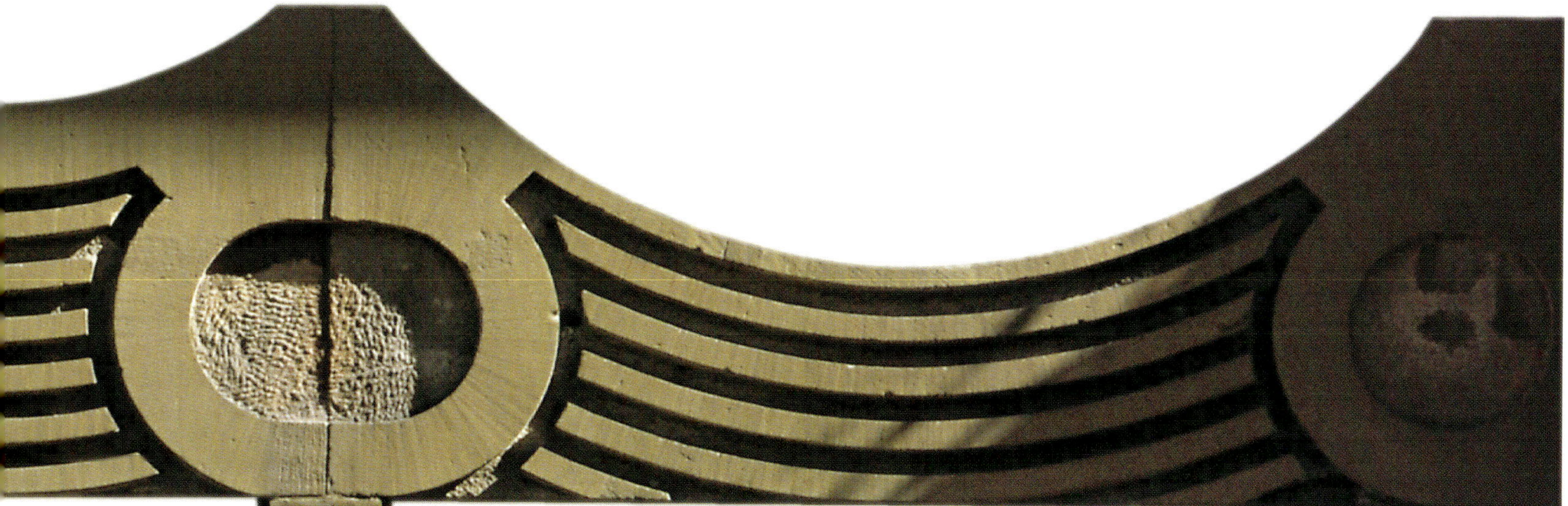

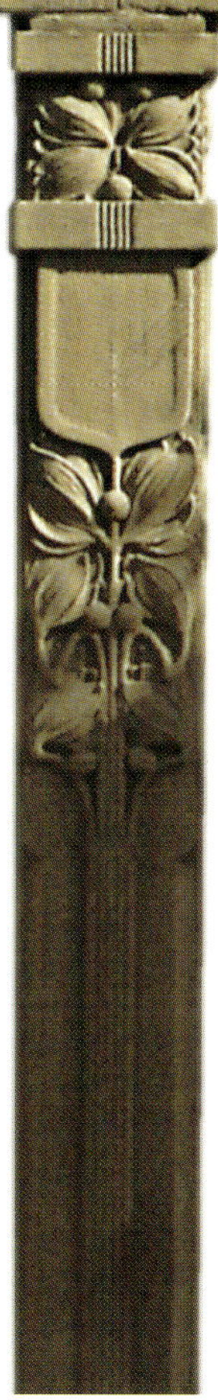

190
Floral-naturalistisch und funktional-abstrakt. Relief am Erdgeschoss der Lachnerstraße 17, erbaut 1904–05 von Karl Kreutz.

nur wenige Zentimeter breites Band verlief. Ein schönes Beispiel dafür findet sich an der Yorckstraße 49 von Hermann Bastel. Oder es zeigt sich wie in einer Detailaufnahme der Melanchthonstraße, dass Linien zu einem quadratischen Gitternetz zusammen gefügt werden, das aus der Wiener Werkstätte eines Josef Hoffmann oder Koloman Moser stammen könnte (Abb. 196). Auch erinnert speziell dieses Muster an Drahtglas, dessen Struktur mitsamt den zugehörigen Lichtlinien in der Zeitschrift „Innendekoration" aus dem Jahr 1900 abgebildet war, galt es damals doch als das beste Verglasungsmaterial für Oberlichter, Fabrikfenster oder Fußbodenkonstruktionen. So wurden verwandte Strukturen in den verschiedensten Materialien gesucht und gefunden.
„Ornament ist Verbrechen", dieser bereits zitierte, programmatische Stoßseufzer des Wiener Architekten Adolf Loos mag vielen seiner Zeitgenossen angesichts der allgegenwärtigen, alles überwuchernden Kraft des Ornamentalen aus der Seele gesprochen sein, stößt aber in den heutigen postmodernen Zeiten eher auf Unverständnis. Sind wir doch mittlerweile der mittelmäßigen Werke aller Art von Bauhaus-Epigonen überdrüssig und sehnen uns nach kleinen „Augenfreuden". Wer hätte da – unter umgekehrten Vorzeichen – nicht Verständnis für einen vom allgegenwärtigen „Horror vacui" geplagten Künstler, der versuchte, sich vom Ballast einer wahren „Dekorationswut" zu befreien?

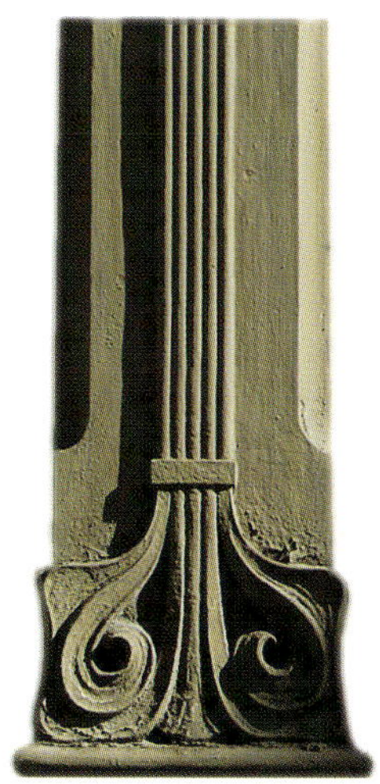

Solche Kontroversen sind letztlich unproduktiv, denn sie verstellen den Blick auf die immanenten Qualitäten der einzelnen Werke. Um nichts anderes geht es in diesem Buch: die Augen zu öffnen für eine Welt, die ihre eigenen Gesetze und Schönheiten hat.

Das Erscheinungsbild einer Stadt wird nicht nur von Gebäuden und deren Fassaden bestimmt. In dem schwergewichtigen Standardwerk „Denkmäler. Brunnen und Freiplastiken in Karlsruhe 1715–1945“ ist die Vielfalt der künstlerischen Objekte auf Straßen und Plätzen ausführlich dargestellt und gründlich kommentiert. Es gehören auch zahlreiche Arbeiten aus der Zeit nach 1900 dazu. Von einer der bekanntesten, der Brunnenanlage Hermann Billings auf dem Stephanplatz, war schon die Rede. Aus der Fülle der übrigen seien zum Schluss vier der interessantesten kurz vorgestellt.

Die beiden Bronze-Kandelaber an der Freitreppe der Christuskirche dienten, was damals keineswegs selbstverständlich war, der Straßenbeleuchtung. Sie waren aber auch ein Zeichen dafür, dass man stets auf der Höhe der Zeit sein wollte, in der Technik wie auch in der Gestaltung. Nur mit Abstrichen gilt dies für das Brunnenmonument im Bildhauergarten. Formal folgt es im Schwung der flankierenden Sitzbank und in der Auffassung der beiden Relief-Figuren den aktuellen Tendenzen, in Bildidee und Inschrift ist es aber noch dem Repräsentationsdenken der wilhelminischen Epoche verhaftet. Errichtet wurde es als offizieller Glückwunsch zur goldenen Hochzeit und als Dank der Staatlichen Akademie der Bildenden Künste an ihre Förderer: Großherzog Friedrich I. und Großherzogin Luise von Baden. Im Sommer ist seine Umgebung heute mit dem golden gesprenkelten Grün der Baumschatten ein stiller, fast verwunschener Ort, wo Geist und Gestaltungswille der Zeit um 1900 anschaulich zu erleben sind.

Der „Krautkopfbrunnen“ mit seinem fröhlichen Puttenreigen ist mittlerweile längst zum Wahrzeichen des Gutenbergplatzes, ja der ganzen Weststadt, geworden. Die enge Verwandtschaft zu den damals weit über Deutschland hinaus bekannten Figuren der „Großherzoglichen Majolika-Manufaktur Karlsruhe“ ist unübersehbar. Gleichzeitig ist das Spielerische mit Erfolg zu plastisch-monumentaler Wirkung gesteigert. Weniger überschäumend, eher besinnlich, wirkt mitten im Getriebe und Gedränge der Kaiserstraße der Wasser schöpfende Knabe vor der Kleinen Kirche. Er mag für viele der Vorbeieilenden das Symbol einer Vergangenheit sein, in der gesammelte Ruhe und stille Konzentration auf ein Leben spendendes Element Zukunftshoffnung und Aufbruchsstimmung verkörpern konnten.

Karlsruhe gehörte, wie schon gesagt, zur Zeit des Jugendstils nicht zu den großen Zentren der neuen Bewegung, trotzdem hat es herausragende Leistungen aufzuweisen. Mit Hermann Billing und der Bürogemeinschaft Curjel & Moser prägten deutschlandweit renommierte Architekten das künstlerische Geschehen. Neben ihnen gab es eine Fülle kreativer Köpfe, denen jener eingangs zitierte „originelle Zug“ des Stadtbildes vor allem zu verdanken ist.

Interessanterweise ist die Jugendstilarchitektur in Karlsruhe kein Fremdkörper wie etwa in den Städten, die gerade wegen ihrer Jugendstil-Baudenkmäler besucht werden. Da in Karlsruhe extreme und der Zeit voraus greifende Lö-

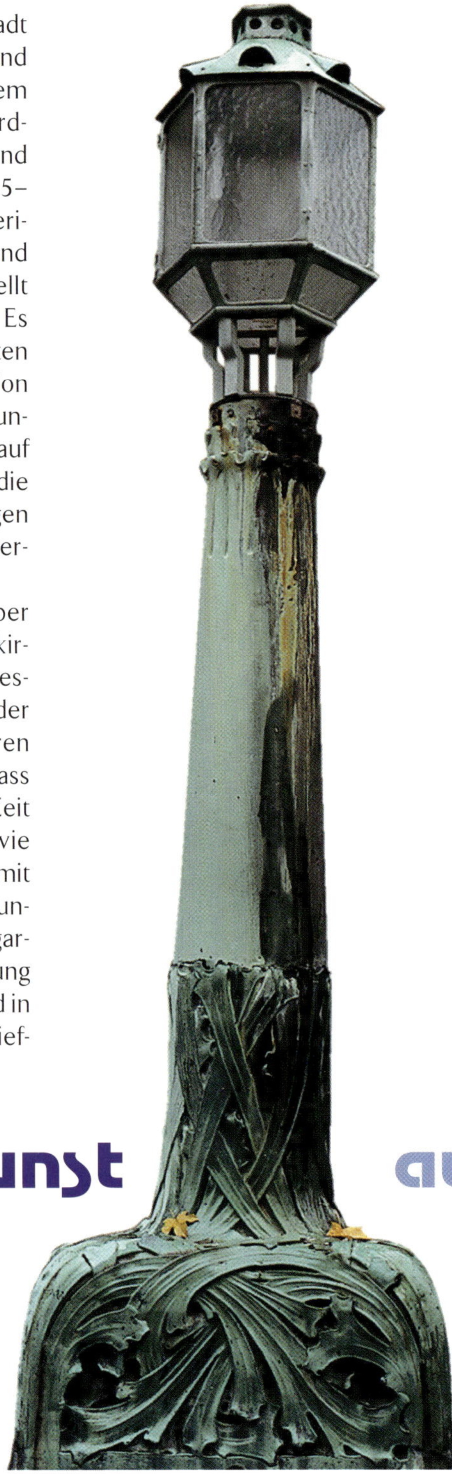

# Neue Kunst auf Straßen und Plätzen

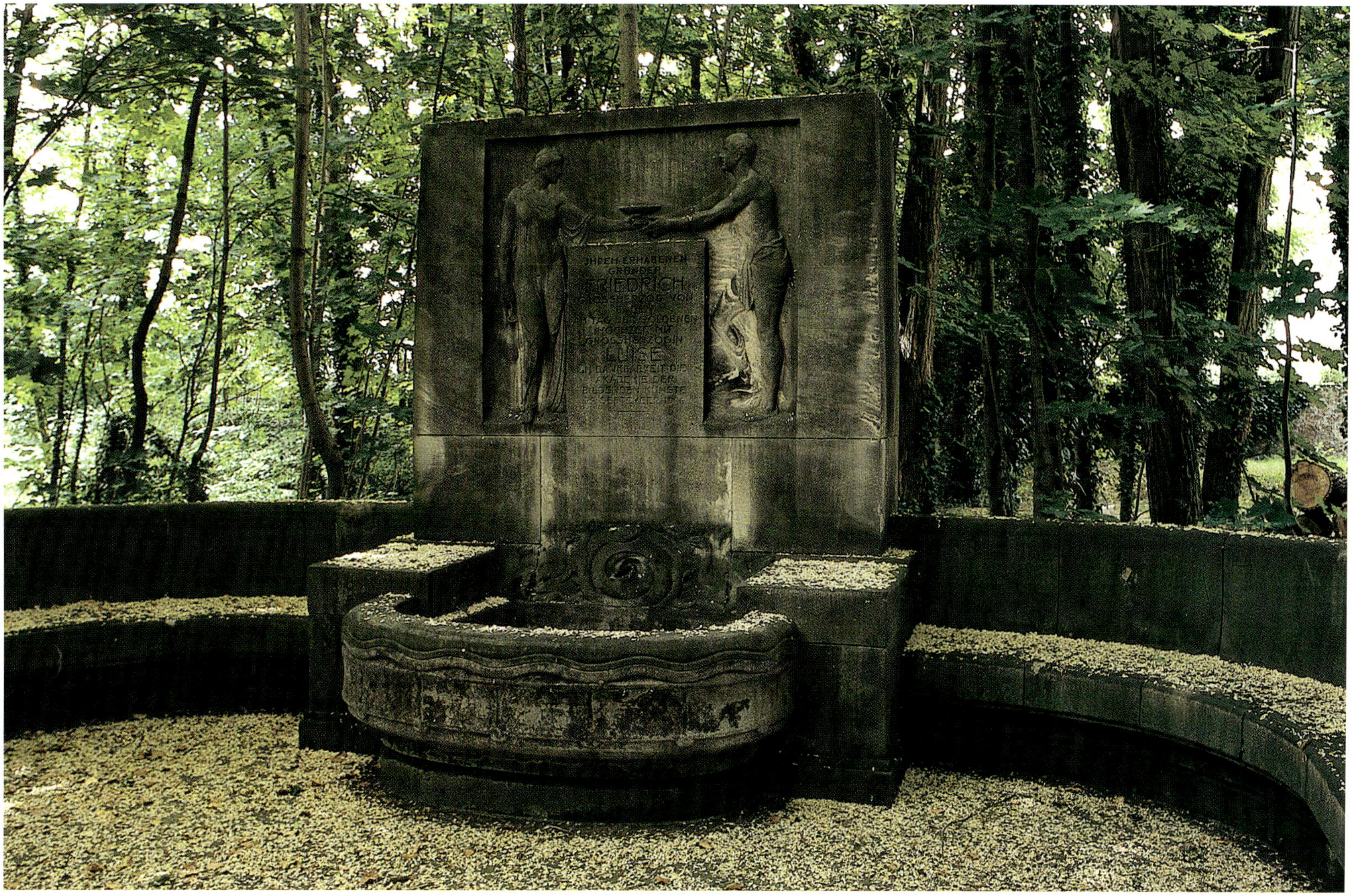


191
Kandelaber vor der Christuskirche mit dem in Karlsruhe so beliebten, algenartigen Blattdekor. Um 1900, Ausführung vermutlich von der Firma Paul Stotz in Stuttgart.

192
Brunnen zur Feier der goldenen Hochzeit von Großherzog Friedrich I. und Großherzogin Luise. Stephanienstraße 80–82, erbaut 1906 von Hermann Volz.

sungen fehlen oder nur an einigen wenigen Privathäusern anklingen, fügen sich die Jugendstilbauten mühelos in den Zusammenhang der übrigen Architektur ein. Dies ist mit ein Grund, weshalb es so aufwändig war, die in diesem Buch gezeigten Objekte überhaupt erst aufzuspüren. Insgesamt aber erfüllten sich auch in Karlsruhe die Hoffnungen, wie sie 1901 in der Zeitschrift „Dekorative Kunst" für die Zukunft ausgesprochen waren:
„Zum ersten Mal seit Jahrhunderten steht Deutschland im Begriffe, etwas Eigenes in der Architektur in die Welt zu setzen. (...) Nützen wir doch im neuen Jahrhundert die günstige Konjunktur aus, indem wir (...) diese Heime echt wahr, zeitentsprechend und individuell bauen, auf dass wir selber Freude daran haben und unseren

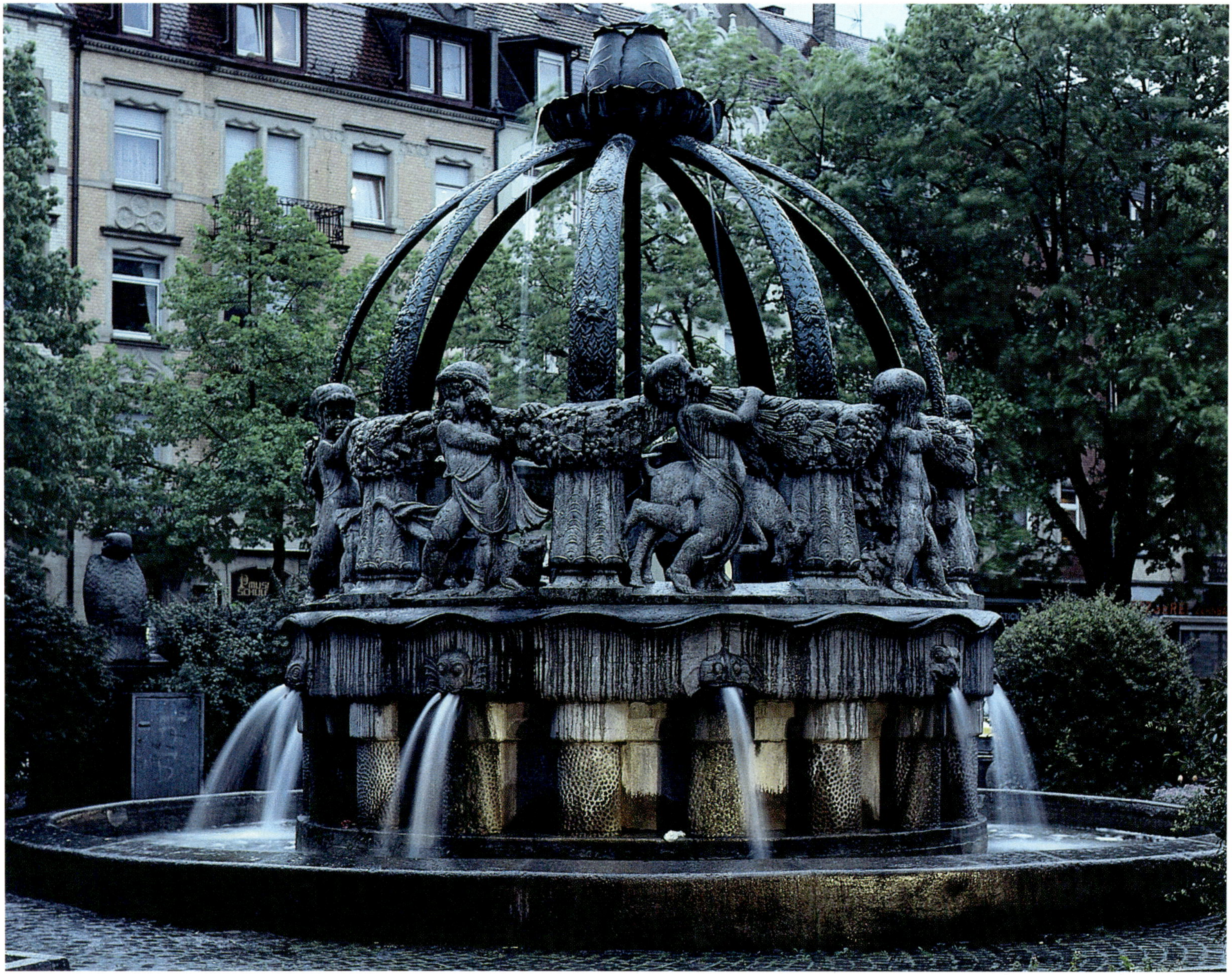

193
Von einem großen Kohlkopf gekrönt ist der dekorative Brunnen am Gutenbergplatz, erbaut 1905–08 von Friedrich Ratzel, Bildhauerarbeiten Eugen Mezger und Johann Jost.

Nachkommen ein Denkmal hinterlassen, nicht dessen, was wir mit Freude nachgeahmt haben, sondern dessen, was wir und wie wir am Anfang des neuen Jahrhunderts selber waren. Wenn wir das thäten, so würde ein Treiben und Spriessen sondergleichen einsetzen, endlich eine wahre Wiedergeburt. Wir würden Villen-Kolonien von individuellen Heimen haben (...), aus denen Persönlichkeiten zu uns sprechen würden, Persönlichkeiten des Architekten, aber auch der Bauherren. Hier eine einfache Strenge, eine herbe Umrisslinie, eine intellektuelle Betonung des Konstruktiven, dort bewegte Formen, reichgegliederte Bauteile, überschüssige Kraft in allen Profilen und in allen Gliederungen. (...) Es würde jeweils anders sein und es würde jeweils gut sein, weil es wahrer Ausdruck des Menschen sein würde, das heißt in diesem Fall, der an Zweckgebilden sichtbar gewordenen Persönlichkeit."
Wer dem nicht nur im Karlsruher Straßenbild nachspüren will, kann die herausragende Jugendstilsammlung des Badischen Landesmuseums im „Museum am Markt" besichtigen, wo der Besucher auf Exponate von hoher Qualität trifft, die ihn mit allen internationalen Facetten des deutschen „Jugendstils", der französischen „Art nouveau", des belgischen „Style 1900", der niederländischen „Nieuwe Kunst", des britischen „Modern style", des österreichischen „Secessionsstil", des italienischen „Stile floreale" oder des spanischen „Stile Modernista" vertraut machen.

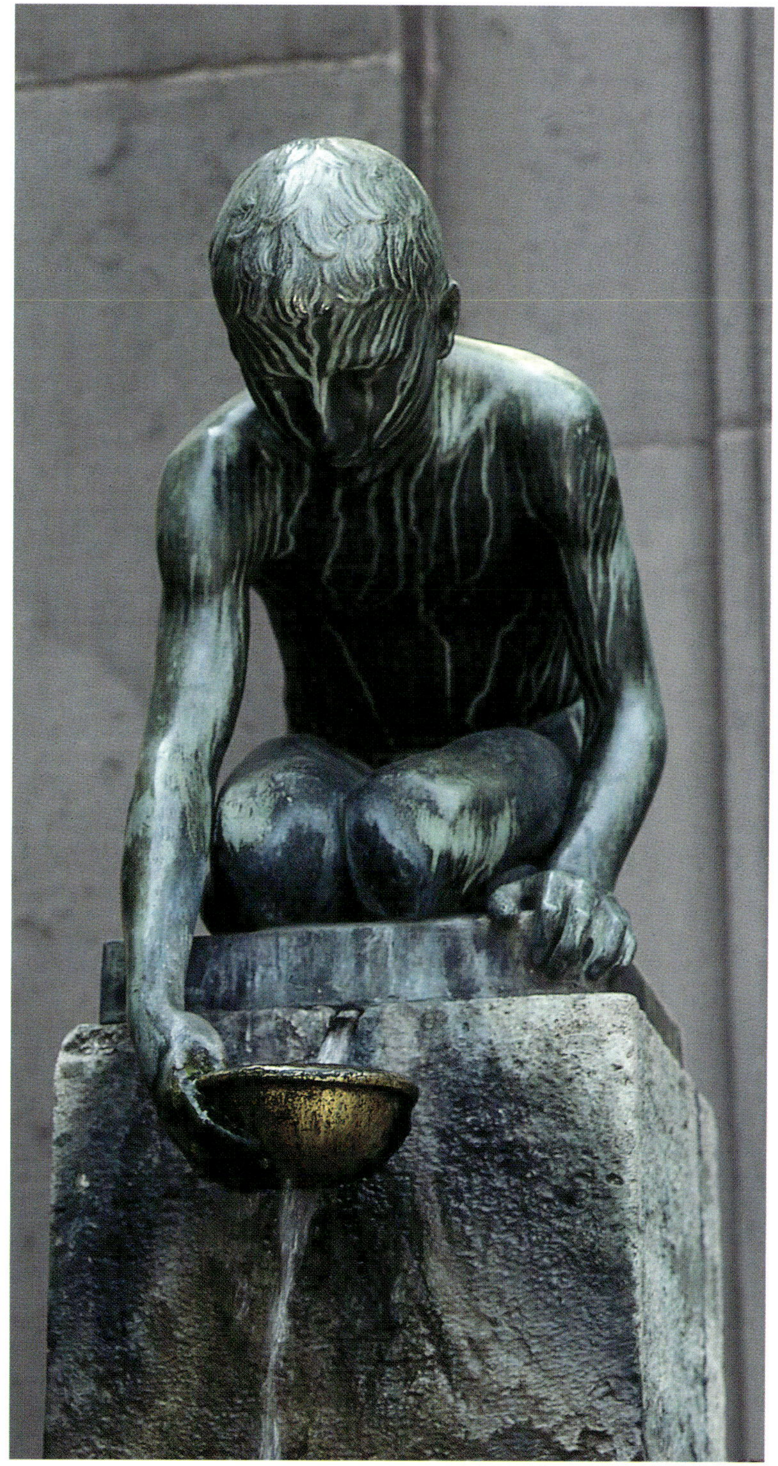

194
Wasser schöpfender Knabe auf dem Brunnen vor der Kleinen Kirche in der Kaiserstraße. Bronze 1904–05 von Konrad Taucher.

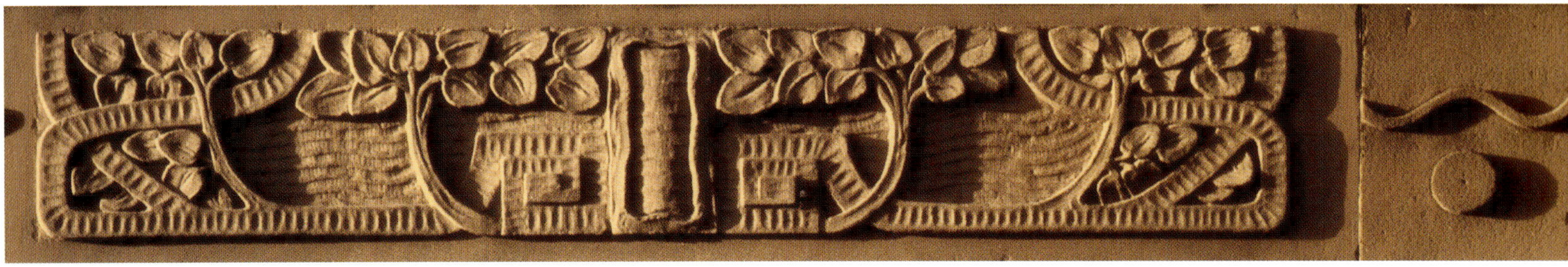

# Anhang

# Häuser und Objekte

### Amalienstraße 67

1903–04 Mietshaus von Hermann Billing
Bauherr: Karl Walter, Kunstmaler
Atelier des Bauherrn im vierten Obergeschoss. Dunkle Putzfassade mit hell überstrichenen Sandsteingewänden, qualitätsvolle Jugendstilumrahmung der Haustür.
Lit.: Kabierske 1996, Kat. 116
Abb. Nr.: 178

### Bachstraße 40

Um 1905 Mietshaus
Rotes Bossenmauerwerk im Erdgeschoss darüber helle Putzfassade mit roten Sandsteingewänden und -konsolen. Wiederaufbau 1954.
Quelle: BOA
Abb. Nr.: 169

### Bachstraße 40c

1905–06 Mietshausgruppe 40 a, 40 b, 40 c von Karl Kreutz.
Die Häuser Nr. 40 a und 40 b wohl erst 1912 vollendet.
Bauherr: Karl Striebel, Steinhauermeister
Im März 1906 Konkurs des Bauherrn, der Bauunternehmer Julius Schäfer übernahm den Rohbau und vollendete zusammen mit Kreutz das Gebäude. Fassade mit rotem Bossenmauerwerk, abgesetzt mit hellen Putzflächen.
Quelle: BOA
Abb. Nr.: 188

### Bahnhofplatz 1

1913 Hauptbahnhof von August Stürzenacker
Bauherr: Stadt Karlsruhe
Am charakteristischen Mittelrisalit des Empfangsgebäudes detailfreudig und charakteristisch durchgeformte Sandsteinreliefs von Konrad Taucher in Zusammenarbeit mit Stürzenacker.
Lit.: Dt. Bauztg. 39, 1905, Nr. 32, S. 194. – Dt. Konkurr. 1905, Bd. 18, H. 9/10, S. 7, S. 19–23. – Dt. Konkurr. Ergänzungsheft 16, 1906, S. 24–25. – Südd. Bauhütte 6, 1906, S. 1–3. – Schweiz. Bauztg. 56, 1910, S. 292–296, S. 303. – Dt. Bauztg. 46, 1912, Nr. 14, S. 144. – Arch. XX. Jh. 14, 1914, H. 14, S. 42–43. – Berl. Archwelt. 16, 1914, S. 244. – Göricke 1980, Nr. 521. – Lindemann 1988, S. 49–71. – Südweststadt 1996, S. 32–35
Abb. Nr.: 154, 174, 197

### Baischstraße 1-6

1901–02 Villenkolonie von Hermann Billing
Bauherr: Nr. 1, Nr. 2 und Nr. 5: Emma Helmle, Rentierswitwe
5 Gebäude an einer Sackgasse, bestehend aus einem Einzelhaus und einem Doppelhaus auf der Ostseite (Nr. 2–6) und den gegenüber auf der Westseite versetzt angeordneten 3 Einzelhäusern (Nr. 1–5). Jedes Haus ist individuell gestaltet mit gelb und weißem Sandstein, Putzflächen, Fliesen und Holzverkleidungen in gold und blau, grün, rot und ocker.
Lit.: Kabierske 1996, Kat. Nr. 76
Abb. Nr.: 30, 37, 181

### Beiertheimer Allee 16 / Ecke Mathystraße

1902 Verwaltungsgebäude des katholischen Oberstiftungsrats von Johannes Schroth
Bauherr: Katholische Kirche
Frei stehender, repräsentativer neuromanischer Bau aus rotem, glatt gefugtem Sandstein mit Jugendstilelementen. 1939–45 Sitz der Gau- und Kreisamtsleitung, bis 1955 Rathaus, seither Polizeipräsidium.
Lit.: Göricke 1980, Nr. 514
Abb. Nr.: 14

### Boeckhstraße 26

1903 Mietshaus mit Laden von Johannes Brannath
Bauherr: August Eckerle, Bäckermeister, Besitzer ab 1907 Heinrich Neff, Bäckermeister.
Heute noch eine Filiale der Bäckerei Neff. Gelbes Klinkergebäude mit blau glasierten Ziegelmustern.
Quelle: LDA
Abb. Nr.: 89

### Boeckhstraße 32

1906–07 Mietshaus von Holwäger & Hillenbrand

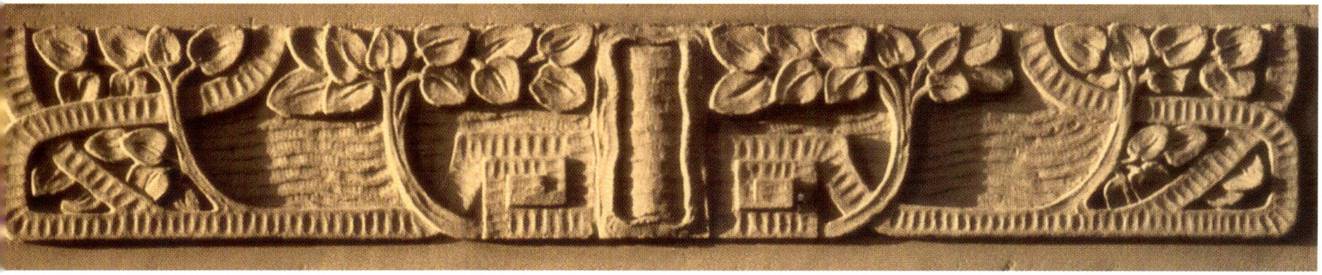

195
Relief in der Sophienstraße 105, erbaut 1905 von Gustav Zinser.

Bauherr: Bernhard Pfeifer, Maurermeister
Geometrische Gliederung der Fassade durch helle Putzflächen über gelbem Rustika-Sockel im Wechsel mit rotem Klinkermauerwerk; der plastische Schmuck in strengen Jugendstilformen.
Quelle: LDA
Abb. Nr.: 173

### Boeckhstraße 40 / Ecke Vorholzstraße

1904–05 Mietshaus von Ferdinand Baser
Bauherr: Friedrich Stickhel, Installateur
Durch moderne Eingriffe beeinträchtigte Fassade mit ursprünglich ausgeprägten Ornamenten an markanten Stellen wie Eingang, Giebel, Erker, Konsolen und Hausecke. Schlichte, gelbe Putzfassade mit Rustika-Sockel, Balkonkonsolen aus rotem Sandstein.
Quelle: LDA
Abb. Nr.: 172

### Daxlander Straße 72

1902 Plakatsäule als Gehäuse für elektrisches Umspannwerk; zahlreiche Nachbildungen.
Bauherr: Stadt Karlsruhe
Die plastische Abschlussbekrönung vermutlich von Friedolin Dietsche.
Quelle: Gerhard Kabierske, SAAI
Abb. Nr.: 140

### Douglasstraße 24

1905–06 Mietshaus mit Laden und Hintergebäude.
Planverfasser und Bauherr: August Hörner, Maurermeister und Besitzer eines Baugeschäfts mit Steinbruch.
Sehr schöne Jugendstilfassade aus rotem Sandstein, nach Kriegsschäden modifiziert wieder hergestellt.
Quelle: BOA
Abb. Nr.: 100, 137

### Draisstraße 2

1910 Mietshaus von Ludwig Trunzer
Bauherr: Friedrich und Emil Bindschädel, Baugeschäft.
Gelblicher Rustika-Sockel, darüber gelbe Putzflächen mit abgesetzten beigen Sandsteingewänden.
Quelle: LDA
Abb. Nr.: 158

### Draisstraße 21 / Ecke Yorckstraße

1903 Mietshaus mit Laden von Theodor Kempermann
Bauherr: Abraham Neu, Maurermeister
Stattliches Eckhaus mit Betonung der Hausecke durch einen Erker mit Steinreliefs und skurrilen, plastischen Details. Rotes Sockelgeschoss, darüber gelbliche Putzfassade mit gelben Sandsteingewänden.
Quelle: BOA; LDA
Abb. Nr.: 97

### Durlacher Allee 19

Um 1900 Mietshaus, vermutlich von Franz Wolff
Bauherr: Karl Gustav Hauß
Helle Sandsteinfassade mit einzelnen dekorativen Reliefs über Fenster und Türen, Ober- und Dachgeschoss nach Kriegszerstörung erneuert.
Quelle: BOA; LDA
Abb. Nr.: 51

### Durlacher Allee 23

1905–07 evangelische Lutherkirche von Curjel & Moser
Die geringe Grundstücksfläche direkt an einer Hauptverkehrsstraße zwingt zu einer kompakten Anlage von Kirche, Gemeindesaal, Pfarrhaus und Pfarrgarten. Eine monumentale Skulptur Luthers von Oskar Kiefer erhebt sich neben dem Eingang am Fuß des hohen Turms, sonst ist die Fassade vor allem durch gelbliche Hausteine gegliedert. Der Bau ist einer der wichtigsten Werke der Sakralarchitektur des Jugendstils in Baden.
Lit.: Rößling 1986, A 20, S. 31. – Ausst. Kat. 1987, S. 34–40
Abb. Nr.: 40

### Eisenlohrstraße 41-43

1905 Doppelhaus von Holwäger & Hillenbrand
Bauherr: Lorenz Schmitt
Sehr reiche Jugendstilfassade mit durchstilisierten figürlichen Details, Fenster teilweise noch original erhalten. Braungelbes Bossenmauerwerk im Erdgeschoss, darüber gelbliche Tür- und Fensterrahmungen im Wechsel mit Putzflächen.
Quelle: LDA
Abb. Nr.: 91

### Festplatz

1905–09 Hygieia-Brunnen von Johannes Hirt
Stifter: Wilhelm Klose
Zwei übereinander angeordnete Brunnenschalen, darüber die Göttin Hygieia umgeben von sechs nackten Kindern, am Becken Meeresgetier.
Lit.: Denkmäler 1989, S. 460
Abb. Nr.: 119

### Gebhardstraße 35 / Ecke Hohenzollernstraße

1903–04 Mietshaus mit Laden von Friedrich Ummendorfer
Bauherr: Jakob Richter, Schreinermeister
Im Erdgeschoss gelbliches Bossenmauerwerk, darüber glatte helle Putzflächen, im Giebel der riesige Kopf eines bärtigen Mannes und über dem Eingang des Erdgeschosses das Antlitz einer langhaarigen Schönen.
Quelle: BOA
Abb. Nr.: 72, 90

### Geibelstraße 8 / Ecke Glümerstraße

1903–04 Mietshaus von Theodor Kempermann

Bauherr: Friedrich Mössinger jun., Maurermeister
Großes Eckgebäude in einen Baublock eingebunden, klar gegliederte historistische Fassade, aufgelockert durch Reliefs. Im Erdgeschoss gelbliches Bossenmauerwerk, darüber Putzfassade mit gelben Sandsteingewänden.
Quelle: BOA; LDA
Abb. Nr.: 4, 44, 49

### Gerwigstraße 5

1913–14 schlichtes Mietshaus von Alfred Weichel
Quelle: LDA
Helle Putzfassade mit hellgrau gestrichenen Fenstergewänden.
Abb. Nr.: 62

### Gerwigstraße 34

1903 Mietshaus mit Laden von Max Siebrand
Bauherr: Wilhelm Witt, Milchhändler
Einfache, braunrote Klinkerfassade mit zwei dekorativen Reliefs und schönen Balkongittern.
Quelle: LDA
Abb. Nr.: 73

### Gerwigstraße 35

1902–03 Mietshaus von Hermann Billing
Bauherr: Wilhelm Pfrommer, Fabrikant
Schlichte Fassadengliederung durch hellgraue Putz- und gelbliche Sandsteinflächen, 1980 stark verändert. Treppenhaus mit gusseiserner Treppe und reich gestaltetem Geländer.
Lit.: Kabierske 1996, Kat. Nr. 108
Abb. Nr.: 165

### Gerwigstraße 38

1905 Mietshaus von Hermann Billing
Bauherr: Ammerbacher & Malottki, Baumaterialiengeschäft
Wände der Durchfahrt verkleidet mit einem „Musterkatalog" von Wand- und Bodenfliesen aus der Zeit um 1905.
Lit.: Kabierske 1996, Kat. Nr. 164
Abb. Nr.: 59, 160, 161, 162, 164

### Goethestraße 30

1900 Mietshaus von Franz Wolff
Bauherr: Lukas Kassel, Gipsermeister
Fassade mit gelbrotem Ziegelstein und hellen, sorgfältig gearbeiteten, ornamentierten Sandsteineinfassungen. Ähnlichkeiten bei dem Ornamentband der Sockelzone mit Kornblumenstraße 2.
Quelle: LDA
Abb. Nr.: 9

### Gutenbergplatz

1906–08 Marktbrunnen von Friedrich Ratzel
Brunnenanlage mit tanzenden Kindern und „Krautkopf-Krone". Letztes Werk des Architekten.
Lit.: Denkmäler 1989, S. 449
Abb. Nr.: 193

### Gymnasiumstraße 6a / Ecke Turmbergstraße

(früher Schillerstraße / Ecke Turmbergstraße)
1905–06 Wohnhaus von Karl Kreutz
Bauherr: Jakob Kreutz, Bauunternehmer
Herrschaftliches Jugendstilhaus mit anspruchsvollen Details aus hellem Sandstein und glatt gefugten Flächen, schmiedeeisernen Balkongeländern, Erkern und Vorbauten und reichem Skulpturenschmuck. Ein plastisches Krokodil betont die Ecksituation. Kreutz hatte 1908 vorübergehend sein „Bureau für sämtliche Hochbau-Arbeiten" in diesem Haus untergebracht, dann stand es eine Zeitlang leer, bis es der Buchbinder J. Duttenhofer 1909 ersteigerte.
Quelle: BOA: LDA
Abb. Nr.: 8, 81, 93, 116, 138

### Haid-und-Neu-Straße 8

1904–06 Mietshaus von Franz Wolff
Bauherr: August Herling, Fabrikant
Grüne Putzfassade durch beige Sandsteingewände und zierliche Balkongeländer gegliedert.
Zahlreiche Häuser in der Oststadt wie die Haid-und-Neu-Straße 4, 6, 8 und die gegenüberliegenden Häuser Nr.1 und Parkstraße 27 stammen von Franz Wolff. Sie sind alle handwerklich sehr perfekt ausgeführt, wobei jeder Bau äußerst eigenständig in Erscheinung tritt.
Quelle: LDA
Abb. Nr.: 26

### Haizingerstraße 7

1906–07 Mietshaus von Architekt und Bauherrn Emil Hesselschwerdt
Einfache Putzfassade mit Tür- und Fensterrahmungen aus gelblichem Sandstein und einem dreiteiligen Relief am Erker.
Quelle: LDA
Abb. Nr.: 198

### Hirschstraße 105

1904 Mietshaus von Adolf Hirth
Bauherr: Behnke und Zschache, Tünchergeschäft
Sehr vornehmes und schönes Wohnhaus mit fantasievollen Jugendstilplastiken wie üppigem Blattwerk, Köpfen und Tieren an den Giebelecken und der Loggia. Bossenmauerwerk im Erdgeschoss, darüber helle Putzfassade mit abgesetzten Fenstergewänden und Dekorationen aus gelbem Sandstein.
Quelle: BOA
Abb. Nr.: 58

### Hirschstraße 113 / Ecke Südendstraße

1903 Mietshaus von Hugo Slevogt
Bauherr: wohl Jakob Linder
Erdgeschoss mit gelblichem Säuleneingang, in den Obergeschossen rötliche Putzflächen mit aufwendigem reich skulptiertem Erker sowie Fenster- und Türgewänden aus gelbem Sandstein.
Quelle: LDA
Abb. Nr.: 168, 170

### Hirschstraße 126

1899–1900 Mietshaus von Hermann Billing
Bauherr: Wilhelm Stober, Maurermeister
Einfache, dennoch stattliche Putzfassade mit dunklen Fenster- und Türrahmungen und einigen Reliefs. Ursprünglich freistehende dreiteilige und dreigeschossige Häusergruppe (124–128).
Lit.: Kabierske 1996, Kat. 51
Abb. Nr.: 52

### Hübschstraße 9

1904–05 Mietshaus von Ludwig Trunzer
Bauherr: Karl Herlan, Zimmermeister
Wohnhausgruppe zusammen mit Nr.11 und Nr.13.
Gelbe Sandsteinreliefs mit zarten Ornamenten an der Fassade, zurückgesetzter gefliester Eckeingang mit Seerosenfries.
Quelle: LDA
Abb. Nr.: 61

### Humboldtstraße 17 / Ecke Essenweinstraße

1904 Mietshaus mit Laden von Franz Wolff
Bauherr: Emil Batschauer, Blechnermeister
Eckhaus, verputzte Flächen mit roten

Sandsteinkanten abgesetzt, besonders ansprechend ist die geschwungene Giebelform.
Quelle: LDA
Abb. Nr.: 19

### Humboldtstraße 29
1902 Doppelmietshaus von Franz Wolff
Bauherr: Karl Höfel, Zimmermeister
Als Doppelhaus zusammen mit Nr. 31 errichtet; doch nur bei Nr. 29 überziehen helle Stuckreliefs mit Girlanden und üppigem Blattwerk die braun verputzte Fassade.
Quelle: LDA
Abb. Nr.: 56

### Kaiserallee 2
1899 Kandelaber vor der Christuskirche von Fridolin Dietsche
Bauherr: Evangelische Kirche
Zwei hohe Kandelaber aus Bronze flankieren die Freitreppe zum Haupteingang der Kirche.
Lit.: Rößling 1986, S. 25, 26
Abb. Nr.: 191

### Kaiserallee 32
1906–07 Wohn- und Geschäftshaus von Karl Kreutz
Bauherr: Eduard Schlipf, Wirt und Restaurateur
Im Erdgeschoss gelb und rot abgesetzt Bossenmauerwerk, in den Obergeschossen Putzfassade mit roten Sandsteinrahmungen.
Quelle: BOA; LDA
Abb. Nr.: 179

### Kaiserallee 87 / Ecke Grillparzerstraße
1905–06 Mietshaus von Emil Schweikhardt
Bauherr: Gebrüder Leichtlin
Vornehmes, großes Eckhaus mit heller Sandsteinfassade, markantem Eckturm und breiten Lisenen, an deren oberem Abschluss Tierfratzen oder Mädchen- und Jünglingsgesichter; reich verziertes Eingangsportal an der Kaiserallee.
Quelle: LDA
Abb. Nr.: 1

### Kaiserallee 123
Nach 1910 Mietshaus
Graue Putzfassade mit Lisenen über dem gelblichem Bossenmauerwerk des Erdgeschosses.
Abb. Nr.: 123

### Kaiserstraße / Ecke Kreutzstraße
1904–05 Brunnenanlage von Konrad Taucher
Bauherr: Stadt Karlsruhe
Brunnenanlage mit der Bronzefigur eines knienden nackten Knaben auf einem hohen Becken aus grauem Muschelkalk.
Lit.: Denkmäler 1989, S. 446
Abb. Nr.: 194

### Kaiserstraße 142 / Ecke Karlstraße
1900–01 Geschäftshaus und Restaurant Moninger von Walder & Rauschenberg
Bauplastiken Kaiserstraße: Fridolin Dietsche; Karlstraße: Christian Elsässer, Fidel Binz und Hermann Binz; Innenausbau ursprünglich von Max Laeuger
Bauherr: Brauerei Moninger
Reich dekoriertes Eckhaus aus gelblichem Sandstein mit Balkon, Erker und Türmen und plastischem Schmuck wie Männerfiguren, Fabeltieren, anmutigen Mädchenköpfen und allerlei Blattwerk und Blüten.
Lit.: Arch. XX. Jh. 2, 1902, H.1, S. 12, T. 13. – Arch. d. Neuzeit, T. 29. – Ausst. Kat. 1987, S. 64
Quelle: SAAI
Abb. Nr.: 41

### Kaiserstraße 201 / Ecke Waldstraße
1900–01 Apotheke von Hermann Billing und Josef Mallebrein, Bauplastiken von Fridolin Dietsche
Bauherr: Friedrich Stroebe, Apotheker
Spitzwinkliges Grundstück, im Erdgeschoss eine Apotheke und sechs weitere Läden, darüber ursprünglich Wohnungen, mittlerweile Büros. Über dem dritten Obergeschoss zwischen der aufragenden Giebelwand und dem Ecktürmchen eine Dachterrasse mit ehemals farbigen Glasfenstern zur Kaiserstraße und einer schmiedeeisernen Brüstung zur Waldstraße. Die Fassade aus weiß verfugtem, rotem Sandstein sehr reich gegliedert, die Bauplastik teils vergoldet sowie grün und weiß gefasst. Wappen, Figuren und Tiere symbolisieren auf verschiedene Weise den Beruf des Apothekers.
Lit.: Kabierske 1996, Kat. 59. – Ausst. Kat 1998, S. 146–150
Abb. Nr.: 38, 104, 105, 148

### Karlstraße 9–11 / Ecke Akademiestraße
1899–1901 Bankhaus Veit Löw Homburger von Curjel & Moser; Bildhauerarbeiten und Bauplastiken von Oskar Kiefer, Schlosserarbeiten von Sauer, Nagel & Weber
Bauherr: Veit Löw Homburger
Im Erdgeschoss Schalterhalle, in den Obergeschossen (heute stark veränderte) Verwaltungsräume. Die weißgelbe Sandsteinfassade mit geschossübergreifenden Pfeilern, dazwischen große Fensterflächen. Am Haupteingang wachsen plastische Algen empor, die über dem Türsturz wie Meereswellen ein Segelschiff tragen. Die oberen Rundbogenfenster umrahmt von üppigen Blattranken. Darunter liegen zarte Friese mit Efeublättern sowie zwei Reliefs, in deren verschlungenen Ästen sich ein siebenarmiger Leuchter erkennen lässt.
Lit.: Mod. Bauf., Jg. 9, 1910, H. 2, – Rößling 1986, C6. – Arch. XX. Jh. 2, 1902, 12. – Stemmermann 1976, S. 18–20. – Ausst. Kat. 1987, S. 60–61
Abb. Nr.: 39, 54, 103

### Klauprechtstraße 29
1899 Mietshaus von Theodor Bless
Bauherr: Franz Isele, Blechnermeister
Glatte rötliche Klinkerfassade mit Tür und Fensterrahmungen aus gelblichem Sandstein, über der Eingangstür „Salve Amice".
Quelle: LDA
Abb. Nr.: 13

### Klauprechtstraße 32
1905 Mietshaus von Architekt und Bauherrn Heinrich Renz
Schlichte, dunkelgelb und rot abgesetzte Klinkerfassade mit verschiedenen bewegten Details an Fenstern und Balkongeländer.
Quelle: LDA
Abb. Nr.: 67

### Klauprechtstraße 39 / Ecke Bürklinstraße
1903 Mietshaus von Architekt und Bauherrn Leopold Walther
Sehr großes, schönes Eckhaus mit glatten Putzflächen und Fenster- und Türrahmungen aus gelblichem Sandstein und einigen verspielten Jugendstilornamenten.
Quelle: BOA; LDA
Abb. Nr.: 43, 75, 80

### Klauprechtstraße 47 / Ecke Nokkstraße
Mietshaus 1908
Architekt: Leopold Walther

Bauherr: Fa. Josef und Otto Held
Vornehmer Gesamteindruck. Gelbes Bossenmauerwerk, darüber schlichte Putzfassade mit flachen Pilastern und roten, abgesetzten Schmuckfeldern.
Quelle: BOA; LDA
Abb.: Haupttitel oben

### Kornblumenstraße 2
1900–01 Mietshaus von
Franz Wolff
Bauherr: Karl Hornecker,
Blechnermeister
Stattliches Eckhaus mit gelblicher Sandsteinfassade aus Bossenmauerwerk und feingliedrig gestalteten Fensterumrahmungen, verschiedenen Inschriften („Dieses Haus wurde erbaut 1901", „Gott halt in Gnaden treue Wacht In diesem Hause Tag u Nacht") und kleinen farbigen Reliefs u. a. mehrfach mit den Initialen des Bauherrn „KH" und dem Namen des Architekten „Wolff".
Quelle: LDA
Lit.: Baugewerksztg. 35, 1903, S. 671–672
Abb. Nr.: 184

### Kornblumenstraße 9
1901 Villa von Architekt und
Bauherrn Franz Wolff
Von 1904–05 Wohnhaus von Franz Wolff, ab 1906 Verbindungshaus der Burschenschaft Tuiskonia
Fassade ursprünglich in den Farben Weiß, Rot, Gold, heute gelbliches Bossenmauerwerk. Giebel mit Sonnenuhr, neben der Eingangsterrasse ein Erker mit zum Nest fliegendem Vogel. Vgl. Skulpturen in der Rintheimer Straße 2.
Lit.: Baugewerksztg. 35, 1903, S. 671–673. – Zentralbl. dt. Baugew. 2, 1903
Quelle: BOA – SAAI
Abb. Nr.: 16, 17, 114, 126, 128

### Kriegsstraße 97a
1896–97 Mietshaus von
Curjel & Moser
Bauherr Konrad Gössel, Baustoffhandlung
Stattliches Wohn- und Geschäftshaus mit reliefiertem Giebel, der Adam und Evas Sündenfall über der Inschrift „Kunst bringt Gunst" zeigt. Gelbes Hausteinmauerwerk, Fensterumrahmungen mit neugotischen Anklängen.
Lit.: Rößling 1986, D 29
Abb. Nr.: 110

### Kriegsstraße 113
1902–03 Villa Kammerer von
Curjel & Moser
Bauherr: Karl Kammerer,
Brauereibesitzer
Großbürgerliche dreigeschossige Villa, errichtet für einen wohlhabenden Bürger, mittlerweile zum Bürohaus umgebaut. Gelbliche Sandsteinfassade über rotem Rustika-Sockel, gelbe Tür- und Fensterrahmungen.
Lit.: Rößling 1986, D 88
Abb. Nr.: 98, 99

### Kriegsstraße 131
1902 Mietshaus von Bauherrn und
Architekt Christian Rothfuß jun.,
Maurermeister
Reich gegliederte Fassade aus gelbem Haustein, schmiedeeiserne Ornamente am Balkongeländer und an den Konsolen. Erker mit geometrischen Steinreliefs.
Quelle: BOA; LDA
Abb. Nr.: 48, 85, 129

### Kriegsstraße 143a / Ecke Eisenlohrstraße
(Nebeneingang von Kriegsstraße 141a)
1901 Mietshaus, ursprünglich mit
Laden, von Hermann Billing
Bauherr: August Stöckle
Die gesamte Fassade aus gelbbraunem Bossenmauerwerk.
Lit.: Kabierske 1996, Kat. Nr. 78
Abb. Nr.: 57

### Kriegsstraße 175
1904 Mietshaus von
Ludwig Trunzer
Bauherr: Albert Lietsch,
Maurermeister
Im Untergeschoss gelbliches Bossenmauerwerk, das durch einen plastisch sensibel durchgestalteten Erker mit dem nächsten Geschoss verbunden wird.
Quelle: LDA
Abb. Nr.: 31

### Kriegsstraße 236
1903 Mietshaus von Architekt und
Bauherrn Ferdinand Baser
Im Erdgeschoss gelbliches Bossenmauerwerk, darüber gelbroter Klinker mit geometrisch ornamentierten Tür- und Fensterrahmungen.
Quelle: LDA
Abb. Nr.: 182

### Kriegsstraße 238
1903–04 Mietshaus mit Laden
von Franz Wolff
Bauherr: Leopold Meess,
Schlossermeister
Im Erdgeschoss rotes Bossenmauerwerk, in den Obergeschossen gelbe Putzflächen mit roten Sandsteingewänden sowie reichen, geometrischen Jugendstilornamenten an Fenster- und Türsturz, Balkone auf getreppten Konsolen.
Quelle: LDA
Abb. Nr.: 153

### Lachnerstraße 17
1904–05 Mietshaus mit Laden von
Karl Kreutz
Bauherr: Christian Rothfuß sen.
Maurermeister
Gleichzeitige Erstellung der Häuser Nr. 13, 15, 17 und 19, trotzdem individuelle Gestaltung der Fassaden mit rotem Klinker, gelblichen Sandsteinreliefs und eleganten, schmiedeeisernen Geländern.
Quelle: BOA; LDA
Abb. Nr.: 78, 122, 190

### Lachnerstraße 19
1904–05 Mietshaus von Karl Kreutz
Bauherr: Georg Haufler
Blechnermeister
Schlichte, helle Ziegelfassade mit einem bemerkenswerten Relief aus Blüten und Vögeln, das fast identisch in der Sophienstraße 87 zu finden ist.
Quelle: BOA; LDA
Abb. Nr.: 45

### Lamprechtstraße 8 / Ecke Neuensteinstraße,
(früher Moltkestraße)
1905 Mietshaus von Karl Kreutz
Bauherr: Johann Bortoluzzi,
Fabrikant
Die Lamprechtstraße ist eine Abfolge sehenswerter Häuser. Das originellste ist das mächtige Eckhaus Nr.8 mit qualitätsvollen Details wie Löwenfiguren, einer Sphinx, Menschenköpfen und geometrischen Ornamenten, die alle die architektonische Gliederung des Hauses wirkungsvoll unterstützen. Besonders gelungen ist die lebhafte Farbigkeit: im Erdgeschoss gelbes Bossenmauerwerk, darüber wechseln Putzflächen mit gelbrotem Klinker und grünlichen Bogenstellungen.
Quelle: BOA
Abb. Nr.: 112, 132, 134

### Lamprechtstraße 13
(früher Moltkestraße)
1905–07 Mietshaus von
Karl Kreutz
Bauherr: Johann Bortoluzzi

Eine Putzfassade mit kräftigem, rotem Bossenmauerwerk im Erdgeschoss und plastisch durchgeformten Fenster- und Türrahmungen.
Quelle: BOA
Abb. Nr.: 96

### Lamprechtstraße 24 / Ecke Neuensteinstraße

(früher Moltkestraße)
1905 Mietshaus von Karl Kreutz
Bauherr: Friedrich Höfel, Zimmermeister
Einfache, rötlich verputze Fassade mit markanten, geblichen Sandsteingewänden an Fenstern und Türen, sowie einem kräftig vorspringenden Erker, der von drei bärtigen Männerköpfen getragen wird.
Quelle: BOA
Abb. Nr.: 94

### Lenzstraße 3, 5, 7, 9, 11

1903 Mietshausgruppe von Holwäger & Hillenbrand
Bauherr: Stolz & Wohlwend, Maurermeister
Eine Gruppe jeweils dreiachsiger Häuser mit betonter Mitte, gelblichem Bossenmauerwerk, Sandsteingliederungen und gelbrotem Klinkerflächen, dazwischen sparsam eingesetzter Putz sowie bewegt gestaltete Sandsteinreliefs an Türen und Fensterstürzen.
Quelle: LDA
Abb. Nr.: 175, 176, 177, 189

### Lenzstraße 12

1902 Mietshaus von Architekt und Bauherrn Ferdinand Baser
Dreiachsiges, asymmetrisches Haus mit gelbroter Klinkerfassade und Sandsteinrahmungen an Fenstern und Türen. Wohnhaus des Architekten von 1910–54.
Quelle: BOA; LDA
Abb. Nr.: 186, 187

### Leopoldstraße 2a–2b / Ecke Amalienstraße

1899–1900 Wohn- und Geschäftshaus von Curjel & Moser, Bauplastiken von Oskar Kiefer in Zusammenarbeit mit Karl Moser
Bauherr: Leopold Schmidt, Architekt und Bauunternehmer
Als Doppelhäuser 2a und 2b in einem Jahr erbaut, im Erdgeschoss Läden, in den oberen Geschossen Wohnungen. Fassade aus gelbem Sandstein, mit vier großen Giebeln, Erker und Balkone werden durch Reliefs mit unterschiedlichen Blätterornamenten betont. An der Amalienstraße die lebensgroße Figur eines Maurers mit Kelle und Speiskübel.
Lit.: Rößling 1986, D 54. – Arch. XX. Jh. 1, 1903. – Stemmermann 1976, S. 16–19
Abb. Nr.: 23, 24

### Ludwig-Marum-Straße 37

Um 1910 Mietshaus
Gelbe Putzfassade mit weiß abgesetzten Tür- und Fenstergewänden.
Abb. Nr.: 156

### Ludwig-Wilhelm-Straße 20 / Ecke Georg-Friedrich-Straße

1905 Mietshaus mit Läden von Max Siebrand
Stattliches Eckhaus; graue Putzfassade mit abgesetzten grauroten Sandsteingewänden sowie hellen Sandsteinreliefs mit Blumengebinden und Blütenranken.
Quelle: LDA
Abb. Nr.: 6

### Melanchthonstraße 2

1902–03 Mietshaus von Curjel & Moser
Bauherr: Emil und Hermann Allmendinger, Gipsermeister
Viergeschossiges stattliches Gebäude mit hellbeiger, plastisch durchgestalteter Putzfassade und meist strengen Gestaltungselementen wie Runderkern, Mäanderbändern und Kassettenfeldern.
Lit.: Rößling 1986, D 82. – Oststadt 1992, S. 38–39
Abb. Nr.: 33

### Melanchthonstraße 3

1901 Mietshaus von Architekt und Bauherrn Philipp Schumacher jun. Schumacher bewohnte den 1.Stock bis 1918
Sehr aufwendig gearbeitete hellbraune Sandsteinfassade, Reliefs mit Mädchenköpfen, plastischen Rosengirlanden, Tierfratzen und schmiedeeisernen Balkongittern. Weit sichtbar die Initialen des Meisters „PS“.
Quelle: LDA
Lit.: Oststadt 1992, S. 37–38
Abb. Nr.: 53, 74

### Melanchthonstraße 4

1904 Mietshaus von Max Siebrand
Bauherr: Karl Gustav Hauss, Privatier
Herrschaftliche, gleichzeitig gotischen und barocken Elementen verpflichtete, hellgraue Fassade mit aufwendig gearbeiteten Balkonbrüstungen, Konsolen als Drachen ausgebildet. Unter dem Giebel ein Fries mit Darstellungen aus einer Tierfabel.
Quelle LDA
Lit.: Oststadt 1992 S. 37. – BNN 29.12.2001, S. 27
Abb. Nr.: 20, 146, 196

### Nelkenstraße 27

1903 Mietshaus von Adolf Hirth, heute Gaststätte „Zum Gutenberg"
Bauherr: Jacob Bippes, Glasermeister
Olivfarbene Putzfassade mit plastischen, hellbeige abgesetzten Fenster-, Balkon- und Giebeldetails; deutlich spürbarer Renaissanceeinfluss. Im 2. Obergeschoss ein langer Fenstersturz mit drei Köpfen, im Giebel ein Fabeltier.
Quelle: LDA
Abb. Nr.: 199

### Nelkenstraße 29

Mietshaus 1903–04 von Adolf Hirth
Bauherr: Julius Schäfer, Bauunternehmer
Gelbrote Klinkerfassade, ein gelber Sandsteinerker mit plastischen Vögeln und Köpfen. Zusammen mit Nr. 27 vom selben Architekten.
Quelle: BOA; LDA
Abb. Nr.: 88,124

### Nelkenstraße 33

1904 Mietshaus von Ludwig Trunzer
Bauherr: Albert Fischer
Stattliches Mietshaus am Gutenbergplatz, im Erdgeschoss gelbes Bossenmauerwerk, darüber eine graue Putzfassade mit hellen Fenstergewänden und reich verzierten Balkongeländern.
Quelle: BOA; LDA
Abb. Nr.: 64

### Nokkstraße 15

1907 Mietshaus von Walter Leopold
Bauherr: Emil Joos, Schlossermeister
Schlichte, helle Putzfassade mit Bossenmauerwerk im Erdgeschoss und beigen Sandsteingewänden.
Quelle: LDA
Abb. Nr.: 83

### Parkstraße 21

1904 Mietshausgruppe Nr. 19, 21 von Architekten und Bauherren Holwäger & Hillenbrand

Gelbliche, stark gegliederte Sandsteinfassade mit kontrastierenden weißen Putzflächen und einer Vielzahl weicher Ornamentformen, die reiner Jugendstil sind und dennoch barocke Einflüsse ahnen lassen.
Quelle: BOA; LDA
Abb. Nr.: 167

## Parkstraße 23

1905 Mietshaus von Architekt und Bauherrn Otto Büche
In den Detailformen neugotisch inspiriertes, aber in der Massen- und Flächenverteilung dennoch modernes Haus mit qualitätsvoller, gelblicher Sandsteinverblendung.
Quelle: LDA; Meinrad Büche
Abb. Nr.: 149, 150

## Parkstraße 27 / Ecke Haid-und-Neu-Straße

1902–03 Mietshaus von Franz Wolff
Reich gestaltetes Eckhaus mit geometrischen und strengen Ornamenten, farblich lebhaftem Wechsel von Klinker, Putzflächen und Sandsteingewänden. Besonders auffallend die Balkone mit vegetabilisch geschmücktem, schmiedeeisernem Geländer in der Haid-und-Neu-Straße, das französischen Vorbildern verpflichtet ist.
Lit.: Oststadt 1992, S. 39–42
Quelle: LDA
Abb. Nr.: 65

## Putlitzstraße 18

1903 Mietshaus von Karl Kreutz
Bauherr: Christian Rothfuß sen, Maurermeister
Helle, gelbliche Klinkerfassade mit aufgelegtem, bewegtem Linienornament, das sich über alle Stockwerke des schmalen Hauses zieht.
Quelle: LDA
Abb. Nr.: 117, 152

## Rintheimer Straße 2

1902–03 Mietshaus mit Gaststätte Wirtshaus zur Krone von Franz Wolff
Bauherr: Jakob Kübler, Fuhrunternehmer
An der reich geschmückten, neuromanisch inspirierten hellbraunen Sandsteinfassade Figuren, Fratzen und Tierköpfe. Teilweise wiederholen sich die Gestaltungselemente an anderen Bauten des Architekten. Vgl. Kornblumenstraße 9.
Lit. Göricke 1980, Nr.557
Quelle: LDA; Gerhard Kabierske SAAI
Abb. Nr.: 133, 135, 139, 180

## Ritterstraße 6

1905 Geschäftshaus mit Praxen von Gottfried Zinser sen. und jun.
Bauherr: Moritz Mansbach, Zahnarzt, Dr. med. Karl Manasse
An der gelblichen Sandsteinfassade Erker mit schön ausgearbeiteten floralen Ornamenten, zwei krokodilartigen Wesen und Baumkrone mit üppigem Blattwerk und Früchten.
Quelle: BOA; LDA
Abb. Nr.: 55, 147

## Ritterstraße 7 / Ecke Zähringerstraße

(ehemals Ritterstraße Nr.5)
1901–02 Wohn- und Geschäftshaus von Curjel & Moser; Bildhauerarbeiten von Oskar Kiefer aus grünlichem Sandstein aus Sulzfeld
Bauherr: Friedrich Köchlin, Hoflieferant für Kunstgewerbe
Fassade in gelblichem Sandsteinmauerwerk, Hervorhebung der Ecksituation mit Eingang, symmetrischen, kunstvoll gestalteten Erkern und einem Turm.
Lit.: Rößling 1986, D 70. – Arch. XX. Jh. 2, 1902, S. 50
Abb. Nr.: 86

## Roonstraße 14

1900 Mietshaus von Ferdinand Baser
Bauherrin: Erna Huband
Fassade mit mehrfarbigem Ziegelmauerwerk, bemerkenswert sind auch die schmiedeeisernen Geländer.
Quelle: LDA
Abb. Nr.: 12

## Schönfeldstraße 5

1908–09 Mietshaus von Friedrich Schalintweit
Gelbliches Bossenmauerwerk an den beiden unteren Geschossen und den Eckgiebeln, daneben Putzflächen.
Quelle: LDA
Abb. Nr.: 159

## Seubertstraße 4 und 6

1903–04 Mietshausgruppe von Max Siebrand
Bauherr: Karl Winnewiser
Die Nummer 6 ist ein relativ schlichtes Gebäude mit gelblichem Bossenmauerwerk und wirkungsvoll gegeneinander gesetzten Sandsteinumrahmungen, Putzflächen und Klinkerlisenen.
Quelle: LDA
Abb. Nr.: 46

## Sommerstraße 6

1904 Mietshaus von Karl Kreutz
1904 Wohnhausgruppe (Nummer 6, 8, 10 und 12 ) insgesamt von Karl Kreutz.
Weiß- bis hellgraue Putzfassaden mit hellbeigen Sandsteingewänden und einer Erdgeschosszone in dunklerem Sandstein. Die Eingänge, Fensterrahmungen oder Giebel der sonst eher einfachen Bauten sind geschmückt mit einer abwechslungsreichen Ornament- und Bilderwelt. Obwohl gleichzeitig entstanden, hat jedes Haus sein eigenes Gesicht. Durch Kriegsschäden und Umbauten verändert. Kreutz hatte 1905–06 sein Büro in der Sommerstraße10.
Quelle: LDA
Abb.: Nr. 5

## Sommerstraße 8

1904 Mietshaus von Karl Kreutz
Bauherr: Hermann Echle, Schreinermeister
Siehe Sommerstraße 6.
Quelle: LDA
Abb. Nr.: 36, 47, 120, 183

## Sommerstraße 12

1904 Mietshaus von Karl Kreutz
Bauherr: Karl Wagner, Malermeister
Siehe Sommerstraße 6.
Quelle: LDA
Abb. Nr.: 34, 77, 92, 166

## Sommerstraße 14

1904 Mietshaus von Karl Kreutz
Bauherr: Karl Hornecker, Blechnermeister
Siehe Sommerstraße 6.
Quelle: LDA
Abb. Nr.: 34, 79

## Sommerstraße 16

1904 Mietshaus von Franz Wolff
Schlichte Fassade mit Rustika-Mauern im Erdgeschoss, kräftig roten Fenster- und Türrahmungen sowie ansprechenden Balkongittern.
Quelle: LDA
Abb. Nr.: 155

## Sophienstraße 87

1904 Mietshaus mit Küferwerkstatt von Theodor Kempermann
Bauherr: Adolf Steiner, Weinhändler
Fassade aus gelblichem Bossenmauerwerk, über dem Eingang Bauplastik mit Blüten und Vögeln, ähnlich wie das Relief in der Lachnerstraße 19.

Quelle: BOA; LDA
Abb. Nr.: 42

### Sophienstraße 105

1905 Mietshaus von Gustav Zinser
Bauherr: Willy Jordan, Redakteur
Streng gegliederte Fassade mit gelblichem Bossenmauerwerk und roter Rahmung im Erdgeschoss, hellem Putz und roten Tür- und Fenstergewänden, rote Sandsteinreliefs an Fensterstürzen und Erker.
Quelle: LDA
Abb. Nr.195

### Sophienstraße 117

Um 1900 Mietshaus
Stattliches Haus mit gelblicher Sandsteinfassade, reich verziertem Vorbau und Puttenreliefs.
Abb. Nr.: 25, 71

### Sophienstraße 134

1903 Mietshaus von Architekt und Bauherrn Adolf Hirth
Stark neoromanisch beeinflusster Mittelrisalit in gelbem Bossenmauerwerk mit zwei abschließenden Türmchen. Die Mietshäuser Nr. 132, 134, 136, 138, 140 wurden in verschiedenen Stilausprägungen von Adolf Hirt und Christian Rothfuß jun. als Gruppe gebaut.
Quelle: BOA; LDA
Abb. Nr.: 127, 145, 151

### Sophienstraße 136

1904 Mietshaus von Architekt und Bauherrn Christian Rothfuß jun., Maurermeister
Glatte gelbliche Sandsteinfassade, reich gegliederter Mittelrisalit mit Säulenstellungen, Loggia und einem Paar Sphingen am obersten Balkon; eines der wirkungsvollsten Jugendstilhäuser der Stadt.
Quelle: BOA; LDA
Abb. Nr.: 2, 143, 145

### Sophienstraße 138

1903 Mietshaus mit Bäckerei von Adolf Hirth
Bauherr: Jacob Stößer, Schreiner
Rote Fassade mit gelblichen Fenster- und Türgewänden, neugotische Reminiszenzen.
Quelle: BOA; LDA
Abb. Nr.: 82

### Sophienstraße 158

1905-06 Mietshaus mit Werkstätten von Ludwig Trunzer
Bauherr: Peter Heilmann und Jonny Evers, Malergeschäft
Schmales, neben den ornamentreichen Nachbarhäusern relativ schlichtes Wohnhaus. Rustiziertes Erdgeschoss mit Mittelrisalit und gelblichen hellen Putzflächen. Gleiches Relief mit Kopf und Blüten wie Boeckstraße 31 und Draisstraße 18.
Quelle: BOA; LDA
Abb. Nr.: 50

### Sophienstraße 160

1906 Mietshaus von Franz Wolff
Bauherr und Bauleiter: Julius Schäfer
An der gelblichen Sandsteinfassade Erker, Giebel und Traufzone mit figürlichem Schmuck, die Ornamente und Verzierungen werden nach oben immer reicher und lebendiger; neobarocke Anklänge.
Quelle: BOA; LDA
Abb. Nr.: 111, 113

### Sophienstraße 164

1902 Mietshaus von Ludwig Benzinger
Bauherr August Schlachter, Schlossermeister
Helle Putzfassade mit gelblich abgesetzten Fenstergewänden über gelblich rustiziertem Erdgeschoss.
Quelle: LDA
Abb. Nr.: 3, 66

### Stephanienstraße 80–82

1906 Brunnenanlage im Bildhauergarten
Entwurf Hermann Volz, Ausführung Fidel Binz
Auftraggeber: Großherzogliche Akademie der Bildenden Künste
Der (still gelegte) Brunnentrog mit Denkmalwand in der Mitte, davon seitlich ausgehend, halbrunde Sitzbänke aus hellem Sandstein. Errichtet zur goldenen Hochzeit von Großherzog Friedrich I. und Großherzogin Luise mit der von einem Mann und einer Frau flankierten Inschrift: IHREM ERHABENEN / GRÜNDER / FRIEDRICH / GROSSHERZOG VON / BADEN / AM TAG SEINER GOLDENEN / HOCHZEIT MIT / GROSSHERZOGIN / LUISE / IN DANKBARKEIT DIE / AKADEMIE DER / BILDENDEN KÜNSTE / 20 SEPTEMBER 1906
Lit.: Denkmäler S. 468–470
Abb. Nr.: 192

### Stephanienstraße 94–96

1902–03 Mietshaus von Hermann Billing
Bauherren: Nr. 94 Emma Helmle, Nr. 96 Hermann Billing
Die Häuser der Baischstraße erreichte man vor 1902 nur über die Durchfahrt einer klassizistischen Wohnanlage, die von Billing durch einen Neubau ersetzt wurde. Er bestand aus zwei sehr ähnlichen Giebelhäusern, verbunden über einen Zwischenbau mit Torbogen und darüber liegender Loggia. Die Vorderfassade mit der für die damaligen Verhältnisse sensationellen Farbigkeit und Modellierung sorgte für Aufsehen, nicht zuletzt wegen einer nackten Frauenfigur, die ganz in Gold an dem westlichen Giebel angebracht war. Trotz kriegsbedingter Veränderungen vermitteln die Gebäude nach wie vor einen guten Eindruck von der Gestaltungskraft des Architekten.
Lit.: Kabierske 1996, Kat. 76. – Ausst. Kat 1998, S. 150–156
Abb. Nr.: 29

### Stephanplatz

1903–05 Brunnenanlage von Hermann Billing, Bildhauerarbeiten von Hermann Binz in Zusammenarbeit mit Billing
Bauherr: Stadt Karlsruhe
In einem runden Wasserbecken steht auf einem Sockel eine weibliche Bronzefigur mit zwei wasserspendenden Krügen in den Händen. Die nackte Frauengestalt ist umgeben von 14 kranzförmig angeordneten, hellen Sandsteinpfeilern mit je einem Männerkopf, der teils boshaft, teils freundlich oder lüstern grinsend, teils ernst auf die Quellnymphe blickt und dabei aus dem Munde Wasser speit. Da diese Köpfe Karlsruher Persönlichkeiten darstellten und da eine nackte Frauenfigur das Schamgefühl vieler Karlsruher verletzte, war die Entrüstung groß, und der Schaden für den Architekten durchaus auch.
Lit.: Kabierske 1996, Kat. 138 – Denkmäler 1989, S. 437. – Ausst. Kat 1998, S. 174–179
Abb. Nr.: 69, 70

### Sternbergstraße 1 / Ecke Rintheimer Straße

1903–05 Mietshaus von Karl Kreutz
Bauherr: Christian Rothfuß sen., Maurermeister
Stattliches Eckgebäude mit ausgeprägten geometrischen Ornamenten und zwei steinernen Marabus an der Hausecke.
Quelle: BOA; LDA
Abb. Nr.: 115, 123, 185

### Südendstraße 10

1903 Mietshaus von
Hermann Walder
Rotes Bossenmauerwerk im Erdgeschoss, darüber eine rote glatte Klinkerfassade mit hellgelben Fenstergewänden. Unter dem Erker die Inschrift „HW" für Hermann Walder
Lit.: Arch. XX. Jh.3, 1903, S. 39, T. 58
Abb.: Rückseite

### Tullastraße 74–88 / Ecke Durlacher Allee 69 / Haizingerstraße

1904 Mietshausgruppe von
Otto Büche
Bauherr von Nr. 86: Adolf Bauer Malermeister
Massiger Baublock errichtet in der sogenannten „Deutschrenaissance", aber durchaus auch mit modernen Anklängen. Wechsel von hellen Putzflächen, gelblichem Sandsteinmauerwerk teils mit glatten, teils mit bossierten Oberflächen und rot gestrichenem Fachwerk.
Quelle: LDA; SAAI
Abb. Nr.: 136

### Uhlandstraße 36

1905 Mietshaus von Adolf Hirth
Bauherr: Behnke und Zschache
Gelbbraunes Bossenmauerwerk im Erdgeschoss, darüber eine dunkle Putzfassade, abgesetzt mit hellen Fenstergewänden, ähnlich wie Nr. 38, aber schlichter und niedriger.
Quelle: LDA
Abb. Nr.: 121

### Uhlandstraße 38 / Ecke Sophienstraße

1905 Mietshaus von Architekt und Bauherrn Adolf Hirth
Hohes Eckhaus mit lebhaftem Fassadenprofil, zierlichen Balkonen und zwei Türmchen, die den Blick nach oben ziehen. Material und Farben ähnlich wie Uhlandstraße 36.
Quelle: LDA
Abb. Nr.: 15

### Vorholzstraße 56

1910–12 Mietshaus von Bernhard Pfeifer
Schlichte, klare Fassade mit rotem Sandsteinerdgeschoss und roten Tür- und Festerrahmungen in der weißen Putzfläche.
Quelle: LDA
Abb. Nr.: 157

### Waldstraße 63 / Ecke Blumenstraße

1914 Umgestaltung des Geschäftshauses mit Gaststätte „Zum Krokodil" von Pfeifer & Grossmann
Bauherr: Jakob Möloth
An der blauen, weiß abgesetzten Putzfassade blau-weiße Arbeiten aus der Majolika-Manufaktur Karlsruhe, Köpfe der Familie Möloth, Stadtansichten von Karlsruhe und München.
Lit.: Mod. Bauf. 19/1920. – BNN 21.08.1970. – 30.10.1974. – 26.03.1976. – 20.11.1976
Abb. Nr.: 27, 28, 106, 107, 108, 109

### Weberstraße 6 und 8

1903–04 Doppelwohnhaus Nr. 6 und Nr. 8 von Eugen Beck, Bildhauerarbeiten von Oskar Kiefer
Bauherr: Prof. Eugen Beck Nr. 6, Prof. Otto Schulz Nr. 8
Großzügige Bauweise mit großen Geschosshöhen, ausladenden Erkern, üppigen Dachausbauten. Die Baugenehmigung wurde erst nach langen Auseinandersetzungen erteilt, da ein so großes Haus keinen dem teuren „Hardtwaldstadtteil" angemessenen „Villencharakter" besitze. Ursprünglich war das Bruchsteinmauerwerk im Erdgeschoss aus grünem Sulzfelder Sandstein ausgeführt, die Flächen der Obergeschosse bestanden aus rauem, gekämmtem Putz und das Kiefernholz des Fachwerks hatte einen dunkelgrünen Anstrich. Eugen Beck bewohnte von 1904–1934 das Mansardengschoss.
Lit.: Dt. Kunst u. Dek. Jg. 7, 1904–05, H. 10, S. 66–72. – Arch. XX. Jh. 5, 1905, S. 25–26, T. 42–43; 12, 1912, S. 15. – Bautechn. Zeitschr. 23, 1908, S. 179–182. – Südd. Bauhütte 8, 1908, S. 387–390. – Arch. Rund. 23, 1907, H. 2, T. 62, S. 68. – Ausst. Kat. 2001, S. 76–81
Abb. Nr.: 22

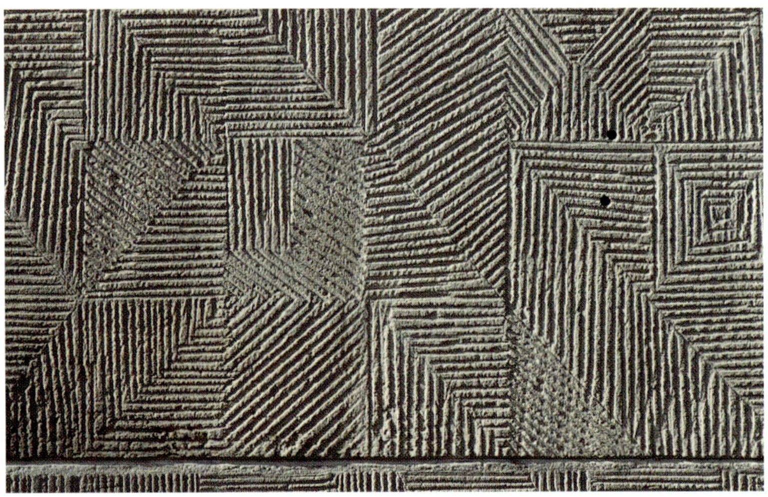

196
Delikate Schraffuren in der Melanchthonstraße 4, erbaut 1904 von Max Siebrand.

### Weinbrennerstraße 2

1903–05 Mietshaus von Architekt und Bauherrn Emil Deines
Helle Putzfassade mit Fenstergewänden und Bossenmauerwerk aus gelblichem Sandstein. Wohnhaus des Architekten 1904–1949.
Quelle: LDA
Abb. Nr.: 118

### Weltzienstraße 9

1911 Doppelhaus (mit Nr. 11) von Emil Brannath
Bauherr: Mieter- und Bauverein
Schlichte gelbliche Fassade mit Bossenmauerwerk, Putzflächen und Sandsteingewänden. Diese Gebäude hatten für den Mieter- und Bauverein eine Musterfunktion.
Quelle: LDA
Abb. Nr.: 60

### Weltzienstraße 17 / Ecke Kriegsstraße

1905 Mietshaus von Karl Kreutz
Bauherr: Heinrich Kohlbecker, Schreinermeister
Maskendarstellungen über den Fenstern auf der Kriegsstraße. Markant gestaltete, gelbliche Sandsteinkonsole mit Greif über dem Ladeneingang. Ähnliche Ecksituation mit Krokodil in der Gymnasiumstraße oder mit

Marabus in der Sternbergstraße, gleichfalls von Karl Kreutz.
Quelle: LDA
Abb. Nr.: 141

### Weltzienstraße 21
1904 Mietshaus von Karl Kreutz
Bauherr: Friedrich Amolsch, Installateur
Im gelben Sandsteinbossenwerk des Erdgeschosses ein Mädchenkopf mit Haargirlanden über dem Eingang, an der Balkonkonsole Maskarons.
Quelle: LDA
Abb. Nr.: 68, 95

### Weltzienstraße 22a
1904 Mietshaus mit Laden von Ludwig Trunzer
Bauherr: Ernest Lippelt, Schreinermeister
Schlichte Fassade, farbig gestaltetes Treppenhaus mit gut erhaltenem Glasfenster.
Quelle: LDA
Abb. Nr.: 63

### Weltzienstraße 27
1905 Mietshaus von Hermann Bastel
Bauherr: Wilhelm Ganz
Im Erdgeschoss gelbliches Bossenmauerwerk mit roten Fenstergewänden. In den Obergeschossen gelbrotes Klinkermauerwerk.
Quelle: BOA; LDA
Abb. Nr.: 87

### Weltzienstraße 31
Doppelmietshaus mit Nr. 33 von Ludwig Trunzer
Bauherr von Nr. 31: Friedrich Hesselschwerdt, Maurermeister
Gelbliches und rotes Bossenmauerwerk, darüber schlichte Putzfassade mit beigen Sandsteingewänden, über dem Hauseingang ein Männerkopf.
Quelle: LDA
Abb. Nr.: 18

### Wendtstraße 10 / Ecke Schubertstraße
1901–02 Eckwohnhaus von Curjel & Moser
Bauherr: Hermann und Emil Allmendinger, Gipsermeister
Doppelhaus mit anspruchsvoll ausgearbeiteter Fassade, sparsamen aber wirkungsvollen geometrischen wie floralen Ornamenten und darüber im Giebel die Inschrift: „Eigne Art ergötzt und spart".
Lit.: Rößling 1986, D72. – Dt. Kunst u. Dek. 15, 1904, S. 70–71. – Ausst. Kat. 1987, S. 96–97.
Abb. Nr.: 35

### Wendtstraße 13
Um 1904 Wohnhaus, vermutlich von Otto Büche
Wiederaufbau des Gebäudes nach Kriegszerstörung um 1954
Die beiden ersten Geschosse aus gelblichem, glattem Sandsteinmauerwerk; mittelalterliche Stilanklänge.

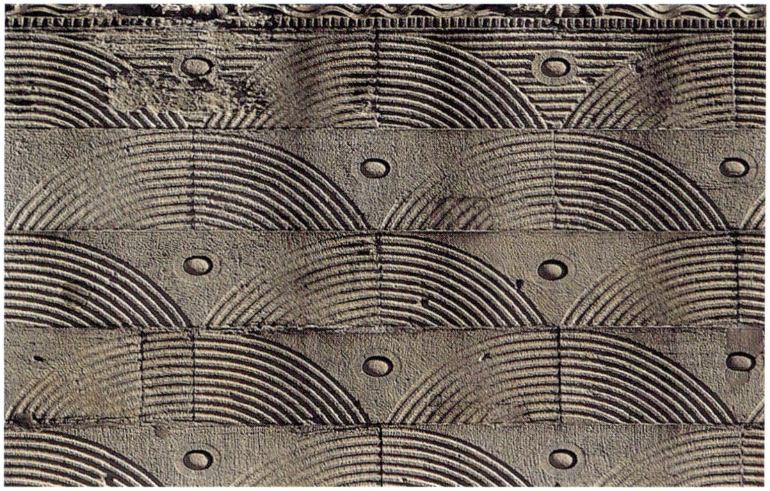

197
Geometrisches Linienspiel am Hauptbahnhof, erbaut 1913 von August Stürzenacker.

Quelle: Gerhard Kabierske, SAAI
Abb. Nr.: 76

### Werftstraße 2
1900–01 Wohnhaus des Hafendirektors von August Stürzenacker; Bildhauerarbeiten von Franz Sieferle
Bauherr: Hafendirektion
Das glatte Hausteinmauerwerk der Fassade aus rotem Pfinztäler und Maulbronner rotem Sandstein.
Lit.: Dt. Bauztg 36.1902 Nr. 32, S. 205; Nr.3 T. vor S. 213, S. 213, S. 217–218. – Arch. XX. Jh. 3, 1903, H. 3, S. 45–47, T. 73–75. – Wiener Bauind.-Zeitg. 23,1905/6, S. 25–26. – Industrie-Arch. S. 176, 179. – Rheinhafen 2001 S. 282–285
Abb. Nr.: 101, 102

### Winterstraße 9
1904–05 Mietshaus von Theodor Kempermann
Bauherr: Alexander Karch
Eines der wenigen Häuser mit Jugendstilornamenten in der Südstadt.
Quelle: BOA; LDA
Abb. Nr.: 142

### Yorckstraße 11
1901 Mietshaus von Wilhelm Peter
Bauherr: Wilhelm Schindler, Schlossermeister
Gelbliches Bossenmauerwerk im Erdgeschoss, die Fensterstürze der Obergeschosse mit Sandstein und Klinkersteinen ornamental gestaltet.
Quelle: LDA
Abb. Nr.: 171

### Yorckstraße 41
1904 Mietshaus von Architekt und Bauherrn Ludwig Trunzer
Bereits 1892 baute Trunzer sein erstes Haus auf dem hinteren Teil des Grundstücks. Reich gestaltete Bauplastik am Eingangserker mit Tierskulpturen und Jägermotiven in gelblichem Sandstein. Grünliche Putzfassade und glattes gelbliches Mauerwerk über Sockel aus rotem Bossenmauerwerk. Wandmalereien mit Jagd- und Tierszenen im Durchgang. Im Giebel die Initialen des Meisters „LT".
Quelle: BOA; LDA
Abb. Nr.: 125, 130, 131

### Yorckstraße 49 / Ecke Weltzienstraße
1911 Mietshaus von Architekt und Bauherrn Hermann Bastel
Prachtvolles großes Eckhaus mit klar gegliederter Fassade und reizvollem Materialwechsel im Nebeneinander von gelbrotem Klinker, gelbem Sandstein und weißen Putzflächen mit zarter Blumenmalerei. Der Bau ist der geometrischen Richtung des Jugendstils zuzurechnen.
Quelle: LDA
Abb. Nr.: 10, 21, 32

# Künstler-biografien

### Baser, Ferdinand
Architekt
geb. 19.5.1875, gest. 15.4.1954 Karlsruhe
23 nachweisbare Mietshäuser zwischen 1900–08, hauptsächlich in der Südweststadt und Weststadt, ein Mietshaus 1915. Zusammenarbeit 1903–04 mit Theodor Bless (Bürklinstraße 1–5). Wohnte und arbeitete zeitweilig in den selbst erbauten Häusern: 1902 Roonstraße 15, 1903–04, 1905–09 Lessingstraße 74–76 und 1910–54 Lenzstraße 12.
Quelle: Kirchenbuchamt; LDA; BOA
Abb. Nr.: 12, 172, 182, 186, 187

### Bastel, Hermann
Architekt
geb. 4.10.1868 Lösche bei Magdeburg, gest. 6.3.1951 Karlsruhe
9 Mietshäuser und 3 Villen zwischen 1892 und 1914 in der Weststadt, Südweststadt und Oststadt. Ein besonders schönes und gut erhaltenes Mietshaus von 1911 in der Yorckstraße 49 / Ecke Weltzienstraße. Wohnte und arbeitete von 1906–51 im eigenen, 1904 selbst erbauten Haus Helmholtzstraße 4.
Lit.: Arch. XX. Jh. 13, 1913, S.38
Quelle: LDA; Kirchenbuch
Abb. Nr.: 10, 21, 32, 87

### Beck, Eugen
Architekt
geb. 1.1.1866 Randegg bei Konstanz, gest. 22.11.1934 Karlsruhe
Studium der Architektur am Polytechnikum Karlsruhe, Architekt in Elberfeld und Darmstadt, 1898 Professor an der Baugewerkeschule Karlsruhe. Erfolge bei zahlreichen Wettbewerben, einige Einfamilienhäuser zwischen 1900–10, Gewerbeschule in Karlsruhe 1914–16. Wohnte und arbeitete bis zu seinem Tod im eigenen, 1903 selbst erbauten Haus Weberstraße 6.
Lit.: Dt. Kunst u. Dek. 15, 1904–05, S. 66-72. – Arch. XX. Jh. 5, 1905, S. 25–26, T. 42–43; 12; 1912, S. 15. – Arch. Rund. 23, 1907, H. 2, T. 62, S. 68. – Bautechn. Ztschr. 23, 1908, S. 179–182. – Südd. Bauhütte 8, 1908, S. 387-390. – Dt. Bauhütte 13.1909, S. 380, – Göricke 1980. – Ausst. Kat. 2001, S. 76–81, S. 115
Quelle: GLA, Nr. 466/5117
Abb. Nr.: 22

### Benzinger, Ludwig
Architekt
Lebensdaten unbekannt
Ein nachweisbares Doppelmietshaus in der Weststadt.
Quelle: LDA
Abb. Nr.: 3, 66

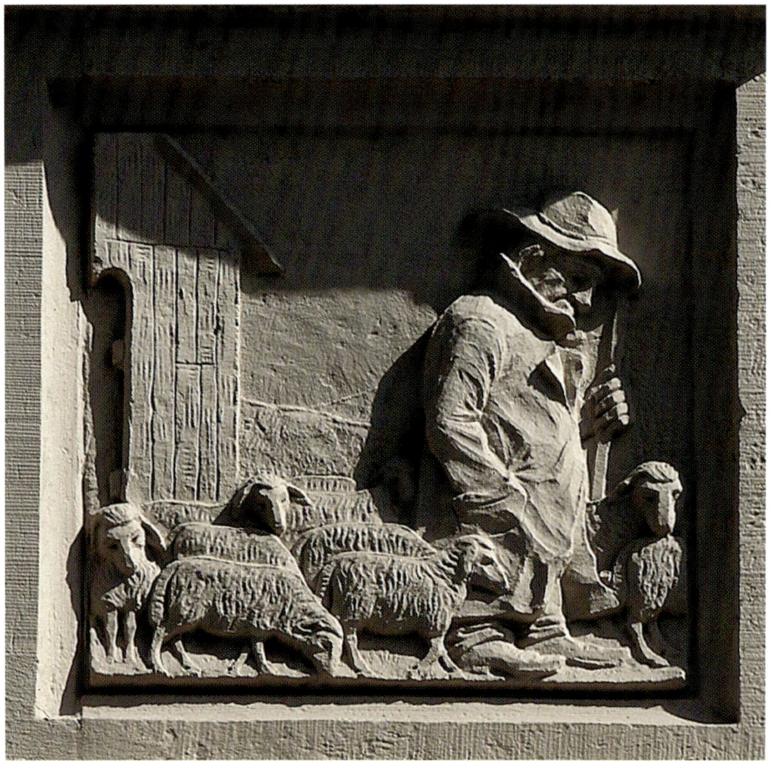

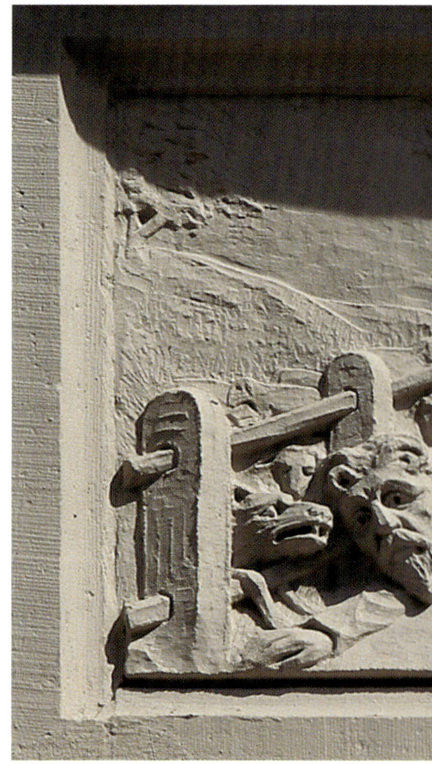

### Billing, Hermann
Architekt
geb. 7.2.1867 Karlsruhe, gest. 2.3.1946 Karlsruhe
Studium an der Kunstgewerbeschule und Technischen Hochschule Karlsruhe, tätig in Berlin und Aachen. 1892 Niederlassung in Karlsruhe. Seit 1903 mit seinem Büro einer der führenden Architekten Badens. 1901 Lehrauftrag an der Akademie der Bildenden Künste, 1907–35 Professor an der Technischen Hochschule Karlsruhe.
330 Bauten und Projekte sind nachweisbar. In Karlsruhe sind besonders hervorzuheben die Hofapotheke in der Kaiserstraße (1900–01) und die Bebauung Baischstraße (1900–03).
Lit.: Kabierske 1996. – Ausst. Kat. 1998
Abb. Nr.: 7, 29, 30, 37, 38, 52, 57, 59, 69, 70, 104, 105, 148, 160, 161, 162, 164, 165, 178, 181

### Binz, Hermann
Bildhauer und Keramiker
geb. 22.6.1876 Karlsruhe, gest. 15.11.1946 Karlsruhe

Sohn des Bildhauers Fidel Binz. Ausbildung an der Karlsruher Akademie, Meisterschüler von Hermann Volz. Aufträge für Bauplastiken, Mitarbeit in Architekturbüros, vor allem bei Hermann Billing (Brunnen auf dem Stephanplatz), Curjel & Moser (Christuskirche, Lutherkirche), Walder & Rauschenberg (Kaiserstraße 142), Pfeifer & Großmann (Rathaus Mülheim). 1910–34 keramische Arbeiten in der Majolika-Manufaktur.
Lit.: Rößling 1986, A5, A7, A 20, D 59. – Denkmäler 1989, S. 670-671. – Bachmayer 2001, S. 215
Abb. Nr.: 41, 69, 70

## Bless, Theodor

Architekt
Lebensdaten unbekannt
27 nachweisbare Mietshäuser zwischen 1895 und 1905 in der Weststadt, Südweststadt und Oststadt. Zusammenarbeit mit Ferdinand Baser 1903–04 und dem Bauunternehmer Karl Bless. Bis 1911 im selbst erbauten Mietshaus Karlstraße 94.
Quelle: LDA
Abb. Nr.: 13

## Brannath, Emil

Bautechniker
Lebensdaten unbekannt
Seit 1897 Hausarchitekt und Aufsichtsratsmitglied des Mieter- und Bauvereins Karlsruhe. 26 nachweisbare Mietshäuser zwischen 1904–14 in der Südweststadt, Oststadt und Weststadt. 1919–36 knapp 100 Mietshäuser meist als Mietshausgruppen wie am Gottesauer Platz und in der Meidingerstraße. 1936 „auf ärztliches Anraten" Ausscheiden aus dem Dienst.
Lit.: Ehret 1996, S. 19, 51, 54, 57
Quelle: LDA; Gerhard Kabierske, SAAI
Abb. Nr.: 60

## Brannath, Johann

Architekt
Lebensdaten unbekannt
Von 1911–12 Bauschätzer bei der badischen Gebäudeversicherung. 66 nachweisbare Mietshäuser zwischen 1886 und 1908 in der Weststadt, Südweststadt und Oststadt. Wohnte und arbeitete bis 1908 in der Rüppurrer Straße 10, danach Gottesauer Straße 1 und Körnerstraße 57 bis 1919.
Quelle: GLA Nr. 431/6233; LDA
Abb. Nr.: 89

## Büche, Otto Eduard

Architekt
geb. 8.4.1872 Wehr/Baden,
gest. 25.3.1941 Saarbrücken
Studium an der Baugewerkeschule Karlsruhe, arbeitete als Architekt in Südbaden, dann bis 1902 bei Max Meckel als Bauführer der katholischen Pfarrkirche Sankt Bernhard in Karlsruhe. 33 nachweisbare Mietshäuser 1903–05 in der Oststadt, wichtig vor allem der Komplex Durlacher Allee 69, Tullastraße 74–88,

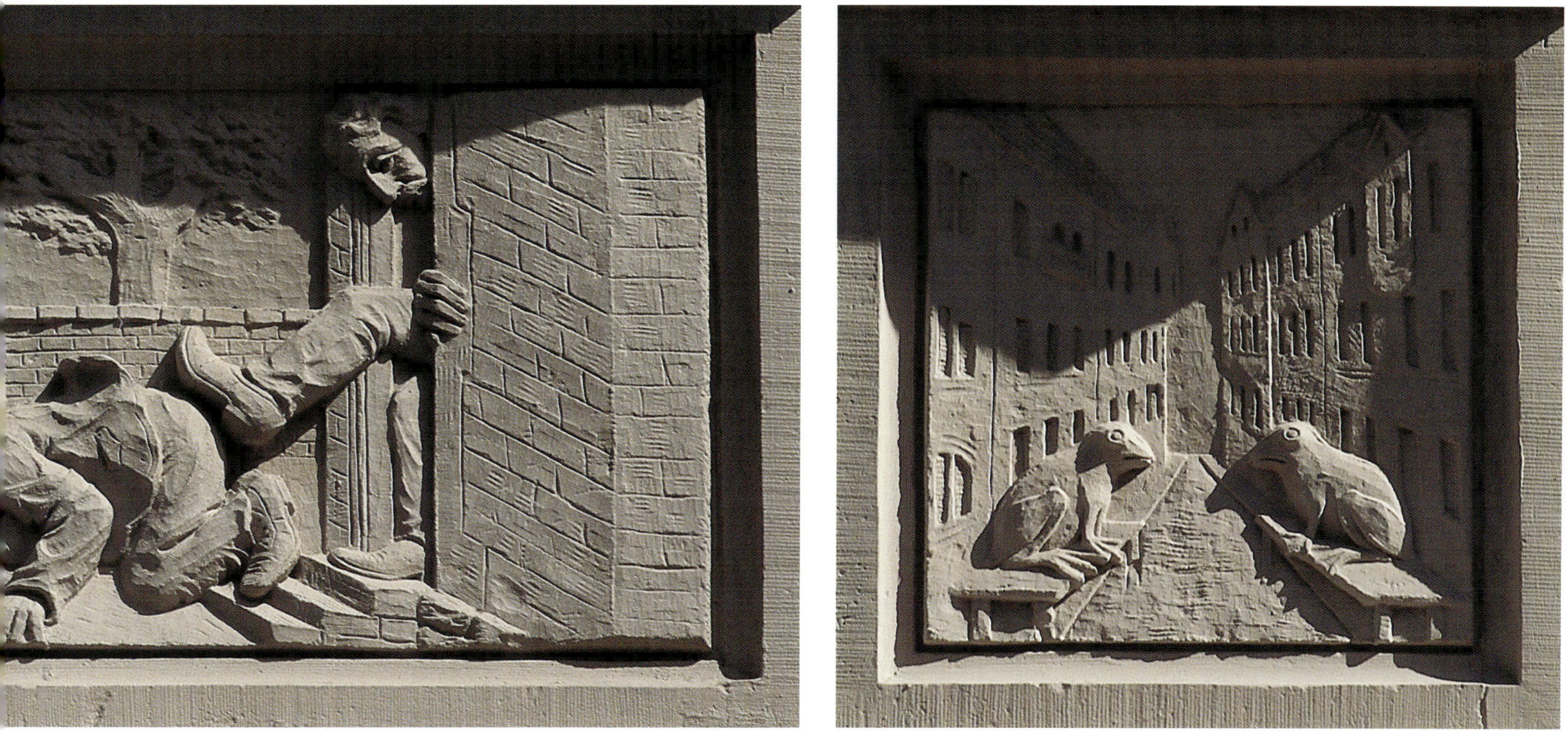

198
In Frieden leben oder den Streit effektvoll beenden: Träume eines Hausbesitzers. Reliefs in der Haizingerstraße 7, erbaut 1906–07 von Emil Hesselschwerdt.

Haizingerstraße 13. Wohnte und arbeitete 1905–06 im eigenen, selbst erbauten Haus Parkstraße 23. 1906 verließ er, in finanzielle Schwierigkeiten geraten, Karlsruhe, Umzug nach Saarbrücken.
Quelle: Gerhard Kabierske, SAAI.
Lit.: Wolf-Holzäpfel 2000, S. 353
Abb. Nr.: 76, 136, 149, 150

### Curjel & Moser

Architekten
Bürogemeinschaft in Karlsruhe
1888–1915

### Robert Curjel

geb. 17.12.1859 St. Gallen,
gest. 18.8.1925 Schönegg am Vierwaldstättersee
Studium an der Technischen Hochschule Karlsruhe bei Joseph Durm, Heinrich Lang und Otto Warth sowie in München bei Friedrich Thiersch. Erste Berufsjahre in Berlin und Wiesbaden, wo er um 1886 Karl Moser kennenlernte. 1896 bauten Moser und Curjel in der Riefstahlstraße ein Doppelhaus, 1887 bezog Familie Curjel Haus Nr. 4, die Familie Moser Nr. 6.

### Karl Cölestin Moser

geb. 10.8.1860 Baden/Schweiz,
gest. 28.2.1936 Zürich
Bis 1882 Studium der Architektur am Polytechnikum Zürich, danach tätig in Baden im Büro des Vaters, in Zürich bei Friedrich Bluntschli, in Paris und Wiesbaden. 1906 von Großherzog Friedrich I. von Baden zum Professor ernannt, 1907 hochbautechnischer Referent im badischen Eisenbahnministerium, 1915–28 Professor der Baukunst an der ETH Zürich. Seit 1915 praktische Tätigkeit nur noch in der Schweiz.
Über 20 Aufträge im Kirchenbau, davon in Karlsruhe die Christuskirche (1897–1900) und die Lutherkirche (1904–07). Aufträge für die Universitätsgebäude in Zürich und Basel, den Badischen Bahnhof Basel und das Kunsthaus in Zürich. Außerdem entstanden über 10 Bankgebäude, Kaufhäuser und herrschaftliche Villen sowie eine große Anzahl von Mietshäusern, Läden, Bürogebäuden und Hotels. In Karlsruhe sind hervorzuheben das Bankhaus Veit Homburger (1899–1900) in der Karlstraße; das Gebäude des Evangelischen Oberkirchenrats (1907–10) in der Blumenstraße; das Konzerthaus (1915). Außerdem zwischen 1888 und 1910 in Karlsruhe 117 Wohnhäuser, Villen und mehrgeschossige Mietshäuser, hauptsächlich in der Südweststadt und Weststadt.
Lit.: Rößling 1986. – Ausst. Kat. 1987. – Kabierske 1996. – Südweststadt 1996, S. 43–48, S. 164. Ausst. Kat. 2001, S. 69
Abb. Nr.: 23, 24, 33, 35, 39, 40, 54, 86, 98, 99, 103, 110

### Deines, Emil

Architekt
Lebensdaten unbekannt
15 nachweisbare Wohnhäuser zwischen 1901 und 1911, hauptsächlich in der Weststadt. Ab 1901 Fortführung von Bauten des verstorbenen Adolf Hanser. 1904–05 Zusammenarbeit mit Emil Giehne beim Wettbewerb Stadterweiterung Karlsruhe. 1926–27 Zusammenarbeit mit Gerhard Rehder. Ab 1926 Herausgeber der Zeitschrift „Bauwettbewerbe“. Wohnte und arbeitete in von ihm erbauten Häusern: ab 1901 in der Eisenlohrstraße 1 und 1904–44 in der Weinbrennerstraße 2.
Lit.: Bauztg. Württbg., 1908, Nr.39, S. 311-313. – Arch. XX. Jh. 10, 1910, S. 15–16. – Bauwettb., 1929. H. 35, S. 12–14. – Kabierske 1996, S. 207. – Ausst. Kat. 2001, S.63–64, S. 79. – 100 Jahre Haus und & Grund, 2002, S. 35
Quelle: LDA; SAAI
Abb. Nr.: 118

### Dietsche, Fridolin

Bildhauer
geb. 3.10.1861 Schönau/Baden,
gest. 25.6.1908 Hamburg
Studium an den Akademien in Karlsruhe, Berlin und München, 1898 Professor an der Karlsruher Kunstgewerbeschule und Leiter der Bildhauerklasse.
Erhaltene Bauplastiken in Karlsruhe u. a. Altarkreuz in und Kandelaber vor der Christuskirche, die Figuren an der Hofapotheke, Skulpturen am ehemaligen „Moninger“ in der Kaiserstraße.
Lit.: Thieme/Becker, Bd. 9, 1930, S. 269. – Bad. Biogr. Bd. 6, 1935, S. 168–170. – Rößling 1986, A7, A18, A20, D96, D118. – Denkmäler 1989, S. 672
Abb. Nr.: 104, 105, 140, 148, 191

### Henkel, Max

Architekt
Lebensdaten unbekannt
3 nachweisbare Mietshäuser um 1904 in der Weststadt. Wohnte und arbeitete in der Georg-Friedrich-strasse 36, von 1913–33 in der Schillerstraße 37.
Quelle: LDA
Abb. Nr.: 84

### Hesselschwerdt, Emil

Architekt
Lebensdaten unbekannt
2 nachweisbare Bauwerke zwischen 1892 und 1906. Wohnte und arbeitete 1906–10 im selbst erbauten Haus Haizingerstraße 7.
Quelle: LDA
Abb. Nr.: 198

### Hirt, Johannes

Bildhauer
geb. 27.4.1859 Fürth im Odenwald, gest. 31.10.1917 Karlsruhe
Studium an der Akademie der Künste in Berlin. Mitarbeiter von Adolf Heer beim Kaiser-Wilhelm-Denkmal in Karlsruhe 1890–1897. Hygieia-Brunnen am Festplatz 1905–09.
Lit.: Schweiz. Bauztg. 54, 1909, S. 28. – Bauztg. Württbg. 6, 1909, S. 244–245. – Thieme/Becker, Bd. 17, 1924, S. 144. – Denkmäler 1989, S.681
Abb. Nr.: 119

### Hirth, Adolf

Architekt
geb. 1869, gest. 8.11.1920 Radolfzell
52 nachweisbare Mietshäuser von 1892 bis 1904, hauptsächlich in der Weststadt, Südweststadt und Oststadt. Zusammenarbeit mit Ludwig Trunzer und Christian Rothfuß. Wohnte und arbeitete zeitweilig in den von ihm erbauten Häusern: 1903–1910 Sophienstraße124, ab 1910 Kriegstraße 151, 1912–14 Karl-Friedrich-Straße 6.
Quelle: Kirchenbuchamt; LDA
Abb. Nr.: 15, 58, 82, 88, 121, 124, 127, 144, 151, 199

### Hörner, August

Bauunternehmer
Lebensdaten unbekannt
Bauherr und Planverfasser im Baugesuch von Douglasstraße 24, betrieb ein größeres Baugeschäft in der Amalienstraße 24 und einen Steinbruch in Ittersbach.
Quelle: BOA
Abb. Nr.: 100, 137

### Holwäger & Hillenbrand

Architekten
Bürogemeinschaft 1903–32

### Karl Holwäger und Michael Hillenbrand

Lebensdaten unbekannt
47 nachweisbare Mietshäuser zwischen 1903 und 1916, hauptsächlich in der Südweststadt und Weststadt, einige in der Oststadt, auch Mietshausgruppen mit reich gegliederten, Fassaden wie Eisenlohrstraße 41–43 oder Parkstraße 19. Zusammenarbeit 1910–11 mit Heinrich Koch und 1908–09 mit Leopold Walther. Büro ab 1903 in der Lenzstraße 9 im eigenen Haus, 1911–14 in der Karlstraße 68, ab 1915–1932 am Zirkel 33.
Lit.: Bl. f. Arch. u. Kunst. 20, 1907, S. 33. – Arch. XX. Jh. 10, 1910, H. 3, S.20–21
Quelle: LDA
Abb. Nr.: 91, 167, 173, 175, 176, 177, 189

## Kempermann, Theodor

Architekt
geb. 9.3.1857 Mannheim,
gest. 2.3.1937 Karlsruhe
69 nachweisbare Mietshäuser zwischen 1885 und 1913, in der Südweststadt, Oststadt, Südstadt und Weststadt, davon 32 in Zusammenarbeit mit Hugo Slevogt (1885–87) und 5 in Zusammenarbeit mit Leonhard Engel (1888–98). Wohnte und arbeitete in der Winterstraße 4, 1911–37 in der Auer Straße 15.
Lit.: Arch. Rund. 5, 1889 H.6,
Quelle: Kirchenbuchamt; LDA
Abb. Nr.: 4, 42, 44, 49, 97, 142

## Kiefer, Oskar Alexander

Bildhauer
geb. 26.2.1874 Offenburg,
gest. 9.9.1938 Boulogne
Studium an der Kunstgewerbeschule Karlsruhe, Meisterschüler von Hermann Volz. Häufige Zusammenarbeit mit Karl Moser, Bauplastiken z. B. am Kunsthaus in Zürich, an der Pauluskirche in Bern. In Karlsruhe sind die wichtigsten Werke die Statue des Reformators an der Lutherkirche, Figur- und Ornamentplastiken am Haus Schmidt in der Leopoldstraße und am Bankhaus Homburger. Kiefer wohnte und arbeitete in Ettlingen.
Lit.: Stemmermann 1976. – Rößling 1986
Abb. Nr.: 23, 24, 39, 40, 54, 86, 103

## Kreutz, Karl

Architekt
Lebensdaten unbekannt
22 nachweisbare Mietshäuser zwischen 1902–08, hauptsächlich in der Oststadt, einige in Durlach, sowie in der Südweststadt, Südstadt und in der Weststadt, häufig als Mietshausgruppen. Arbeitete bis 1904 in der Rüppurrer Straße 70 vermutlich zusammen mit seinem Schwiegervater Rothfuß sen. Von 1905–06 im eigenen Haus Sommerstraße 10, 1906 arbeitet das Büro in der Kaiserstraße 26, 1907 zieht er mitsamt Büro in sein eigenes Haus in der Schillerstraße 6a (heute Gymnasiumstraße 6a), das ihm bis 1907 gehörte. Danach Wegzug aus Karlsruhe-Durlach.
Quelle: BOA; LDA
Abb. Nr.: 8, 34, 36, 45, 47, 68, 77, 78, 79, 81, 92, 93, 94, 95, 96, 112, 115, 116, 117, 120, 122, 123, 132, 134, 138, 141, 152, 166, 179, 183, 185, 188, 190

## Peter, Wilhelm

Architekt
Lebensdaten unbekannt,
vermutlich 1926 gestorben
Studium in Karlsruhe bei Josef Durm und Otto Warth. 69 nachweisbare Mietshäuser zwischen 1887 und 1914, hauptsächlich in der Südweststadt und Weststadt. Zusammenarbeit 1898–1905 mit Otto Scherer (34 Mietshäuser), 1921 mit Fritz Rössler (4 Mietshäuser in der Oststadt). Wohnte und arbeitete bis 1926 im 1887 selbst erbauten Haus Friedenstraße 6, ab 1901 befand sich das Büro Peter & Scherer in der Sophienstraße 35, von 1911–14 in der Herrenstraße 50.
Lit.: Städtebau 14, 1917, S. 113–114, T. 62. – Ausst. Kat. 2001, S. 78–79
Abb. Nr.: 171

## Pfeifer & Grossmann

Architekten
Bürogemeinschaft in Karlsruhe und ab 1906 Mülheim/Ruhr

### Arthur Pfeifer

geb. 1879 Mühlburg, gest. 14.1.1962 Karlsruhe
Studium an der TH Karlsruhe und Berlin-Charlottenburg, Mitarbeiter von H. Billing (1903–06).

### Hans Grossmann

geb. 20.12.1879 Zürich, gest. 30.11.1949 Mülheim/Ruhr
Studium an der ETH Zürich, Assistent an der TH Karlsruhe bei Hermann Billing, seit 1906 künstlerischer Berater der Großherzoglichen Majolika-Manufaktur.

Zahlreiche Verwaltungs-, Wohn- und Villenbauten in Baden und im Ruhrgebiet. In Karlsruhe 10 nachweisbare Bauten zwischen 1906–14 sowie 66 zwischen 1919–38, überwiegend Mietshäuser und Villen in der Innenstadt, Südweststadt und Weststadt. Herausragend die Doppelvilla am Richard-Wagner-Platz 1906 sowie 1914 der komplette Umbau der Gaststätte „Krokodil" in der Waldstraße 63. 1914 Atelier für Architektur und Kunstgewerbe in der Belfortstraße 14, später Büro in der Kaiserstraße 225 und 1920–62 Schumannstraße 9.
Lit.: Mod. Bauf. 6, 1907 S. 503, S. 519–520. – Bauztg. Württbg 1908, Nr. 1 S.7–9. – Mod. Bauf. 9, 1910 S.49, S. 508–509. – Bauwettb. 1929, H. Nr. 35, S.15–17. – Göricke 1980. – Denkmäler 1989, S. 687-688. – Bachmayer 2001, S. 217
Quelle: SAAI
Abb. Nr.: 27, 28, 106, 107, 108, 109

## Pfeifer, Bernhard

Lebensdaten unbekannt
3 nachweisbare Mietshäuser von 1878–1912.
Quelle: LDA
Abb. Nr.: 157

## Ratzel, Friedrich

Architekt
geb. 17.7.1869 Karlsruhe,
gest. 5.7.1907 Karlsruhe
Studium bei Josef Durm, Adolf Weinbrenner und Heinrich Lang, 1894 Assistent von Karl Schäfer, 1899–1905 Leiter des Hofbauamts Karlsruhe, 1905–07 Professor an der Technischen Hochschule Karlsruhe. In Karlsruhe: Badischer Kunstverein 1898; 9 Wohnhäuser zwischen 1900–07; Majolika-Manufaktur in der Hoffstraße 1901; Badisches Generallandesarchiv 1901–05; Brunnen Gutenbergplatz 1905–08. Bis 1907 wohnhaft Steinstraße 23.
Lit.: Arch. XX. Jh. 4, 1904, S. 45. – Bad. Biogr. 6, 1935. – Göricke 1980. – Denkmäler 1989, S. 688
Abb. Nr.: 193

## Renz, Heinrich

Lebensdaten unbekannt
Ein nachweisbares Mietshaus nach 1900 in der Südweststadt.
Abb. Nr.: 67

### Rothfuß jun., Christian
Maurermeister, Zimmermeister, Bauunternehmer
Lebensdaten unbekannt
Arbeitete z.T. zusammen mit Julius Schäfer im Baugeschäft „Rothfuß & Schäfer“. 6 nachweisbare Mietshäuser zwischen 1896 und 1904 in der Weststadt. Rothfuß trat häufig als Bauherr und Architekt in den Baugesuchen auf. Zusammenarbeit mit seinem Schwager Karl Kreutz. Das Büro befand sich 1900–09 in der Nelkenstraße 19. Wohnte meist in eigenen selbst erbauten Häusern: 1905 Sophienstraße 136, 1910 Eisenlohrstraße 45, 1911 Gutenbergstraße 4, 1914 Körnerstraße 19.
Quelle: LDA
Abb. Nr.: 48, 85, 128, 139, 145

### Schalintweit, Friedrich
Architekt
Lebensdaten unbekannt
Ein nachweisbares Mietshaus von 1908–09 in der Oststadt.
Quelle LDA
Abb. Nr.: 159

### Schroth, Johannes
Architekt
geb. 18.12.1859, gest. 25.11.1923 Offenburg
Vorstand des Erzbischöflichen Bauamts Karlsruhe. Zahlreiche kirchliche Bauwerke in Baden. In Karlsruhe: Verwaltungsgebäude des Katholischen Oberstiftungsrates 1902. Sankt Bonifatius 1905–08; Heilig Geist Daxlanden 1907; wohnte in der Durlacher Allee 15.
Lit.: Chronik 1930, S. 334. – Göricke 1980. – Südweststadt 1996 S. 179–183. – Wolf-Holzäpfel 2000, S. 155–156, 206, 232, 234–235, 359–363
Quelle: SAAI; Stadtarchiv
Abb. Nr.: 14

### Schumacher jun., Philipp
Architekt
Lebensdaten unbekannt, wahrscheinlich 1937 in Karlsruhe verstorben
16 nachweisbare Bauwerke zwischen 1881 und 1924, hauptsächlich in der Oststadt überwiegend Mietshäuser. Wohnte und arbeitete seit 1903 im eigenen 1902 selbst erbauten Haus Melanchthonstraße 3. 1908–37 wohnte und arbeitete er in der Georg-Friedrich-Straße 28, erbaut 1902.
Lit.: Oststadt 1996, S. 37-38
Quelle: BOA; LDA; SAAI
Abb. Nr.: 53, 74

### Schweickhardt, Emil
Architekt
geb. 10.10.1846 Karlsruhe, gest. 30.6.1924 Karlsruhe
Studium an der Bauakademie Karlsruhe, um 1880 eigenes Architekturbüro in Karlsruhe. 8 nachweisbare Wohnhäuser zwischen 1885–1905, hauptsächlich in der Weststadt. Zusammenarbeit 1892 und 1898 mit Gustav und Adolf Pfeifer (Mietshausgruppe Körnerstraße 4–8).
Lit.: Dt. Bauztg. 50, 1916, S. 455
Quelle: BOA; LDA; Gerhard Kabierske, SAAI; Kirchenbuch
Abb. Nr.: 1

### Siebrand, Max
Architekt
Lebensdaten unbekannt, vermutlich 1921 in Karlsruhe verstorben
19 nachweisbare Mietshäuser zwischen 1899 und 1908, in der Oststadt und Weststadt. Wohnte bis 1904 in der Kapellenstraße 32 und 1905–21 Eisenlohrstraße 29.
Quelle: BOA; LDA; SAAI
Lit.: Oststadt 1996, S. 37
Abb. Nr.: 6, 20, 46, 73, 146, 196

### Slevogt, Hugo
Architekt
Lebensdaten unbekannt
Öffentliche Bauten im Raum Karlsruhe wie Rathäuser in Karlsruhe-Bulach und Weingarten, Schillerschule in Ettlingen, 21 nachweisbare Mietshäuser zwischen 1896 und 1905 meist in der Südweststadt. Zusammenarbeit 1887–97 mit Theodor Kempermann (32 Mietshäuser), 1898 mit Reinhold Lumpp (Villa Hirschstraße 103), 1907–09 mit Billing & Zoller (ein Mietshaus).
Lit.: Arch. Rund. 5, 1889, H. 6
Quelle: LDA; Gerhard Kabierske, SAAI
Abb. Nr.: 168, 170

### Stürzenacker, August
Architekt
geb. 12.3.1871 Schwetzingen, gest. 21.6.1951 Karlsruhe
Studium am Polytechnikum Karlsruhe, 1895–1936 im Staatsdienst, 1903–08 Professor an der Baugewerkeschule. Zahlreiche öffentliche Bauten in Baden. In Karlsruhe: Elektrizitätswerk 1899–1901; Hafendirektion, Werfthalle und Silospeicher im Rheinhafen 1900–01; Schillerschule 1902–04; Krematorium, Hauptfriedhof 1903–04; Hauptbahnhof Karlsruhe 1909–13. Wohnte und arbeitete ab 1900 in der Helmholtzstraße 11.
Lit.: Dt. Bauztg 36, 1902, Nr. 32, S. 205, Nr.3, S. 213, S. 217–218. – Arch. XX. Jh. 3, 1903, S. 45–47 – Dt. Konkurr. 1905, Bd. 18, H. 9/10, S. 7, S. 19–23. – Dt. Bauztg. 39, 1905, Nr. 32, S. 194. – Wien. Bauind.-Zeitg 23, 1905, S. 25. Südd. Bauhütte 6, 1906, S. 1–3. – Dt. Konkurr., Ergänzungsheft 16, 1906, S. 24-25.– Schweiz. Bauztg. 56, 1910, S. 292–296, S. 303–307. – Dt. Bauztg. 46, 1912, Nr. 14, S. 144. – Arch. XX. Jh. 14, 1914, S. 42–43. – Berl. Archwelt. 16, 1914, S. 244–245. – BNN 11.3.1950; 12.10.1950 und 26.6.1951. – Göricke 1980. – Südweststadt 1996, S. 32-35 V. Lindemann 1988, S. 49–71. – Diss. von Ulrike Schubart an der TU Karlsruhe in Vorbereitung
Quelle: GLA Akte 466/17846; Stadtarchiv
Abb. Nr.: 101, 102, 154, 174, 197

### Taucher, Konrad
Bildhauer
geb. 24.10.1873 Nürnberg, gest. 13.1.1950 Karlsruhe
Studium an der Kunstgewerbeschule Nürnberg und der Kunstakademie Karlsruhe bei Hermann Volz. Aufträge für Bauplastiken in Karlsruhe: Brunnen an der Kleinen Kirche 1904–05; Sandsteinreliefs am Hauptbahnhof 1912 in Zusammenarbeit mit August Stürzenacker. Zahlreiche Porträtbüsten, Grabmäler sowie keramische Arbeiten in der Majolika-Manufaktur 1903–08.
Lit.: Thieme/Becker 32, 1938, S. 472. – Denkmäler 1989, S. 694. – Bad. Biogr. N. F. 1990, Bd. 3, S. 271–272. – Bachmayer 2001, S. 224. – Jb. Staatl. Kunstslg. 1993, S. 88–103.
Quelle: Stadtarchiv
Abb. Nr.: 154, 174, 194

### Trunzer, Ludwig
Architekt
geb. 10.2.1866 Neckarburken, gest. 8.5.1951 Karlsruhe
162 nachweisbare Mietshäuser, teilweise als Mietshausgruppen zwischen 1890 und 1914, weitere 18 zwischen 1926 und 1929, hauptsächlich in der Weststadt und in der Südweststadt. Ganze Straßenzeilen

entstanden gleichzeitig, teilweise baute er bis zu 15 fünfgeschossige Mietshäuser pro Jahr. Gelegentliche Zusammenarbeit mit Hermann Billing (Sophienstraße 182), Leopold Walther (15 Mietshäuser in der Südweststadt), Franz Wolff, Christian Rothfuß jun., Wellbrock & Schäfers (Mietshausgruppe in der Kornblumenstraße). Wohnte und arbeitete im 1892 selbst erbauten Gartenhaus Yorckstraße 41a (früher Schwimmschulstraße), von 1904–27 im eigenen Haus Yorkstraße 41, von 1928–51 im eigenen, 1927 selbst erbauten Mietshaus Gellertstraße 27.
Quelle: BOA; LDA; Gerhard Kabierske, SAAI
Lit.: Kabierske 1996, S. 53, 181.
Abb. Nr.: 18, 31, 50, 61, 63, 64, 125, 130, 131, 158

## Ummenhofer, Friedrich

Architekt
Lebensdaten unbekannt
7 nachweisbare Bauwerke zwischen 1902 und 1912, überwiegend Mietshäuser mit Läden. Wohnte und arbeitete in der Karlstraße 64 und Nelkenstraße 19.
Quelle: BOA
Abb. Nr.: 72, 90

## Volz, Hermann

Bildhauer
geb. 31.3.1847, gest. 11.11.1941 Karlsruhe
Studium am Polytechnikum Karlsruhe und an der Kunstakademie Karlsruhe. 1879 Professor an der Kunstgewerbeschule, 1880–1919 Professor an der Akademie Karlsruhe. In Karlsruhe u. a.: Lidellbrunnen 1872–76, Scheffeldenkmal 1892, Prinz-Wilhelm-Denkmal 1901, Brunnen Akademiegarten 1906, Sarkophag von Prinz Ludwig Wilhelm und von Großherzog Friedrich I. in der Großherzoglichen Grabkapelle 1910–12.
Lit.: Josef August Beringer; Wilhelm Volz, Karlsruhe 1923. – Thieme/Becker, Bd. 34, 1940, S. 538. – Vollmer Bd. 5, 1961, S. 52. – Denkmäler 1989, S. 695–696. –
Abb. 192

## Walder, Hermann

Architekt
geb. 3.11.1847 Karlsruhe,
gest. 20.8.1921 Karlsruhe
1874 Gründung der Firma „Hermann Walder Baugesellschaft m.b.H. Karlsruhe“, später erweitert zu „Walder und Rauk Baugesellschaft m.b.H.“, bis 1920 in der Erbprinzenstraße 9. 21 nachweisbare Wohnbauten zwischen 1871 und 1911 in Karlsruhe, außerdem Fabrik- und Brauereigebäude: u.a. Wolff & Sohn 1889–91; Brauerei Moninger in der Kriegsstraße 1895; Gaststätte Moninger Kaiserstraße 1900–01 zusammen mit Friedrich Rauschenberg; Brauerei Prinz mit Villa „Prinz“ 1907. Zusammenarbeit mit Bildhauern wie Oskar Kiefer, Max Laeuger, Fridolin Dietsche.
Lit.: Zentralbl. Bauverw. 21, 1901, S.114–115. – Arch. XX. Jh. 2, 1902, S. 12. – Architektur d. Neuzeit, T. 29. – Göricke 1980. – Ausst. Kat. 1987, S. 64. – Industrie-Arch. S.14–15, S.53, 146, 154–157, 162, 197 – Kabierske 1996, S. 252, 256
Quelle: LDA; SAAI
Abb. Nr.: 41, Rückseite

## Walther, Leopold

Architekt
Lebensdaten unbekannt, vermutlich 1946 gestorben
38 nachweisbare Mietshäuser zwischen 1903 und 1913 sowie 5 Bauwerke zwischen 1926–28, hauptsächlich in der Südweststadt und Weststadt. Zusammenarbeit von 1908–11 mit Ludwig Trunzer, Holwäger & Hillenbrand und Josef und Otto Held. Wohnte und arbeitete in selbst erbauten Häusern wie Bürklinstraße 2, 1907 in der Klauprechtstraße 39 und 1909 Klauprechtstraße 45, 1910–20 Brauerstraße 29, (erbaut 1908), ab 1922 in der Kaiserallee 123 und 1940–46 Weltzienstraße 16.
Quelle: BOA; LDA
Abb. Nr.: Titel, 43, 75, 80, 83

## Weichel, Alfred

Architekt
Lebensdaten unbekannt
1913 Mietshaus Gerwigstraße 5. Inhaber des Architekturbüros Wellbrock & Schäfers ab 1910 in der Durlacher Allee 11, ab 1913 Akademiestraße 16.
Quelle: LDA
Abb. Nr.: 62

## Wolff, Franz

Architekt und Maler
Lebensdaten unbekannt, vermutlich 1960 gestorben
78 nachweisbare Bauwerke zwischen 1887 und 1913, hauptsächlich in der Oststadt, überwiegend Mietshäuser. Allein zwischen 1902 und 1904 entstanden 50 meist vierstöckige Mietshäuser. Zusammenarbeit 1902–03 mit Karl Däubert (Veilchenstraße 15–17) und 1910 mit Leopold Walther (Rintheimer Straße 20). Das Büro befand sich in der Adlerstraße 24, Karl-Wilhelmstraße 1a und bis 1912 in der Steinstraße 31. Wohnte und arbeitete in den selbst erbauten Häusern: 1900 Kapellenstraße 56a, 1901–02 Edelsheimstraße 1, 1903 Villa Kornblumenstraße 9, 1904–09 Parkstraße 9, von 1910–44 im eigenen Haus Edelsheimstraße 7, bis 1960 in der Frühlingstraße 9
Lit.: Baugewerksztg. 30, 1898, S.1658–1659 – Baugewerksztg. 32, 1900, S. 356–357, 1038, 1040, 1438–1439 – Arch. Monatsh. 8, 1902, T. 93. – Baugewerksztg. 35, 1903, S.671–672 – Zentralbl. dt. Baugew. 2. 1903 S.153–155. – Kabierske 1996, S. 41, 53, 139, 152, 181
Quelle: BOA; LDA; Gerhard Kabierske, SAAI
Abb. Nr.: 9, 16, 17, 19, 26, 51, 56, 65, 111, 113, 114, 126, 128, 133, 135, 139, 153, 155, 180, 184

## Zinser, Gottfried sen. und jun.

Architekten
Lebensdaten unbekannt
16 nachweisbare Mietshäuser zwischen 1873 und 1912 hauptsächlich in der Weststadt, 1891–93 Fabrikanlage der Brauerei Sinner. Zusammenarbeit mit Heinrich Sexauer 1892. Gemeinsames Büro und Wohnung von Zinser sen. und jun. im eigenen, 1895 gebauten Haus Sophienstraße. 118.
Lit.: Arch. XX. Jh. 3, 1903, S. 23, T. 45 – Industrie-Arch. S. 150
Quelle: BOA; LDA
Abb. Nr.: 55, 147, 195

# Quellen und Literatur

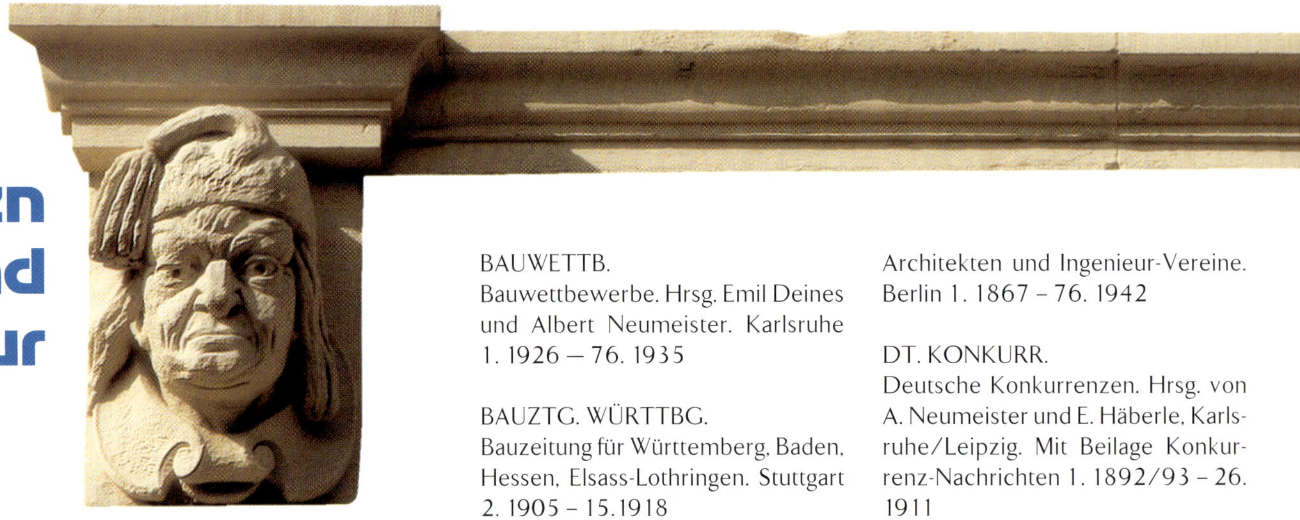

## Quellen

BOA
Bauordnungsamt Karlsruhe (Objekte nach Straßen)

GLA
Generallandesarchiv Karlsruhe

KIRCHENBUCH
Kirchenbuch des evangelischen Kirchengemeindeamts Karlsruhe

KIRCHENBUCHAMT
Kirchenbuchamt der Katholischen Gesamtkirchengemeinde Karlsruhe

LDA
Landesdenkmalamt Baden-Württemberg, Außenstelle Karlsruhe (Objekte nach Stadtteilen und Straßen)

SAAI
Südwestdeutsches Archiv für Architektur und Ingenieurbau, Universität Karlsruhe

STADTARCHIV
Stadtarchiv Karlsruhe (Ordner Bildende Künstler und Architekten)

## Abgekürzt zitierte Literatur


ARCH. XX. JH.
Die Architektur des XX. Jahrhunderts. Zeitschrift für moderne Baukunst, hrsg. von Hugo Licht. Berlin 1.1901 – 14.1914

ARCH. MONATSH.
Architektonische Monatshefte. Neubauten und Konkurrenzen. Wien/ Leipzig 1. 1895 – 8. 1902

ARCH. RUND.
Architektonische Rundschau. Skizzenblätter aus allen Gebieten der Baukunst, hrsg. von Ludwig Eisenlohr, Carl Weigle und Carl Zetsche. Stuttgart 1.1885 – 31. 1915,6

BAUGEWERKSZTG.
Baugewerkszeitung. Berlin 1. 1869 – 64.1932

BAUTECHN. ZTSCHR.
Bautechnische Zeitschrift. Illustrierte Halbmonatsschrift über die Fortschritte im Bauwesen. Berlin/München 1. 1869 – 24. 1909

BAUWETTB.
Bauwettbewerbe. Hrsg. Emil Deines und Albert Neumeister. Karlsruhe 1. 1926 — 76. 1935

BAUZTG. WÜRTTBG.
Bauzeitung für Württemberg, Baden, Hessen, Elsass-Lothringen. Stuttgart 2. 1905 – 15.1918

BERL. ARCHWELT.
Berliner Architekturwelt. Zeitschrift für Baukunst, Plastik und Kunstgewerbe. Berlin 1.1899 – 21. 1919

BL. F. ARCH. U. KUNST.
Blätter für Architektur und Kunsthandwerk. Berlin 1. 1888 – 29. 1917

CHRONIK 1923
Chronik der Landeshauptstadt Karlsruhe für die Jahre 1920–23. Karlsruhe 1930

CURJEL & MOSER 1987
Rößling, Wilfried: Curjel & Moser. Städtebauliche Akzente um 1900 in Karlsruhe. Eine Ausstellung im Badischen Kunstverein. Karlsruhe: Badischer Kunstverein 1987

DT. BAUHÜTTE
Deutsche Bauhütte. Zeitschrift der deutschen Architektenschaft. Mit Beilage, Architektonische Details. Hannover 1. 1897 – 46. 1942

DT. BAUZTG.
Deutsche Bauzeitung. Verkündigungsblatt des Verbandes Deutscher Architekten und Ingenieur-Vereine. Berlin 1. 1867 – 76. 1942

DT. KONKURR.
Deutsche Konkurrenzen. Hrsg. von A. Neumeister und E. Häberle, Karlsruhe/Leipzig. Mit Beilage Konkurrenz-Nachrichten 1. 1892/93 – 26. 1911

DT. KUNST U. DEK.
Deutsche Kunst und Dekoration. Illustrierte Monatshefte für moderne Malerei, Plastik, Architektur, Wohnungskunst und künstlerische Frauenarbeiten. Darmstadt 1. 1897/98

JB. KUNSTSLG.
Jahrbuch der Staatlichen Kunstsammlungen in Baden Württemberg 1. 1964 –

MOD. BAUF.
Moderne Bauformen. Monatshefte für Architektur und Raumkunst, hrsg. von M. J. Gradl. Stuttgart 1. 1902 – 43.1944

OSTSTADT 1996
Jubiläumsbuch 1996, Geschichte der Oststadt und des Bürgervereins, hrsg. Bürgerverein Oststadt e.V. Karlsruhe 1996

SCHWEIZ. BAUZTG.
Schweizerische Bauzeitung. Wochenschrift für Bau-, Verkehrs- und Maschinentechnik, hrsg. von A. Waldner, Zürich Bd. 1. 1883 – Bd. 128. 1946

STÄDTEBAU
Der Städtebau. Monatsschrift für die künstlerische Ausgestaltung der Städte nach ihren wirtschaftlichen, gesundheitlichen und sozialen Grundsätzen. Wien / Berlin 1. 1904 - 34.1939

SÜDD. BAUHÜTTE
Süddeutsche Bauhütte. München 1. (?) - 14.1913

SÜDWESTSTADT 1996
Von der Hirschbrücke zum ZKM. Hundert Jahre Bürgerverein der Südweststadt Karlsruhe 1896–1996. Karlsruhe 1996

WIEN. BAUIND.-ZEITG.
Wiener Bauindustrie-Zeitung. Praktische Bauindustrie, Organ für Bauingenieure Wien 1.1883 - 36. 1918

ZENTRALBL. BAUVERW.
Zentralblatt der Bauverwaltung. Hrsg. im Ministerium der öffentlichen Arbeiten. Berlin 1. 1881 - 64. 1944

ZENTRALBL. DT. BAUGEW.
Zentralblatt für das deutsche Baugewerbe. Öffentliches Verkündigungsblatt des deutschen Arbeitgeberbundes für das Baugewerbe. Berlin 1.1902/03 - 31.1934

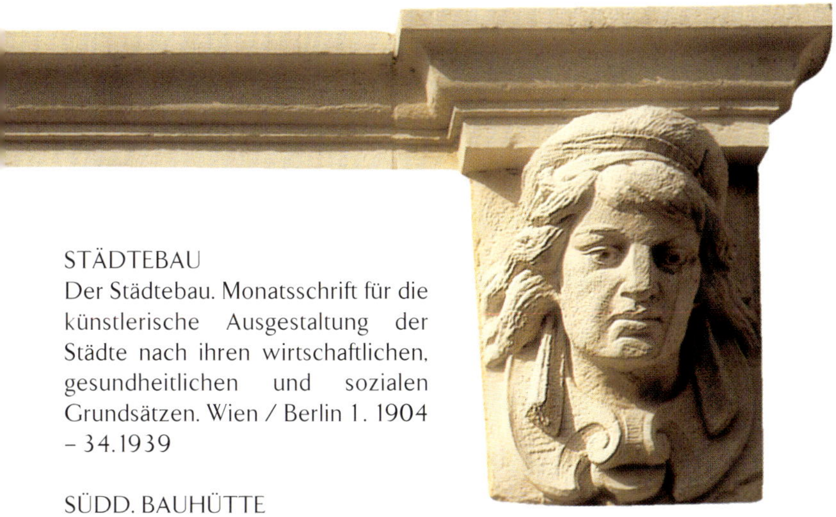

199
Der Vater mit der Zipfelmütze, der Sohn mit dem Künstlerbarett. Nelkenstraße 27, 1903 von Adolf Hirth.

## Ausgewählte Literatur


Ausst. Kat. 1976: 150 Jahre Universität Karlsruhe 1825 – 1975. Architekten der Fridericiania, Skizzen und Entwürfe seit Friedrich Weinbrenner, hrsg. von Wulf Schirmer und Joachim Göricke. Fridericiania, Zeitschrift der Universität Karlsruhe, H. 18. Karlsruhe 1975

Ausst. Kat. 1976: Symbolismus in Europa. Staatliche Kunsthalle 1976. Baden-Baden 1976

Ausst. Kat. 1978: Jugendstil. Floral Funktional in Deutschland und Österreich und den Einflußgebieten. Bayerisches Nationalmuseum 1984, hrsg. von Siegfried Wichmann. Herrsching 1984

Ausst. Kat. 1985: Die Muschel in der Kunst. Von der Renaissance bis zur Gegenwart. Museum Bellerive Zürich 1985. Zürich 1985

Ausst. Kat. 1987: Curjel & Moser. Städtebauliche Akzente um 1900 in Karlsruhe. Badischer Kunstverein bearb. Wilfried Rößling. Karlsruhe 1987

Ausst. Kat. 1987: Um 1900. Das alte Karlsruher Künstlerhaus. Hrsg. Bezirksverband Bildender Künstler. Karlsruhe 1987

Ausst. Kat. 1990: Kunst in der Residenz. Karlsruhe zwischen Rokoko und Moderne. Staatliche Kunsthalle Karlsruhe 1990. Heidelberg 1990

Ausst. Kat. 1995: Karl Schmoll von Eisenwerth. Malerei, Graphik, Glaskunst. Gemäldegalerie Dachau, hrsg. von Clementine Schack von Wittenau. Stuttgart 1995

Ausst. Kat. 1995: Wasserwelten. Das Motiv des Wassers in der Kunst des Jugendstils. Bröhan-Museum Berlin. Berlin 1995

Ausst. Kat. 1997: Auf dem Weg zur Großstadt. Karlsruhe in Plänen, Karten und Bildern 1834–1915. INTERGEO 1997. Karlsruhe 1997

Ausst. Kat. 1998: Hermann Billing. Architekt zwischen Historismus, Jugendstil und Neuem Bauen. Notizen aus dem Südwestdeutschen Archiv für Architektur und Ingenieurbau an der Universität Karlsruhe, Bd. 3. Karlsruhe 1998

Ausst. Kat. 1999: Art Nouveau. Symbolismus und Jugendstil in Frankreich. Darmstadt 1999/2000, hrsg. von Renate Ulmer. Stuttgart 1999

Ausst. Kat. 2001: Adolf Hanser (1858–1901), ein badischer Architekt. Anlässlich des 100. Todestages des Architekten 2001 in der BB-Bank Karlsruhe. Karlsruhe 2001

Ausst. Kat. 2001: Darmstadt: Die Lebensreform. Entwürfe zur Neugestaltung von Leben und Kunst um 1900. Institut Mathildenhöhe. 2 Bde. Darmstadt 2001

Ausst. Kat. 2001: Freiburg: Jugendstil in Freiburg. Begleitbuch zur Ausstellung im Augustinermuseum Freiburg 2001. Freiburg 2001

Bachmayer, Monika und Peter Schmitt, Karlsruher Majolika 1901–2001. 100 Jahre Kunstkeramik des 20. Jahrhunderts. Karlsruhe 2001

Badische Biographien. Hrsg. von Friedrich Weech, Bd. 1–6. Heidelberg 1875–1935
Badische Biographien. N. F. Stuttgart Bd. 1. 1982 z. F.

Badische Kommunale Landesbank (Hrsg.) in Zusammenarbeit mit dem Stadtarchiv und der Kunsthalle Mannheim: Jugendstil – Architektur um 1900 in Mannheim. Mannheim 1986

Barten, Sigrid: Kostbarkeiten nach der Natur. In: Weltkunst, 1986, H. 23, S. 3772–3775

Baumstark, Brigitte: Die großherzoglich badische Kunstgewerbeschule in Karlsruhe 1878–1920. Karlsruhe Diss. 1988

Christuskirche Karlsruhe. 14. Oktober 1900. Karlsruhe 1900

Denkmäler, Brunnen und Freiplastiken in Karlsruhe, 1715–1945. Veröffentlichung des Karlsruher Stadtarchivs, Bd.7. Karlsruhe 2. Aufl. 1989

Ehret, Fritz: Sozial bauen – gesund wohnen. Die Chronik zum Jubiläum. 100 Jahre Mieter- und Bauverein Karlsruhe e.G., hrsg. vom Mieter- und Bauverein. Karlsruhe 1996

Figiel, Joanna Flawia: Jugendstil in Freiburg. Freiburg 1999

Finke, Heinz: Jugendstil in Konstanz. Konstanz 1998

Franzke, Irmela: Vielseitiges Markenzeichen Jugendstil. In: Baden-Württemberg, Jg. 36, 1989, H. 2.

Germann, Georg: Neugotik: Geschichte ihrer Architekturtheorie. Stuttgart 1974

Gessner, Albert: Das deutsche Miethaus. Ein Beitrag zur Städtekultur der Gegenwart. München 1909

Göricke, Joachim: Bauten in Karlsruhe. Ein Architekturführer. 2. Aufl. Karlsruhe 1980

Grammbitter, Ulrike: Josef Durm 1837–1919. Eine Einführung in das architektonische Werk. München 1984

Grandel, Raimund: Jugendstil-Architektur in Stuttgart. Wie man sie heute noch findet. Stuttgart 1987

Haack, Friedrich: Die Kunst des 19. Jahrhunderts. 2. Aufl. Esslingen 1907

Haeckel, Ernst: Kunstformen der Natur. Neudruck der Erstaufl. von 1904. München 1998

Helas, Volker und Gudrun Peltz: Jugendstilarchitektur in Dresden. Dresden 1999
Hildebrandt, Hans: Die Kunst des 19. und 20. Jahrhunderts. Potsdam 1931

Hofstätter, Hans H.: Symbolismus und die Kunst der Jahrhundertwende. Voraussetzungen, Erscheinungsformen, Bedeutungen. 2. Aufl. Köln 1973

Holzmann, Georg S. und Monika Bachmayer: Formen im Wandel. Architekturbilder aus Karlsruhe. Karlsruhe 1988

Industrie-Architektur in Karlsruhe. Veröffentlichungen des Karlsruher Stadtarchivs, Bd. 6. 2. Aufl. Karlsruhe 1987

Kabierske, Gerhard: Der Architekt Hermann Billing (1867–1946). Leben und Werk. Institut für Baugeschichte der Universität Karlsruhe und Südwestdeutsches Archiv für Architektur und Ingenieurbau. Materialien zur Bauforschung und Baugeschichte Band 7. Karlsruhe 1996

Kabierske, Gerhard: Das Ostendorf-Haus in der Weberstraße. Einführung, gehalten am Dienstag, den 22. Juli 1997 beim Empfang des Forschungszentrums Karlsruhe (Manuskript)

Kneile, Heinz: Bürgerliche Wohnarchitektur in Städten des Großherzogtums Baden. Diss. Freiburg i. Br. 1976

Lieb, Stefanie: Was ist Jugendstil? Eine Analyse der Jugendstilarchitektur 1890–1910. Darmstadt 2000

Lindemann, Klaus E. R. und Barbara Steinhof (Hrsg.): 75 Jahre Hauptbahnhof Karlsruhe. Karlsruhe 1988

Meyer, Franz Sales: Handbuch der Ornamentik. Stuttgart 1993

Mignot, Claude: Architektur des 19. Jahrhunderts. Stuttgart 1983

Rheinhafen Karlsruhe 1901–2001. Veröffentlichungen des Karlsruher Stadtarchivs; Band 22. Karlsruhe 2001

Rößling, Wilfried: Curjel & Moser. Architekten in Karlsruhe/Baden. Eine Werkübersicht unter besonderer Berücksichtigung der Christuskirche und der Lutherkirche in Karlsruhe. Karlsruhe 1986

Rückwardt, Hermann: Architektur der Neuzeit. Berlin [um 1890]

Ruhland, Michael: Schulhausbauten im Großherzogtum Baden 1806–1918. Augsburg 1999

Sander, Edmund: Karlsruhe einst und jetzt in Wort und Bild. Nachdruck der Ausgabe Karlsruhe 1911. Karlsruhe 1978

Scharabi, Mohamed: Architekturgeschichte des 19. Jahrhunderts. Tübingen 1993

Simmermacher, René: Jugendstil-Fliesen. Bestandskatalog des Badischen Landesmuseums Karlsruhe. Karlsruhe 2000

Sindaco, Otto: Neuere Wohnhäuser in Karlsruhe. In: Deutsche Kunst und Dekoration Jg. 7, H. 10, 1904/05, S. 66–72

Stemmermann, Paul Hans: Oskar Alexander Kiefer. Ein Ettlinger Bildhauer, Leben und Werk. Ettlingen 1988

Straßennamen in Karlsruhe. Karlsruher Beiträge; Bd. 3. Karlsruhe 1994
Thieme, Ulrich und Felix Becker (Hrsg.): Allgemeines Lexikon der bildenden Künste von der Antike bis zur Gegenwart. 37 Bde. Leipzig 1907–1950

Tselos, Dimitri: Richardson's Influence on European Architecture. In: Journal of the Society of Architectural Historians 29, 1970, p. 156–162

Wagner, Dagmar: Konrad Taucher 1873–1950 ein Bildhauer in Baden. Jb. der Staatl. Kunstslg. Baden Württemberg 30, 1993, S. 88–103

Weisser, Michael: Jugendstilfliesen. Frankfurt 1983

Wichmann, Siegfried: Der Ludwigplatz Karlsruhe. Forschung, Planung, Ausführung. Kunsthistorisches Seminar an der Staatlichen Akademie der Bildenden Künste Karlsruhe. Karlsruhe [um 1978]

Widmer, Karl: Moderne Baukunst in Karlsruhe. Curjel & Moser. In: Moderne Bauformen, Jg. 33, 1934, H. 2

Widmer, Karl: Baukeramik aus der Großherzoglichen Manufaktur in Karlsruhe Baden. Pfeiffer und Grossmann. In: Architektonische Rundschau 28. 1912, H. 9, S.36, Taf. 127

Wolf-Holzäpfel, Werner: Der Architekt Max Meckel (1847–1910). Studien zur Architektur und zum Kirchenbau des Historismus in Deutschland. Lindenberg 2000